2013년 문화체육관광부 선정 학술부문 추천도서

The Two Koreas' Unification Dilemma

제2판

남북한의 통일 딜레마

하상식 지음

도서출판 해남

남북한의 통일 딜레마 제2판

제1판1쇄 발행 2012년 4월 13일
제2판1쇄 인쇄 2016년 4월 14일
제2판1쇄 발행 2016년 4월 20일

저 자 하상식
발행인 노현철
발행처 도서출판 해남

출판등록 1995. 5. 10 제 1-1885호
주 소 서울특별시 서대문구 충정로 38-12(충정로 3가) 우리타워 6F
전 화 739-4822 **팩스** 720-4823
이 메 일 haenamin30@naver.com
홈페이지 www.hpub.co.kr

ISBN 978-89-6238-097-2 93320

제2판 서문

남북한의 통일 딜레마를 출간한 지 4년이 지났다. 남북 관계 연구자에게 4년은 매우 긴 시간이다. 어떤 분야의 연구는 며칠 혹은 심지어 몇 달간 그 분야에서 일어난 일에 대해 눈을 감고 있어도 큰 문제가 없다. 그러나 남북 관계는 며칠이 멀다하고 큰 사건들이 발생한다. 개정판의 마지막 업데이트 날짜를 2015년 12월 말로 잡고 집필을 하였는데, 2016년 1월 6일 북한의 제4차 핵 실험이 있었다. 다시 업데이트 마감 날짜를 1월 중순으로 정하고 진행 중이었는데, 2월 7일 북한이 장거리 로켓을 발사하였다. 며칠 후 우리는 남북 교류의 최후 보루라 여기던 개성공단 전면 중단을 발표하였다.

이렇게 굵직한 사건들이 연이어 일어났음에도 불구하고, 남북 관계의 구조는 거의 달라지지 않았다. 한반도를 사이에 놓고 벌이는 주변국들의 세력 다툼도, 남북 간의 불신도, 우리 사회 내의 남남 갈등도 개선되지 않았다. 오히려 이 책에서 논의하였던 여러 가지 딜레마 상태는 더욱 고착되어 가고 있고, 이로써 냉전 체제 붕괴 이후 부풀었던 남북 관계 개선과 통일에 대한 희망적 기대는 서서히 사라져 가고 있다. 작금의 이 상황이 새벽이 오기 전 더 짙어지는 어둠이기를 간절히 기원해 본다.

이 개정판은 초판에서 사용한 장과 절의 구조를 대부분 그대로 사용하였다. 그러나 모든 장과 절에서 자료를 업데이트하였고, 그 사이 진행된 해당 분야의 연구 결과들도 반영하였다. 지난 4년 동안의 변화 중 가장 눈에 띄는 것은 국제 변수에서 중국의 부상과 미국의 '아시아로의 회귀'가 한반도에서 만나고 있다는 점, 남북 변수에서 분단의 내재화가 매우 강고하게 뿌리내리고 있음을 확인한 점, 북한 변수에서 북한 정권이 김일성 왕조 유지에 몰두한 나머지 북한 주민을 '김일성민족'화시키고 있다는 점이다. 이로써 북한 핵 문제의 평화적 해결과 한반도 평화 정착, 나아가 한반도 통일 문제는 점점 더 꼬여 가는 형국이다.

처음 책을 출간하였을 때의 기대처럼, 이 연구가 복잡하게 얽힌 한반도 문제를 이해하는 데 도움이 되고, 구체적으로 이념 논쟁으로 얼룩진 대북 정책에 균형 있는 시각을 가질 수 있게 하는 데 도움이 되었으면 더 바랄 것이 없겠다.

개정판 출간에 선뜻 응해 주시고, 탈고 마감 시간이 변경되는 환경에서도 아름답게 편집해 주신 도서출판 해남의 노현철 대표님께 감사드린다. 또한 초고를 꼼꼼하게 교정해 준 김민기 학생에게도 감사한다.

마지막으로 언제나 든든한 삶의 버팀목이 되어 준 아내, 힘이 되어 준 세 아이들, 진희, 대현, 선희에게도 감사한다.

2016년 2월

하 상 식

서문

"우리의 소원은 통일"이라는 노래는 남북한 모든 사람들이 열창해 온 노래지만, 이것만큼 역설적인 노래는 없다. 이 노래를 부르는 남한 사람의 소원은 북한 체제의 몰락을 전제한 통일이었고, 북한 사람의 소원은 남한 체제의 몰락을 전제한 통일이었다. 그래서 남북 주민이 얼싸안고 눈물을 흘리며 함께 부른 '우리의 소원'은 사실 '나의 승리'와 '너의 패배'를 갈망한 노래였다. 이와 같이 '우리의 소원'이 역설이 된 이유는 남과 북의 사람들에게 소원의 지향하는 최종 목적이 서로 다름 때문이다. 그 결과 이 소원이 오히려 상대방에 대한 강한 불신과 증오를 낳았다.

한반도의 분단은 1945년 제2차 세계 대전에서 패한 일본의 대한반도 식민지 지배가 강대국의 편의에 따라 청산되는 과정에서 시작되었다. 이것은 한국전쟁으로 심화되었으며, 외적으로 냉전과 함께 내적으로 남북 독재 정권의 정당화 과정으로 더욱 고착되어졌다.

그 사이 전 세계적인 냉전 구도는 해체되었다. 남한은 정치적으로 민주화가 이루어졌고, 경제적으로도 상당한 수준에 도달하였다. 그러나 북한은 정치적으로 3대 세습이라는 절대 왕조나 다름없는 상황이고, 경제적으로 세계 최하위 수준에 머물고 있으며, 군사적으로 두 차례의 핵 실험으로 전 세계적인 제재를 받고 있다. 이로써 해방 후 68년이 지나고 있지만 아직도 휴전 상태조차 극복하지 못하면서, 민족의 단일 정부 수립이라는 과제는 요원하기만 하다.

20세기를 마감하면서 역사는 전 세계 인구의 절반이 참여한 실험이었던 사회주의 경제와 1당 독재를 통해 풍요롭고 억압이 없는 공산주의로 나아갈 수 있다는 것이 불가능하다는 것을 확실히 보여 주었다. 이렇게 본다면, 북한에서 시장 자본주의가 도입되고, 민주화가 진행되면 남북의 통일 목표가 같아지는 것이 된다. 그리고 북한에게도 장기적으로 그 길밖에 없을 것이다. 따라서 이제 통일은 시간 문제인 것처럼 보인다.

그러나 우리 사회가 통일을 대비하고, 그 과정을 주도하기에는 아직도 넘어야 할 산이 너무나 많이 있다. 우리는 동서독의 통일 과정을 지켜보면서, 북한의 참혹한 경제 상황을 알게 되면서, 또 북한의 핵 문제가 거의 20년을 끌어오면서, 통일에 대한 생각이 복잡해지기 시작하였다. 이러한 복잡함이 최초의 여야 정권 교체로 집권한 김대중 정부가 북한의 이중적인 반응에도 불구하고 일관성 있는 대북 포용 정책을 펴면서 대북 정책이 우리 사회 내부에 가장 중요한 하나의 갈등 요소로 나타나게 된 것이다.

이제 한 도시에서 보수와 진보가 나누어져 별도의 광복절 행사를 가지는 것이 당연시되었고, 2010년 3월 46명의 젊은 장병이 희생된 불행한 천안함 사태에서도 국론은 나뉘어 있었다. 실제로 통일 및 대북 정책에 관한 한 여론은 3국 시대를 방불케 한다.

어느 사회든 그 구성원의 가치에 따라 보수와 진보로 나누어지는 것은 어쩔 수 없으며, 오히려 당연한 현상으로 보아야 할 것이다. 그러나 통일 및 남북 문제에 관한 우리 사회의 국론 분열 현상은 두 가지 점에서 매우 독특하다. 하나는 우리 국민들이 가지고 있는 전쟁과 이후의 적대적인 남북 관계에서 비롯된 상처 입은 경험을 자신의 정치적 입지 강화에 이용하려는 정치인들에 의해 대립이 증폭되었다는 것이다. 다른 하나는 보다 근본적인 이유로서 남북 관계가 가지는 복합성과 이중성에 기인한다. 인식의 차원에서 북한 주민은 형제이기도 하고, 적이기도 하다. 헌법이 북한을 우리의 영토로 규정하고 있으니, 그 곳에 사는 북한 주민은 우리 국민이지만, 국가보안법상 북한은 적국이다. 그래서 북한 지원은 형제를 도우는 것이 되기도 하고 이적행위가 되기도 한다. 형제의 관계는 상생이 가능한 관계이지만, 적과의 관계는 제로섬의 관계이다. 그래서 많은 사람들이 남북 문제를 가장 익숙해 하면서도 가장 혼란스러워 한다.

뿐만 아니라 적대적 남북한 관계는 각각이 동맹국을 가지고 있어 안보 딜레마와 동맹 딜레마를 중첩적으로 가지고 있다. 이로써 우리의 대북 인식에서 존재하는 딜레마적 상황은 우리의 북한 핵 문제와 개혁 · 개방 문제에 관한 정책에서도 존재하며, 대미 관계와 대중 관계의 역학에도, 그리고 북한의 대남 및 대외 정책에서도 존재한다.

이러한 문제 의식이 저자가 이 책을 쓰게 된 동기이다. 따라서 이 책은 남북한 관계의 중첩된 딜레마들을 찾아내고, 변화된 내외의 환경을 분석하며, 이것을 바탕으로 통일을 이룩하기 위해 오늘을 사는 우리에게 주어진 정책적 과제들을 정리하는 것을 목적으로 하고 있다. 이를 통해 우리 사회에 존재하는 통일 및 남북 문제에 대한 갈등 완화에 도움을 주고, 동시에 보다 바람직한 통일 및 대북 정책의 방향을 제시하는 데 일조하고자 한다.

이 책은 모두 4부로 구성되어 있다. 제1부는 문제 제기 부분으로 남북한의 통일에 대한 이상과 현실을 다루고 있다. 통일 및 북한 문제에 대한 시각의 혼란은 상당 부분 남북 관계가 매우 복잡하게 얽혀 있고, 서로 모순되는 이중적 관계라는 특성에서 출발한다. 이러한 남북 관계의 특성을 '통일 딜레마'로 설명하고자 한다.

제2부는 남북 관계와 통일의 대상이 되는 북한 변수를 분석하고 있다. 우리 사회에서 나타나고 있는 시각의 차이는 북한의 실제에 대한 서로 다른 인식에 기인한다. 그래서 여기서는 북한의 정치 · 경제 · 군사로 나누어 현황을 설명하고, 이 체제가 변화할 가능성을 이미 변화를 한 국가들의 경험을 토대로 검토하고 있다.

제3부는 통일을 위한 외부 변수를 다루고 있다. 한반도가 분단된 것, 한국전쟁이 국제전으로 된 것, 우리가 원치 않은 휴전 협상이 진행되고 타결된 것, 그리고 이후의 모든 남북 관계에서 주변국인 미국, 일본, 중국, 러시아(소련)의 영향력은 매우 컸다. 따라서 우리 통일과 대북 정책에 영향을 미치는 중대한 변수가 되는 이 국가들의 한반도 이해관계를 분석해 보고 있다.

마지막으로 제4부는 최근 우리 정부의 대북 정책을 검토하면서 통일 및 대북 정책에 대한 우리 내부 변수를 다루고 있다. 구체적으로 김대중 · 노무현 정부의 대북 정책과 이명박 정부의 대북 정책을 깊이 있게 고찰해 봄으로써 현재 남남 갈등의 원인을 분석해 볼 것이며, 앞으로 우리 통일 및 대북 정책의 방향을 제시할 것이다.

저자는 항상 자신의 연구 논문이나 저서가 우리 학계에 하나의 잡음이 되지 않을지에 대한 두려움을 가지고 있다. 실제로 남북한 관계와 통일 문제, 주변 4강과 우리의 관계, 북한 문제 등에 대한 훌륭한 연구는 많이 있다.

그러나 이러한 여러 가지 변수들을 통일이라는 하나의 주제 하에 일관적으로 분석한 단행본이 아쉬웠다. 이와 같은 이유로 본 연구서는 한 변수에 대한 심층적인 분석보다 여러 변수를 종합적으로 엮어 내는 데 초점이 맞추어져 있다. 특히, 본 연구가 제시한 전제들에 대한 분석이 이념 논쟁으로 얼룩진 우리의 대북 정책에 대한 이해를 돕고, 나아가 우리 대북 정책이 현실주의와 자유주의적 이론을 아우르는 보다 탄력적인 운영을 하는 데 기여할 수 있기를 기대한다.

이 책은 상당 기간을 두고 집필되었기 때문에 부분적으로 이미 다른 논문집에 수록된 글들이 있다. 그러나 시기적으로 오래된 자료와 해석들이 있고, 또한 하나의 책으로 통일성을 유지하기 위해 거의 대부분이 고쳐졌다.

이 책의 출판을 선뜻 응해 주시고, 딱딱한 내용을 부드러운 감성으로 아름답게 편집해 주신 도서출판 해남의 노현철 대표님께 진심으로 감사드린다. 또한 훌륭한 그림을 인용하도록 쾌히 허락해 주신 경향신문의 김용민 화백님께 감사드린다. 북한 주민들의 삶을 시각적으로 보여 주고 싶어 '미국의 소리'와 'Military-Today'에 접촉하였으나 답이 없어 허락을 얻지 못하였다. 추후에라도 연락이 되면 허락을 얻고 싶다.

마지막으로 이 책의 출간을 빌어 저자의 삶에 가장 많은 빚을 진 아내에게 감사를 전하고 싶다. 또한 시간을 같이 해 주지 못하였음에도 언제나 아빠를 믿고 지지해 준 세 아이들, 진희, 대현, 선희에게 감사한다. 특히, 이 책의 첫 독자가 되어 교정을 해 준 진희에게 감사한다.

2012년 2월

하 상 식

차례

제2부 통일을 위한 북한 변수: 폐쇄와 선군

제3부 통일을 위한 대외 변수: 현상 고착화

제4부 통일을 위한 대내 변수: 통일 딜레마 극복을 위한 우리의 과제

PART 1

통일에 대한 이상과 현실: 남북한의 통일 딜레마

제1장

통일의 당위성 및 문제점

제2장

남북한의 통일 정책과 통일 딜레마

7,600만 우리 민족의 절대 다수는 우리가 대한민국과 조선민주주의인민공화국이라는 두 개의 정부를 구성하고 있는 것이 잘못되었으며, 반드시 이것을 극복하여 하나의 정치 공동체를 구성해야 한다고 생각하고 있다. 그래서 우리는 지난 70년간 변함없이 '우리의 소원은 통일'이라 노래 부르며, 통일을 민족의 최우선 과제로 생각해 왔다.

이러한 염원에도 불구하고 우리는 왜 아직까지 통일을 이루지 못했을까? 그 원인은 상당 부분 우리의 통일에 대한 이상과 현실의 괴리에 기인한다. 우리 민족의 단일 국가 구성이라는 이상은 현실과 상당히 동떨어져 있다. 과거에는 동족상잔의 한국전쟁 경험, 그 후의 남북한 정부의 적대적 흡수 통일 노력 등에 기인하여 염원이 역설적으로 남북 관계를 더욱 경직되게 만들었다. 여기에다 냉전 기간은 물론 이후에도 주변 4강의 각축으로 한반도 분단이라는 현상 유지 선호 등과 같은 외부 여건과 남북 간의 심각한 경제적 격차, 북한의 핵무기 개발 문제 등이 더해져 통일을 위한 현실은 이상과 상당히 동떨어져 있다.

제1부에서는 이러한 통일에 대한 이상과 현실을 보다 구체적으로 규명해 보기로 한다. 이를 위해 제1장에서는 통일에 대한 남북한 주민들의 의식을 검토해 보고, 이러한 의식의 바탕을 이루는 통일에 대한 득과 실을 분단 비용과 통일 비용이라는 개념을 통해 분석해 볼 것이다.

제2장에서는 반 세기 이상의 분단 기간 동안 남북한 정부가 통일을 위해 어떤 노력을 해왔는지 고찰해 보고, 통일을 이루기 위해 해결해야 할 과제로서 남북한이 처한 딜레마들을 정리해 볼 것이다.

Chapter 1

통일의 당위성 및 문제점

제 1 절 남북한 주민의 통일 의식과 역설

우리 민족의 통일에 대한 생각은 절대적이다. 2000년 최초의 남북 정상 회담이 있기 이전 (사)좋은벗들이 우리 국민의 통일에 대한 인식을 조사한 것을 보면, 성인의 83.4%가 '통일이 되기를 바란다'라고 응답하였으며, 14.6%는 '통일을 바라지 않는다'라고 응답하였다.[1] 2005년 통일연구원이 우리 국민을 대상으로 조사한 여론 조사에서 '통일이 반드시 달성해야 할 민족적 과업'이라는 주장에 찬성이 83.9%, 반대가 16.1%로 나타났다.[2] 2007년부터 매년 우리 사회의 통일의식을 조사하고 있는 서울대학교 통일평화연구원의 조사를 보면, '남북한 통일이 얼마나 필요하다고 생각하십니까? 혹은 필요하지 않다고 생각하십니까?' 라는 질문에 2007년에는 '필요하다' 가 63.8%, '반반/그저 그렇다'가 21.1%, '필요하지 않다'가 15.1%로 나타났다.[3] 2005년 통일연구원 자료와 2007년 서울

1 이 조사는 (사)좋은벗들이 (주)인텔리서치에 의뢰한 조사로서 2000년 5월 4일 전국을 대상으로 만 20세 이상의 성인 남녀 500명에게 전화 인터뷰를 통해 이루어졌다((사)좋은벗들, 2001, pp. 103-157).

2 통일연구원, "통일문제 국민여론조사"(http://www.kinu.or.kr, 검색일 2011. 12. 10.). 2005년도 조사는 (주)현대리서치연구소가 실시하였으며, 표본은 다단계 지역 무작위 추출법으로 전국 성인 남녀 1,000명에 대한 1:1 면접 조사로 95% 신뢰 수준에서 오차는 ±2.83%이다. 찬성 83.9%는 '매우 찬성'이 49.2%, '대체로 찬성'이 34.7%이고, 반대 16.1%는 '대체로 반대'가 12.8%, '매우 반대'가 3.3%이다.

대학교 통일평화연구원 자료의 차이는 전자의 조사가 '필요하다'와 '필요하지 않다'의 선택이었던 반면, 후자의 조사는 '반반/그저 그렇다'의 항목이 추가되었기 때문으로 보인다. 즉, '반반/그저 그렇다'의 상당 부분은 양자 선택에서 '필요하다'로 응답하였을 것으로 추정해 볼 수 있다.[4]

통일에 대한 의식의 큰 변화는 2008년 이명박 정부 출범과 함께 나타났다. 통일평화연구원의 2008년도 조사에서 '필요하다'라는 응답이 51.6%로 전년의 63.8%에 비해 12.2% 급락하였고, '필요하지 않다'라는 응답은 24.9%로 전년의 15.1%에 비해 9.8% 급등하였다. 이후 이러한 경향은 완화되었으나 2014년 조사까지 '필요하다'가 50% 중반대, '필요하지 않다'가 20% 초반대를 유지하고 있다.[5] 이렇게 볼 때, 시기적으로 조금씩 변하긴 하였지만 우리 사회에서 '통일 필요' / '통일 불필요'라는 양자 선택의 경우 필요하다고 생각하는 사람은 약 80% 정도 된다고 볼 수 있다.

통일의 필요성에 관한 집단별 특성을 보면, 2014년 기준, 성별에서 남자(61.7%)가 여자(49.8%)보다 높고, 연령별에서는 나이가 들수록 높고(20대 43.1%, 30대 50.3%, 40대 56.5%, 50대 이상 67.8%), 직업별로는 화이트칼라(61.0%)가 블루칼라(49.6%)보다 높고, 지역별로는 영남권(50.1%)이 다른 지역(강원 60.9%, 충청권 60.6%, 호남권 59.7%, 수도권 56.9%, 제주 56.5%)에 비해 특별히 낮다.[6] 이러한 집단적 특성은 2015

3 박명규 · 강원택 · 김병로 · 김병조 · 송영훈 · 장용석 · 정은미(2014), pp. 38, 432.

4 이것은 '반반/그저 그렇다'가 포함된 2014년 통일평화연구원의 자료와 7개월 차이로 실시된 '필요하다' / '필요하지 않다'의 선택지를 사용한 민주평화통일자문회의의 조사를 비교해 보면 확인될 수 있다. 전자에서 '필요하다'와 '반반/그저 그렇다'를 합하면 79.3%이고, 후자에서 '필요하다'는 78.0%였다(민주평화통일자문회의, 2015, p. 113). 이 조사는 (주)리서치앤리서치가 2015년 3월 21일부터 3월 23일까지 전국 성인 남녀 중 지역별, 성별, 연령별 인구비례층화 후 무작위 추출된 1,000명에 대해 전화를 통해 실시하였고, 표본 오차는 95% 신뢰 수준에서 ±3.1%이다. '필요' 78.0%는 '매우 필요'가 38.4%, '어느 정도 필요'가 39.6%이고, '필요하지 않다' 19.8%는 '별로 필요하지 않다'가 15.7%, '전혀 필요하지 않다'가 4.1%이다.

5 박명규 외(2014), p. 304.

년의 조사에서도 거의 같은 형태로 나타났다.

북한 주민들의 통일에 대한 생각은 우리보다 훨씬 절대적이다. 2000년 (사)좋은벗들이 중국에 거주하는 북한 난민들을 대상으로 한 조사에서 거의 100%가 통일을 바란다고 응답하였다.[7] 2011년 KBS가 중국을 방문한 북한 주민을 대상으로 한 조사에서 이들은 '통일을 바라느냐?' 라는 질문에 95%가 '매우 바람' 으로 답하였고, 5%가 '다소 바람' 으로 답하였다. 통일을 원치 않는 사람은 아무도 없었다.[8] 2014년 서울대학교 통일평화연구원이 국내의 북한 이탈 주민을 대상으로 실시한 조사에서 통일이 '필요하다' , '그저 그렇다' , '필요하지 않다' 의 선택에서 100%가 '필요하다' 라고 답하였다.[9] 이것을 정리하면 〈표 1-1〉과 같다. 북한은 말할 것도 없고, 남한 역시 '우리의 소원은 통일' 이다.

이와 같은 남북한의 통일에 대한 의식을 우리처럼 분단국이었던 독일의 경우와 비교해 보면 흥미로운 점이 발견된다. 독일이 통일되기 10년 전인 1979년 9월의 한 조사에서 서독 주민들은 '개인적으로 독일의 통일을 찬성하십니까?' 라는 질문에 찬성 79.3%, 반대 3.9%, 아무래도 좋다가 16.2%로 나타났다.[10] 그리고 이러한 의식은 1980년대 중반까지도 거의 변하지 않았다. 통일에 대한

6 박명규 외(2014), p. 304.

7 이 조사는 (사)좋은벗들 소속 조사원 50명이 중국에 있는 북한 난민을 직접 찾아가 면접하였다. 시기는 2차에 걸쳐 이루어졌는데, 1차가 2000년 1월 18일부터 3월 13일까지 506명을, 2차가 동년 2월 26일부터 3월 13일까지 521명을 면접하였다. 이 자료는, 조사자들도 인정하였듯이, 탈북자들의 의식이 북한 주민 전체를 대표할 수는 없다는 한계를 가지고 있다((사)좋은벗들, 2001, pp. 103-157).

8 이것은 KBS가 2011년 5월부터 10월까지 비자를 받아 중국을 방문한 북한 주민 102명에 대한 면접 조사 결과이다. 이들은 무역 상인, 건설사업소 간부, 노동자, 농민, 광부, 사무원 등 다양한 분야에 종사하는 사람들이었고, 조선노동당원도 15명이 포함되어 있었다. 물론 이들 역시 북한 주민 전체를 대표할 표본이 될 수 없는 한계는 있지만, 북한의 한 면을 볼 수 있는 자료이다(KBS, "KBS 스페셜 통일 대기획" (http://www.kbs.co.kr, 검색일 2011. 12. 10.)).

9 정은미 · 김병로 · 박명규 · 송영훈(2015), p. 34.

10 유지훈(1995), pp. 13-25.

표 1-1 남북한 주민의 통일에 대한 의식

(단위: %)

	조사 연도	매우/대체로 찬성(필요)	반반	매우/대체로 찬성(불필요)	잘 모름	조사 기관
남한	2000	83.4		14.6	2	(사)좋은벗들
	2005	83.9		16.1		통일연구원
	2007	63.8	21.1	15.1		통일평화연구원
	2008	51.6	24.9	24.9		통일평화연구원
	2011	53.7	25.0	21.3		통일평화연구원
	2014	55.8	22.5	21.7		통일평화연구원
	2015	78.0		19.8	2.2	민주평화통일자문회의
북한	2000	98.9		0	1.1	(사)좋은벗들
	2011	100				KBS
	2014	100				통일평화연구원

출처: (사)좋은벗들(2001), pp. 103-157; 통일연구원. "통일문제 국민여론조사"(http://www.kinu.or.kr, 검색일 2011. 12. 10.); 박명규 외(2014), p. 38; 민주평화통일자문회의(2015), p. 113; 정은미 외(2015), p. 34.

희망은 우리와 크게 다르지 않은 것 같다.

그러나 통일의 필요성에 대한 생각은 매우 다르다. 〈표 1-2〉는 1989년 베를린 장벽이 붕괴되기 이전 10여 년간 서독 주민들이 '당신은 오늘날 서독에서 취급해야 할 중요한 문제는 무엇이라고 생각하십니까?'라는 질문에 '독일 재통일'이라고 응답한 비율이다.

이것을 볼 때 서독 주민들의 다수는 통일이 되면 좋겠다고 생각하였지만, 그것이 그들에게 중요한 문제라고 인식하지 않았다. 이러한 현상은 아마 당시 서독인들에게 통일은 가능하지 않은 일이라 생각되었기 때문일 것이다. 1984년 서독 주민들의 80.7%는 향후 30년 이내에 독일 통일이 불가능하거나 거의 불

표 1-2 서독 주민의 통일에 대한 관심도

(단위: %)

시기	비율	시기	비율
1981. 1.	1.0	1986. 4.	0.5 미만
1883. 1.	0.5 미만	1987. 1.	0.5 미만
1986. 4.	0.5 미만	1988. 1.	0.5 미만

출처: 유지훈(1995), p. 15.

가능하다고 보았으며, 심지어 절반의 서독인들에게 동독은 단지 하나의 외국으로 인식되고 있었다.[11] 그래서 그들에게 통일은 소원이 아니었고, 실제로 일상생활에서 통일이라는 표현을 거의 사용하지 않았다. 또한 정부가 공식적인 통일 방안을 가지고 있지도 않았으며, 학교에서의 통일 교육도 전혀 없었다.

이렇게 자신들의 분단을 현실로 받아들이고 통일보다는 동서독의 관계 개선에만 노력하던 서독에게 냉전 구도 해체라는 뜻하지 않은 기회가 주어졌고, 그들은 통일을 이룩하였다.

이에 반해 우리 민족은 통일이 가능하지 않으리라 생각하면서도 그에 대한 염원은 크게 식지 않았고, 오히려 이러한 염원이 서로를 더욱 경계하게 만들어 관계 개선조차 쉽지 않았다.[12] 물론 남북 관계의 개선을 어렵게 만든 것은 독일인들이 겪지 않았던 동족상잔의 상처가 있기도 하지만, 남한에게 통일이

11 유지훈(1995), pp. 14-17.

12 2015년 3월에 실시된 '통일이 언제쯤 될 것이라고 생각하십니까?'라는 질문에 우리 국민들은 '불가능' 16.0%, '30년 이상' 14.2%, '30년 이내' 9.8%, '20년 이내' 21.8%, '10년 이내' 20.6%, '5년 이내' 5.7%, 로 대답하였다. 나머지 11.9%는 '모름/무응답'이었다. 즉, 약 1/3은 통일이 안 되거나 먼 미래의 일로, 약 1/3은 10-30년 후의 일로, 약 1/3은 10년 이내의 가까운 장래의 일로 보고 있다(민주평화통일자문회의, 2015, p. 114).

표 1-3 북한의 무력 남침 가능성에 대한 의식

(단위: %)

	많이 있다	약간 있다	긍정 계	별로 없다	전혀 없다	부정 계
2005년	7.2	35.8	43.0	35.7	21.3	57.0
2014년	18.8	56.1	74.9	22.7	2.4	25.1

출처: 2005년 자료는 통일연구원, "통일문제 국민여론조사"(http://www.kinu.or.kr, 검색일 2011. 12. 10.). 2014년 자료는 박명규 외(2014), pp. 88, 335.

란 곧 '멸공 통일'이었고, 북한에게 통일이란 곧 '적화 통일'이었던 상황에서 이러한 통일에 대한 염원은 상대방을 호심탐탐 노리는 것이 되어, 더욱 경계하게 만드는 데 공헌하였다. 이것이 '우리 소원'의 역설이다.

다른 한편 우리 국민들의 북한에 대한 인식은 상당히 이중적이다. 〈표 1-3〉에서 보듯이 2005년 통일연구원 여론 조사에서 '북한이 남한을 무력으로 공격할 가능성이 어느 정도라고 생각하십니까?'라는 질문에 긍정이 43%이었다. 2008년 서울대학교 통일평화연구소의 조사에서는 긍정이 52.2%, 2011년 조사에서는 긍정이 78.3%까지 늘어났다. 2013년에는 66.0%가 되었다가 2014년에는 다시 74.9%가 되었다.[13] 즉, 우리 국민의 대다수는 북한을 잠재적 적국으로 생각하고 있다는 것이다.

그러나 다른 항목의 조사에서는 매우 다르게 응답하고 있다. 2005년 통일연구원의 같은 조사에서 '대북 지원 정책에 대해 어떻게 생각하십니까?'라는 물음에 72.3%가 긍정적으로 답하였다. 이것을 〈표 1-3〉의 자료와 비교해 보면, 약 30%가 북한이 우리를 침략할 가능성이 있음에도 지원해야 한다고 생각한다는 것을 보여 주고 있다. 2007년부터 시작된 통일평화연구원의 조사에서 '북한

13 박명규 외(2014), p. 88.

표 1-4 연도별 남북한 관계 인식

(단위: %)

	2007년	2008년	2009년	2010년	2011년	2012년	2013년	2014년
협력 대상	56.6	57.6	50.7	44.7	47.0	47.1	40.4	45.3
지원 대상	21.8	21.9	17.4	19.3	16.8	15.8	16.4	13.5
경쟁 대상	3.3	3.8	2.3	3.3	2.3	4.8	5.6	4.6
경계 대상	11.8	11.3	20.6	20.7	17.2	21.3	21.2	22.8
적대 대상	6.6	5.3	9.0	19.3	16.7	10.9	16.4	13.9

출처: 박명규 외(2014), p. 75.

은 우리에게 어떤 대상인가?'라는 질문에 대한 5가지의 선택지, 즉 '협력 대상'(우리와 힘을 합쳐야 할 대상), '지원 대상'(우리가 도와주어야 할 대상), '경쟁 대상'(우리와 선의의 경쟁을 하는 대상), '경계 대상'(우리가 경계해야 할 대상), '적대 대상'(우리의 안전을 위협하는 대상)에 대한 연도별 응답은 〈표 1-4〉와 같다. 2014년의 자료만 비교해 보아도 우리 국민의 74.9%가 북한의 무력 남침 가능성이 있다고 하면서도 45.3%가 '협력 대상', 13.5%가 '지원 대상'으로 인식하여, 58.8%가 북한을 우호적으로 인식하고 있음을 볼 수 있다.

더구나 우리 국민들이 주변 4강 국민들과 북한 주민에 대해 느끼는 감정적 친밀도를 나타내는 조사에서는 북한 주민을 가장 가깝게 느끼고 있다는 것이 명백하다. 위의 통일연구원의 2005년 조사에서 '귀하는 다음과 같이 축구 시합을 할 때 각각 어느 팀을 응원하겠습니까?'라는 질문에 대한 응답은 〈표 1-5〉와 같다. 주변 어느 국가와의 경기에도 북한을 응원하겠다는 응답이 압도적임을 보여 주고 있다.

이와 비슷한 2014년 평화통일연구원의 조사에서 '만약 월드컵에서 북한 팀

표 1-5 축구 시합에서 응원할 팀

(단위: %)

북한 대 미국	북한 대 일본	북한 대 중국	북한 대 러시아
81:19	95:5	90:10	93:7

출처: 통일연구원, "통일문제 국민여론조사"(http://www.kinu.or.kr, 검색일 2011. 12. 10.).

과 미국 팀이 대결한다면 어느 편을 응원하시겠습니까?'라는 질문에 응답자의 60.3%가 북한 팀을 11.5%가 미국 팀을 응원하겠다고 하였다.[14] 이것은 우리 국민의 상당수가 비록 전쟁에서는 같이 싸워야 할 미국이지만, 축구 시합에서는 미국보다 북한을 응원하겠다는 것을 의미한다. 이것이 북한 주민에 대한 우리 인식의 이중성이다. 북한은 적국이면서 동시에 형제국인 것이다.

이제 통일을 해야 하는 이유에 대해 검토해 보자. 2000년도 (사)좋은벗들의 조사에서 통일을 바라는 이유는 '한 혈육이기 때문에'가 48.9%로 가장 높았고, '국가의 정치 · 경제적 발전을 도모할 수 있기 때문에'가 22.1%, '전쟁의 공포 없이 안정된 생활이 가능하기 때문에'가 15.1%, '이산가족이 만날 수 있기 때문에'가 10.3%로 나타났다.[15] 2005년도 통일연구원 여론 조사에서 같은 질문에 대해 '단일 민족 재결합'이 35.0%로 가장 높았고, 다음으로 '경제 발전'이 27.9%, '전쟁 방지'가 20.4%, '이산가족 고통 해소'가 11.4%로 나타났다.[16] 2007년 이후 2014년까지 통일평화연구원의 조사에서도 비슷한 결과가 나왔다. 2007년부터 2014년까지 '같은 민족'이기 때문에로 응답한 비율은 50.5% → 57.9% → 44.0%

14 박명규 외(2014), p. 382. 나머지는 '양 팀 모두 응원하겠다'가 11.7%를, '어느 팀도 응원하지 않겠다'가 16.4%를 차지하였다.

15 (사)좋은벗들(2001), pp. 103-157.

16 통일연구원, "통일문제 국민여론조사"(http://www.kinu.or.kr, 검색일 2011. 12. 10.).

→ 43.0% → 41.6% → 45.9% → 40.3% → 42.4%로 나타나 항상 가장 큰 이유가 되고 있다. 다만 2009년 이후 '남북 간 전쟁 위협 해소'가 경제적 이유인 '선진국으로 도약'보다 앞선 점이 그 이전과 다른 점이다.[17]

북한 주민들의 통일에 대한 이유는 조금 다르다. 이산가족 문제나 전쟁 방지는 없고, 정치 · 경제적 발전, 특히 북한 주민의 생활 향상에 대한 기대가 높고, 그 다음이 단일 민족이라는 이유이다. 2005년도 위의 (사)좋은벗들의 설문조사에서 북한 주민들은 '국가의 정치 · 경제적 발전을 도모할 수 있기 때문에'가 42.9%로 가장 높고, '한 혈육이기 때문에'가 39.5%, '주민들의 생활 수준 개선 때문에'가 10.9%로 나타났다. 남한의 여론 조사와 항목을 맞추기 위해 국가의 경제 발전과 개인의 생활 수준 개선을 합치면 (정치)경제적 이유가 53.8%가 된다. 2011년 KBS의 조사도 이와 비슷하게 나온다. 102명 중 45명이 '경제가 좋아질 것'이기 때문이라 하였고, 43명이 '같은 민족'이기 때문이라 답하였다. 2014년 통일평화연구원이 남한에 정착한 북한 이탈 주민에 대한 조사는 남한에 살고 있기 때문에 조금 다르지만, 북한 주민들과 크게 차이가 나지 않는다. 이것을 요약하면 〈표 1-6〉과 같다.

남한 주민들이 통일이 필요한 가장 큰 이유로 단일 민족을 들고 있는 것에 비해, 북한 주민들이 정치 · 경제적 발전을 들고 있는 것은 북한 주민들이 정치 · 경제적으로 그만큼 더 절박하다는 것을 나타내는 것으로 해석해 볼 수 있을 것이다.

이와 같은 생각들을 바탕으로 보다 구체적으로 통일을 해야 하는 이유와 통일을 하면 생길 수 있는 문제점을 살펴보기로 한다.

17 박명규 외(2014), p. 41.

표 1-6 남북한 주민들이 생각하는 통일을 해야 하는 가장 큰 이유

(단위: %)

	연도	단일 민족	(정치)경제 발전	전쟁 방지	이산가족
남한	2000	48.9	22.1	15.1	10.3
	2005	35.0	27.9	20.4	11.4
	2009	44.0	18.6	23.4	8.5
	2014	42.4	17.6	26.9	8.8
북한	2005	39.5	53.8	-	-
	2011	42.2	44.1	-	-
	2014	24.1	53.9*	11.7	7.6

주: * 53.9%는 '북한 주민이 잘 살 수 있도록' 47.8%와 '북한의 선진국 도약' 8.3%의 합이다.
출처: 통일연구원, "통일문제 국민여론조사"(http://www.kinu.or.kr, 검색일 2011. 12. 10.); (사)좋은벗들(2001), pp. 103-157; KBS, "KBS 스페셜 통일 대기획"(http://www.kbs.co.kr, 검색일 2011. 12. 10.); 박명규 외(2014), p. 41; 정은미 외(2015), p. 37.

제2절 통일의 당위성: 분단 비용과 통일 편익

통일을 해야 하는 이유와 통일의 문제점을 보기 위해서는 분단 비용, 통일 비용, 통일 편익 등의 개념이 도움이 된다. 분단 비용이란 우리 민족이 두 개의 국가로 분단되어 있음으로 인해 지불해 왔고, 현재 지불하고 있는 모든 비용을 말한다. 이것은 분단에 따른 정신적 · 물질적 비용은 물론, 분단을 관리하기 위한 직접 · 간접의 비용을 모두 포함한다.

통일 비용이란 남북한이 정치적으로 하나의 안정된 공동체를 만들고 유지해 나가기 위해 지불해야 할 유형 · 무형의 그리고 직접 · 간접의 모든 비용을 말한다.

통일 편익이란 분단 체제 하에서는 가능하지 않았으나, 통일을 함으로써 얻을 수 있는 통일의 이익 배당금이다. 다르게 표현하면 이것은 분단으로 인해 할 수 없었던 것, 즉 분단의 기회비용이기도 하다. 통일 편익 혹은 분단의 기회비용은 통일 비용이나 분단 비용의 어느 차원에서도 논의할 수 있지만, 여기서는 편의상 분단의 기회비용 차원에서 논의할 것이다.

분단 비용 중 가장 먼저 정신적 비용으로 민족적 자존심 손상을 들 수 있다. 위의 논의에서 보았듯이 절반에 가까운 남북한 주민들은 바로 이것을 통일을 해야 하는 가장 큰 이유로 생각하고 있다.

우리 민족의 통일에 대한 강한 염원은 상당 부분 역사적 경험에 기인한다고 볼 수 있다. 우리 민족은 668년 신라가 고구려의 도읍이었던 평양성을 함락하여 3국을 통일한 이래로 1948년 남북한에 별도의 정부가 수립될 때까지 거의 13세기 동안, 비록 일시적인 분열과 주권을 빼앗긴 기간이 없지 않았지만, 하나의 정치 공동체를 구성해 왔다. 이러한 유구한 시간에 걸쳐 이민족과의 투쟁을 겪으면서 유지해 온 단일 정치 공동체로서의 경험은, 언어 및 문화의 동질성과 함께, 종족(ethnic group)이 곧 민족이며 국가(nation)라는 정체성을 심어 주었고, 이로써 우리는 강한 민족주의적 성향을 가지고 있다. 즉, 우리 민족은 종족, 민족, 국가의 범위를 동일한 것으로 간주함으로써 근대에 형성된 다른 어느 민족 국가(nation-state)들보다 더욱 역사를 바탕으로 응집력을 갖는 국가를 형성할 수 있는 기반을 가지고 있었다.[18]

18 민족(nation)이란 그 구성원들이 인종적, 언어적, 지리적, 문화 · 종교적, 역사적 동질성을 바탕으로, '남'과 구별되는 '우리'의 감정을 가지는 개인들의 집합체이다. 이 집합체 속에서 개인은, 비록 일정한 한계가 있지만, 정신적 · 물질적 이해관계를 공유하며, 전체의 이익에 자신을 희생할 준비가 되어 있을 만큼 충성심을 가지고 있다. 민족주의(nationalism)란 이렇게 정의된 민족을 계급, 종교, 혹은 인류의 보편적 인도주

이러한 우리 민족의 역사적 경험은 70년의 짧지 않는 분단의 역사에도 불구하고, 또 통일이 가져다줄 적지 않은 잠재적 문제점에도 불구하고, 남북한 대부분의 구성원들에게 통일에 대한 염원이 식지 않게 하는 감정적 원동력이 되고 있다.

뿐만 아니라 우리와 유사한 형태로 민족이 분단되었던 독일, 예멘, 베트남이 어떤 방법으로든 모두 통일을 이루었다. 그러나 우리는 민족 번영의 가장 기초적 전제가 되는 민족 국가조차 아직까지 형성하지 못하고 있다. 이로써 우리의 민족사, 문화, 심지어 언어마저 단절되어 가고 있다. 이렇게 분단이 오랫동안 지속되면 결국 민족적 정체성조차 잃어버리게 될 것이다.

둘째, 우리 국민 개개인에게 직접 연관이 있는 개인적 차원의 비용으로 남북한의 거의 모든 건강한 남자는 일정 기간 군복무를 해야 하는 인적 비용이다. 2014년 기준, 남한에서 63만여 명, 북한에서 120만여 명의 가장 생산성 높은 젊은이들이 군복무에 임하고 있다.[19] 짧게는 2년에서 길게는 10년 동안 군복무로 이들이 치르고 있는 기회비용은 엄청나다. 이것은 개인적으로뿐만 아니라 민족 전체의 차원에서도 큰 손실이다.

물론 통일을 한다고 해서 군대가 없어지는 것은 아니다. 한 국가를 보위하기 위해 필요한 적정 상비군 규모는, 그 국가의 지정학적 조건에 따라 다르기는 하지만, 통상적으로 전체 인구의 0.2%에서 1% 미만의 수준으로 보고 있다. 〈표 1-7〉은 남북한과 주변 4강의 상비군 규모와 비율을 보여 준다.

의보다 더 우선하는 이념으로 단순히 국가를 사랑하는 애국심과는 다르다. 우리의 민족주의 형성을 보면, 서구에서와 같이 시민 의식 혹은 국민 주권 의식에서 시작된 것이 아니라, 상당 부분 16세기 말과 17세기 왜(倭) 및 호(胡)의 침략, 18세기와 19세기 서구 문물과의 접촉, 20세기 전반 식민지 지배 등으로 민족적 자부심보다는 저항적 민족주의 성격으로 발달하였다.

19 국방부(2014), p. 239.

표 1-7 남북한과 주변 4강의 상비군 수와 군사비

국가	인구* (백만 명)	병력 수* (만 명)	병력/인구(%)	GDP* (억$)	국방비* (억$)	국방비/GDP(%)	1인당 국방비($)
한국	51	63	1.24	12,600	305	2.42	596
북한	25	120	4.80	296**	10**	3.38	40
미국	325	149.2	0.46	162,000	6,004	3.7	1,896
일본	127	24.7	0.19	51,500	510	0.99	401
중국	1,402	233.3	0.17	90,200	1,122	1.24	83
러시아	142	84.5	0.59	22,100	682	3.08	478

주: * 인구 2015년 기준, 병력 2014년 기준, GDP 및 국방비 2013년 기준.

** 북한의 GDP는 남한과의 비교치로 환산, 국방비는 북한 최고인민회의가 발표한 자료로 2013년의 군사비를 북한 전체 예산(북한 공식 환율 기준 62.5억 달러)의 16%(북한의 공식 환율 기준 10억 달러), 2014년과 2015년은 예산의 15.9%라고 발표한 자료에 의한 것이다. 북한의 자료는 환율 때문에 다른 국가의 자료와 비교가 어렵다(통일부 북한 정보 포털(http://nkinfo.unikorea.go.kr), 검색일 2015. 10. 2). 이에 비해 통일부는 북한의 국방비를 GDP의 30% 정도로 추정하고 있다. 이 경우 북한의 국방비는 88억 8,000만 달러, 1인당 국방비는 355달러가 된다. 남북한을 비교할 수 있는 스톡홀름 국제평화연구소 자료에 의하면 2014년 남한의 국방비는 366억 7,700만 달러(1인당 741달러), 북한은 8억 2,500만 달러(1인당 33달러)이다(Stockholm International Peace Research Institute(SIPRI), SIPRI Military Expenditure Database(http://www.sipri.org, 검색일 2015. 10. 19.)). 이 출처 역시 북한 자료는 정부의 공식 발표에 의한 것이며, 군수 산업 투자는 포함하지 않음을 명시하고 있고, 적절한 환율 기준이 없음을 명시하고 있다.

출처: 국방부(2014), pp. 236-239; 통계청, "세계와 한국의 인구현황 및 전망," 통계청 보도 자료(2015. 7. 8.), p. 29.

2014년 기준 미국은 인구의 0.46%, 중국은 0.17%, 러시아는 0.59% 수준으로 상비군을 유지하고 있다. 통일을 한 독일의 현재 상비군은 18만 6,000명으로 인구 8,300만 명의 0.22%를 유지하고 있다.[20] 이에 비해 남한은 인구의 1.24%, 북한은 무려 4.8%에 해당하는 상비군을 유지하고 있다.[21] 남북한 상비군 수를 합하면

20 국방부(2014), p. 238. 2013년 독일의 국방비는 442억 달러로 GDP 3조 6,000억 달러의 1.23%를 지출하고 있다.

21 북한의 경제 규모, 예산, 국방비 등은 추정 기관에 따라 다르지만 인구 대비 군인 수와 GDP 대비 국방비 지출이 세계에서 가장 높다는 데는 이론이 없다.

미국보다 많고, 한반도의 77배에 달하는 영토를 가진 러시아의 2배 이상이다.

셋째, 경제적 관점에서 분단의 관리를 위해 남북한 공히 엄청난 자원을 지출해 왔고 현재도 지출하고 있다. 〈표 1-7〉에서 보듯이 현재 우리는 러시아와 비슷하게 국내 총생산(GDP)의 2.42%를 국방비로 사용하고 있지만, 이것은 중국과 독일(1.23%)의 약 2배, 일본의 약 3배 정도 높은 비율이다. 1976년부터 1982년까지 우리는 국민 총소득(GNI)의 5% 이상을 국방비로 사용하였고, 이것은 당시 정부 재정의 3분의 1에 해당하는 금액이었다. 1970년대 초 북한은 그들의 공식 발표 자료에서도 GNI의 20% 이상을 국방비로 사용한 것으로 나타났다.[22] 냉전 체제가 해체된 후 약 10년이 지난 1998년 기준, 북대서양조약기구(North Atlantic Treaty Organization, NATO)의 유럽 14개국 평균 국방비가 GDP의 2.1%에 불과하였고, 중앙 · 남아메리카 국가들의 평균 국방비가 각각 1.3%와 1.9%였던 점을 감안하면 우리의 국방비 지출로 인한 기회비용이 얼마나 큰지 알 수 있다.[23] 뒤에서 구체적으로 논의되겠지만, 현재 북한이 겪고 있는 경제난의 큰 원인 중 하나가 과도한 국방비 지출이다.

국방 분야뿐만 아니라, 남북한 모두 분단을 관리하기 위해 상당히 많은 기구와 단체를 운영하고 있다. 우리의 통일부와 국가정보원, 경찰의 일부 부서를 비롯하여 적지 않은 정부 기관 및 사회 단체들이 분단 때문에 존재한다. 이 문제는 사회 통제가 심한 북한에서 훨씬 더 심각하다. 이와 같은 기구와 단체를 운영하는 비용 모두가 분단의 관리 비용이다.

22 양운철 · 정성장 · 김치욱 · 오경석 · 김영윤(2011), pp. 150-151.

23 International Institute for Strategic Studies(IISS)(1999), pp. 300-305. 1998년 기준으로 세계 모든 국가의 GDP 대비 국방비 평균은 4.2%이며, 전 세계 GDP 대비 전 세계 국방비는 2.6%이다. 이러한 불균형은 빈국들이 부국보다 상대적으로 많은 국방비를 지출한다는 것을 의미한다.

경제적인 기회비용의 측면에서 볼 때 분단이 아니었더라면 남북한의 대내 소비자는 2015년도 기준 7,600만 명으로 우리 산업의 규모의 경제(economy of scale)를 이룰 수 있다.[24] 이에 더하여 분단으로 인한 군사적 긴장이라는 요소는 과거 우리가 해외 자본 유치에 어려움을 겪었던 배경이기도 하였고, 이것은 아직도 '코리아 디스카운트'(Korea Discount)로 불리는, 우리 기업의 가치에 비해 주가가 저평가되어 온 한 원인이기도 하다.

뿐만 아니라, 우리는 반도 국가라 말하지만, 남한은 바다를 건너지 않고 대륙으로 갈 수 없는 섬나라와 같다. 2000년 남북 정상 회담 이후 논의되기 시작한 남북한 철도 연결은 부산과 베를린을 잇는 이른바 '철의 실크로드'에 대한 기대에 남북한은 물론, 러시아, 중국, 몽골, 카자흐스탄 등의 여러 나라가 비상한 관심을 보이고 있다. 아시아 횡단 철도(Trans-Asian Railway, TAR)는 막강한 잠재력에도 불구하고, 그 사이 북한 지역이 마지막 단절 구간(missing link)으로 존재함으로써 그 진가를 발휘할 수 없다. 만약 한반도 종단 철도(Trans-Korean Railway, TKR)와 시베리아 횡단 철도(Trans-Siberian Railway, TSR)가 연결된다면, 서울에서 베를린 구간은 1만 1,569km로서, 2만 1,747km에 달하는 해운 거리의 절반에 불과하다. 이 밖에도 시베리아의 각종 풍부한 자원을 쉽게 도입할 수 있으며, 우리는 육로로 유럽의 끝까지 여행할 수 있게 된다. 이렇게 볼 때, 반도국의 입지를 살릴 수 없었던 경제적 기회비용은 이루 말할 수 없이 크다.[25]

넷째, 정치적으로 남북한의 적대적 대치 상황은 남북한 모두 효율성이라

24 2015년 기준 독일 인구는 8,300만 명, 프랑스는 6,500만 명, 영국은 6,400만 명이다(통계청, 2015, p. 26).

25 유라시아 대륙이 우리와 철도로 연결되는 것에 대해, 우리가 북한을 철도로 간다는 사실을 제외하면 경제적으로 큰 이점이 없다는 견해도 있다. 이것은 이춘근(2015), pp. 177-192 참조.

는 이름으로 민주화에 적지 않은 부정적 영향을 미칠 수밖에 없었다. 비록 역사를 가정할 수는 없지만, 분단 상황이 아니었다면 5.16쿠데타와 유신 체제 그리고 12.12사태 등은 가능하지 않았을지도 모르고, 오늘날 국론 분열의 한 원인이 되고 있는 남남 갈등은 없었을 것이다. 특히, 분단 상황이 아니라면 북한의 대를 이은 1인 독재는 결코 가능하지 않았을 것이다.

다섯째, 외교적인 문제로서 분단은 우리의 자주적 외교에 큰 부담을 줄 수밖에 없다. 냉전 기간 중에는 말할 것도 없고, 그 이후에도 주변 4강인 미국, 일본, 중국, 러시아와의 관계에서 우리는 이들의 이른바 '북한 카드'라는 대북한 관계를 의식하지 않을 수 없었기 때문에, 외교가 자유스러울 수 없었고, 현재도 그렇다. 특히, 안보를 의존하는 미국과의 관계에는 정치 · 경제적 부담을 느끼지 않을 수 없는 상황이며, 북한에 대한 영향력의 차원에서 중국에게도 상당한 부담을 가지고 있다.

분단국의 외교적 딜레마를 이해하기 위해서는 안보 딜레마와 동맹 딜레마의 개념이 유용하다. 안보 딜레마란 한 나라가 자국의 안보를 위해 가상 적국보다 우위의 군사력을 확보하려고 군사비 증액 등으로 군사력을 증진시켜도 이것은 가상 적국의 동일한 노력을 유발하기 때문에 상대적 안보 상황은 전혀 나아지지 않는 현상을 말한다.[26]

이 문제를 해결하기 위해 국가들은 다른 국가와 동맹을 통해 안보를 확보하고자 한다. 그러나 군사 동맹은 또 다른 종류의 대외 안보 위협인 동맹 딜레마에 노출될 수 있다. 이것은 제3국에 대해 동맹 당사국 간의 이해가 완전히 일치하는 경우에는 문제가 발생하지 않지만, 이해가 다를 때는 포기(abandonment)

26 Glenn Snyder(1984), p. 461. 안보 딜레마의 개념을 최초로 사용한 학자는 헤르츠이다(John Herz, 1851).

와 연루(entrapment)의 위험에 노출되는 현상을 말한다. 포기란 동맹국의 제3국에 대한 군사적 행동이 자국의 이익과 달라 동맹의 약속을 이행하지 않으면, 자국이 필요할 때 그 동맹국으로부터 포기를 당할 수 있는 위험을 말한다. 연루란 만일 이 포기가 두려워 약속을 이행하면, 자국의 이익을 저해하는 분쟁에 말려드는 위험을 말한다. 이러한 상황에서 상대적으로 약한 동맹국은 강한 동맹국이 제공하는 안보와 자국의 외교적 독자성, 즉 대외 주권을 교환하는 상황에 처하게 되는 것이다.[27]

한국전쟁 이후 지속된 남북 간의 적대적 대립 관계에서 자주 국방의 노력은 상대방의 국방 강화를 부추기는 안보 딜레마를 초래하였다. 최초의 군비 경쟁은 1960년대 초 중소 분쟁에서 비롯된 동맹 딜레마를 벗어나기 위한 북한의 노력으로 시작되었다. 1960년부터 북한은 주체사상을 내세우기 시작하였고, 자주 국방 노력의 일환으로 1963년에는 '전 인민의 무장화, 전군의 간부화, 전군의 현대화, 전국의 요새화'라는 이른바 '4대 군사 노선'을 추진하였다. 이러한 북한의 국방력 강화는 바로 남한의 국방력 강화로 이어졌다. 두 번째의 안보 딜레마 현상은 남한의 군비 강화에 의해 시작된다. 1960년대 말 미국의 닉슨 독트린과 주한 미군 일부 철수는 남한에게 심각한 안보 위기 의식을 낳게 하였고, 이것은 1974년 제1차 율곡 사업(1974-1981)의 시작으로 이어진다. 그러나 이것은 역시 북한의 군비 확대, 현역 군인 수 확대, 특수전 병력 확대(1만 5,000명에서 4만 1,000명)를 낳았다. 세 번째의 안보 딜레마 현상은 1990년대 초 남한의 북방 정책 성공과 함께 압도적인 경제력을 바탕으로 한 남한의 '방위력 개선 사업'이 북

27 Glenn Snyder and Paul Diesing(1977), p. 430. 동맹 협상에서 협상력을 결정 짓는 상대적 의존성의 정도는 ① 자국의 독자적인 힘, ② 적대국 혹은 적대적 동맹의 힘, ③ 자국의 동맹에 대한 대안에 의해 결정된다. 이것을 한미 동맹에 적용해 보면, 우리의 상대적 의존성을 짐작할 수 있다.

한의 안보 우려를 낳았다. 이러한 남한의 노력에 북한은 경제력의 한계를 극복하기 위해 군인 수를 80만 명 수준에서 120만 명 수준으로 증대하였고, 상대적으로 비용이 적게 드는 핵무기 개발 계획을 적극적으로 추진하게 되었다.[28]

이러한 남북 간의 안보 딜레마와 함께 한미 간에는 동맹 딜레마가 진행되었다. 우리는 심각한 대북 안보 위협에 직면하여, 미국과 동맹을 맺었고, 미국의 포기가 두려워 연루를 자원하고 나섰다. 한국전쟁 당시에는 우리 군대에 대한 작전권마저 미국에게 부여하였고, 오랫동안 주한 미군에 대한 주둔군지위협정(Status of Forces Agreement: SOFA)조차 존재하지 않았다. 1954년 이승만 정부는 우리 스스로의 국방조차 확보할 수 없었던 상황도 불구하고 미국이 지원하는 인도차이나전에 파병을 자처하였다. 두 번째의 자발적 연루는 1961년 한국이 월남 파병을 미국에 제의한 것이다. 우리는 1965년 전투병을 파병하기 시작하였고, 1968년에는 최대 5만 명의 한국군이 월남에 파견되었다. 1973년까지 8년간 총 31만 2,000명의 병력이 파견되었고, 5,099명의 전사자와 1만 1,232명의 부상자를 낳았다.[29] 이 대가로 1967년 우리는 미국과 SOFA를 맺을 수 있었고, 민사관할권을 일부 받을 수 있었다.

그러나 1980년대 후반부터 우리 정부는 북한에 대한 경제적 자신감과 북방정책의 성공으로 포기에 대한 위험을 우려하기보다 상대적으로 연루에 대한 위험을 더 크게 생각하기 시작하였다. 1990-1991년의 제1차 걸프전 당시 우리는 전투병 파병을 고려조차 하지 않았고, 대신 사우디아라비아로부터 받은 의료병 파병 요청에 응하여 단지 123명의 의료 지원단만 파견하였다. 미국에 대한

28 조동준(2004), pp. 25-49.
29 최용호(2004), p. 429.

현금 지원도 미국의 요청이 있은 후 지원하였다. 그러나 추가 현금 및 군 수송기 지원은 미국의 요청 이전에 이루어졌다.

이러한 상황은 1991년 제1차 SOFA 개정을 낳았고, 여기서 제한적이지만 형사 관할권을 확보하였으며, 기지 사용에 관한 제한도 어느 정도 확보하였다. 2000년 남북 정상 회담 이후 남북 간 교류 확대는 포기와 연루의 중간 위치에서 정책을 결정한 것으로 보인다. 2003년 3월에 시작된 제2차 걸프전에는 그해 9월 미국이 폴란드형 사단 규모의 경보병 부대 파병을 공식적으로 요청한 후에도 5개월이 지난 2004년 2월 국회의 동의를 얻어 3,000명 규모로 파병하였다. 또한 2001년 제2차 SOFA 개정이 있었고, 여기서 형사 관할권 확보, 민사 관할권 강화, 기지 사용에 관한 제한 강화 등도 이루어졌다.[30]

뿐만 아니라 외교적 기회비용 또한 적지 않다. 남북한이 분단되지 않았다면, 한반도의 지정학적인 위치와 상대적인 힘을 감안해 볼 때, 또 이념의 대립이 사라진 탈냉전의 시대라는 점을 감안해 볼 때, 우리는 주변 4강에 대해 안정자 혹은 균형자의 역할을 수행할 수 있는 여건을 가지고 있다. 그러나 이와 같은 역할은 분단 문제가 해결되지 않는 한 불가능하다.

여섯째, 인도적 차원에서 이산가족 문제이다. 한국전쟁 후 우리는 1,000만 이산가족이라 하였다. 남북한의 인구가 1955년에 3,000만을 넘겼으니 당시 인구의 3분의 1이 이산가족이었던 셈이다. 2000년도 말 기준, 남한 내에 생존한 이산가족 1세대는 약 123만 명이었으며, 이 중 60세 이상이 69만 명에 달하였다. 2015년 9월 말 기준 통일부의 '이산가족정보통합센터'에 1988년 이후 이산가족 상봉 신청자로 등록된 13만 409명 중 절반에 가까운 6만 3,921명이 사망하여 생

30 조동준(2004), pp. 25-49.

존자는 6만 6,488명이다. 생존자 중 부부, 부모, 자녀 등 직계 가족 관계가 45.3%인 3만 141명이고, 90세 이상이 12%, 80세 이상이 42%에 달한다. 분단 이후 당국 차원의 이산가족 상봉 건은 2015년 9월 말 현재 총 3,668건에 불과하다.[31]

어느 국가든 가족이 같이 살지 못하게 막는 나라는 없다. 심지어 서로 다른 국가들 사이에서도 이산가족 방지는 국적 취득에 가장 높은 우선순위가 부여되어 있는 것이 국제적 관행이다. 이러한 비인도적 이산가족 문제는 당사자들에게 어떠한 것보다 더욱 분단을 고통스럽게 만들고 있다. 더구나 위에서 보았듯이 분단이 장기화되면서 이산가족 중 많은 수가 고인이 되어 가고 있는 현상은 이들을 더욱 아프게 하고 있다. 혹자는 같은 민족이면서 다른 국가를 구성하고 있는 미국과 영국, 독일과 오스트리아 등이 서로 떨어져서 잘 지내고 있는데 왜 우리가 통일을 꼭 해야 하느냐고 반문하지만, 바로 이 이산가족 문제가 그들과 크게 다른 점이다.

마지막으로, 그러나 결코 적지 않는 분단 비용은 우리가 통일의 꿈을 버리지 않는 한, 우리의 안보는 항상 불안할 수밖에 없다는 점이다. 우리 민족의 강한 통일에 대한 염원은 서로 다른 체제를 가진 상대방 정부의 정통성을 부정하게 하였고, 이로써 역설적으로 이 염원 자체가 상대방에게 서로의 안보 위협으로 작용해 왔다. 따라서 통일에 대한 염원이 있는 한, 그것이 같은 체제로의 염원이 아니라면, 통일을 이루지 않고 우리의 안보 문제는 결코 해결될 수 없다.

이러한 정신적 · 물질적 분단 비용과 분단의 기회비용 혹은 통일이 되었을 때 얻을 수 있는 통일 편익을 금액으로 표시한다는 것은 전혀 가능한 일이 아니다. 그 이유는 먼저 민족적 자존심과 같은 정신적 비용, 분단국으로 겪는 외교

31 통일부, "이산가족 교류현황"(http://www.unikorea.go.kr, 검색일 2015. 10.).

적 어려움, 이산가족의 고통 등은 추상적이어서 금액으로 환산할 수 없을 뿐만 아니라 개인의 가치에 따라 주관적인 비용이므로 추산이 불가능하기 때문이다. 통일 편익 역시 어떤 방식으로 얼마나 효율적으로 통일이 이루어지느냐에 따라 완전히 달라질 수 있는 것이다. 또한 국방비나 인적 자원 낭비 등과 같은 물질적인 비용도 통일을 한 후 어느 수준이 적정 수준의 비용이냐에 따라 분단의 관리 비용이 달라질 수밖에 없기 때문이다. 단지 우리는 이러한 유무형의 비용이 존재하고, 그 크기는 엄청난 수준이라고 볼 뿐이다.

제3절 통일의 문제점: 통일 비용

비록 금액으로 산정할 수 없지만, 분단의 관리 비용과 통일 편익만 본다면 우리는 반드시 통일을 해야 한다. 그러나 통일이 그렇게 간단할 수 없는 이유는 이것이 과연 어떤 대가를 치르고 얻을 수 있을 것인가라는 점이다. 통일을 위해 지불해야 할 유형, 무형의 대가가 바로 통일 비용이다.

통일 비용에 대한 논의는 통일의 방법과 과정에 따라 완전히 달라질 수밖에 없기 때문에, 분단 비용을 논의하는 것보다 훨씬 더 어렵다. 따라서 여기서는 논의의 편의를 위해 몇 가지 전제 조건을 두기로 한다.

먼저 평화적인 통일을 상정한다. 통일이 아무리 중요하다고 해도 수백만의 생명이 달린 전쟁을 통해 이룩할 수는 없다. 우선 인간의 생명을 금액으로 계량화할 수도 없거니와, 뒤에서 보다 상세히 논의되겠지만, 현재의 남북한 군사력을 감안할 때 전쟁 비용은 상상 가능한 어떠한 분단의 관리 비용도 넘어선다. 따라서 할 수만 있다면 평화적인 통일이어야 한다.

둘째, 남한의 정치 및 경제 체제로 통일하는 것을 상정한다. 평화적 통일에서 가장 핵심적인 문제는 통일 이후의 체제 선택에 관한 문제이다. 이것은 서로 다른 체제로 하나의 통일된 국가를 형성한다는 것 자체가 불가능할 뿐만 아니라 무의미하기 때문이다. 사실 지난 반 세기 동안 남한은 남한의 체제로 북한은 북한의 체제로 통일하자고 주장해 왔다. 그러나 이제 우리가 공산당 1당 독재와 사회주의 계획 경제 체제로 통일한다는 것은 상상할 수 없다. 그렇다면 우리에게 통일이란 곧 북한이 정치적으로 민주주의, 경제적으로 시장 자본주의 체제를 가지는 것이고, 평화적 통일이란 북한이 자발적으로 이러한 체제를 가지겠다고 원하는 경우에만 가능하게 된다. 따라서 가장 이상적으로 북한이 스스로 남한의 체제로 통일하겠다고 선택한 통일을 가정한다.

셋째, 통일의 과정을 비교적 단시일 내(최장 10년 이내)에 이룩한다는 것을 상정한다. 통일의 가장 가시적 제도적 현상은 단일 정부 구성, 특히 주권의 최종적 표현인 단일 군대 구성이다. 그러나 일상적인 삶에서 통일의 가장 가시적 현상은 인적 · 물적 이동이 아무런 제한 없이 이루어지는 단일 경제, 단일 시장이다. 독일은 1년 정도의 통일 협상 기간을 거치고 이 두 가지가 동시에 이루어진 급진적 방식이었다. 단일 정치 공동체가 아닌 것은 통일이 아니다. 그러나 단일 경제 구성은 통일의 방식에 따라 단계적으로 이루어질 수도 있다. 단일 경제 구성을 이루는 기간에 따라 급진적 통일과 점진적 통일로 구분할 수 있을 것이다. 기간을 정확히 구분하기는 어렵지만, 대충 1-5년의 기간이면 급진적, 5년을 넘으면 점진적이라 볼 수 있다.

만일 이 기간을 무한정으로 잡는다면 통일 비용을 논의할 필요가 없다. 이것은 마치 유럽연합(European Union, EU)의 형성 과정처럼, 남북한이 서로의 이해에 따라 우호적인 경제 교류를 하면서 수십 년의 기간을 거쳐 서서히 통합해 나가는 방식이라면 구태여 통일 비용이 필요 없기 때문이다. 실제로 남북한이 50년간 '일국양제'를 하기로 한 중국–홍콩의 통합과 같은 방식으로 통합한다면 통일 비용은 거의 없고 통일의 효과는 엄청날 것으로 예측한 연구도 있다.[32]

이러한 전제 하에서 통일이 이루어질 때, 통일 비용에 대한 기존의 연구들은 대략 5가지의 다른 방법을 사용하여 추정되어 왔다.[33] 방법론의 시기적 순서로 보면, 첫째는 독일 통일의 재정 지출을 기준으로 우리의 소득 수준과 재정 규모를 대비하는 방식이다. 즉, 독일 정부가 통일 후 통일 비용으로 지출한 GDP 대비 비율을 우리의 GDP에 대비하여 계산하는 방식이다. 이 방식은 위의 가정에 부합하면서 실제로 통일이 이루어진 사실을 바탕으로 한 중요한 경험적 가치를 지닌다. 그러나 이 방식은 동서독의 상황과 남북한의 상황이 다르다는 점을 고려하지 않는다는 비판을 받을 수 있다. 실제로 1989년 서독 대비 동독은 인구에서 3.68 대 1(서독 6,140만 명, 동독 1,670만 명으로 동독이 서독의 27.2%)이었던 것에 비해 2014년 기준 남북한은 2:1이고, GNI에서 서독 대비 동독은 11 대 1(서독 2조 3,640억 달러, 동독 2,120억 달러로 동독이 서독의 9.0%)이었던 것에 비해 남북한은 43.7 대 1이며, 1인당 소득에서 서독 대비 동독은 3 대 1(서독 3만 8,500달러, 동독 1만 2,700달러로 동독이 서독의 33.0%)이었던 것에 비해 남북한은 21.4 대 1이다.[34]

32 Goohoon Kwon(2009). 이 연구는 남북한이 중국-홍콩과 같은 통합을 하면 40년 후인 2050년에는 통합 한국의 GDP가 영국, 일본, 프랑스 독일을 앞지를 것으로 예측하였다. 이 '골드만삭스' 자료는 통일을 희망하는 사람들에게 널리 인용되고 있다.

33 양운철(2006), pp. 48-51.

또한 동서독은 분단 기간이 40년이었던 것에 비해 남북한은 분단이 70년이 되어 가고 있다.

둘째는 남북한 균등 소득 혹은 북한의 목표 소득을 계산하는 방식이다. 이것은 통일 후 일정한 목표 시기를 정하여 그 목표를 달성하는 데 드는 재원을 추정하는 것이다. 예를 들면, 통일 후 10년 후에 북한 주민의 평균 소득이 남한 주민의 70%가 되도록 하는 데 드는 비용을 추정하는 방식이다.

셋째는 보다 정교한 '연산 가능 일반 균형'(computable general equilibrium, CGE) 모델을 사용하는 방식이다. 이것은 제도 개혁과 투자가 여러 분야의 산업에 미치는 효과를 시장의 일반 균형 모델에 대입하여 시뮬레이션을 통해 추정하는 방법이다. 이 방법은 통일 시나리오에 따라 다르게 비용이 추정된다.

넷째는 통일의 비용과 편익을 동시에 고려하는 방법이다. 즉, 분단의 관리 비용과 통일이 되었을 때 얻어지는 편익, 예를 들면 절약되는 군사 비용 등을 추정하고 계산하는 방법이다. 2014년 국회예산정책처가 발간한 통일 비용과 편익의 개념은 〈표 1-8〉과 같다.

다섯째는 통일 편익을 강조하는 방식으로 통일 비용을 위기 관리 비용, 제도 통합 비용, 경제적 투자 비용 등으로 세분하여 순통일 비용을 추정하는 방법이다. 즉, 투자 비용은 손실을 초래하는 위기 관리 비용과 달리 수익을 발생하는 비용으로, 시간이 지나면 비용의 액수가 문제되지 않기 때문에 단순한 소모성 비용과 구분하여 추정하는 방식이다. 국회예산정책처가 2014년 말에 발표한, 북한 지역의 경제 성장률 등 거시 경제 전망 방법인 성장 회계 모형(growth accounting model)을 이용하여 통일의 경제적 비용과 편익을 연구한 자료에 의하

34 한국은행(http://www.bok.or.kr, 검색일 2015. 9. 3.).

표 1-8 통일 비용과 통일 편익의 개념

	통일 비용	통일 편익
경제적	• 남한의 비용 - 북한 SOC 투자 및 북한 경제 재건 비용 - 북한 주민 지원 비용(생계 보조비, 실업 수당, 보건 의료비 등) - 남북 제도 통합 비용 - 인구 이동에 따른 주거, 교통, 교육, 의료 부문 등의 혼잡 비용 • 북한의 비용 - 체제 전환에 따른 비용 - 노동력 부족 및 실업 증가 - 인플레이션	• 남한의 편익 - 북한 투자로 경기 활성화 - 분단 유지 비용 절감(국방, 외교비 등) - 국가 위험도 감소 - 규모의 경제 실현 및 생산 요소의 유기적 결합(노동력, 천연자원 등) - 시너지 효과(물류비 절감, 주변국과의 교역 확대) • 북한의 편익 - 분단 유지 비용 절감 - 시장 확대, 기술 혁신, 생산성 제고 - 대규모 SOC 개발 및 지하자원 개발
비경제적	• 남한의 비용 - 사회적 혼란 • 북한의 비용 - 국가 체제의 격변 - 사회 혼란(체제 부적응자 증가) - 소득 격차 및 국민적 열등감	• 남북한의 편익 - 국가 브랜드 가치와 국제적 인지도 제고 - 스포츠 강국 부상 - 관광 문화 산업 발전 - 북한 주민의 인권 신장과 이산가족 문제 해결

출처: 국회예산정책처(2014), p. 5.

면 2015년 통일의 경우, 2016-2060년까지 45년 동안 한반도 통일 비용은 4,657조 원(연평균 103조 원, 2005년 가격 기준)인 데 비해, 경제적 편익은 1경 9,111조 원(연평균 425조 원)으로 통일의 순편익은 1경 4,451조 원(연평균 321조 원, 2005년 가격 기준)으로 비용 대비 3.1배의 경제적 이득이 있을 것으로 추정하였다.[35]

이러한 다양한 방식에 의한 통일 비용 연구 결과를 국회예산정책처의 연

35 국회예산정책처(2014), p. 134.

구는 〈표 1-9〉와 같이 정리하고 있다. 표에서 보듯이 연구자 간 격차는 매우 크다. 이것은 한편으로 이러한 연구의 효용성에 의문을 제기할 수도 있지만, 다른 한편으로 통일의 과정과 방법을 어떻게 가정하느냐에 따라 통일 비용이 매우 달라질 수 있다는 것을 의미하기도 한다.

이러한 연구들이 보여 주는 경향성을 정리하면 다음과 같다. 첫째, 독일식으로 통일을 관리할 경우, 통일 비용은 남한 GDP의 약 4-5%, 혹은 1990-2000년 기준 금액으로 연간 약 200억 달러 정도가 소요된다는 것이다. 둘째, 통일의 기대 연도가 늦어질수록 비용이 증가한다는 것이다. 이것은 남북 간 경제 격차가 점차적으로 확대되기 때문일 것이다. 셋째, 통일 기간 혹은 소득 목표 기간이 길어질수록, 또 소득 목표 수준이 낮을수록 통일 비용이 감소한다는 것이다. 즉, 빠른 시간 내에 남북 간의 소득 균형을 이루거나, 북한 주민들의 복지 수준을 높이려면 많은 비용이 필요하고, 역으로 균등 소득 기간을 길게 하고 단지 북한 주민의 자생을 도우면서 남북 주민 간 생산성이 비슷해질 때까지 거주 이전이 자유로운 단일 시장 구성을 미루면 장기적으로 이익이 생기는 투자 비용만으로도 통일이 가능할 수 있다는 것이다. 거주 이전이 자유로운 단일 시장과 그렇지 않은 것의 차이는 2006년 개성공단의 근로자 월평균 인건비가 68달러에 불과하였고, 2014년에도 155.5달러로 가능하지만, 우리 사회에서 외국인 근로자의 인건비는 최소 월 1,000달러 이상이 소요된다는 것을 생각해 보면 이해가 쉬울 것이다.[36] 그러나 다른 한편 소득 목표 기간을 길게 하는 방식은 북한 주

36 개성공단에서 북한 근로자의 임금은 최저 임금(기본급), 가급금(야간 근무 및 휴일 근무), 성과급으로 구성된다. 이 외에 입주 기업은 임금과 별도로 월 임금의 15%를 사회 보험료로 납부한다. 사회 보험료 포함 연도별 월평균 지급액은 2006년 68.1달러(기본금 50달러), 2008년 74.1달러(기본급 55.1달러), 2010년 93.7달러(기본급 60.8달러), 2012년 134달러(기본급 67달러), 2014년 155.5달러(기본급 70.3달러)였다(홍양호, 2015, p. 6).

표 1-9 통일 비용 연구 결과

연구자	출판 연도	통일 시점	통일 비용	추계 방법 및 기준
KDI	1991	2000	점진적 통일 시: 최대 2,102억 달러 급진적 통일 시: 최대 3,121억 달러	
황의각	1993	1990 1995 2000	3,120억 달러 7,776억 달러 1조 2,040억 달러	목표 소득 설정/투자 (민간 투자 포함)
이상만	1993	2000	10년간 2,000억 달러	독일과의 비교/정부 지출
연하청	1994	2000	19년간 2,300억-2,500억 달러	목표 소득 설정/정부 지출
이영선	1994	1990 2010	40-50년간 3,300억 달러 40-50년간 8,410억 달러	목표 소득 설정/정부 지출 남한 소득 이전
배진영	1996		1993년 기준 5년간 4,880억 달러	독일과의 비교/정부 지출
정갑영 외	1996		1995년 기준, 32년간 4,120억 달러	북한의 적정 경제 성장률(13,5%) 고려/소득 균등화 수요 투자액
Noland	1996	2000	3조 1,720억 달러	목표 소득 설정 총투자 CGE 모형 북한의 자본-산출 비율 적용 CGE 모형 시장 경제의 자본-산출 비율 적용
한화경제연구원	1997	2010	856조 원	
박태규	1997		통일 후 5년 남한 GNP의 8.7-11.3% 통일 후 10년 남한 GNP의 7.47%	항목별 누계 방법/위기 관리 비용+소득 균등화 경제 사업비
조동호	1997	1995	1996-2020년: 143.1조 원	북한 지역 SOC 투자 규모를 매년 남한 지역 GNP의 0.9% 수준으로 투자
신동천 · 윤덕룡	1998	-	887억-2,808억 달러	목표 소득 방식
박석삼	2003		점진적 통일 시: 연간 8,300억 원 급진적 통일 시: 연간 35조 원	항목별 추정 방식
이영선	2003		점진적 통일 시: 732억 달러 급진적 통일 시: 1,827억 달러(5년)-5,614억 달러(10년)	CGE 모형/목표 설정/북한 경제가 남한의 60%에 도달할 때까지의 위기 관리 및 투자 비용
삼성경제연구소	2005	2015	546조 원	-남한의 최저 생계비 수준을 2015년 이후 11년간 지원할 경우 총 447조 원 소요 -북한 경제의 산업화를 위해 2015년 이후 10여 년간 북한 GDP의 10%를 지원할 경우 총 99조 원 소요

표 1-9 계속

연구자	출판 연도	통일 시점	통일 비용	추계 방법 및 기준
신창민	2005	2015	2015-2025년: 8,577억 달러 (GDP 대비 6.6%)	목표 소득 설정
랜드 연구소	2005		통일 후 4-5년간 500억-6,700억 달러	ICOR(한계 자본 산출 계수)/통일 후 4-5년 내 북한의 GDP를 통일 시점의 2배로 올릴 경우
한국조세 연구원	2008	2011	남한 GDP의 7-12% (통합 후 10년 정도)	통합 후 50-60년 내에 북한 지역 생산성이 남한의 80-90%로 수렴
피터 백	2010		30년 동안 2조-5조 달러	북한 소득을 남한의 80% 수준으로 증가
찰스 울프	2010		620억-1조 7,000억 달러	북한의 1인당 GDP가 700달러인데 남한의 1인당 GDP는 2만 달러로 합리적으로 추계할 때 북한을 남한 수준으로 끌어올리는 데 드는 재정 소요
김유찬	2010		2,257조 1,700억 원	기초 생계비 지원, 의료비 지원, 정부 서비스, SOC 투자 등
현대경제 연구원	2010	2010-2018	1인당 3,000달러: 1,570억 달러 (10년) 1인당 7,000달러: 4,710억 달러 (15년) 1인당 1만 달러: 7,065억 달러(18년)	목표 소득 방식 (한계 자본 산출 계수)
한국재정 학회 외	2011	2020, 2030, 2040	183.3조-627.6조 원(2011년 불변 가격 기준) (2030년 1인당 GDP 남한의 20%) 223.6조-848.3조 원(2011년 불변 가격 기준) (2040년 1인당 GDP, 남한의 36%) 149.6조-593.6조 원(2011년 불변 가격 기준) (2050년 1인당 GDP, 남한의 40%)	항목별 추정 방식 (통일 후 10년간 포함)
통일연구원	2013	2030	20년간(2030-2050년) 매년 남한 GDP의 5%로 연간 통일 비용 규모는 남한 지역 재정 지출의 1/5, 20년간 투자성 재정 지출에 한정된 좁은 의미의 통일 비용은 2013년 불변 가격 기준 실질 금액으로 약 581.8조 원	동독 지역에 대한 독일 정부 순이전 지출(서독 GDP 4-5%), 통일 비용을 지출하고도 독일 정부는 대체로 재정 건전성을 유지

출처: 국회예산정책처(2014), pp. 8-10.

민들의 기대에 부응하지 못한다는 점에서 정치적으로 매우 어려운 선택이 된다. 독일의 경우 1989년 베를린 장벽이 붕괴된 이후 동독 주민들은 서독과의 신속한 물질적 동일화에 대한 요구가 매우 거세었다. 사실 독일의 신속한 통일 과정은 1990년 3월 18일에 실시된 동독 최초의 자유 총선거에서 서독과의 조기 통일을 추진하겠다고 주장한 정당 연합인 '독일을 위한 동맹'이 압승한 결과에 크게 기인한다. 또한 동서독 화폐 통합 역시 동독 주민들의 요구에 부응한 대책이었다. 화폐 통합의 경우 몇 가지 제한이 있기는 하였지만 동서독 마르크의 1 대 1 교환이 이루어졌는데, 당시 동서독 마르크의 공식 환율은 1 대 4.4, 암시장의 비율은 1 대 8, 심지어 1 대 10까지 되기도 하였다.[37] 따라서 경제적 영역에서의 통일 비용 문제란 기존의 남북한 간에 존재하는 큰 소득 격차, 생산성 격차를 어떻게 그리고 얼마나 빨리 해소하느냐의 문제이고, 이것은 정치 지도자의 정치력의 문제이기도 하고, 남북 간 주민들의 신뢰 문제이기도 하다.

경제적 영역 문제 이외에도 통일을 할 경우 해결해야 할 문제가 많다. 첫째로 북한 지역의 민주화 문제이다. 북한 주민들은 역사적으로 한 번도 민주주의를 경험해 본 적이 없다. 더구나 김일성 · 김정일 · 김정은으로 대를 잇는 철저한 통제의 경험은 개인을 원자화시켜 놓았고, 이것은 남한 주민들이 일제로부터 해방되던 상황보다 오히려 더 민주주의의 발전에 어려운 상황을 만들어 놓았다. 이에 더하여 이러한 정치 체제가 낳은 정치 문화적 차이로 남북한 주민 간의 차별성은 더욱 부각될 것이고, 이로 인해 그 어려움은 증폭될 것이다.

37 알렉산더 피셔(2014), p. 429. 1 대 1 교환은 월급, 연금, 집세 등에는 무제한, 개인 저축의 경우, 14세까지는 현금 2,000마르크, 15세에서 59세까지는 4,000마르크, 60세 이상은 6,000마르크까지 가능하였다. 그 외의 경우에는 2 대 1의 교환 비율을 적용하였다(강문성 · 김형주 · 박순찬 · 이만종 · 이영훈 · 이종화 · 이홍식 · 편주현, 2014, p. 44).

둘째, 남북한의 무력 기관 통합 문제와 과거 청산 문제이다. 특히, 동족끼리 전쟁이 없었던 독일의 통일 과정과 달리 동족 간의 전쟁과 장기간의 적대 관계를 겪었던 우리에게 북한의 군인, 국가안전보위부와 인민보안부 요원들의 처리 문제, 과거사 문제 등은 심각한 정치 · 사회 문제화될 수 있다. 이 중 어느 하나도 자칫 잘못하면 엄청난 부정적 파급 효과를 초래할 수 있는 문제들이다. 1990년 5월 평화적 타협으로 통일한 예멘이 4년 후인 1994년 5월 분리를 선언하였고, 곧 내전으로 치달을 수밖에 없었던 것은 이 문제가 얼마나 중요한가를 웅변해 주고 있다. 이 내전으로 예멘은 7,000여 명의 사상자가 발생하였고 130억 달러 이상의 물적 피해를 입었다.[38] 또한 베트남이 무력으로 통일한 후 사회 통합 과정에서 약 90만 명이 '보트 피플'(boat people)이 되어 해외로 탈출한 것도 주목할 일이다. 특히, 현재 북한이 120만 명에 달하는 정규군을 가지고 있는 점은 만일 남북한이 독일과 같은 방법으로 군대를 통일한다면, 그 문제가 얼마나 심각할지 짐작해 볼 수 있다.

독일의 경우 통일 이전 동독의 인민군은 17만 3,000명, 국경수비대는 4만 7,000명, 국가보위부인 슈타시(Stasi)가 정규 요원 8만 5,000명을 가지고 있었다. 이 중에서 국경수비대와 슈타시는 통일 과정에서 조직 자체가 해체되었고, 인민군 중 장성급은 전원 권고 방식으로 전역되었으며, 통일 전야에 약 절반의 인민군이 근무 해제되었다. 통일 당시 약 9만 명이었던 동독 군인 중 최종적으로 통일 독일의 군인으로 남게 된 수는 1만 1,000명에 불과하였다.[39] 이로써 과거

38 이 내전의 피해에 대한 예멘 정부의 공식적 발표는 사망자(군인과 민간인 포함) 931명, 부상자 5,000여 명, 물적 피해 80억 달러였다. 예멘의 통일에 관해서는 유지호(1997) 참조.

39 오일환(2000), pp. 123-158. 구 동독군의 통일연방군 편입 과정은 3단계로 이루어졌는데, 마지막 단계는 1993년 9월 30일에 이루어졌고, 이때 10,800명이 장기 복무자로 최종 선발되었다(통일부, 2013, p. 39).

동독의 군인 중 단지 6.3%만 통일 독일의 군인으로 남게 된 것이다. 우리의 통일이 독일과 같을 수는 없겠지만, 군대를 그대로 통합한 예멘이 내전을 겪었던 전철을 밟지 않기 위해 남북한의 군대 통합은 독일과 유사한 방법을 사용할 수밖에 없을 것이며, 이렇게 될 때 이 문제가 얼마나 힘든 과제인지 알 수 있다. 뿐만 아니라 북한의 고급 당원, 국가안전보위부와 인민보안부 요원 등에 대한 문제들도 어느 하나 군대의 통합 문제보다 결코 쉽지 않은 문제이다.

셋째, 남북의 사회 통합 문제 또한 중요한 문제가 될 것이다. 독일의 경우에도 구동독 주민들이 서독 주민들로부터 받은 '이등 시민'적 취급은 동독 주민들로 하여금 통일된 것을 후회하도록 만드는 가장 큰 요소가 되었다.

발생 가능한 사회 통합 문제들을 개괄해 보면, 남북 주민들이 그간의 제도적 차이에 의해 발생한 의식 차이가 낳을 문제, 언어의 차이에 의해 일어날 수 있는 문제, 북한 주민들의 생산성이 우리와 비교할 수 없을 정도로 낮기 때문에 그들에게 생산성에 입각한 임금이 지급되었을 경우 일어날 수 있는 자존심 및 상대적 박탈감 문제, 탈북자들의 경우에서 이미 드러난 바와 같이 남한 주민들의 북한 출신 주민들에 대한 차별에 따르는 문제, 사유 재산 제도를 가져보지 못하였던 것에서 발생할 수 있는 혼란과 범죄 문제, 그리고 현재 북한의 경제난으로 인해 발생할 수밖에 없었던 도덕심의 붕괴에 따른 문제 등이다.

넷째, 법과 제도의 차이에 의한 갈등도 만만치 않다. 아직까지 북한 지역의 땅문서를 보관중인 실향민들이 북한 내 과거 자기 땅의 소유권을 주장하면, 현재 거주자들과 분쟁이 생길 것은 필지의 사실이다. 또한 탈북자들이 한국에 정착한 뒤 가장 크게 불만으로 여기는 문제 중 하나인 북한에서의 학습 경력 및 능력 인정 문제도 쉽지 않은 문제이다. 우리가 무작정 북한의 학제를 외면하는 것은 사회 통합 과정에서 바람직하지 않을 것이다. 그렇다고 북한에서의 교육 내용을 고스란히 인정하는 것도 현실적으로 무리가 따를 수밖에 없다.

다섯째, 학문과 예술의 통합 문제도 적지 않을 것이다. 통일이 되었을 경우 북한의 역사, 문학, 음악, 미술 등의 분야에서 존재하는 이데올로기적 편향성을 어떻게 통합할 수 있을지는 심각하게 제기될 문제이다.

이들을 모두 통일 비용으로 계산하면, 우리는 통일이 부담스러울 수밖에 없다. 실제로 독일이 통일을 이루어 나가는 과정을 지켜보면서 우리는 한편으로 부러워하면서 다른 한편으로 그 비용을 우려하기도 하였다. 그러나 비록 적지 않은 통일 비용이 소요된다고 하더라도 분단 비용은 우리가 통일을 이룩하지 않는 한 지속적으로 지불해야 할 금액이지만, 통일 비용은 시간이 지남에 따라 점차적으로 줄어들 수 있는 비용이다.

특히, 위의 논의에서 보았듯이 경제적 관점에서의 통일 비용 문제란 남북한 간 소득 격차를 어떻게 그리고 얼마나 빨리 해소하느냐의 문제이고, 이것은 현재 남북한의 차이를 감안할 때, 지도자의 정치력의 문제이기도 하고, 남북 간 주민들의 신뢰 문제이기도 하다. 즉, 통일 비용이 너무 커서 우리 경제가 몰락할 수밖에 없기 때문에 통일할 수 없다는 주장도, 통일 비용이 무시할 수준이기 때문에 바로 북한을 흡수할 수 있다는 주장도 옳지 않다. 핵심은 남북한 주민들이 서로 믿을 수 있고, 지도자들이 통일의 과정을 지혜롭게 다루어 나간다면 통일의 편익이 비용보다 훨씬 더 크다는 것이다. 그래서 아직도 '우리의 소원은 통일'이 유효하다.

Chapter 2

남북한의 통일 정책과 통일 딜레마

제 1 절 남북한 통일 정책의 환경과 전략

이 장에서는 통일이 우리의 소원이었음에도 불구하고 지난 70년 동안 그 소원을 이루지 못한 이유와 과제를 살펴보고자 한다. 이를 위해 분석의 틀로서 남북한 통일 정책의 환경과 전략을 논의하고, 이를 바탕으로 남북한의 통일 정책을 특징 있는 시기별로 나누어 볼 것이다. 또한 이러한 정책들이 남긴 과제로서 남북한이 통일을 하기 위해 극복해야 할 딜레마를 정리해 보고자 한다.

통일 정책이란 남북한 정부가 통일을 목표로 추진하는 정책을 말한다. 이것은 상당 부분 남한에게는 대북한(대북) 정책이 되고, 북한에게는 대남한(대남) 정책이 된다. 그러나 통일 정책과 남한의 대북 정책 혹은 북한의 대남 정책은 다음 두 가지 이유에서 같은 개념이 아니다.

첫째, 대부분의 학자들이 사용하는 통일 정책의 개념은 통일을 위한 핵심적인 정책 목표와 중요한 원칙에 한정해서 사용하며, 대북 혹은 대남 정책이란 이러한 목표와 원칙 하에 집행되는 세부적인 정책을 의미한다.

둘째, 통일 정책이란 통일의 상대, 즉 남한에게 북한, 북한에게 남한에 대한 정책뿐만 아니라 통일을 목적으로 국내, 제3국 혹은 국제기구에 대한 정책도 포함한다. 이에 비해 대북 혹은 대남 정책은 통일을 지향하는 정책뿐만 아니라, 그렇지 않은 단순한 남북 간 경제 교류에서부터 안보 문제에 이르기까지 모든 양자 간 대외 정책을 포함한다.

여기서 논의할 남북한의 통일 정책이란 대부분 남한의 대북 정책 중 통일에 관한 정책을, 북한의 대남 정책 중 통일에 관한 정책을 의미한다.

구체적인 통일 정책에 관한 논의에 앞서 하나 더 분명하게 해 두어야 할 사항은, 명분상으로 표명된 정책 목표와 그 이면에 숨은 실질적 정책 목표가 다를 수 있다는 점이다. 특히, 적대적 남북 관계에서는 표방된 정책 목표와 실제 추진하고자 하는 정책 목표가 상당한 괴리를 가지고 있었다. 여기서 논의할 통일 정책이란 각 정부가 실제 목표로 하였던 정책을 말한다.

1. 통일 정책의 환경: 국내 변수, 남북 변수, 국제 변수

우리 민족 모두가 통일을 원하였음에도 아직까지 통일을 이루지 못한 이유는 다음 세 가지 중에서 찾을 수 있다. 첫째, 남북한 각자의 국내 정치적 원인으로, 남북한 정부 둘 다, 혹은 둘 중 하나가 국민의 뜻을 따르지 않았을 경우이다. 남북한의 정치 체제가 민주주의, 즉 "모든 시민에게(시민의 선호에) 완전히 혹은 거의 완전히 반응하는 정치 체제"였다면, 모든 남북한 주민이 원하는 통일은 되었어야 하였다.[1] 거꾸로 표현하면, 이것은 통일에 대해 지배 세력의 이해관계 혹은 그들의 국익에 대한 개념이 국민 대다수의 이해관계나 국익의 개념과 다를 경우이다. 실제로 남한에서는 1980년대 후반까지, 그리고 북한에서

1 Robert A. Dahl(1971), p. 2.

는 지금까지 민주주의 정치 체제를 가지지 못하였다. 이것은 국내 변수로서 정권의 민주성 문제이다.

둘째, 남북한 양자 관계의 원인으로, 남북한 두 국가가 통일이라는 원칙에는 이해를 같이하지만, 서로 다른 통일을 꾀하여 합일점을 찾지 못한 경우이다. 이것은 남북한이 단일 정치 공동체 구성이라는 민족적 이익보다 각각의 국가 이익이 더 우선하는 경우이다. 여기서 국가 이익이란 정부를 구성하는 지배 세력의 이익으로서 자본주의 혹은 사회주의와 같은 이념과 이것에 기반을 둔 경제 체제 등에 관한 것이다. 이 변수는 남북 변수로서 남북한이라는 각각의 국가 이익과 남북한을 아우르는 민족 이익의 우선순위 문제이다.

셋째, 국제적 원인으로, 남북한 모두 혹은 둘 중 하나가 타국의 힘에 의해 주권을 행사하지 못하는 경우이다. 즉, 남북한 정부가 국제 정치적 구도를 형성하는 강대국 간 역학 관계의 압도적인 영향권 아래 놓여 있어, 분단을 선호하는 강대국의 이익에 반하는 통일을 이룰 힘이 없는 경우이다. 이것은 국제 변수로서, 예를 들면 한국전쟁에서 주변국의 참전과 휴전, 이후의 냉전과 같은, 국제 구도 분할의 강도 혹은 이 구도 속 국가의 자주성 문제이다.

이와 같은 세 가지 원인은 남북한 정책 결정자들이 통일 정책을 결정하는 데 환경적 변수 혹은 제약 조건으로 작용하였다고 볼 수 있다.

2. 통일 정책의 전략: 흡수 통일과 합의 통일

통일이란 대내적으로 하나의 정치 공동체를 구성하는 것이고, 대외적으로 하나의 주권을 만드는 것이다. 그래서 상징적으로 하나의 군대를 가지면 통일

표 2-1 죄수의 딜레마 게임

B \ A	침묵(협조)	자백(배신)
침묵(협조)	−1 \ −1	−10 \ 0
자백(배신)	0 \ −10	−5 \ −5

로 볼 수 있다.

그러나 남북한의 분열 구조는, 적어도 표면적으로는, 서로 선호하는 체제의 다름에 있어 왔다. 그래서 통일이란 하나의 체제를 만드는 것이다.

하나의 체제를 만드는 방법은 흡수 통일과 합의 통일로 나누어 볼 수 있다. 흡수 통일이란 하나의 정부를 구성하는 데 일방이 타방의 체제를 전면 부정하고 자신의 체제로 통일하는 방법이다. 합의 통일이란 상대방의 선호를 인정하고, 호혜와 타협을 통해 하나의 체제를 만들어 나가는 방법이다.[2]

이러한 통일의 방법 문제를 〈표 2-1〉의 죄수의 딜레마(prisoners' dilemma)라는 게임에 비유해 보자. 이 게임은 서로가 불신하는 상태에서 개별 행위자의 가장 합리적 선택은 집합적으로 최선의 대안을 선택하는 것이 아니라 자신에게 최악의 상황을 피하기 위한 차선의 대안을 선택할 수밖에 없다는 것을 보여 준다.

그 논리는 다음과 같다. 한 사건에 연루된 두 혐의자(A, B)가 서로 대화를 할 수 없게, 즉 서로가 서로를 믿을 수 없는 상태로 분리되어 있고, 이들은 검사에 의해 다음과 같은 보상(payoff)을 제안받았다고 가정한다. 두 사람 모두 침묵을

2 바로 이러한 이유로 독일의 통일이 서독이 동독을 '흡수'한 것이 아니라, 구연방주(서독)에 5개의 신연방주(동독)가 '병합'하였다고 하는 이유이다. 그러나 과거의 체제 차원에서만 보면 동독이 서독의 자본주의를 수용하였기 때문에 서독에 '흡수'된 것이다.

표 2-2 죄수의 딜레마와 통일 방법

북한 \ 남한	합의 통일			흡수 통일		
합의 통일	−1	(합의 통일)	−1	−10	(자본주의)	0
흡수 통일	0	(사회주의)	−10	−5	(분단 고착)	−5

지킬 경우, 결정적 증거가 없어 각각 1년을 감옥에 있어야 하고, 모두 자백을 할 경우에 각각 5년씩 감옥에 있어야 한다. 그러나 상대방이 침묵(협조)을 지키는데 자신이 자백(배신)을 하면 상대방은 모든 죄를 쓰고 10년형을 받는 대신 자신은 풀려 나온다.

이 경우 각 협의자는 상대방의 전략(협조, 배신)에 따라 자신의 전략을 세우게 되며, 상대방을 신뢰하지 못한 상황에서 모두 배신(−5, −5)을 선택할 수밖에 없게 된다. 즉, 둘 모두에게 배신이 지배전략이 된다. 이것은 장기적으로 둘 모두에게 도움이 되는 협조(−1, −1)가 보다 좋은 것임에도 불구하고 최악의 상황을 피하기 위해 차악을 선택한다는 것이다.

이것을 통일의 상황에 비유하면 〈표 2-2〉와 같다. 남북한 모두 상대방을 신뢰할 수 없는 상황에서 지배 전략인 흡수 통일 전략을 세울 수밖에 없고, 이로써 한 편이 다른 한 편을 굴복시키지 않는 한 균형 전략으로 분단의 고착을 낳는다.

같은 논리로 하나의 체제를 구성하는 통일에서, 두 체제 간 차이(보상표에서 0과 −10의 차이)가 크면 클수록 잃을 것이 많아져 타협이 어려워지고 서로 적대적 흡수에 집착하게 된다. 반대로 체제 간 차이가 적으면 적을수록 타협으로 잃을 것이 적기 때문에 타협의 가능성이 높아진다.

이렇게 볼 때, 위에 언급한 국제 변수에서 체제 간 경쟁의 성격을 가졌던 냉전이 강화되면 될수록 남북한은 더욱 흡수 통일에 집착하게 되고 그래서 분단의 고착이 강화되는 환경을 조성한다. 남북 변수에서는 남북한 정부가 국제 변수인 냉전에 편승하는 정도에 따라, 민족 이익보다 국가 이익에 더 매달려 자신의 체제로 흡수 통일하겠다는 의지를 강화시키는 환경이 된다. 국내 변수는 지배 집단의 정통성이 약할수록 상대방에 대한 경계심이 강화될 것이기 때문에 흡수 통일 의지를 강화시키는 환경이 될 것이다.

죄수의 딜레마 게임이 통일의 방법 문제에 주는 다른 시사점은 이것이 1회성이 아니라 같은 상대와 무한대로 반복해야 하는(n-times) 게임이 된다면 협조가 가능해질 수 있다는 것이다. 즉, 지속적인 배신은 양자 모두에게 손실을 가져다주기 때문에, 둘 중 하나가 먼저 부담을 안고 협조를 보이면, 점차적으로 신뢰가 생기게 되고, 이로써 상생할 수 있는 바탕이 만들어져, 협상과 타협에 의해 상호 조금씩 양보함으로써 분단 상황보다 나은 통일이라는 민족 전체의 공동선을 창출할 수 있다는 것이다.

3. 통일 정책의 전략: 연방주의와 기능주의

통일 정책의 전략에 관한 또 다른 구분은 통합의 접근법에 관한 것이다. 이것은 연방주의와 기능주의 접근법으로 나누어진다. 전자는 정치적 분야에서의 일괄 타결을 선행시키고 나머지 비정치적 분야는 점차적으로 통합되도록 하는 접근법이다. 이에 반해 후자는 비정치적 분야에서의 교류를 통해 상호 협조와 신뢰 구축이 이루어진 후, 기능적인 필요에 따라 자연스럽게 정치적 분야의 통합으로 나아가도록 하는 접근법이다.[3]

연방주의 접근법의 장점은 연방에 물리적 강제력을 행사할 수 있는 주권을 부여함으로써 공공재인 통일을 이루는 과정에서 나타날 수 있는 무임승차를 방지할 수 있음으로써 효과적으로 통일을 이끌어 낼 수 있다는 점이다.[4] 그러나 이 접근법의 단점은 연방에 자발적으로 물리적 강제력을 이양하기가 쉽지 않다는 것이다.

기능주의 접근법의 장점은 지속적이고 다양한 비정치적 교류를 통해 상호의존이 강화되고, 이로써 정치적 통일이 분단보다 이득이 된다는 인식이 형성된 이후에 자연스럽게 정치적 통일을 이끌어 낼 수 있다는 것이다. 그러나 일반적으로 교류는 강자가 보다 많은 것을 얻기 때문에 약자가 교류 자체를 거부한다는 단점이 있다.

이렇게 볼 때, 통일 정책의 환경은 국제 변수에서 냉전이 강화될수록, 또 외세의 영향력이 강할수록 연방주의적 요소가 강화될 수 있고, 그 반대의 경우에 기능주의적 요소가 강화될 수 있는 환경이 조성된다. 남북 변수에서는 남북간의 힘의 균형 측면에서 상대적 강자가 기능주의를 추구하게 될 것이며, 상대적 약자는 연방주의를 선호하게 될 것이다. 국내 변수에서는 대내적으로 지배

3 기능주의는 David Mitrany(1943) 참조. 기능주의 이론을 보완하기 위해 비정치적 교류가 오히려 통합을 저해하는 경우를 방지하기 위해 정치적 노력도 함께해야 한다는 신기능주의 이론도 있다. 이것은 Ernst B. Haas(1958) 참조.

4 공공재(公共財, public good)란 ① 한 사람의 소비가 다른 사람의 소비를 감소시키지 않으며(비경합성), ② 누구도 그 재화를 사용하는 것을 효과적으로 배제할 수 없는(비배제성) 재화를 말한다. 안보, 국립공원, 등대, 맑은 공기 등이 그 예이다. 이러한 재화는 그 재화를 창출하는 데 공헌하지 않은 사람을 사용하는 것으로부터 제외시킬 수 없기 때문에 합리적 소비자는 그 재화의 창출에 공헌하지 않으려고 한다. 이러한 사람을 무임승차자(free rider)라 한다.

표 2-3 통일 정책의 환경과 전략

통일 정책 환경
이익 규정 우선순위 이념/체제(국가 이익) vs 통일(민족 이익)
1. 국제 변수(냉전의 정도/주권의 독자성) 2. 남북 변수(상대적 힘의 균형/이익 개념의 우선순위) 3. 국내 변수(집권 세력의 민주성)

⇒

통일 정책 전략				
방법		흡수 통일	vs	합의 통일
	국제	냉전 강화		냉전 해체
	남북	체제 간 이질성		유사성
	국내	정부 정통성 약함		강함
접근법		연방주의	vs	기능주의
	국제	냉전 강화		냉전 해체
	남북	상대적 약자		강자
	국내	정부 민주성 약함		강함

자의 피지배자에 대한 정통성이 강하면 강할수록 기능주의를 선호하는 환경이 될 것이다.

이와 같은 논의를 종합하면 〈표 2-3〉과 같다. 이러한 분석의 틀을 바탕으로 분단 이후 최근까지의 남북한 정부의 통일 정책과 그것이 만들어 낸 문제점 및 과제들을 분석해 보고자 한다.

제2절 남북한 통일 정책의 시기별 특징

남북으로 분단 정부가 수립된 후 지금까지 큰 흐름을 보면, 통일 정책 환경의 세 차원에서 국제 변수의 영향력이 한국전쟁을 정점으로 서서히 약화되었으며, 대신 남북 변수가 강화되었다. 국내 변수는 남한에서는 민주화가 이루어졌지만, 북한은 거의 변하지 않았다.

통일 정책의 전략 중 통일 방법에서는 남북 모두 표면적으로 흡수 통일 원칙을 버리지 않고 있다. 통일을 위한 접근법에서는 남북한 힘의 변화가 그대로 반영되었다. 1970년대까지는 남한이 연방주의를, 북한이 기능주의를 주장하였으나, 이후부터 남한이 기능주의를, 북한이 연방주의를 주장하게 되었다.

이러한 큰 흐름을 특징별로 모아 보면 대략 5-10년 주기의 여덟 시기로 나누어 볼 수 있다. 첫째는 1948년에서 1953년까지의 시기이다. 이 시기는 북한이 무력적 · 공격적 통일 정책을, 남한은 평화적 · 방어적 정책을 편 시기였다. 둘째는 1953년 휴전 이후부터 1959년까지로 남북한이 모두 전쟁 복구에 진력하며 소극적인 통일 정책을 가진 시기이다. 셋째의 시기는 1960년부터 1969년까지로 북한이 비교적 빠른 전쟁 복구를 바탕으로 공세적 정책을 편 반면, 남한은 수세적인 '선건설 후통일' 정책을 폈다. 넷째의 시기는 1970년부터 1979년까지로 남북한의 대등한 힘을 바탕으로 상호 인정 및 대화와 대결을 병행하는 시기이다. 다섯째는 1980년부터 1989년까지로 남한의 상대적 힘이 북한을 압도하기 시작함으로써 남북한의 공세와 수세가 바뀌는 과도적 시기이다. 여섯째는 1990년부터 1997년까지로 남한의 공세와 북한의 '남한 배제 정책'으로 북한의 수세가 굳어지는 시기이다. 일곱째는 1998년부터 2007년까지로 남한의 일방적인 평화공세와 북한의 소극적 · 제한적 대응이 이루어진 시기이다. 마지막으로 2008년부터 지금까지는 남한이 북한의 비핵화와 개방을 요구하는 조건부적 압박 정책에 북한이 방어적 긴장 조성으로 맞서는 시기이다. 이것을 요약하면 〈표 2-4〉와 같다.

표 2-4 시기별 남북한 통일 정책의 특징

시기	남한의 통일 정책	북한의 통일 정책
1948-1953	평화적 · 방어적 정책 (흡수/연방)	무력적 · 공격적 정책 (흡수/기능) '민주 기지 노선'
1953-1959	소극적 · 방어적 정책 (흡수/연방) '전쟁 복구기'	소극적 · 기능주의적 정책 (흡수/기능) '내부 혁명 역량 강화'
1960-1969	수세적 정책 (흡수/연방) '선건설 후통일'	공세적 정책 (흡수/기능) '3대 혁명 역량 강화'
1970-1979	상호 인정 및 대화와 대결 (흡수/연방)	상호 인정 및 대화와 대결 (흡수/기능)
1980-1989	평화적 · 적극적 정책 (흡수/기능)	소극적 정책 (흡수/연방)
1990-1997	평화적 · 공세적 정책 (흡수/기능)	방어적 · 남한 배제 정책 (흡수/연방)
1998-2007	평화 공존 정책 (흡수/기능)	제한적 교류와 내부 단속 (흡수/연방) '선군정치, 강성대국'
2008-현재	조건부 압박 정책 (흡수/기능)	방어적 · 긴장 조성 정책 (흡수/연방) '강성대국'

1. 1948-1953: 북한의 무력 적화 통일 모색기

북한은 통일 노력을 분단된 국토와 민족의 단순한 재결합이 아니라 한반도 전체에 자주 국가와 공산주의 국가를 건설하는 것으로 인식하였다. 즉, 북한 정부에게 통일이란 일본 제국주의에 이어 남한에서 미국 제국주의를 몰아내어 민족 해방을 성취하고, 동시에 인민 민주주의 혁명을 완수하여 한반도 전체에 사회주의 국가를 수립한 다음 최종 목표인 공산주의 사회로 나아가는 것이었다.

개정 이전 조선노동당 규약 전문은 당의 목적을 다음과 같이 적고 있었다.

> 조선로동당의 당면 목적은 공화국 북반부에서 사회주의의 완전한 승리를 이룩하여 전국적 범위에서 민족 해방과 인민민주주의 혁명 과업을 완수하는 데 있으며, 최종 목적은 온 사회의 주체사상화와 공산주의 사회를 건설하는 데 있다.[5]

'전국적 범위에서 공산주의 사회 건설', 즉 적화 통일이라는 목표를 위해 북한은 해방 직후 '민주 기지 노선'에 입각하여 단독 정부 구성을 추진하였다. '민주 기지 노선'이란 1945년 10월 10일에 개최된 '서북 5도당 책임자 및 열성자 대회'에서 처음 제기되었고, 같은 해 12월 '조선노동당 북조선 분국 제3차 확대 집행위원회'에서 재천명된 것으로, 북한은 이것을 "혁명하는 나라의 한 지역에서 승리한 혁명을 공고히 하여, 혁명의 전국적 승리를 담보하는 책원지"로 규정하고 있다. 즉, 북한 지역에서 '민주 기지'를 강화한 다음 전체 한반도에 '혁명'을 완수하겠다는 이론이다.[6] 그러나 1948년 남북에서 각각 분단 정권이 수립되면서부터 북한은 혁명주의에서 군사주의적 통일 전략으로 전환하여 무력에 의한 사회주의 1당 독재 체제로 통일을 시도하였다.[7] 북한이 '조국해방전쟁'이

5 연합뉴스(2000), p. 401. 북한은 이 전문을 30년간 유지하다 2010년 9월 28일 개정하였고, 김정일 사후 2012년 4월 11일 다시 개정하였다. 2010년의 개정에서 공산주의 사회 건설을 포기하였지만, "전국적 범위에서 민족 해방민주주의 혁명"을 이룬다는 적화 통일 노선은 그대로 유지하였다(통일부, http://www.unikorea.go.kr(검색일 2011. 12. 20.)). 그러나 2012년 개정에서는 된 내용은 적화 통일 부분이 상당히 완화되었다. 통일 부분에 관한 내용은 다음과 같다. "조선로동당은 남조선에서 미제의 침략 무력을 몰아내고 온갖 외세의 지배와 간섭을 끝장내며 일본 군국주의의 재침 책동을 짓부시며 사회의 민주화와 생존의 권리를 위한 남조선 인민들의 투쟁을 적극 지지 성원하며 우리 민족끼리 힘을 합쳐 자주, 평화 통일, 민족 대단결의 원칙에서 조국을 통일하고 나라와 민족의 통일적 발전을 이룩하기 위하여 투쟁한다"(노동신문, 주체101(2012)년 4월 12일).

6 최성(1997a), pp. 84-85.

라 부르는 1950-1953년의 한국전쟁은 바로 이러한 시도라 할 수 있다.

그러나 전쟁 발발 직전까지 북한의 외면적인 통일 정책은 평화적인 것이었다. 북한은 정부 수립 이후 1949년 6월 28일의 '조국통일민주주의전선 결성대회'에서, 그리고 전쟁 발발 몇 주 전인 1950년 6월 7일의 '조국통일민주주의전선 중앙위원회'의 이름으로 유엔 및 미군의 철수를 전제로 '남북조선 제 정당 · 사회 단체 대표자 협의회'를 구성하여 남북한 총선거를 실시하자고 제의하였다. 이 제의의 근간이 1970년대 초반까지 북한의 표면적 통일 방안으로 유지되었다. 그러나 그간의 전쟁 준비 상황을 고려할 때 이것은 무력에 의한 통일 정책을 감추기 위한 상징적인 것이었다.

남한 정부의 공식적 통일 정책은 평화와 무력의 양면을 모두 표명하였다. 남한 정부는 대한민국이 한반도에서 유일한 합법 정부이며, 따라서 북한도 유엔 총회의 결의에 따라 선거를 통해 남한의 체제로 스스로 흡수되어 올 것을 요구하였다. 그러나 북한이 선거를 통한 통일에 응하지 않을 경우, 무력으로 북진하여 통일하겠다고 하였다.

이러한 표면적 정책에도 불구하고 남한 정부에서는 선거를 위한 현실적 방안도 없었고, 무력으로 '북진 통일'을 할 수 있는 군사력 배양도 이루어지지 않았다.

이와 같은 남북한 정부의 통일 정책에는 최초의 사회주의 국가인 소련이 제2차 세계 대전 이후 강대국으로 부상하는 것과 동시에 냉전이 시작되었고, 곧이어 중국이 공산화된 것 등의 국제적 변수가 가장 큰 영향을 미친 것으로 보인다. 남북 변수에서는 소련의 후원을 얻은 북한이 특히 군사적으로 남한에게

7 정성장(2002), p. 372.

그림 2-1 대전 시내로 진주해 들어오는 북한군 제3사단(1950. 7. 20.)

출처: 뉴스뱅크이미지(조선일보사, 1950. 7. 20.).

우위를 가진 환경이었다. 이러한 환경은 통일 목표에서 남북 정부 모두 자신의 체제로 흡수 통일을 주장하게 하였다고 볼 수 있으며, 전략은 교류를 배제한 연방주의적인 것이었고, 결국 북한이 무력으로 적화 흡수 통일을 시도한 시기가 되었다.

2. 1953-1959: 전쟁 복구기-'내부 혁명 역량 강화기'

한국전쟁 휴전 이후부터 1950년대 말까지 남북한 모두 전쟁 복구에 몰두하느라 의미 있는 통일 노력은 존재하지 않았다.

남한의 이승만 정부는 한편으로는 실질적 능력이 뒷받침되지 않는 '북진 통일'을 계속 주창하였고, 다른 한편으로는 북한이 받아들일 가능성이 없는, 유엔 감시 하의 남북한 총선거를 통해 통일 정부 구성을 제안하였다.[8] 이렇게 볼 때 전후 이승만 정부의 기본 정책은, 통일 정책이라기보다 북한의 무력 적화 노력을 저지하기 위한 소극적 · 방어적 반공 정책이었다.

북한 역시 한국전쟁 이후 1950년대 말까지 전쟁 복구기에 해당한다. 이 기간 동안 내부적으로 김일성 체제의 확립을 위해 노력하는 한편, 전쟁 복구를 통해 '북조선 혁명 역량 축적'에 몰두하였다.

표면적으로 북한은 이전의 남북한 제 정당 및 사회 단체 대표자 회의를 주장하고 비정치적인 경제 및 문화 교류와 같은 평화적 제안도 계속하였다. 북한은 1954년 10월과 11월, 그리고 1959년 10월에 정치 문제와 관계없는 경제 및 문화 교류를 제의하였다. 이러한 제안은 남북 관계에서 북한의 자신감을 나타낸 기능주의적 접근법으로 볼 수 있다.

이 시기의 통일 정책 환경을 보면, 국제적 변수에서 냉전의 지속은 남북 정부 모두 자신의 체제로 흡수 통일해야 한다는 정책을 고수하게 하였다. 그러나 국제 변수에 못지않게 남북 모두 통일보다는 내부의 힘을 비축할 필요가 있었다는 남북 변수가 소극적인 정책을 펴게 한 원인이 되었다.

3. 1960-1969: '선건설 후통일' - '3대 혁명 역량 강화'

1960년 4.19혁명 이후, 그해 8월 출범하여 이듬해 5월까지 존재한 1년 미만의 민주당 정부 시기에는 다양한 통일 논의가 시민사회에서 시작되었지만, 정

8 1954년 5월 22일 변영태 외무 장관이 제네바에서 유엔 감시 하에 자유 선거를 통한 통일을 위한 14개 항의 통일 원칙을 제시하였다.

부 차원에서는 이전 정부와 같이 명목적으로 유엔 감시 하의 남북한 자유 선거에 의한 평화 통일을 계속해서 주창하였다.

또한 민주당 정부는 이전 이승만 정부의 무력 북진 통일 주장을 공식적으로 폐기하고, 실질적으로 '선건설 · 후통일'의 원칙에 입각하여 정부 차원에서의 통일 논의를 기피하였다.

이러한 입장은 5.16 군사 쿠데타로 집권한 박정희 정부에 그대로 계승된다. 박정희 정부는 반공보다 한 걸음 더 나아가 '승공'을 주창하였고, 남한이 힘을 길러 북한을 흡수하겠다는 목표를 명백히 하였다.

북한은 1960년 남한의 4.19혁명을 기회로 남북 장벽 제거, 자유로운 왕래와 서신 거래, 남북의 경제 기관 대표로 구성되는 '남북경제위원회' 구성을 제의하였다. 또한 그해 김일성은 8.15 제15주년 경축사에서 최초로 '남북 연방제'를 제의하였고, 이것이 어렵다면 적어도 남북의 산업계를 대표하는 경제 위원회를 조직할 것을 제의하기도 하였다.

그러나 북한은 실제로 무력 적화 통일 노력을 강화하였다. 이 기간 중 북한은 앞에 언급한 '민주 기지 노선'을 보다 구체화하여 이른바 '3대 혁명 역량 강화'를 주창하였다. 이것은 이전 시기에 추진해 온 북한 내의 정치 및 군사력을 증대시키기 위한 북한 자체의 혁명 기지 역량 강화, 남한에서의 미군 철수와 남한 내의 친북한 세력 육성을 통한 남한 내부 혁명 역량 강화, 그리고 적화 통일에 대한 국제적 환경 조성을 위한 국제적 혁명 지원 역량 강화이다. 이와 같은 대내, 대남, 대외의 혁명 역량 강화라는 세 가지 목표 중 1960년 4.19 직후에는 대남에, 1961년 5.16 군사 쿠데타 이후에는 대내에 더욱 주력하였다.

특히, 1962년에 나온 '국방에서의 자위'는 획기적인 무력 증가를 낳았다.[9]

1961년 남한에서 군부 정권의 등장과 이 정권에 대한 미국의 인정, 1962년 10월 쿠바 미사일 사태 때 미국에 대한 소련의 투항적 태도, 중국 · 인도 사이의 국경 분쟁에서 소련이 비사회주의 국가인 인도 지원 등으로 불안해진 북한은 경제 · 국방 병진 노선을 공표하고, 전군의 간부화, 전군의 현대화, 전 인민의 무장화, 전국의 요새화라는, 이른바 '4대 군사 노선'을 채택하여 내부 역량 강화에 주력하였다.

이러한 북한의 정책들은 1960년에 본격화 된 중소 분쟁에서도 영향을 받은 것으로 보인다.[10] 북한은 중소 분쟁으로 양국으로부터 군사적 지원에 대한 보장이 되지 않을 것을 우려하였고, 이것은 1961년 소련 및 중국과 군사 동맹에 해당하는 '우호 협력 및 상호 원조 조약'을 각각 체결하게 되는 동기가 되었을 것이다.[11]

이와 같은 대내외적 정책들을 통해 1960년대 후반에 이르러 북한은 군사적 자신감을 가진 것으로 보인다. 북한은 1968년 1월 박정희 대통령을 암살하기 위해 청와대 기습을 시도하였고, 미 해군 정찰함인 푸에블로 호(USS Pueblo)를 납치하였다. 그해 11월 울진 · 삼척 지구에 무장 공비도 침투시켰다.

이 기간 중 남북한 정부의 통일 정책에 대한 환경은 국제적으로 중소 분쟁

9 북한은 1950년대부터 '자주성의 원칙'이라는 이름 아래 '사상에서의 주체', '경제에서의 자립', '정치에서의 자주'를 주창해 왔다. 여기에 1962년 '국방에서의 자위'가 첨가되어 소위 '자주성의 4원칙'이 만들어졌다. 1966년 북한은 여기에 '대외 관계에서의 자주'를 하나 더 첨가하였다.

10 중소 분쟁은 1956년 2월 제20차 소련공산당대회에서 흐루시초프(Nikita S. Khrushchov)가 스탈린 격하 발언을 하면서 시작되었다. 이것은 1960년 6월 부카레스트에서 열린 세계 공산당 및 노동당 대회에서 중국 대표 펑전(彭眞)이 흐루시초프의 '평화 공존 정책'을 비판하면서 더욱 고조되었다.

11 남한에서 군사 정부가 들어선 직후인 1961년 7월 6일 북한이 소련과 맺은 이 조약은 제1조에 "체약 당사국 중 어느 일방이 어떠한 국가나 국가 연합으로부터 무력 침공을 받아 전쟁 상황에 처하게 될 경우 체약 당사국 상대방은 지체 없이 자신이 보유하고 있는 모든 수단으로써 군사적 및 기타의 원조를 제공한다"로 규정하고 있으며, 사실상 한국과 미국을 가상의 적으로 간주하고 있다. 북한은 이러한 조약을 동년 7월 11일 중국과도 맺었다.

과 함께, 1960년의 베를린 사태, 1962년의 쿠바 미사일 사태 등으로 동서 진영 사이의 대립이 가장 첨예한 시기였다. 따라서 남북한 정부 모두 지속적으로 상대방 정부를 부정하고, 이를 타도하는 적대적 방식에 의한 1국가 1정부 형태의 통일을 추구하였다. 이러한 환경은 통일 전략에서도 남한은 북한과의 교류 자체를 회피하고, 북한의 남침을 억제하는 방어적 반공 정책에 몰두한 반면, 북한은 스스로의 체제로 무력 통일을 재시도하려는 준비 기간이었다고 볼 수 있다. 다만 이 기간 중 북한의 대남 평화 공세와 특히 1960년의 남북 연방제 통일 방안 제의는 남북의 교류를 담고 있다는 의미에서 상대적 힘의 우위를 가진 북한이 기능주의적 접근법을 사용하였다고 볼 수 있다.

이 기간 중 국내 변수는 남한에서 짧은 민주당 정권 시기를 제외한다면, 정권의 정통성이 지속적으로 도전받고 있었으며, 북한 역시 김일성의 1인 지배체제가 강화되어 남한보다 더욱 절대적인 권력을 바탕으로 하고 있었다. 이와 같은 대내외적 상황은 이전 기간과 같이 남북 모두 실질적인 통일 노력을 존재할 수 없게 하는 환경을 제공하였고, 이 기간 중 평화적 통일이란 단지 구호의 수준에 불과하였다.

4. 1970-1979: 상호 실체 인정 및 대화와 대결

1970년대에 접어들면서 남북한 모두 무력에 의한 통일이 어렵다는 점을 인식하기 시작하였다. 이것의 표현이 바로 1972년의 '7.4남북공동성명'이다. 이것은 남북이 최초로 이룩한 합의 문서일 뿐만 아니라, 서로 상대방의 실체를 인정하기 시작하였다는 의미를 가진다. 또한 여기에서 만들어진 '자주, 평화, 민족

대단결'의 원칙은 이후의 통일 정책에 상당한 영향을 미치게 된다.[12]

남한은 1970년 8월 15일 제25주년 광복절 경축사에서 남북 상호간 선의의 경쟁을 촉구하는 '평화 통일 구상 선언'을 발표하였다. 이어 이듬해 8월 최두선 대한적십자사 총재가 남북 적십자 회담 개최를 제의하였고, 북한이 이를 수락함으로써 분단 이후 최초로 남북 대화가 열렸다. '7.4남북공동선언' 이후 남한은 남북한의 동시 유엔 가입과 남북한 상호 내정 불간섭 등을 제안함으로써 북한의 실체를 암묵적으로 인정하였다. 북한 역시 1972년의 헌법 개정에서 조선민주주의인민공화국의 수도를 서울에서 평양으로 개정한 점 등을 보아 남한의 실체를 인정하였다고 볼 수 있다.

그러나 이 기간 동안 실질적으로 달라진 것은 없었다. 남한은 1970년대 중반에 이르러 획기적인 군비 확장을 시도하였다. 1960년대에 남한의 군비 지출은 GNI 대비 3%대였는데, 이것이 1972년에는 4.1%로 상승하였고, 1976년에는 5.08%, 1980년에는 5.74%로 가파르게 상승하였다.[13] 당시 국방비는 정부 재정의 1/3 수준이었다.

북한도 상황은 마찬가지였다. 북한의 적화 통일과 대남 군사력 우위 유지를 위한 군비 확장은 남한보다 먼저 1960년대 후반에 접어들면서 시작되었다. 1960년대 중반까지 북한의 군비 지출은 GNI의 10% 전반 수준을 사용하다가 1965년 남한이 베트남전쟁에 참전한 후부터 10% 후반 수준으로, 1970년대에 들어서는 20%대로 급상승하였다. 1971년 북한이 공식 발표한 국방비는 GNI의 23.4%에 달하였다.[14] 또한 북한은 표면적인 제안들과 달리, 1975년 베트남의 공

12 '7.4남북공동선언' 전문은 부록을 참고할 것.
13 양운철 외(2011), p. 150.

산화 이후 소련과 중국에 한반도 공산화 지원을 요청하기도 하였다.

이렇듯 이 기간 중에도 남북한 모두 흡수 통일을 목표로 하고 있었다. 특히, 이 기간 중에 진행된 남북한의 획기적인 군비 확장은 1969년의 닉슨 독트린, 1975년 베트남의 적화, 1978년 미국 카터(James Earl Carter Jr., Jimmy Carter) 행정부의 주한 미군 철수 시사 등과 같은 국제 변수에 크게 영향을 받은 것으로 보인다. 그러나 다른 한편, 1967년 독일의 할슈타인원칙 폐기, 1972년의 미중 관계 개선 등과 같은 긴장 완화적 국제 변수와 1970년대 초반 거의 대등한 힘의 균형을 이룬 남북 변수가 서로 상대방의 실체를 인정하는 진전을 보인 것에 영향을 주었다고 보여진다.

남북 변수에서 힘의 균형은 통일 전략에서 연방주의와 기능주의의 남북 교차 시기가 되었다. 이전 기간에 강조하였던 북한의 경제 · 사회적 교류 제의는 1979년 2월과 12월 단지 두 차례의 체육 교류 제의를 제외하고 없었다.[15] 특히, 북한은 1973년 '조국 통일 5대 강령'을 제시하면서 '고려 연방제'를 공식적으로 다시 제안하였는데 이것은 1960년의 기능주의적 성격을 띤 '남북 연방제' 통일 방안과 달리 '선통일 후기능 통합'을 지향하는 연방주의적 접근법에 더 가깝다.

이 시기 국내 변수는 남북 모두 독재 권력의 강화기이다. 남한은 '유신 체제'를, 북한은 '김일성 우상화'를 추진한 시기이다. 따라서 국내 변수는 더욱 상대방 체제에 대한 적대감을 강화하여 이후에도 통일은 흡수밖에 없다는 인식

14 양운철 외(2011), p. 150.

15 북한은 1979년 2월 20일 제35차 세계탁구선수권대회 남북 통일 팀 출전을 위한 남북 탁구 협회 대표 회담을 제의하였으며, 동년 12월 20일 제22차 올림픽에 단일 팀 구성을 위한 남북 체육인 대표 회담을 제의하였다.

을 남북한에 각인시킨 시기이다.

5. 1980-1989: 힘의 균형 변화에 따른 남북 간 통일 전략 변화기

북한은 1960년에 제시한 '고려 연방제'를 수정하여 1980년 10월 10일 '고려 민주연방공화국 창립 방안'을 제시하였다. 이 안은 이전의 1민족 2체제 연방제 방안이 과도기적 단계로 제안된 것인 데 비해, 항구적 형태의 연방제를 제안한 것으로 이전의 제안과 다소 다른 것이다. 그러나 이와 함께 남한의 전두환 군사정권 퇴진, 주한 미군 철수 등 도저히 받아들일 수 없는 선결 조건을 제시함으로써 이 통일 방안의 저의를 의심하지 않을 수 없게 만들었다.

북한은 이 시기에 핵무기 개발을 시작하였다. 북한은 1980년 원자로 건설을 착공하여 1986년에 완공하여 가동을 시작하였고 1989년에 폐연료봉을 인출하였다.[16] 미사일 개발 역시 이 시기에 시작되었다. 북한은 1984년 사정거리 300km에 달하는 SCUD-B(스커드 B) 미사일을 시험 발사하였고, 1986년에는 사거리 500km에 달하는 SCUD-C 미사일을 시험 발사하였다. 1988년에는 SCUD-B/C를 각각 약 500기씩 실전 배치하였다.[17] 비록 이 기간 중인 1984년 남한의 수해 지원을 비롯한 남북 경제 회담이 열리기는 하였지만, 구체적으로 달라진 것은 별로 없었다.

남한의 통일 정책은 시간이 지나면서 적극성을 띠게 된다. 1979년 과도적 최규하 정부는 취임사에서 '7.4남북공동성명'에 입각한 남북조절위원회 개최,

16 북한이 영변에 핵 시설을 건설한 것은 1960년대이고, 이후 1970년대에는 핵연료의 정련 · 변환 · 가공 기술을 연구하였다(국방부, 2009, pp. 28-29).
17 국방부(2010), p. 282.

남북적십자회담 등을 다시 제안하였다.

1981년에 출범한 전두환 정부는 1982년 1월 22일 '민족 화합 민주 통일 방안'을 제시하였다. 이것은 통일이 '민족 자결의 원칙'과 '민주적 절차' 및 '평화적 방법'으로 이루어져야 한다는 기본 원칙과 호혜 평등의 원칙에 입각한 상호관계의 유지, 남북의 현존 정치 질서와 사회 제도의 상호 인정, 내정 불간섭 등을 담고 있다. 이것은 교류 · 협력과 함께 정치적 타협을 수반하는 신기능주의적 접근법이라 할 수 있다.

1980년대 후반은 남한이 대내적으로 민주적 정통성을 갖춘 제6공화국이 출범하였고, 그간의 경제 성장으로 대북 자신감이 생겼으며, 대외적으로 사회주의권의 변화 조짐이 발생하는 것에 힘입어, 통일 정책에서 주도권을 행사하기 시작한 시기이다. 1988년 노태우 정부는 이른바 '북방 정책'의 시작이 되는 '7.7선언'을 발표하였다. 공식 명칭은 '민족 자존과 통일 번영을 위한 특별 선언'이다. 이것의 주된 내용은 6개 항의 원칙에 담겨져 있다. 그것은 ① 북한을 대결의 상대가 아니라 '선의의 동반자'로 간주하며, ② 남북 동포 간 상호 교류, ③ 이산가족 접촉, ④ 남북 교역 문호 개방을 실시할 것, ⑤ 북한의 미국 및 일본과의 관계 개선에 협조할 용의가 있으며, ⑥ 남한은 중국 및 소련과의 관계 개선을 추진하겠다는 것이다.

1988년 서울 올림픽은 남북 관계에 또 하나의 큰 전기를 마련해 주었다. 이것을 계기로 남한의 국제적 위상은 급격히 상승하게 되었으나, 반면 이에 대응하기 위해 북한이 1989년에 유치한 '평양세계청년축전'(평축)은 북한 경제에 심각한 악영향을 미쳐, 이후 북한의 경제는 급격한 하락을 경험하게 되었다. 1989년 9월 11일 노태우 정부는 '남북 연합'을 중심으로 하는 '한민족 공동체 통일 방안'을 발표하였다.

이 기간 중 통일 정책 환경의 변화는 다음과 같다. 국제 변수에서 소련의 고르바초프(Mikhail Sergeivich Gorbachev) 대통령이 추진한 대내적 '페레스트로이카'(perestroika, 개혁)와 대외적 '신사고 외교'를 계기로 사회주의권의 개방과 동서 화해 분위기가 시작되었다. 남북 변수에서는 남한의 지속적인 경제 성장과 서울 올림픽을 통한 위상 강화 등으로 힘의 균형이 남한 쪽으로 변화한 시기였다. 국내 변수에서는 남한의 민주화가 이루어진 시기였다. 이러한 환경의 변화는 비록 남북한 모두 흡수 통일을 포기한 것은 아니었지만, 전략에서 남한은 기능주의로, 북한은 연방주의로 변하게 한 시기이다.

6. 1990-1997: 남한의 평화적 · 적극적 공세와 북한의 남한 배제 정책

노태우 정부는 1990년 8월 대내적으로 남북 간 교류 협력을 대비하기 위해 '남북 교류 협력에 관한 법률'을 제정하였다. 동시에 대외적으로 유엔 가입도 추진하였다. 두 개의 국가로 유엔에 가입하는 것을 거부해 오던 북한은 수세에 몰리게 되었고, 결국 1991년 9월 남북한이 함께 유엔에 가입하였다.

1991년 12월 13일 남북은 '7.4공동성명'에 이어 또 하나의 획기적인 합의서인 '남북 사이의 화해와 불가침 및 교류 협력에 관한 합의서'(남북기본합의서)를 채택하였다. 주요 내용은 남북한 상호 체제 인정과 상호 불가침, 남북한 교류 및 협력 확대 등이다.[18]

18 '남북기본합의서' 전문은 부록을 참고할 것. 이듬해인 1992년 9월 기본 합의서 이행과 관련된 3가지 부속 합의서에도 서명하였다.

또한 냉전 체제의 종식에 따라 남한에서 핵무기를 철수한다는 미국의 정책과 함께 1991년 12월 31일 남북은 '한반도 비핵화 공동 선언'을 발표하였다. 이것은 남북한이 핵무기를 시험 · 제조 · 생산 · 접수 · 보유 · 저장 · 배비(配備) · 사용할 수 없으며, 핵 재처리 시설 및 우라늄 농축 시설을 보유할 수 없고, 이것을 담보하기 위해 쌍방의 합의에 의해 상호 사찰을 받도록 규정한 것이다.[19]

당시의 환경을 보면, 국제 변수에서 동구 사회주의권의 개혁, 소련의 해체와 러시아의 개혁, 중국의 개혁, 특히 동독의 민주화와 서독 체제로의 독일 통일은 북한의 체제 유지에 매우 비우호적 환경이 되었을 것이다. 남북 변수에서 남한의 현격한 경제적 우위, 국내 변수에서 남한 민주화도 남한으로 하여금 공세적 통일 정책을 펼 수 있게 한 환경이 되었다고 볼 수 있다.

이렇게 볼 때, 1991년 남북기본합의서의 조인은 북한이 남한과 교류 증진을 목표로 하였다기보다 오히려 체제 안정을 보장받기 위한 노력으로 볼 수 있다. 즉, 북한은 통일을 지향하는 교류라기보다 오히려 체제 안전을 위해 안으로 문을 걸어 잠그는 방향으로 나아가기 시작하였다고 보인다. 이것은 북한의 통일 방안인 '고려민주련방공화국 창립 방안'에 잘 나타나 있다. 이 방안은 1991년 1월 1일 김일성의 신년사에 기록된 표현을 빌리면, "누가 누구를 먹거나 누구에게 먹히우지 않는 원칙에서 하나의 민족, 하나의 국가, 두 개 제도, 두 개 정부에 기초한 련방제 방식으로… 민족적 합의를 보다 쉽게 이루기 위하여 잠정적으로는 련방공화국의 지역 자치 정부에 더 많은 권한을 부여하며, 장차로는 중앙 정부의 기능을 더욱더 높여 나가는 방향에서 련방제 통일"을 하자는 것이

19 '한반도 비핵화 공동 선언' 전문은 부록을 참고할 것.

다.[20] 이것은 1980년의 완성형 연방제 통일 방안에서 잠정적 · 단계적인 연방제 통일 방안으로 선회한 것을 의미한다.

북한은 1993년 4월 그 동안의 통일 관련 제안들을 망라하여 '조국 통일을 위한 전 민족 대단결 10대 강령'을 발표하였다. 이것은 제1항에서 현재 두 개의 제도와 정부를 그대로 둔 연방 정부를 만들자는 것, 제5항에서 "북침과 남침, 승공과 적화의 위구를 다 같이 불식시키자"는 것, 제6항에서 "주의 주장이 다르다고 하여 배척하지 말자"는 것 등을 포함하고 있는데, 이것 역시 이전의 공세와 달리 수세적 태도를 분명히 한 것이다.[21]

다른 한편, 이와 같은 어려운 환경은 북한으로 하여금 군사력 강화에 더욱 집착하게 만들었다. 북한은 핵무기 개발 계획을 비밀리에 추진하였고, 이것이 결국 1993-1994년의 '제1차 북핵 위기'를 낳게 되었다.

북한의 핵 문제에 관해서는 제5장에서 보다 상세하게 다룰 것이므로 여기서는 이 기간 중에 진행된 주요 사항만 간략히 보기로 한다.

북한은 1985년 12월 핵확산금지조약(Nuclear Nonproliferation Treaty, NPT)에 가입하였고, 1991년 4월 국제원자력기구(International Atomic Energy Agency, IAEA)와 핵안전협정을 맺었다. 그러나 북한은 주한 미군의 핵무기를 문제 삼아 최고인민회의의 비준을 미루다가 1991년 12월 남한이 미국과 전술 핵무기 철수를 합의하고 노태우 대통령이 남한 내 핵 부재를 선언하자 '한반도 비핵화에 관한 공동선언'에 합의하였다. 이후 북한은 1992년 4월 핵 안전 조치 협정서를 비준하고 핵사찰을 수용하였다.

20 로동신문(1991. 1. 1.), 통일연구원(2009), p. 468에서 재인용.
21 연합뉴스(1999), pp. 514-515.

1992년 5월부터 1993년 2월까지 6차례의 사찰에서 IAEA는 북한이 신고한 것보다 더 많은 플루토늄을 추출하였을 가능성이 있다고 보고 2개의 미신고 시설에 대한 특별 사찰을 요구하였다. 3월 12일 북한이 이것을 거절하고 NPT를 탈퇴하겠다는 서한을 유엔 안전보장이사회에 제출하였다. 이것이 '제1차 북핵 위기'의 시작이다.

1993년 5월 유엔 안전보장이사회는 북한에게 핵사찰 수용과 NPT 탈퇴 철회를 촉구하는 결의안(825호)을 채택하였고, 북한은 사정거리 1,000km에 달하는 '노동 1호' 미사일의 시험 발사로 응답하였다. 다음 달 미국과의 회담을 통해 NPT 탈퇴를 잠정 유보하였으나, IAEA의 사찰은 여전히 허용하지 않았다. 이듬해 2월 북한과 미국은 재논의를 통해 한미 팀스피리트 훈련 중단, 남북 회담 재개 및 북한의 IAEA 사찰에 합의하였다. 그러나 IAEA 사찰에 북한은 비협조적이었고, 남북 실무 회담에서는 북한 대표가 '서울 불바다' 발언을 하는 등 긴장이 고조되었다. 4월 미국은 패트리어트 미사일을 한국에 배치하였고, 북한은 정전협정 무효와, 군사정전위원회 탈퇴를 선언하였다. 6월 13일 북한은 IAEA 탈퇴를 공식 선언하였고, 14일 미국은 장관급 회의에서 북한 공격안을 검토하였다.[22] 클린턴 대통령은 이미 미국의 모든 4성 장군들을 불러 한반도 유사시 전쟁 계획을 논의한 상태였고, 바로 실행에 옮길지를 검토하고 있었다. 일촉즉발의 위기였다.[23] 이러한 위기는 같은 시간 김일성을 만나고 있던 카터 전 미국

22 이것은 오시라크 옵션(Osirak Option)이라 불리었는데, 오시라크란 1981년 이스라엘이 공중 폭격을 통해 파괴한 이라크 원전 시설과 그 시설이 있던 지명이다. 이것은 영변에 대한 기습 공격을 의미하였다(김태현 역, 2005, p. 257).

23 당시 주한 미군 사령관인 럭(Gary Luck) 장군은 미국의 북한 핵 시설 폭격에 북한이 보복 공격을 하여 한반도에 전면전이 재발하면, 최신 무기의 성능으로 인명 피해는 8만 내지 10만 명의 미군을 포함 총 100만 명 정도가 될 것이며, 전쟁 비용은 미국만 1,000억 달러 이상이 될 것이고, 주변국 즉 주로 한국의 재산 파

대통령의 중재로 넘어가게 되었고, 그해 10월 북미 간 제네바 합의로 일단락되었다.

1993년 2월에 출범한 김영삼 정부는 노태우 정부의 '한민족 공동체 통일 방안'을 계승, 수정하여 이듬해인 1994년 8월 15일 새 통일 방안을 발표하였다. 이것은 '화해 협력 단계', '남북 연합 단계'를 거쳐 통일 국가를 완성하는 '한민족 공동체 건설을 위한 3단계 통일 방안'(민족 공동체 통일 방안)이다.

이러한 통일 방안과 별도로 김영삼 정부는 북핵 문제가 대두되면서 대북 강경 정책으로 돌아섰고, 특히 1994년 7월 8일 김일성 사망 이후 남한 정부가 조문을 불허한, 이른바 '조문 파동'으로 남북 관계는 더욱 경색되었다. 이후부터 북한은 미국과만 대화하고 남한과의 대화를 기피하는 이른바 '통미봉남'(通美封南)으로 불린 남한 배제의 수세적 정책을 펴기 시작하였다.

1995년 6월 김영삼 정부의 대북 쌀 지원 제의로 남북 회담이 이루어졌고, 이에 따라 15만 톤의 쌀을 무상으로 지원해 주기로 합의하였다. 그러나 쌀 수송 과정에서 인공기 게양 사건과 선원 억류 사건이 발생하였고, 1996년 8월 한총련 8.15 통일 축전 행사 강경 진압, 9월 북한 잠수함 침투, 1997년 2월 북한 노동당 비서 황장엽 귀순 등으로 남북 관계는 계속 경색되었다.

반면, 북한과 미국의 관계는 꾸준히 개선되었다. 제네바 합의에 따른 경수로 지원을 위해 '한반도에너지개발기구'(Korean Peninsula Energy Development Organization, KEDO)가 1995년 3월에 발족되었고, 수교의 전단계인 연락 사무소의 설치도 합의되었다. 또한 미국의 대북한 경제 제재 조치도 어느 정도 완화되었

괴와 경제 활동 중단으로 인한 비용은 1조 달러 이상이 될 것이라고 예측하였다(이종길 옮김, 2003, p. 475).

다. 이러한 북한의 '통미봉남' 정책은 김영삼 정부 말까지 지속되었다.

이렇게 볼 때, 1990년대 초부터 김영삼 정부 말까지 남북한의 통일 정책 환경은 남한의 민주화라는 국내 변수, 현격한 경제적 격차라는 남북 변수, 구 사회주의권의 몰락과 북한의 외교적 고립이라는 국제 변수로 요약해 볼 수 있다. 이러한 환경은 남한 주민들에게 통일이란 민주주의와 자본주의 아래에서만 가능하고, 따라서 남한 주민에게 체제적 의미의 통일이란 흡수 이외의 방법이 없다고 믿게 하였다. 특히, 김일성의 사망으로 북한의 체제 붕괴에 의한 통일이 곧 이루어질 수 있다는 기대도 적지 않았다. 북한으로서는 이러한 환경에 체제의 위협을 느끼게 되었고, 이로써 미국으로부터의 체제 안전 보장과 남한과의 교류 회피로 자신의 체제 유지에만 골몰하게 되었다.

7. 1998-2008: 남한의 평화 공존 정책, 북한의 제한적 교류와 내부 단속

1998년 2월에 출범한 김대중 정부는 이른바 '햇볕 정책'으로 불린 대북 포용 정책을 추진하였다. 이 정책은 '평화 · 화해 · 협력'을 통한 남북 관계 개선을 목표로 하는 '화해 협력 정책'으로, ① 평화를 파괴하는 일체의 무력 도발 불용, ② 흡수 통일 배제, ③ 화해 · 협력의 적극 추진 등의 3대 원칙을 명시하고 있다. 특히, 흡수 통일 배제를 명시함으로써 통일보다 공존을 더 중요시해 이전의 통일 정책과 근본적으로 다른, 통일 정책이라기보다 평화 공존 정책이라 할 수 있다.

김대중 정부는 1998년 6월 정주영 현대 그룹 명예회장의 '소떼 방북'으로 금강산 관광의 문을 열었고, 같은 달 강원도 양양 해안에 침투한 북한의 유고급

그림 2-2 남북 정상 회담(2000. 6. 13.–15.) 2000년 6월 13일 남북 정상 회담을 위해 평양 순안 공항에 도착한 김대중 대통령과 마중나온 김정일 국방위원장

출처: 청와대 사진기자단.

잠수정 사건, 12월의 여수 해안에 침투하다 격침된 반잠수정 사건, 심지어 1999년 6월 북한 경비정의 북방 한계선(Northern Limit Line, NLL) 월선으로 인한 연평해전 발발에도 불구하고, 이 정책을 계속 유지하였다. 뿐만 아니라 2000년 3월에는 획기적인 대북 경협 지원을 내용으로 하는 '베를린 선언'을 하였다. 그 결과 분단 55년 만인 2000년 6월 역사적인 남북 정상 회담이 실현되었다.

이 회담과 회담이 낳은 '6.15남북공동선언'은 여러 가지 면에서 남북 관계에서 획기적인 일이다.[24] 그 의미는 다음과 같다. 첫째, 기존의 남북 관계 구도 개편의 시작이었다. 이것은 지난 반 세기 동안의 적대적 관계를 청산하고 화해 협력을 시작하는 남북 관계의 새로운 패러다임을 구성하는 출발점이었다. 둘

24 '6.15남북공동선언' 전문은 부록을 참조할 것.

째, 한반도 문제의 당사자 해결 원칙을 천명한 것이었다. 북한은 한국전쟁의 휴전 협정에 한국이 참여하지 않았다는 법적 이유, 남한이 전시에 작전권이 없다는 군사적 이유, 점점 크게 벌어지는 남한과의 경제적 격차에서 오는 두려움과 같은 경제적 이유 등으로 남한과 직접 대화와 교류를 기피해 왔는데 이러한 북한의 태도가 변화한 것이었다. 셋째, 이 공동 선언은 최초의 남북 정상 간 합의서이며, 정상 간 상당 부분 신뢰를 구축하였다. 넷째, 이 회담에서 남북은 통일 방안에 대한 구체적 논의를 하였고, 남의 '국가 연합'과 북의 '낮은 단계의 연방제'라는 공통점을 발견하였다. 이것은 현실을 인정하고 단계적으로 통일을 이룩하겠다는 것이며, 역으로 당분간 통일을 하지 않겠다는 의미이기도 하다. 마지막으로 당분간 통일을 추구하지 않겠다는 것은 북한으로 하여금 보다 대남 교류에 적극성을 가질 수 있는 여유를 주었다는 것이다.

2003년에 출범한 노무현 정부의 대북 정책은 '평화 번영 정책'이다. 이것은 김대중 정부의 햇볕 정책을 계승 · 발전시켜 한반도 평화를 증진시키고 나아가 남북한의 공동 번영을, 그리고 동북아의 공동 번영을 추구한다는 것을 목표로 하였다. 대북 정책의 원칙은 ① 대화를 통한 문제 해결, ② 상호 신뢰 우선과 호혜주의, ③ 남북 당사자 원칙에 기초한 국제 협력, ④ 국민과 함께하는 정책이다. 이를 위한 추진 전략은 ① 단기적으로 북한 핵 문제를 평화적으로 해결하고, ② 중기적으로 한반도 평화 체제를 구축하며, ③ 장기적으로 동북아 경제 중심 국가가 되는 것이었다.

남한에서 김대중 · 노무현 두 정부의 10년간 대북 정책은 일관되게 평화 공존과 남북 협력을 추진하였지만 북한의 반응은 이중적이었다.

먼저 내부 결속 성격의 정책이다. 북한에서 1998년은 김일성 사후의 '유훈

정치'를 끝내고 본격적으로 김정일 시대를 연 해이다. 김정일 시대의 개막은 장거리 미사일 발사 시험으로 시작되었으며, '강성대국'과 '선군정치'(先軍政治)를 선포한 원년이다.[25] '강성대국'이란, '사상 강국, 정치 강국, 군사 강국, 경제 강국'을 건설하자는 것이다. 사상 강국이란 김정일을 중심으로 뭉치자는 것이고, 정치 강국은 대외적 자주권을 행사하자는 것이며, 군사 강국은 이를 위해 군비를 강화하자는 것이고, 경제 강국은 자립적인 부국을 만들자는 의미이다.[26] '선군정치'란 정치에서 군의 역할과 위상을 우선시한다는 것을 의미한다.

이 10년 동안 북한이 야기한 갈등적 사건들은 다음과 같다. 1999년 6월 '제1연평해전'으로 부르는 서해교전이 있었고, 2002년 6월 '제2연평해전'이 있었다. 동년 10월 북한의 고농축 우라늄(highly enriched uranium, HEU) 방식의 비밀 핵개발 추진 문제로 '제2차 북핵 위기'가 발발하였으며, 12월에는 북한이 제네바 합의에 따른 핵 동결을 해제한다고 선언하였다. 2003년 1월 10일 북한은 NPT 탈퇴를 선언하였고, 2월 부시 대통령은 북한에 군사적 행동도 고려한다고 언급하였다. 3월 중국이 북한을 압박하기 위해 북한행 오일 파이프라인을 3일간 단절시켰다. 동년 4월 10일에는 북한의 NPT 탈퇴가 발효되었다. 10월 북한은 폐연료봉 재처리를 완료하였음을, 그리고 11월에는 핵 억지력 보유를 주장하였다. 2005년 2월 10일 북한 외무부가 핵무기 보유를 선언하였으며, 2006년 7월 5일, 즉 미국 시간으로 독립기념일에 맞추어 대포동 2호 미사일 발사 실험을 하였다. 동년 10월 9일 마침내 제1차 핵 실험을 강행하였다. 이러한 행동들은 북한 나름의

25 북한은 이 미사일 발사 시험을 인공위성 '광명성 1호'를 쏘아올린 것이라 주장하였다. 광명성은 김정일을 지칭한다. 이 미사일은 '대포동 1호'로 궤도 진입에 실패하였고, 일본 열도를 지나 태평양에 추락하였다. 이후 북한과 미국 간에는 미사일 협상이 개시되었다.

26 하상식(2004), p. 143.

내부 결속과 체제 보전을 목적으로 한 것으로 보아야 할 것이다.

다른 한편, 이 10년 동안 협력적 사건들도 있었다. 1998년 11월 금강산 관광이 시작되었고, 2000년 6월 남북 정상 회담이 성사되었으며, 10월에는 북한 국방위원회 제1부위원장 조명록 차수의 워싱턴 방문으로 미사일 문제에 관한 북미 간 합의서인 '북미 공동 코뮈니케'(US-DPRK Joint Communique) 발표가 있었고, 이에 올브라이트(Madeleine Korbel Albright) 미 국무장관이 역사상 최고위 미국 관리로 북한을 방문하였다. 2002년 9월 사상 처음으로 북일 정상 회담이 이루어졌으며, 과거 북한이 일본인을 납치한 사실을 시인하였다. 2000년 8월 개성공단 사업을 합의하고, 2004년에는 첫 제품도 생산되었다.[27] 2005년 9월에는 북한 핵 문제에 관한 제4차 6자 회담에서 북한의 모든 핵무기 및 핵 계획 포기와 NPT-IAEA 복귀, 한반도 평화 체제 협상을 한다는 '9.19공동성명'에 합의하였다. 2007년 2월 13일에는 '9.19공동성명 이행을 위한 초기 조치'에 합의하였고, 10월 3일에는 '9.19공동성명 이행을 위한 2단계 조치'에 합의하였다. 무엇보다 10월 2-4일 제2차 남북 정상 회담이 열렸다.

2000년부터 2008년까지 9년 동안 남북 인적 왕래는, 금강산 관광과 개성공단 관련 인원을 제외하고, 60만 9,000명으로 1989년부터 1999년까지 11년 동안 총인원 1만 2,000명에 비해 획기적인 교류가 이루어진 것이다.[28] 1998년부터

27 개성공단 사업은 2000년 8월 22일 북한과 남한의 기업인 현대아산과의 합의로 시작되었다. 이후 당국 간 협의를 거쳐 2003년 6월 30일 1단계 330만km^2 개발이 착수되었다. 2004년 6월 15개 사가 입주 계약을 하였고, 그해 12월 첫 제품이 생산되었다. 2014년 12월 기준 125개 사가 입주해 있고, 북한 근로자 5만 3,947명이 근무하고 있다. 2014년 연간 생산액은 4억 6,999억 달러, 누적 생산액은 26억 6,974만 달러에 이르고 있다(통일부, 2015, pp. 70-75).

28 이 인원의 대부분은 남에서 북으로 간 인원이다. 1989년부터 2008년까지 총왕래 인원 62만 1,000명 중 남에서 북으로 간 인원은 61만 4,000명이고, 북에서 남으로 온 인원은 7,000명 남짓이다(통일부, 2009, p. 236).

2008년까지 11년간 남북 교역액은 94억 7,000만 달러로 처음 교역이 시작된 1989년에서 1997년까지 8년 동안의 15억 4,600만 달러에 비해 역시 획기적으로 증가하였다.[29]

이러한 북한의 10년 동안에 걸친 대결과 협력은 어려운 경제 상황 하에서 실리를 추구하지만 매우 조심스럽고, 시험적이며, 제한적인 것으로 보아야 할 것이다. 이 기간 중 남북의 통일 노력을 요약하면, 주어진 통일 정책의 환경은 이전 시기와 거의 같지만, 남북 변수에서 남한의 대북한 평화 공존 정책이 북한으로 하여금 소극적이지만 남북 교류에 나서게 한 것이라 볼 수 있다. 이 기간 동안 유지되었던 남한의 '흡수 통일 배제' 원칙은 남한이 통일하지 않겠다거나 남한의 체제를 변화시켜 통일하겠다는 것이 아니라, 남한이 일방적으로 북한을 흡수 통일하지 않겠다는 의미이기 때문에, 남한은 기능주의적 방법을 통해 북한의 변화를 전제로 한, 따라서 남한 체제로의 통일을 추구하였다고 볼 수 있다.

반면, 북한의 제한적인 교류는 통일을 위해서라기보다 체제 유지를 위해서라고 보아야 할 것이다. 그래서 일면 교류를 하면서 대내적으로 내부 단속을 위한 '강성대국'의 기치 하에 '선군정치'를 폈으며, 대외적으로 핵무장을 추구해 '제2차 북핵 위기'를 낳았다고 볼 수 있다.

29 여기에는 비상업적 거래도 포함되어 있다. 노무현 정부 말인 1997년도 남북 교역액은 18억 달러로 북한 전체 교역 30억 달러의 60% 수준에 달하였다(통일부, 2009, p. 236).

8. 2008-현재: 남한의 조건부 압박 정책, 북한의 방어적 긴장 고조 정책

2008년 2월에 출범한 이명박 정부의 대북 정책은 '상생 · 공영 정책'이다. 이것은 1991년 남북기본합의서의 핵심 단어인 화해와 협력을 상생과 공영으로 발전시킨 것이고, 그 수단으로 '비핵 · 개방 · 3000' 구상을 제시하였다. 즉, 북한이 핵을 포기하고 개방의 길을 택하면 국제 사회와 협력하여 10년 안에 북한 주민 소득이 3,000달러에 이르도록 돕겠다는 것이다.[30]

표면상 이 정책은 이전의 김대중-노무현 정부의 정책과 크게 다르지 않은 것처럼 보인다. 그러나 이명박 정부는 같은 목표임에도 불구하고, 이전 정부의 정책은 '북한에 끌려 다닌' 정책이었기 때문에, 이 정부의 정책은 북한을 '끌고 가기 위한' 정책이라 주장하였다.[31] 과거 두 정부의 정책과 이 정책의 차이는 다음과 같다. 첫째, 이명박 정부는 과거 정부가 북한의 비핵화를 이루지 못한 것은 '퍼주기', 즉 엄격한 상호주의를 견지하지 않았기 때문이라 보고, 경제 협력을 비핵화와 연계하겠다는 것이다. 과거 정부의 정경 분리에서 정경 연계를 표명한 것이다. 둘째, 과거 정부가 남북 경제 교류에도 불구하고 북한의 개방화를 하지 않았으니 북한이 개방하지 않는다면 경제 교류보다 오히려 고립과 봉쇄를 통해 압박을 함으로써 개방을 유도하겠다는 것이다. 이 밖에도 남북 관계를 과거 정부의 '민족적 시각'보다 '보편적 시각'으로 보겠다는 것, 과거 정부의 미중 관계의 균형을 통한 북한 변화에서 미국 중시 정책으로 북한을 변화시키겠다는 것, 그리고 이전 정부가 주장한 남북 간의 교류가 평화를 얻고 있다는 것

30 하상식(2010), p. 90.
31 하상식(2010), p. 73.

을 부정하고 있는 것 등이다.[32]

2013년 2월에 출범한 박근혜 정부의 대북 정책은 '한반도 신뢰 프로세스'이다. 이것의 핵심은 '신뢰 외교'(trustpolitik)와 '균형 정책'(alignment policy)이다. 신뢰 외교란 "국제 규범에 근거하여 상호 이행의 기대감을 구축하는" 정책으로 두 개의 원칙에 기초한다. 하나는 북한이 한국 및 국제 사회와 맺은 약속을 반드시 지켜야 한다는 것이고, 다른 하나는 북한의 평화를 깨는 행동에는 "확실한 대가"(assured consequences)를 치르게 한다는 것이다.[33]

균형 정책이란 단순한 강경과 유화의 중간적 입장을 넘어, 단호한 입장이 요구될 때는 더욱 강경하게 대응하고, 협상을 추진함에 있어서는 매우 개방적인 접근 방법을 취한다는 것이다. 또한 과거 정책들의 이념적 성향에서 중간 거리에 있다는 의미가 아니라 전략적 차원에서 균형적인 입장을 취한다는 의미로 '균형'이 '중간'이라는 뉘앙스가 있는 'balancing'이 아니라 '조율'의 의미가 담긴 'alignment'임을 강조한다. 즉, 남북 관계에서 '안보'와 '교류 협력' 사이에 균형을 유지하고, 정책 추진도 '남북 대화'와 '국제 공조' 사이에 균형을 도모한다는 의미이다.[34]

박근혜 정부는 출범 후 대북 정책의 목표로 '남북 관계 발전, 한반도 평화 정착, 통일 기반 구축'을 제시하였다. 이 정책의 추진 원칙은 '균형 있는 접근, 진화하는 대북 정책, 국제 사회와의 협력'이며, 추진 기조는 ① 튼튼한 안보에 기초한 정책 추진, ② 합의 이행을 통한 신뢰 쌓기, ③ 북한의 올바른 선택 여건 조성, ④ 국민적 신뢰와 국제 사회와의 신뢰에 기반 등이다.[35]

32 하상식(2010), p. 92.
33 Geun-hye Park(2011), p. 14.
34 Geun-hye Park(2011), p. 15.

2008년 이명박 정부 출범 이후 2015년 말 현재까지 남북 관계는 지속적으로 경색되고 있다. 이명박 정부의 '비핵 · 개방'을 전제로 한 '상생 · 공영' 정책에 북한은 크게 반발하였고 결국 1953년 휴전 협정 이후 최초로 2010년 11월 북한의 포격 도발에 의한 남한의 대응 사격으로 남북 간 포격전까지 가게 되었다. 2011년 12월 17일 북한의 김정일이 사망하고 김정은으로 승계되었으나 남북 관계는 진전되지 않았다. 2013년 2월 남한에서 박근혜 정부가 제시한 '한반도 신뢰 프로세스'도 남북한의 신뢰 구축은 조금도 진전되지 않고 있고, 북한의 개혁 · 개방도, 비핵화도 이루어지지 않고 있으며 남북 관계는 경색되어 있다.

2008년 이후 남북 관계에서 중요한 일들은 다음과 같다. 이명박 정부가 출범한 지 5개월이 채 되지 않은 2008년 7월 금강산 관광객 피격 사건이 발생하였고, 이 사건을 두고 남북이 대립하였다. 결국 금강산 관광은 중단되었고 지금까지 재개되지 않고 있다.

북한은 2008년 8월 핵 불능화 중단을 선언하였다가 10월 미국의 북한 테러 지원국 해제로 다시 불능화 작업을 재개하기로 합의하고 연료봉 제거를 시작하였다. 그러나 2009년 4월 5일 인공위성이라며 '광명성 2호' 장거리 로켓 시험 발사를 강행하였다. 이에 유엔 안보리 의장 성명이 채택되었고, 반발한 북한은 6자 회담 불참과 핵 시설 불능화 원상 복구를 선언하였다.

2009년 5월 25일 북한은 제2차 핵 실험을 감행하였다. 그 대응으로 남한은 그간 북한의 반발을 우려해 보류하던 대량 살상 무기 확산 방지 구상(Proliferation Security Initiative, PSI)에 전면 참여한다고 선언하였다. 유엔 안전보장이사회는 6월 12일 북한의 핵 실험을 강력하게 규탄하고 공해상 의심 선박의 검색, 모든 무기

35 통일부(2014).

관련 물자의 수출 통제 등이 포함된 결의(1874호)를 채택하였다.

이러한 조치에 북한은 핵 포기 불가 입장을 발표하고 11월 8,000개의 폐연료봉 재처리를 완료하였다고 공표하였다. 같은 달 10일 '대청해전'으로 불리는 서해교전이 발생하였다.

2010년 상황은 더욱 악화되었다. 3월 26일 천안함 피격 사건이 발생하였고, 4월에는 북한이 금강산 관광 지구 부동산 동결 및 몰수 조치를 실행하였다. 5월 남한은 천안함과 관련하여 '5.24조치'를 발표하였다. 주요 내용은 북한의 사과와 관련자 처벌 요구, 북한 선박의 우리 해역 운항 전면 불허, 남북 교역 중단, 대북 신규 투자 불허, 대북 지원 사업 원칙적 보류(개성공단은 예외) 등이다. 이에 북한은 자신들과 관련 없는 일로 사과할 수 없으며, 남북 관계 전면 폐쇄, 불가침 합의 전면 파기, 남북 협력 사업 전면 철폐, 남한 선박, 항공기의 북한 영해, 영공 통과 금지 등으로 대응하였다.

이러한 긴장의 연속이 마침내 11월 23일 연평도 포격 사건을 낳았다. 북한은 연평도에 170여 발의 포사격을 감행하여, 우리 군인 2명이 전사하고 16명이 중경상을 입었으며, 민간인 2명이 사망하였다.

2012년 2월 북한은 미국과 대화를 통해 핵 실험 및 미사일 발사 시험의 임시 중단과 미국의 24만 톤 '영양 식품' 제공에 합의하는 소위 '2.29합의'가 있었다.[36] 그러나 4월 13일 북한은 '광명성 3호'라 명명한 '실용 위성' 발사 명목으로 장거리 로켓 '은하 3호'를 발사하였다. 이에 미국은 미사일 발사 시험 중단을 위반한 것으로 보았고, 유엔 안전보장이사회 의장의 경고가 있었으며, 결국

36 미국이 북한에 식량 지원이 아니라 '영양 지원'(nutritional assistance)이라 언급한 것은 일반적인 전용 시비가 있었던 식량 지원이 아니라 취약 계층(어린이, 임산부, 노약자, 부양가족이 많은 가구 등)에 대한 지원이라는 인도적 측면 및 분배 모니터링을 강조한 이유이다.

'2.29합의'는 무효화되었다.[37] 북한은 같은 날 '핵 보유국'임을 헌법에 명시하였다.[38] 북한은 같은 해 12월 12일 장거리 미사일을 발사하였고, 박근혜 대통령 취임 13일을 앞둔 2013년 2월 12일 제3차 핵 실험을 감행하였다. 이에 대해 3월 8일 유엔 안보리 대북 제재 결의안(제2094호)이 채택되었다.

북한의 핵 실험 직후에 출범한 박근혜 정부는 취임사에서 북한이 "핵을 내려놓고 평화와 공동 발전의 길로 나올 것"을 촉구하면서, 남한은 "확실한 억지력을 바탕으로 남북 간에 신뢰를 쌓기 위해 한 걸음, 한 걸음 나아갈 것"이라 강조하였다.

신뢰를 강조한 박근혜 정부 출범 초기에 북한은 기존의 남북한 합의들을 파기한다고 발표하였다. 3월 5일 북한은 한미 합동 군사 훈련을 비난하면서 인민군 최고사령부 대변인 성명을 통해 정전 협정 백지화 및 북한군 판문점 대표부 활동 중지를 발표하였고, 3월 8일에는 조평통 성명을 통해 1991년의 '남북 불가침에 관한 합의'와 '한반도 비핵화 공동 선언'의 백지화를 발표하였다.

북한의 이러한 조치에 3월 19일 한미 군사 훈련의 일환으로 미국의 B-52 전략 폭격기가 한반도 상공에서 폭격 훈련을 하였고, 북한은 전체 인민과 군인에 대해 1시간 동안 공습 경보 발령을 내렸고, 급기야 3월 30일 남북 관계가 "전시 상황에 돌입하였고, 군사적 도발 시 전면 핵전쟁으로 번지게 될 것"이라 위협하였다. 4월 5일 북한은 그 사이 유일한 남북 관계의 상징이었던 개성공단 사업

37 북한은 김일성의 생일인 4월 15일을 '태양절'이라는 북한 최대의 명절로 삼고 있고 이 날을 기념하기 위해 '인공위성'을 발사하였다. 북한은 '인공위성' 발사로, 외부에서는 '장거리 미사일' 발사라고 하는 이유는 이 둘 다 동일한 기술을 사용하기 때문이다. 자세한 내용은 제5장을 참조할 것.

38 2012년 4월 13일 개정한 북한 '사회주의 헌법'의 서문에는 "김정일 동지께서는… 우리 조국을 불패의 정치 사상 강국, 핵 보유국, 무적의 군사 강국으로 전변시키시였으며…"로 핵 보유국임을 명시하였다(통일부, http://www.unikorea.go.kr(검색일 2015. 4. 6.)).

마저 잠정 중단을 선언하였고, 4월 26일 우리 통일부가 개성공단 잔류 인원 전원 귀환 조치를 내리면서 남북 관계는 거의 최악의 수준으로 치달았다.

이렇게 위기로 치닫던 남북 대립은 7월 6일 개성공단 남북 실무 회담 개최로 완화되기 시작하였고, 공단은 9월 16일 시운전을 거쳐 재가동되었다. 그 사이 박근혜 대통령은 8.15 경축사에서 이산가족 상봉을 제의하였고, 이에 북한이 호응하여 9월 25-30일 상봉 행사를 가지기로 합의하였다. 이 합의는 행사 4일 전 북한의 일방적인 연기 통보로 무산되었다.

2014년 1월 6일 박근혜 대통령은 신년 기자 회견에서 통일 비용에 대한 국민들의 우려와 관련해 "통일은 대박"이라며 통일이 우리 경제 재도약의 기회가 될 것임을 강조하였다. 3월 독일을 방문한 박근혜 대통령은 드레스덴에서 "남북한 주민들의 인도적 문제 해결, 남북한 공동 번영을 위한 민생 인프라 구축, 남북 주민 간 동질성 회복"이라는 이른바 '드레스덴 3대 제안'을 발표하였다. 그러나 북한은 드레스덴 연설이 "흡수 통일" 논리이고, 궤변이라며 비난하였다. 7월 남북은 인천 아시안 게임 응원단 파견 문제를 논의하였으나 합의에 실패하였다. 9월 19일부터 10월 4일까지 열린 아시안 게임에서 북한은 좋은 성적을 거두었고, 당시 북한의 최고권력자 3인이 폐막식에 참석하여 우리 국무총리, 통일부 장관, 여야 당대표 등을 만나 남북 고위급 회담을 열기로 합의하고 돌아갔다.[39] 그러나 이후 의미 있는 남북 관계 진전은 없었다.

2015년 8월 4일 DMZ에서 지뢰 폭발 사건이 발생하였고, 10일 국방부와 유엔사령부는 이것을 북한의 도발로 규명하고 사과 및 책임자 처벌을 요구하였

39 이들은 당시 권력 서열 2위인 인민군 총정치국장 황병서, 직전 총정치국장이자 조선노동당 비서 최룡해, 당 통일선전부장 겸 대남 담당 비서 김양건이다.

다. 북한이 지뢰 매설을 부인하자 우리는 대북 심리전 방송을 시작하였다. 8월 20일 북한이 확성기를 향해 포격을 감행하였고 우리는 대응 사격을 하였다. 다음 날 북한은 전선 지대에 준전시 상태를 선포하였고, 우리는 접경 지역 주민을 대피시켰고, 전군에는 최고 경계 태세를 내렸으며, 미국의 B-52 전략 폭격기 출동 검토도 발표하였다. 이 상황에서 북한이 통지문을 통해 당국 간 접촉을 제의해 왔다. 이 제의에 따라 8월 22-24일 판문점에서 이루어진 고위급 회담으로 북측의 유감 표명과 함께 남측의 대북 방송 중단이 합의되었다. 이 '8.25합의'에서 남북 이산가족 상봉 행사를 개최하기로 하였고, 10월 말 상봉이 이루어졌다.

2008년 이명박 정부 출범 이후 현재까지 약 8년 동안 통일 정책의 환경에서는 이전 시기와 크게 다르지 않았지만, 중국의 부상이 두드러졌고, 이에 따른 미중 간의 경쟁이 강화되었다. 비록 냉전과 다르지만, 소련 해체 후 유일 초강대국 질서에서 미중 간의 분열 구도가 강화되었고, 중국의 북한 지지가 북한의 입지를 도왔다.

남북 변수에서 남한은 이전 정부들과 달리 북한의 비핵화와 개혁 · 개방을 요구하며 압박하였다. 이에 북한은 이전의 소극적 · 제한적 교류에서 방어적 긴장 고조 정책을 폈다. 이 같은 대립은 천안함 사태, 연평도 포격 사태, 개성공단 중단, '8.25합의' 직전의 긴박한 상황 등으로 연결되었다. 이것은 국제 변수에서 냉전이 이미 소멸된 지 20여 년이 흐른 상황에도 불구하고 남북한의 냉전적 대결이 변함 없이 반복되고 있음을 보여 준 것으로 한반도에서 '냉전 구도의 내재화'가 얼마나 견고한지를 보여 준 것이다.[40]

40 국제 변수에서 냉전이 한반도에서 남북 간의 냉전 구도로 내재화되어 가는 것에 관한 논의는 홍석률(2012) 참조. 홍석률은 남북한의 반복적인 대결 구도를 '분단의 히스테리' 현상으로 특징지웠다.

통일 전략에서 남한은 이전 시기의 '흡수 통일 배제'에서 흡수 통일도 해야 한다면 하겠다는 입장이고, 북한은 이전 시기에 비해 통일에 대해 더 소극적으로 되었고, 체제 유지에 급급한 상황이 되었다. 통일의 접근법에서 남한은 기능주의 기조를 유지하고 있으나 북한의 변화를 주도하기 위한 압박을 강조하였고, 이에 대한 북한의 거부로 남북 관계는 교착 상태를 벗어나지 못하고 있다.

제3절 남북한의 통일 딜레마

1. 분단을 지속시킨 환경

위에서 살펴본 남북의 분단 정부 수립 이후부터 최근까지의 통일 정책은 우리가 앞에서 제시한 통일을 하지 못한 세 가지 이유들에 다음과 같은 답을 제시하고 있다.

먼저 국제 변수에서 한반도를 놓고 강대국 간의 경쟁은 한반도의 분단에, 그리고 이 분단의 지속에 구조적인 영향을 미쳤다. 분단 정부 수립은 내부 요인도 없지 않았지만, 미소의 분할 점령으로 구조적 환경이 발생한 것과 무관할 수 없고, 이후에도 특히 한국전쟁에 미국과 중국이 개입한 것, 그리고 우리의 반대에도 불구하고 38도선과 비슷한 위치에 다시 군사 분계선이 그어져 휴전한 것, 또 지금까지 분단으로 남아 있는 것도 이러한 구조와 무관하지 않다. 이러한 주변 강대국 간의 대결 구조가 한반도 분단의 국제적 환경이다.

둘째, 한반도 안에서 남북 관계는 체제 간 대결이라는 국제 변수의 영향을 받아 남북 관계에서도 통일 정부 구성이라는 민족 이익보다, 주어진 체제 이익 혹은 국가 이익이 우선해 왔다. 두 개의 정부는 서로가 서로에 대한 위협을 과장하는 '적대적 공존'을 통해 결국 '한반도 분단의 한국화' 혹은 '냉전 구도의 한국화'가 초래된 것이다. 남북 간의 화해 협력을 추구하였던 김대중 · 노무현 두 정부의 정책이 남한 내부에서 이른바 '남남 갈등'을 야기한 것은 그 단적인 예라 할 수 있다. 따라서 통일을 위해서는 강대국 관계라는 국제 변수뿐만 아니라 남북 변수도 매우 중요하다는 것을 볼 수 있다.

셋째, 남북한에 존재하였고, 또 북한에는 아직까지 존재하고 있는 비민주적 정부는 자신의 정권 강화를 위해 더욱 상대방 체제에 대한 경계심을 증폭시켰고, 남북한 모두 통일은 반드시 흡수 통일이어야 한다는 인식이 지배적인 현상으로 자리잡았다. 1980년대 후반 이후 큰 경제적 격차와 함께 남한의 민주화는 남한으로 하여금 남북 대결에 자신감을 주었고, 기능주의적 접근을 하게 하였다. 이것이 북한 정부로 하여금 더욱 폐쇄적이고, 주민의 선호에 반하여 자신들만의 체제 유지에 몰두하여 더욱 폭압적이고 군사적 모험주의로 나아가게 만들고 있다.

2. 남북 관계의 딜레마

이러한 분단 지속의 원인들이 남긴 과제로서 남북한이 통일을 하기 위해 극복해야 할 딜레마를 정리해 보자.

첫째, 남북 관계가 '죄수의 딜레마' 상황에서 벗어나지 못하고 있다. 이 딜레마의 핵심은 불신이고, 이것을 극복하는 것은 신뢰 구축이다. 한국전쟁 이후 상호 불신은 매우 깊어졌고, 냉전 전 기간 동안 그 불신은 지속되었다. 탈냉전과 특히 김대중-노무현 정부의 일관성 있는 대북 포용 정책으로, 거의 일방적이다시피 신뢰 구축을 위해 노력하였지만 북한의 핵무기 개발과 개혁 · 개방 부재로 실패하였고, 이후 이명박 정부의 압박 정책도 신뢰를 구축할 수 없었다. 이후 들어선 박근혜 정부는 신뢰 구축을 대북 정책의 가장 큰 과제로 제시하고 있지만 아직 성과는 나타나지 않고 있다.

둘째, 이러한 상호 신뢰 부족은 남북 사이 안보 딜레마 상황에 처하게 만들었다. 남북한은 모두 힘겹게 군사비를 지출하면서도 안보 불안을 겪어 왔고 이 상황은 지금도 계속되고 있다. 특히, 이 상황은 국방에서의 자주를 강하게 내세운 북한에게 치명적인 경제적 부담을 가져다주었다. 이 딜레마는 1990년대 이후 남북한의 경제적 격차가 커지면서 북한으로 하여금 비교적 값싼 대량 살상무기 개발로 나아가게 하였고, 이것이 신뢰 구축을 더욱 어렵게 하고 있다.

셋째, 남북한의 안보 딜레마는 남북 모두 동맹에 의존하게 하였고, 이로써 동맹 딜레마를 낳았다. 동맹 딜레마 상황에서는 가상 적국으로부터 안보에 대한 위협이 높을수록 그 국가는 동맹에 대한 의존도, 즉 자국의 이익에 반하는 연루 가능성에 더 노출된다. 이것은 남북 사이에 군사적 신뢰 구축이 강화되면, 포기에 대한 두려움이 줄어들고 따라서 연루 가능성은 낮아진다는 것을 의미한다. 남한은 경제적으로 '원조를 받던 나라에서 원조를 주는 나라'라 하지만 아직까지 미국으로부터 전시 작전권 환수를 미루고 있고, 북한은 '주체'를 가장 큰 가치로 내세우지만 실제로 중국에 의존하지 않고는 생존 자체가 어려운 상황이다.

3. 남북한의 공통 딜레마

이러한 딜레마들은 남한과 북한 모두에게 갈등적 혹은 이중적 상황을 초래한다. 먼저 남한과 북한 양 사회에 모두 나타나는 현상을 보자.

첫째, 동일한 상대방에 대해, 때로는 형제로 때로는 적(敵)으로 인식하는 인식의 이중성이다. 우리는 같은 민족, 즉 형제이기에 통일해야 한다고 생각한다. 그러나 상당수의 남한 주민에게 북한의 지배자는 적으로, 피지배자는 동포로 인식되고 있으며, 마찬가지로 북한 주민에게 남한의 지배자는 적으로, 피지배자는 형제로 인식되고 있다. 이로써 남북한 정부 당국자 간의 대화는 같은 민족 사이의 대화가 아니라 적과의 대화에 불과하다. 형제 관계는 이해를 같이하는 상생(相生)의 관계이지만, 적대 관계는 내가 얻는 만큼 상대가 잃는 '제로섬'(zero-sum)의 관계이다. 그래서 적과의 상생은 불가능하다.

둘째, 남북 관계는 국내 관계라 할 수도 없고, 국제 관계라 할 수도 없다. 남북은 유엔에 동시 가입함으로써 국제법적으로 두 개의 독립 국가가 되었다. 실제로 남한의 주권이 북한에 미치지도 않고, 북한의 주권이 남한에 미치지도 않는다. 그러나 대한민국 헌법 제3조는 "대한민국의 영토는 한반도와 그 부속 도서로 한다"로 명기되어 북한 지역도 우리의 영토로 보고 있다.[41] 우리는 조선민주주의인민공화국을 북한이라 부르고 있으며, 북한 역시 우리를 대한민국이

41 현행 대한민국 헌법은 1987년 10월 29일 전부 개정되어 공포된 것이다. 1996년 11월 12일 탈북하여 중국에서 한국계 중국인과 결혼하고 중국 여권을 발급받아 한국에 입국한 여성이 제기한 강제 퇴거 명령에 대한 무효 소송에서 대법원은 그녀가 북한의 국적을 가지고 있었고, "북한 지역 역시 대한민국의 영토에 속하는 한반도의 일부를 이루는 것이어서 대한민국의 주권이 미칠 뿐"이라며 원고 승소 판결을 내렸다(대법원 1996. 11. 12. 선고 96누1221 판결)(국회 법률지식 정보시스템, http://likms.assembly.go.kr(검색일 2012. 1. 21.)).

아니라 남조선으로 부르고 있다. 남북 간 왕래에는 국가 간 이동에 필요한 여권을 사용하지 않는다. 또한 남북 교역에는 관세도 없다. 심지어 우리는 북한에 있는 개성공단의 제품을 '한국산'으로 국내에서 판매하고 있다.[42]

4. 남한의 딜레마

다음으로 남한 사회에 나타나는 딜레마 현상을 보면 다음과 같다. 첫째, 우리의 소원은 통일이지만 남북 간의 심각한 경제 격차로 통일 비용이 부담스럽다. 앞에서 우리는 통일의 과정을 지혜롭게 관리한다면 편익이 비용보다 더 클 수 있다는 것을 보았다. 그러나 그렇게 잘 관리된다는 보장이 없다. 그렇다고 더 미루면 남북 사이에 경제적 격차는 훨씬 더 커질 것이고 이질감도 더 커질 것이다.

둘째, 인식의 이중성에서 나오는 딜레마로서 우리 사회에서 안보 의식을 강화하려면 북한을 적대시하고 경계해야 한다. 그러나 남북이 평화적으로 통일되기 위해서는, 언젠가 북한에서 민주화가 이루어져도, 북한 주민들이 남한과 통일을 원해야 가능하다. 그래서 우리는 북한 주민들의 감정을 사야 한다. 즉, 북한 주민과 동포애 혹은 민족적 동질성 유지를 위해서는 북한 주민을 형제로 대해야 한다.

셋째, 북한 지원에 대해서도 딜레마가 존재한다. 북한에 대한 지원은 현재

42 개성공단 생산품이 국내에 판매되는 경우 국내 투자 지분과 직접 재료비 비중이 60% 이상이면 국산으로 간주되어 Made in Korea, Made in Korea(Kaeseong)로 표시된다. 수출의 경우 2015년 9월 기준, 발효 중인 11건의 FTA 중 5건이 개성공단 제품이 일정 기준을 충족하여 관세청이 발급하는 원산지증명서를 받으면 한국산으로 인정한다는 규정이 있다. 그러나 아직까지 이 규정을 이용한 수출 건은 단 한 건도 없다(박지연 · 이효영, 2015, pp. 47-78).

북한 지도부와 합의해야 가능하고, 합의를 하려면 지도부의 이익에 반하여서는 불가능하다. 따라서 북한 주민들의 인권이 유린되는 상황에서, 지도부에게 조금이라도 이익이 가는 지원이 되면 주민들에게 비인권적이 되며, 그렇다고 아사자가 속출하는 상황에서 도와 주지 않으면 비인도적이 된다. 이러한 딜레마가 현재 우리 사회가 겪고 있는 '남남 갈등'의 하나의 원인이기도 하다.

5. 북한의 딜레마

북한 역시 우리보다 적지 않은 딜레마를 가지고 있다. 첫째, 개방과 폐쇄의 딜레마이다. 현재 북한 정부에게 가장 절박한 것은 체제 유지이다. 앞에서 본 여러 가지 외부 여건은 체제 유지에 심각한 위협이 될 수 있다. 따라서 개방할 수 없다. 그러나 개방 없이 경제 상황을 개선할 수 없다. 경제 상황이 개선되지 않으면, 시간의 문제일 뿐 장기적으로 체제 유지는 불가능하다.

둘째, 핵무기 개발의 딜레마이다. 현재 북한의 경제력으로 볼 때, 재래식 무기로 남한과 군사력 균형을 이루는 것은 불가능해졌다. 그러나 핵무기를 가지고 북한이 개방을 하여 경제력을 개선시키기는, 적어도 현재까지는 불가능해 보인다. 북한이 비핵화를 하기 이전에 남북 간 군사적 신뢰 구축이 불가능하고, 남북 사이에 긴장이 지속되는 상태에서, 이 경우 북한과 미국 사이에도 동시에 긴장이 조성될 수밖에 없는 상태에서, 북한이 개방한다 해도 경제 회생에 필요한 외부로부터의 투자 유입은 불가능하기 때문이다.

PART 2

통일을 위한 북한 변수: 폐쇄와 선군

통일은 대내적으로 하나의 정치 공동체를 구성하는 것이고, 대외적으로 하나의 주권을 행사하는 것이다. 하나의 정치 공동체란 하나의 체제를 가져야 하며, 하나의 주권이란 상징적으로 하나의 군대로 표현된다. 이렇듯 남북한의 통일이란 정치·경제적 체제 통합과 단일 군대 구성을 의미한다.

오늘날 몇몇 종교적 근본주의 국가들을 제외한 거의 모든 국가는 정치 체제로 민주주의를 지향하고 있다. 세계화 시대에 경제 체제는 시장 자본주의 경제 체제 외에 대안이 없어 보인다. 따라서 우리의 통일에서 체제 통합이란 대부분 북한의 민주화 및 시장화와 관련이 있다.

이런 의미에서 제2부는 통일의 대상이 되는 북한에 대해 살펴보고자 한다. 먼저 제3장에서는 북한의 정치 체제를 살펴볼 것이다. 앞에서 보았듯이 우리가 통일을 이루지 못한 이유 중 하나에 북한에서 민주화가 이루어지지 못한 것도 포함된다. 따라서 이 장에서는 현재 북한 정치 체제의 특성과 변화 가능성을 고찰해 볼 것이다.

제4장에서는 북한의 경제를 살펴보고자 한다. 앞의 통일 비용의 논의에서 보았듯이, 통일을 우려하는 사람들의 가장 큰 이유는 남북 사이의 경제 수준 격차가 만들어 낼 문제이다. 이런 뜻에서 이 장에서는 현재 북한의 경제 실상과 이러한 심각한 경제난의 원인이 무엇인지 고찰해 볼 것이다.

제5장에서는 북한의 군사 현황을 살펴볼 것이다. 남북 사이에 평화 공존 없이 남북이 상생하는 교류는 불가능하다. 또한 북한의 핵 문제와 개혁·개방은 불가분의 관계가 있다. 이런 의미에서 이 장에서는 북한의 군사 현황을 군사적 능력과 의도의 관점에서 고찰해 보고자 한다.

제6장에서는 북한에서 정치 체제의 변화, 경제적 회생, 의미 있고 지속 가능한 남북 협력, 남북 간 군사적 신뢰 구축 등의 향방을 가늠할 수 있는 북한의 개혁·개방 문제에 관해서 살펴볼 것이다. 여기에서는 북한이 개혁·개방을 하지 않는 이유가 무엇인지, 또 한다면 어떻게 될지 등의 문제를 과거 소련 및 러시아 그리고 중국의 개혁 경험을 토대로 점검해 볼 것이다.

Chapter 3

북한의 정치: 왕조적 전체주의

제 1 절 북한의 정치 조직[1]

넓은 의미에서 정치란 한 사회의 규칙을 만들고 운영하는 활동을 의미한다. 이 규칙은 기존 지배 집단의 이념과 이익에 기반하며, 이것은 장기적으로 그 사회의 기본적 행동 양식 혹은 보상 체계(incentive system)를 결정한다. 따라서 북한의 정치 조직, 정치 체제의 특성을 이해하는 것은 북한 사회의 운영 원리와 변화 가능성을 가늠하는 핵심적 과제가 된다.

북한은 과거 구소련이나 동유럽의 사회주의 국가들처럼 당과 정부가 이중적으로 조직되어 있고 당이 정부에 우선한다. 북한의 조선노동당 규약 서문에는 "조선노동당은 근로 인민 대중의 모든 정치 조직들 가운데서 가장 높은 형태의 정치 조직"이라 명시하고 있다.[2] 북한 헌법 제11조 역시 "조선민주주의인민공화국은 조선로동당의 령도 밑에 모든 활동을 진행한다"라고 명시하고 있다.[3] 그래서 가장 중요한 조선노동당의 조직과 성격을 먼저 살펴보고, 다음으

1 이 장은 하상식(2001), pp. 141-171에 바탕을 두었으나, 거의 대부분 수정 · 보완하였다.
2 노동신문, "조선노동당 규약 서문"(주체 101(2012)년 4월 12일)(통일부, http://www.unikorea.go.kr(검색일 2015. 1. 4.)).
3 북한이 현재 사용하고 있는 헌법은 2012년 4월 13일 개정된 '조선민주주의인민공화국 사회주의헌법'이

로 정부 조직, 사회 조직 순으로 고찰해 볼 것이다.

1. 조선노동당의 조직과 성격

조선노동당의 조직은 〈그림 3-1〉과 같다.

그림 3-1 조선노동당 기구도

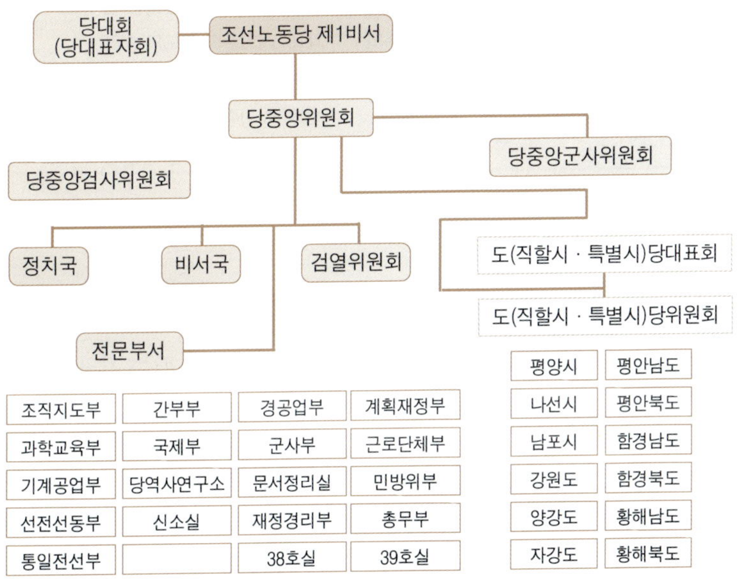

출처: 통일정보포털(http://nkinfo.unikorea.go.kr, 검색일 2015. 12. 20.).

다. 그러나 제11조는 이전 2010년 4월의 '사회주의헌법'이나, 1998년의 '김일성헌법'과 동일하다(통일부, http://www.unikorea.go.kr(검색일 2015. 1. 4.)).

표 3-1 당대회 개최 현황과 당 이념 및 목표의 변화 과정

당대회	지도 이념	목표
북조선노동당 창립 대회 (1946. 8. 28.-30.)	-	통일적 독립 국가 건설
북조선노동당 제2차 대회 (1948. 3. 27.-30.)	-	통일적 독립 국가 건설
조선노동당 제3차 대회 (1956. 4. 23.-29.)	마르크스-레닌주의	대내: 사회주의 제도 수립 전한반도: 반제 · 반봉건 민주주의 혁명
조선노동당 제4차 대회 (1961. 9. 11.-18.)	마르크스-레닌주의 (항일 무장 투쟁의 혁명 전통)	대내: 사회주의 제도의 강화 발전 전한반도: 반제 · 반봉건 민주주의 혁명
조선노동당 제5차 대회 (1970. 11. 2.-13.)	마르크스-레닌주의 (김일성 주체사상)	대내: 사회주의 제도의 승리 전한반도: 민족 해방 인민 민주주의 혁명 수행
조선노동당 제6차 대회 (1980. 10. 10.-14.)	김일성 주체사상	대내: 사회주의의 완전 승리 전한반도: 민족 해방 인민 민주주의 혁명 완수

출처: 통일연구원(2009), p. 46.

조선노동당 규약에 의하면, 당내에서 최고 지도 기관은 당대회이다. 당대회는 당의 지도 이념과 목표 등 가장 핵심적인 사안을 결정하는 기구이다. 이것은 2010년 9월 당 규약 개정 이전까지 5년 주기로 소집하도록 되어 있었다. 그러나 실제로는 1946년 창립 대회를 포함하여 1980년까지 총 6회 소집되었고 그 후 35년 동안 열리지 않다가 2015년 10월 당 정치국이 2016년 5월 초에 제7차 당대회를 개최할 것이라 발표하였다. 지금까지 당대회 개최 현황은 〈표 3-1〉과 같다.

당대회와 당대회 사이에 당대표자회의를 소집할 수 있다. 당대표자회의는 당중앙위원회가 소집하며, 이것은 "당의 노선과 정책, 전략 전술의 중요한 문제들을 토의 결정하며, 당중앙 지도 기관 성원들을 소환하고 보선"할 수 있다. 또한 당의 "최고 지도 기관을 선거하거나 당 규약을 수정 보충할 수 있다"(당 규약 제30조). 제1차 당대표자회는 1958년 3월에, 제2차는 1966년 10월에 제3차는 2010년 9월에 열렸다. 이 2010년의 제3차 당대표자회에서 당 규약의 개정과 함께 김정은을 당중앙군사위원회 부위원장으로 임명함으로써 후계 구도를 공식화하였다. 제4차 당대표자회는 2012년 4월에 열렸고, 여기서 김일성과 김정일이 '영원한 수령, 영원한 총비서'로 추대되었고, 당 제1비서직을 신설하여 김정은이 제1비서 겸 정치국 위원, 정치국 상무위원회 위원, 당중앙군사위원회 위원장에 추대되었다.

당대회가 열리지 않을 때에는 당중앙위원회가 최고 지도 기관이 된다. 이 당중앙위원회 역시 정기회는 1년에 한 번 이상으로만 소집하도록 되어 있기 때문에 실질적으로 일상적인 당의 업무를 의결하고 총괄하는 곳은 당중앙위원회 산하의 정치국이다.[4]

당중앙위원회 산하의 비서국은 당에서 결정한 사항을 구체적으로 정책화하며, 그 정책의 집행을 조직하고 지도하는 핵심 부서이다. 또한 비서국은 산하 당 전문 부서와 하급 당 조직을 중앙과 연결하는 역할을 담당한다. 검열위원회는 당의 노선, 정책, 규약 등을 위반한 당원에 대해 책임 추궁과 기강 문제를 담당하며, 하급 당위원회에서 올라오는 당원의 신소(申訴)를 심의 · 결정한다. 당중앙군사위원회는 당의 군사 노선 전반을 지도하고, 전투력 강화와 군수 산업을 관장하는 최고 결정 기구이다. '선군정치'의 북한에 가장 핵심적인 부서이

4 2015년 8월 현재, 정치국에는 상무위원회 상무위원으로 김정은, 김영남, 황병서 3인이 있고, 12명의 정치국 위원, 7명의 정치국 후보위원이 있다(통일부, http://unibook.unikorea.go.kr(검색일 2016. 1. 4.)).

다. 이것이 김정은에게 당중앙군사위원회 부위원장이라는 최초의 공식 직책을 준 이유일 것이다.[5] 당중앙검사위원회는 당의 재정을 담당한다.

지방별로 지방 당 조직이 있는데 도(직할시), 시(구역)와 군, 연합기업소와 특급공장 및 기업소에도 중앙 당 조직과 유사하게 당대표회의와 당위원회가 있다. 시와 군의 당위원회 밑에 당의 기층 조직으로 초급당과 당세포가 있다. 구성원의 수가 30명 이상이면 초급당이며, 여기에는 집행 기관인 당위원회가 구성된다. 구성원 수가 5-30명인 경우 당세포가 된다.

조선노동당의 당원 수는 1946년 8월 북조선노동당 창립 대회 당시 36만 6,000명에서 출발하였다. 이것이 1956년 4월 조선노동당 제3차 대회 때는 116만 5,000명으로, 1961년 9월 제4차 대회 때는 131만 1,000명으로 보도되었다. 이후 공식 보도는 없었으나 당원 수가 1970년 11월 조선노동당 제5차 대회 때 173만 명, 1980년 10월 제6차 대회 때 약 320만 명으로 확대된 것으로 추정되고 있다.[6]

북한에는 조선노동당 외에 조선천도교청우당과 조선사회민주당이 있다. 이 두 정당을 친구의 당, 즉 '우당'(友黨)으로 부르고 있다. 그러나 실제로 이들은 조선노동당의 전위 조직에 불과하다.

조선노동당의 가장 큰 특징은 이것이 김일성의 당이라는 것이다. 조선노동당의 이념과 목표는 당대회에서 결정하는데, 창당 이후 당대회에서 정해진 당의 이념 및 목표의 변화 과정은 앞에서 본 〈표 3-1〉과 같다.

이 표에서 보듯이 노동당의 이념은 마르크스-레닌주의에서 김일성 주체사상으로 바뀌고 있다. 1980년의 당 규약은 당의 성격을 '김일성이 창건한 주체

5 2015년 8월 현재, 당중앙군사위원회 위원장은 김정은, 부위원장은 황병서이고, 15명의 위원이 있다(통일부, http://unibook.unikorea.go.kr(검색일 2016. 1. 4.)).
6 통일연구원(2009), p. 48.

형의 맑스-레닌주의당'으로 정의하였는데, 2010년의 개정된 당 규약에서 '김일성의 당'으로 2012년에 개정된 당 규약에서는 '김일성과 김정일의 당'으로 정의하고 있다.[7] 이러한 현상은 노동당이 이데올로기 정당에서 점차로 김일성 일가의 사당(私黨)화 혹은 왕조적 당이 되어 가고 있음을 보여 준다.

둘째, 조선노동당의 목표는 사회주의 완성, 혹은 공산주의 건설에서 김일성-김정일주의 실현으로 변화되었다. 과거 당 규약은 당의 최종 목적으로 "프롤레타리아 독재를 실시하며 사회주의, 공산주의 건설의 총로선으로서 천리마 운동과 사상, 기술, 문화 혁명을 추진한다"는 것이 명시되어 있었지만, 2010년의 당 규약 개정에서 "온 사회를 주체사상화하여 인민 대중의 자주성을 완전히 실현하는" 것으로, 2012년의 개정에서 "온 사회를 김일성-김정일주의화하여 인민 대중의 자주성을 완전히 실현하는" 것으로 바뀌었다.

셋째, 조선노동당은 북한 주도의 한반도 통일을 목적으로 하고 있다. 이 부분에 대한 당 규약은 다음과 같다.

> 조선로동당은 남조선에서 미제의 침략 무력을 몰아내고 온갖 외세의 지배와 간섭을 끝장내며 일본 군국주의의 재침 책동을 짓부시며 사회의 민주화와 생존의 권리를 위한 남조선 인민들의 투쟁을 적극 지지 성원하며 우리 민족끼리 힘을 합쳐 자주, 평화 통일, 민족 대단결의 원칙에서 조국을 통일하고 나라와 민족의 통일적 발전을 이룩하기 위하여 투쟁한다.[8]

7 2010년 9월 28일에 개정된 조선노동당 규약 서문은 "조선로동당은 위대한 수령 김일성 동지의 당이다"로 시작하였다. 이것이 2012년 4월 12일에 개정된 규약에는 "위대한 김일성 동지와 김정일 동지의 당이다"로 개정되었다.

8 노동신문, "조선노동당 규약 서문"(주체 101(2012)년 4월 12일)(통일부, http://www.unikorea.go.kr(검색일 2015. 1. 4.)). 이 부분은 2010년의 규약과 동일하다.

넷째, 조선노동당은 사상의 자유를 허용하지 않으며, 철저한 상명하복의 원리에 의해 운영된다. 당 규약은 "조선로동당은 주체사상 교양을 강화하여 자본주의 사상, 봉건 유교 사상, 수정주의, 교조주의, 사대주의를 비롯한 온갖 반동적, 기회주의적 사상 조류들을 반대 배격하며 맑스-레닌주의의 혁명적 원칙을 견지한다"라고 규정하고 있다.

요약하면, 북한의 정치 권력은 조선노동당에 있고, 권력의 정점에 당중앙위원회가 있다. 그리고 그 핵심에 김일성-김정일-김정은이 있다. 하부 조직은 이에 절대 복종한다. 최종적 목적은 한반도 전체를 주체사상 혹은 김일성-김정일주의 아래 두는 것이다.

2. 정부 조직

북한에서 정부란 우리가 생각하는 정부와 다르다. 우리는 정부를 일반적으로 국민의 의견을 수렴하고, 이것을 정책으로 입안하여 집행하는, 선출직 및 임명직 공무원으로 구성된 조직으로 생각한다. 이 과정에서 권력 남용을 방지하기 위해 입법 · 사법 · 행정의 3권을 분리하여 서로 견제와 균형을 이루도록 한다. 그러나 북한에서는 당이 모든 중요한 정책을 결정하고 또 감독까지 하기 때문에 정부란 단순히 당의 의지를 인민에 연결시키는 동력의 연결축, 이른바 '인전대'(引傳帶, transmission belt)의 역할만을 담당한다. 물론 권력 분리도 없다.

북한 정부 조직의 근간이 되는 헌법의 변천은 다음과 같다. 최초의 헌법은 1948년 제정된 '인민민주주의헌법'이다. 이것의 제정 목적은 "반제, 반봉건 민주주의 혁명의 성과를 고착시키고 사회주의 혁명에 유리한 객관적 조건을 마련하기 위함”이었다.

1972년에 제1차 개헌이 있었고, 이 헌법을 ‘사회주의헌법’이라 불렀다. 개정 이유는, 첫째 “사람에 의한 사람의 압박과 착취가 청산된 사회주의 제도를 더욱 공고히 하기 위한 요구”에 부응하고, 둘째 “혁명을 계속 추진시켜 사회주의의 완전한 승리를 이룩하기 위한 도구”로서의 필요성 때문이라 하였다.

1992년에 제2차 개헌이 있었고, 이 헌법은 이전과 동일하게 ‘사회주의헌법’으로 불렸다. 개정 이유는 “과거 20년간 이룩한 혁명의 성과와 경험을 법적으로 고착시키고 주체 혁명 위업 완성을 위한 새 시대의 요구에 부응”하기 위함이라 하였다.

1998년에 제3차 개헌이 있었다. 이 개헌은 과거 두 차례의 개정이 각각 20년의 시차가 있었는 데 비해, 겨우 6년 만에 이루어진 것으로 김일성 사망에 따른 것으로 보인다. 이 헌법은 ‘김일성헌법’으로 불렸다.[9]

2010년 4월, 12년 만에 다시 개헌이 있었다. 이 제4차 개헌 역시 김정일의 세습과 관련된 것으로, 이름은 다시 ‘사회주의헌법’으로 환원되었다.

2012년 4월 제5차 개헌이 있었다. 이것 역시 김정은의 세습과 관련된 것으로 ‘사회주의헌법’이라는 이름은 그대로 유지되었다. 주된 변화 내용은 ‘김일성주의’에서 ‘김일성-김정일주의’로 바꾸고, ‘핵 보유국’임을 명시한 것이다.[10]

현행 헌법에 의한 북한의 정부 조직은 〈그림 3-2〉에서 보는 바와 같다. 헌법상 북한의 최고주권기관은 최고인민회의이다(헌법 제87조). 그림에서 보듯이 최고인민회의는 모든 정부 기관을 조직하는 권한을 가지며, 모든 기관들은 최고

9 연합뉴스(2000), pp. 366-367.
10 “조선민주주의인민공화국 사회주의헌법,” 2012년 4월 13일 개정(통일부, http://www.unikorea.go.kr(검색일 2015. 1. 4.)).

그림 3-2 북한의 정부 조직

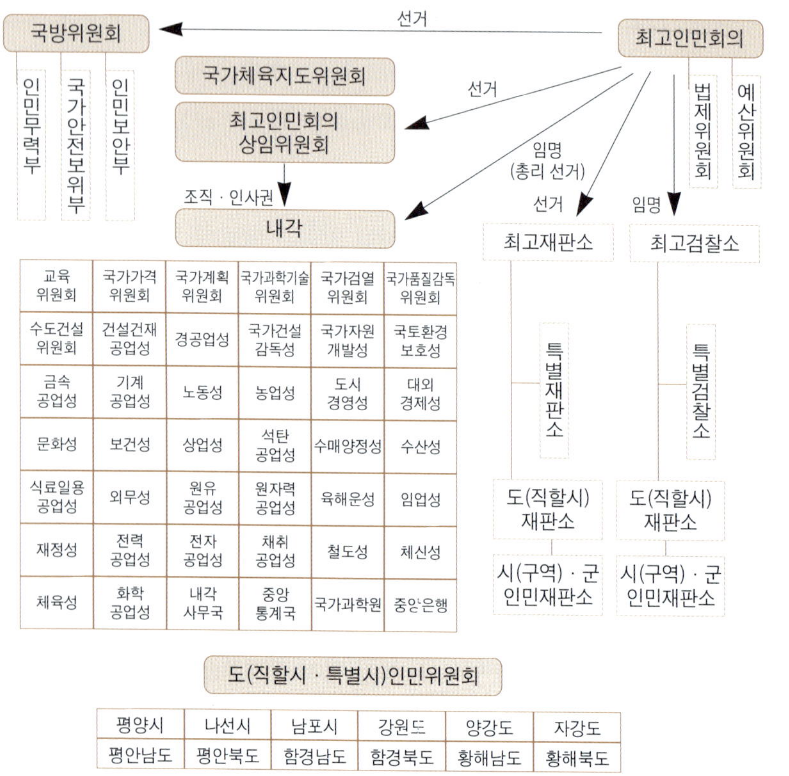

출처: 통일정보포털(http://nkinfo.unikorea.go.kr(검색일 2015. 12. 20.)).

인민회의에 책임진다. 최고인민회의는 헌법을 수정할 수 있고, 국방위원회 제1위원장, 최고인민회의 상임위원회 위원장, 내각 총리 등을 선출한다. 최고인민회의 상임위원회 위원장은 국가를 대표하며, 다른 나라 사신의 신임장, 소환장을 접수한다(헌법 제117조). 이렇게 보면 최고인민회의는 의원내각제 하의 의회와 비슷해 보인다. 그러나 실제로는 당이 정부를 우선하고, 특히 최고인민회의 정기 회의는 1년에 1-2차례만 열리기 때문에 당의 결정을 추인하는 역할밖에 수행하지 않는다. 현재 최고인민회의 상임위원장은 김영남이다.

북한 정부에서 실질적인 권력은 국방위원회에 있다. 헌법은 "조선민주주의인민공화국 국방위원회 제1위원장은 조선민주주의인민공화국의 최고령도자이다"라고 명시하고 있다(제100조). 국방위원회 제1위원장은 '국가의 전반 사업을 지도'하며, '외국과 맺은 조약을 비준 또는 폐기'할 수 있으며, '특사권'을 가지고, '비상 사태와 전시 상태, 동원령을 선포'할 수 있는 권한을 가진다(제103조). 현재 국방위원회 제1위원장은 물론 김정은이다.

이 국방위원회 산하에 무력 기관인 국가안전보위부, 인민무력부, 인민보안부가 있다. 국가안전보위부는 대내 정치 사찰과 대외 방첩 업무를 담당한다. 이것의 하부 조직은 인민군과 도(직할시), 시(구역), 군은 물론 기타 특수 기관에까지 설치되어 있다. 인민무력부는 군사 집행 기구로서 총정치국과 총참모부를 두고 있다. 전자는 당중앙군사위원회의 지도를 받아 군의 당 정치 사업을 하는 곳으로서 군을 지도하고 통제하는 기구이다. 총참모부는 우리 군의 합동참모본부와 유사한 기능을 하는 곳으로 구체적인 육 · 해 · 공군의 모든 군사 작전을 종합적으로 계획하고 지휘한다. 우리의 국방부와 비슷한 기능을 하는 기구이다. 인민보안부는 기본 임무가 사회의 안전 질서 유지, 국민의 생명과 재산 보호 등 우리의 경찰청과 유사한 기능을 하는 기구이다.

우리의 행정 부서에 해당하는 내각에는 2015년 10월 현재 42개 부서를 가지고 있고, 이들은 교육위원회, 국가계획위원회 등의 7개 위원회, 농업성, 상업성,

외무성, 문화성, 체육성 등의 31개 성, 내각 사무국과 중앙통계국의 2개 국, 1개의 원인 국가과학원, 1개의 은행인 중앙은행으로 구성되어 있다. 내각은 국가의 정책을 집행하고 헌법과 부문 법에 기초하여 국가 관리와 관련한 규정을 제정 · 수정한다. 내각 총리는 내각 사업을 지도하며 정부를 대표한다. 내각은 그 업무에 대해 최고인민회의와 이것이 휴회 중일 때 최고인민회의 상임위원회에 책임을 진다. 2015년 10월 현재 총리는 박봉주이며, 7명의 부총리가 있다.

지방 조직으로 지방인민회의와 지방인민위원회가 있다. 지방인민회의는 도(직할시)와 시(구역) · 군에 조직되어 있고 지방의 주권 기관이다(헌법 제137조). 우리의 지방의회에 해당한다. 그러나 실제로는 중앙에서 내려오는 결정을 추인하는 역할을 할 뿐이다. 지방인민위원회는 지방인민회의가 휴회 중에는 지방 주권 기관이고 실질적 행정 집행 기관이다(헌법 제145조). 우리의 지방 자치단체에 해당하는 조직이다. 지방인민위원회는 위원장, 부위원장, 사무장, 위원들로 구성되어 있다(헌법 제146조).

사법 조직은 최고재판소, 도(직할시) 재판소, 시(구역) · 군 인민재판소와 특별재판소가 있다(헌법 제159조). 최고재판소의 소장은 최고인민회의에서, 판사는 최고인민회의 상임위원회에서 선출 또는 해임되며, 지방 재판소의 판사는 지방인민회의에서 선출 또는 해임된다. 그 업무에 대해서는 선출 기관에 책임을 진다. 검찰 조직은 최고검찰소, 도(직할시), 시(구역), 군 검찰소와 특별검찰소가 있다(헌법 제153조). 최고검찰소 소장은 최고인민회의가, 검사는 최고검찰소가 임명하며, 모든 검찰소는 상급 검찰소와 최고검찰소에 복종해야 한다. 그 업무에 대해서는 임명 기관에 책임을 진다.

요약하면, 북한의 정부는 당의 집행 기관이고 권력 분립이 없다. 정부의 최고 권력자는 국방위원회 제1위원장이며, 이는 당의 최고 권력자인 제1비서와 동일인이다. 국가 내의 모든 조직은, 군부를 포함하여 국가안전보위부가 감시한다. 이에 더하여 군 내부에는 다시 총정치국을 두어 이중으로 감시 · 통제한다.

3. 사회 조직

북한에서는 우리가 '시민 혁명' 등에서 사용하는 "정치적으로 주권 의식이 있는 개인"이라는 의미의 '시민'이라는 용어는 없다. 따라서 우리가 사용하는, 국가로부터 독립적인 시민 사회(civil society)란 존재하지 않는다. 이것은 순수한 민간 영역이 없다는 의미가 되며, 그런 의미에서 민간인이 없는 사회이다. 또한 모든 주민이, 최소한 공식적으로, 국가나 공공 기관 단체로부터 급여를 받기 때문에 우리의 기준으로 보면 모든 주민이 공무원 혹은 공기업의 임직원인 셈이다.

북한의 공장, 기업소, 학교, 병원 등은 당에 의해 관리 통제된다. 당이 근무처를 배정하고, 각 기관의 장 역시 당에 의해 결정되며, 해당 기관의 당위원회에 책임을 져야 한다.

우리가 말하는 우리 국적을 가진 사람이라는 의미의 '국민'은 북한에서 '공민'으로 표현되며, 공민의 권리와 의무는 헌법상 "하나는 전체를 위하여, 전체는 하나를 위하여"라는 집단주의적 원칙에 기초한다(헌법 제63조).

이 원칙에 따라 북한에서는 전 생애를 거쳐 조직 생활을 하게 된다. 출생 후 3개월 정도 되면 탁아소 생활을 하고, 소학교 2학년인 만 7세가 되면 소년단에, 14세가 되면 '김일성사회주의청년동맹'(청년동맹)에 의무적으로 가입해야 한다.

18세가 되면 노동당에 가입할 수 있는 연령이 된다. 청년동맹은 의무 가입이지만, 노동당은 선택 가입이다. 그러나 당원이 되는 것은 곧 큰 권한을 가지는 것이기 때문에 모두가 가입하기를 원하므로 자신의 선택이 아니라 선택을 받아야 한다. 당원이 되면 청년동맹에서 노동당으로 옮겨 간다.

당원이 되지 않으면 30세까지의 모든 학생, 군인, 사회인이 청년동맹에 남게 된다. 30세가 넘은 직장인은 '직업총동맹'(직총)에, 협동농장원은 '농업근로자동맹'(농근맹)에, 직업이 없는 전업주부인 경우에는 '민주여성동맹'(여맹)에 가입해야 한다. 남자는 65세까지, 여자는 60세까지 이 세 동맹에 속하게 된다. 이 조직들은 우리가 생각하는 이익 단체로서의 역할이 전혀 없으며, 단지 상부의 지시를 이행하는, 이른바 '교양' 혹은 '사업 지도 업무'를 담당한다. 따라서 국가가 당과 대중을 연결하는 '인전대'이듯이, 이 사회 조직들도 당과 대중을 연결하는 또 하나의 '인전대'이다. 이 네 개의 동맹에서 맹원은 비당원이지만, 간부는 반드시 당원으로 되어 있다.

조직 활동은 '강연회, 학습회, 생활총화' 등이 있다. 이들은 주로 직장별·세대별로 주 1회 정도 이루어지며, '강연회'에서는 당의 정책에 대한 선전이 이루어지고, '학습회'에서는 최고 지도자의 '교시와 혁명노작'에 대한 내용을 공부하며, '생활총화'는 자신의 생활을 스스로 반성하고 비판하는 자아비판, 다른 사람의 잘못을 비판하고 개선책을 찾아 주는 상호비판을 통해 사상 검토를 받게 된다.

이 밖에도 인민반에 의한 조직 생활도 있다. 인민반은 약 20-40세대 단위로 구성되며 아파트의 경우 동별로 구성되어 가구 수가 늘어날 수도 있다. 그 마을에 사는 모든 사람이 인민반의 구성원이 된다. 그러나 학생은 학교에서, 직장인은 직장에서 조직 생활을 하기 때문에 인민반 활동은 주로 노인이나 전업주부들이 하게 된다. 각 인민반 역시 인민반장의 지도 아래 학습회, 강연회, 생활총화를 한다.

요약하면, 북한의 모든 주민은 조직 생활을 해야 하고, 일차적으로 당에 의해, 이차적으로 소속된 사회 조직에 의해, 또 살고 있는 지역의 인민반에 의해 삼중으로 감시 · 감독받는다.

제2절 북한 정치 체제의 특성

정치 체제란 치자와 피치자의 관계를 개념화한 것으로, 일반적으로 한 국가에서 인정되어지고, 제도화된 정책 결정자들의 충원과 정책 결정 과정의 총체적 특징으로 정의된다. 이렇게 특징별로 분류된 개념화는 복잡한 정치 현상을 이해하는 데 도움을 줄 수 있고, 하나의 체제를 다른 체제와 비교할 수 있게 함으로써 보다 바람직한 정치 체제에 대한 연구를 가능하게 한다.

북한의 체제를 규명하기 위해 이미 많은 연구들이 있어 왔으며, 실제로 북한의 정치 체제를 부르는 말은 아주 많다. 전체주의 체제 혹은 권위주의 체제를 비롯하여, 인민 민주주의 혹은 프롤레타리아 독재, 공산당 1당 독재, 1인 독재, 유일 체제, 신정 체제, 현대판 봉건 국가 혹은 왕조 국가, 봉건적 스탈린주의 국가, 유교적 사회주의 국가, 병영 국가, 전시 공산주의적 위기 관리 체제, 군국주의적 전체주의 등이 그들이다. 이러한 다양한 명칭으로 불리는 이유는 각 학자들이 북한 체제의 제반 특징 중 저마다 가지는 상대적인 중요성의 정도 혹은 강조점의 차이에 기인한다.

여기서는 앞에서 소개한 북한의 정치 조직과 성격을 토대로 북한 정치 체제의 특징을 네 가지로 정리해 보기로 한다. 그것은 전체주의적 특성, 인민 민주주의(혹은 프롤레타리아 독재)적 특성, 왕조적 특성, 군국주의적 특성이다.

1. 전체주의적 특성

현대 정치학계에서 사용하고 있는 가장 보편적인 정치 체제 분류는 전체주의, 권위주의, 민주주의로 구분하는 것이다.[11]

전체주의(totalitarianism)의 전형은 좌파 유형으로 소련의 스탈린(Iosif Vissarionovich Dzhugashvili, Stalin) 체제를, 우파 유형으로 독일의 히틀러(Adolf Hitler) 체제를 들고 있다. 이 체제를 정의한 프리드리히(Carl Friedrich)와 브레진스키(Zbnigniew Brzezinski)는 다음과 같은 여섯 가지의 특징을 들고 있다. 그것은 ① 공식 이데올로기, ② 단일 대중 정당, ③ 폭력적 경찰 통제 제도, ④ 모든 유효한 매스컴의 독점, ⑤ 모든 유효한 무기의 독점, ⑥ 모든 경제의 중앙 집권적 통제이다.[12]

11 이러한 세 가지 체제로 분류하는 것에 대해, 제2차 세계 대전으로 파시스트 체제와 나치 체제가 이미 사라진 상황에서 스탈린 체제를 이들과 같은 체제로 분류함으로써 냉전 하에서 이 분류가 이념적으로 편향되었다는 비판도 있다(조현수 역, 2010, p. 67).

12 Zbnigniew Brzezinski and Carl Friedrich(1956).

권위주의(authoritarianism)는 전체주의도 민주주의도 아닌 체제를 의미한다. 정부는 시민의 의사와 무관하여 전체주의와 유사하지만, 사상 · 종교 · 경제적 영역에서 상당한 관용을 허용한다. 이 체제 중에서 쿠데타나 혁명 이후 체제가 안정되기 이전의 한시적인 체제를 독재(獨裁, dictatorship)로 분류한다. 군사 독재 혹은 프롤레타리아 독재 등이 여기에 속한다.

민주주의(democracy)는 가장 많이 인용되고 있는 달(Robert Dahl)의 정의에 의하면, "모든 시민의 요구에 완전히 혹은 거의 완전히 반응하는 특징을 가진 정치 체제"이다.[13]

그는 이러한 체제가 되기 위해 모든 시민이 다음과 같은 세 가지 영역에서 제한받지 않는 기회를 보장받아야 한다고 본다. 세 가지 영역이란 ① 자신의 선호도를 형성하는 데, ② 자신의 선호를 개인적으로 혹은 집단적 행동으로 동료 시민과 정부에 표현하는 데, 그리고 ③ 자신의 선호가 정부의 행동에 동등하게 반영되어지는 데 어떠한 제한도 있어서는 안 된다는 것으로 이들이 민주주의의 필요조건이 된다.

또한 그는 이 필요조건을 위해 있어야 할 여덟 가지의 제도적 보장으로써 ① 결사의 자유, ② 표현의 자유, ③ 투표권, ④ 피선거권, ⑤ 선거 운동권, ⑥ 대안의 정보, ⑦ 자유롭고 공정한 선거, 그리고 ⑧ 투표와 다른 선호 표현이 정부 정책에 반영될 수 있는 제도를 들고 있다.

이와 같은 조건들은 간단하게 참정권(participation or right to participate in elections and vote, 선거권과 피선거권)과 자유권(opposition, liberalization or public contestation, 반대할 수 있는 권리)이라는 두 가지의 평가 기준으로 집약된다. 따라서 모든 시민에게

13 Robert Dahl(1971), pp. 1-9.

자유권과 참정권이 보편적으로 보장되는 체제가 민주주의 체제가 된다.

이와 같은 분류 방식에 의하면 북한의 정치 체제는 민주주의 체제가 아니다. 북한 체제는 프롤레타리아 독재 체제를 포함한 권위주의보다 전체주의에 더 가깝다. 전체주의로 구별되는 여섯 가지 특징을 북한에 적용해 보면, 공식 이데올로기인 주체사상, 최근에는 '김일성-김정일주의'가 있고, 단일 대중 정당으로 조선노동당이 있다. 비록 비밀경찰은 아니지만 국가안전보위부는 다분히 폭력적 경찰 통제 제도이다. 특히, 인민무력부 안에 있는 보위사령부는 반체제 세력을 단속하는 비밀경찰의 역할을 한다. 언론의 자유가 없으니 모든 유효한 매스컴은 정부에 의해 독점되어 있고, 모든 유효한 무기도 독점되어 있다. 모든 경제 역시 중앙 집권적 통제를 받고 있다.

이러한 특성에 추가적으로 북한에만 있는 고유한 사회 통제 제도가 있는데, 이것은 출신 배경과 사회적 활동에 따라 주민을 분류하여 계층화한 것이다.

북한은 '온 사회를 정치적으로 단합된 하나의 집단'으로 만들어 계급이 없는 공산주의 사회를 준비한다는 명분으로 주민 성분 분류 작업을 여러 차례 해왔다. 이 중 1960년대 후반에 대규모로 실시된 성분 구분은 3계층 51개 부류로 나눈 것이었다. 3계층이란 핵심 계층, 동요 계층, 적대 계층이다. 핵심 계층은 전 주민의 28%, 동요 계층은 45%, 적대 계층은 27%였다.[14] 주민들은 자신이 어떤 부류에 속해 있는지 짐작하고 있지만 확인해 볼 권리는 없고, 그 절차도 없다. 이것은 의식주의 배급, 직업 배치, 교육 기회, 사회 이동 및 법적 처벌, 여행 허가증 등 삶의 전반적인 영역에서 영향을 미친다.

14 통일연구원(2009), pp. 330-332. 북한은 1966년 4월부터 1967년 3월까지 '주민 재등록 사업'으로 직계 3대, 외가 6촌까지의 출신 성분을 내사하였다. 이렇게 조사된 출신 성분과 함께 당성을 감안하여 1970년 6월까지 3계층 51개 부류로 구분하였다. 이 정책은 국가안전보위부와 인민보안부의 통제 아래 실시되었다.

이러한 계층 구분은 1990년대 후반 경제난을 겪은 후에 새롭게 3계층 45개 부류로 나누어졌다. 여기서 3계층은 핵심 계층, 기본 계층, 복잡 계층이다. 핵심 계층에는 '혁명가, 혁명가 가족, 영예 군인, 접견자, 영웅 · 공로자, 제대 군인' 등이 포함되고, 기본 계층은 중소상인, 수공업자, 민족자본가, 유학자 및 지방 유지 등이 포함된다. 복잡 계층은 '계급적 토대, 사회 정치 생활 경위, 가정, 주위 환경으로부터 복잡한 문제가 있는 계층'으로 '지주, 부농, 예속자본가, 친일파, 종파분자, 입대 기피자, 정치범 교화 출소자, 월남자와 지주의 가족, 부농 가족, 기독교 신자, 불교 신자, 천주교 신자' 등이 포함되어 있다.[15] 이러한 계층 구조는 상당 부분 세습되어 소수의 기득권을 보호하는 핵심적인 사회 통제 수단이 된다.[16]

지배 계층 충원 역시 매우 배타적이다. 북한에서 권력 엘리트가 되기 위한 가장 핵심적인 기준은 김일성 · 김정일 · 김정은에 대한 충성심이다. 이러한 충성심이 담보되는 집단은 주로 4부류에 속하는 사람들이다. 이들은 김일성 일가의 친인척, 빨치산 세대 및 빨치산 2세, 만경대혁명학원 출신, 김일성종합대학 출신이다.[17]

먼저 친인척은 혈연으로 가장 믿을 수 있다는 점이 작용하였을 것이고, 빨치산은 북한 정부의 수립과 한국전쟁, 김일성에 의한 '유일 체제' 확립과 김일성–김정일 후계 체제 확립에 가장 공헌을 한 집단이다. 따라서 이들과 이들의 2세 역시 현재의 세습 체제와 이해를 같이한다는 면에서 충성심을 믿을 수 있는 집단이다. 만경대혁명학원은 혁명가 유자녀들을 군부 엘리트로 키우기 위한

15 통일연구원(2009), p. 331.
16 이러한 계층 구조가 북한 주민들의 삶에 미친 구체적 증언은 통일연구원(2001) 참조.
17 김성철 외(1999), pp. 127-129.

학원이었기 때문에 그들에게 김일성은 사실상의 아버지였다. 그래서 이 학원 출신자들은 김일성 부자에 대한 충성심이 매우 높다. 김정일 역시 이 학원 출신이다. 김정일 사후 김정은을 최측근에서 보좌하였던 장성택(국방위원회 부위원장), 리영호(군 총참모장), 김영춘(인민무력부장) 등이 이 학교 출신이다.

김일성종합대학은 처음부터 북한의 체제 유지를 위한 핵심 간부를 육성하기 위해 만들어졌고, 입학도 학습 능력은 물론 당성, 곧 김일성에 대한 충성도가 반영되었다. 따라서 이들은 전문가적 능력과 함께 김일성 부자에 대한 충성도 역시 높다. 김정일, 김정은의 최측근인 최룡해, 명목상 국가 원수인 최고인민회의 상임위원회 위원장을 맡고 있는 김영남도 이 대학 출신이다.

2. 인민 민주주의적 특성

마르크스-레닌주의에 의하면, 프롤레타리아 독재(dictatorship of the proletariat) 혹은 인민 민주주의(people's democracy) 체제란 무산 계급에 의한 사회주의 혁명 이후, 역사 발전의 마지막 단계이자 국가가 존재하지 않는, 따라서 정치가 존재하지 않는, 공산주의 체제로 나아가기 이전의 과도기적 정치 체제로서 자본가 계급의 완전한 해체를 도모하고, 경제적으로 사회주의적 생산과 분배를 관리하는 체제를 지칭한다.

이 체제에서 '인민'이란 전체 국민을 일컫는 용어가 아니라 단지 무산 계급만을 의미한다. 따라서 이 체제는 '국민 주권론'이 특정 영토에 속해 있는 전체 국민을 주권자로 보고 있는 데 반해, 무산 계급만을 주권자로 상정하는 '인민 주권론'에 기초를 두고 있다.

이것은 1당 지배를 하는 공산당의 이해관계는 무산 계급의 이해관계와 다를 수 없다는 전제에서 출발하고 있으며, 바로 이 점에서 이 체제가 '민주주의'이면서 다른 한편으로 '1당 독재'라는 두 가지 조건을 동시에 충족하고 있다.[18] 이 체제를 레닌은 보다 간단하게 "무산 계급 가운데에서는 민주주의, 자본가 계급에 대해서는 독재"(democracy among the proletariat, dictatorship over the bourgeoisie)로 정의하고 있다.[19]

독재가 정당화되는 이론적 기초는 다음과 같다. 자유주의 사상에서 자유란 내가 하고 싶은 것(혹은 좋아하는 것)을 하는 데 다른 사람이나 특히 정치적으로 국가에 의해 방해받지 않는 것을 의미한다. 여기에 내가 원하는 것이 국가가 원하는 것과 다를 수 있다는 것이 전제되어 있다. 자유주의의 근간이 되는 공리주의가 '최대 다수의 최대 행복'을 추구한다는 것 역시 그 전제가 행복(쾌락 혹은 효용)에 관한 객관적이고 절대적 기준이 존재하지 않는다는 것을 전제하고 있다. 즉, 공동의 삶을 살기 위해 필요한 집합적 결정을 내릴 때, 모든 사람이 좋아하는 절대적인 선이 없거나 혹은 있어도 알 수 없기 때문에 최대 다수의 최대 행복을 가져다주는 다수결 방법으로 결정해야 한다는 것이다.

반면 인민 민주주의는 모든 인간에게 객관적이고 절대적으로 선한 진리가 존재하고, 그것은 궁극적으로 공산주의 사회의 건설이라는 것이다. 또한 이러한 절대선을 달성할 수 있는 방법을 공산당이 알고 있고, 그래서 공산당이 인민을 인도하는 전위 정당이 되며, 1당 독재가 정당화된다.

18 이 부분에 대해 마르크스와 엥겔스는 "공산주의자들은 무산 계급 전체의 이해관계와 다른 어떠한 이해관계도 가지지 않는다"(The Communists have no interests separate and apart from those of the proletariat as a whole)라고 주장하였다(Karl Marx and Frederick Engels, 1948(1967), p. 147).

19 V. I. Lenin(1917(1975)), p. 343.

이와 같은 절대선에 대한 시각의 차이는 정치에 대한 시각의 차이로 연결된다. 자유 민주주의 체제 하에서 정치 현상이란 일반적으로 '한 사회에서 제 가치의 권위적인 분배'(authoritative allocation of values for a society) 현상으로 정의되어진다.[20] 즉, 우리가 가치 있다고 생각하는 것은 수요보다 공급이 적어 희소성을 가지며, 따라서 이것을 차지하기 위해 개인과 개인, 집단과 집단, 혹은 개인과 집단 간에 갈등이 일어날 수밖에 없다는 갈등성을 전제로 하고 있다. 이러한 갈등을 권위 혹은 정당성이 부여된 공권력을 통해 해소하는 과정을 정치라고 본다.

그러나 인민 민주주의 하에서 절대선을 추구하는 집단의 이익과 요구에 부합하지 않는 개인 이익은, 그것이 이익이 아니라 잘못된 것이기 때문에 개인 간 이해의 갈등성이 부정된다.

이와 같은 논리로 북한에서 진정한 자유는 집단주의적 자유이다. 이것은 한 집단이 다른 집단의 간섭으로부터 자유이고 우리 개념으로 이것은 '자주'에 더 가까운 개념이다. 집단의 요구와 이익에 부합하지 않는 개인의 자유란 존재하지 않으며, 그것은 '불순'이고 '타락'이다.

같은 이유로 북한에서는 정치를 "계급 또는 사회 공동의 이익에 맞게 사람들의 활동을 통일적으로 조직하고 지휘하는 사회적 기능"으로 정의하며, 그래서 사회주의 정치란 "설복, 즉 교양을 통하여 대중이 참다운 이해관계를 옳게 자각하도록 도와 주며, 조직 동원 사업으로서 대중이 자기의 단합된 힘을 통일적으로 발동하여 자기의 요구를 실현하도록 이끌어 주는 것"으로 설명하고 있다.[21] 이 체제의 구성 원리가 상부 기관의 결정을 반드시 복종해야 하는 민주주

20 David Easton(1981).
21 이종석(1996), pp. 3-42.

의 중앙 집권제가 된 것도 이와 같은 논리에 입각한 것이다.

또한 이 체제는 모든 인민은 주권자로서 누구에게도 그 권한을 양도할 수 없으며, 개개인이 직접 주권을 행사하는 직접 민주제를 상정하고 있다. 따라서 국가 기관은 모든 인민의 뜻과 이익을 구체적으로 실현하는 단순한 복종 기관이며, 모든 인민에게 책임을 진다. 이것은 국민 주권론에서 국민은 대표자에게 일정 부분 자신의 권한을 대리하고 위임하는 대의제를 채택하는 것과 다르다. 그래서 북한의 최고 주권 기관이 최고인민회의가 되며, 각 지방의 주권 기관도 그 지방의 인민회의가 된다. 그러나 개인의 고유한 권리 행사가 보장되지 않은 상태에서 양도할 수 없는 개인의 직접 민주주의는 의미가 없다.

3. 왕조적 특성

북한 정치 체제가 과거 다른 공산당 1당 독재 체제와 구분되는 가장 고유한 특성은 수령의 위상이다. 일반적으로 1인 독재 체제는 한 집단이나 계급에 의한 독재가 아니라 한 자연인에 의한 독재 체제로써 사회주의권과 자본주의권의 체제에서 모두 나타났던 체제이다. 사회주의권의 예는 소련의 스탈린, 유고슬라비아의 티토(Tito, 본명은 Josip Broz), 중국의 마오쩌둥(Mao Tsetung, 毛澤東), 베트남의 호치민(Ho Chi Minh, 胡志明), 쿠바의 카스트로(Fidel Castro) 등이 있었다. 자본주의권의 경우는 독일의 히틀러, 이탈리아의 무솔리니(Benito Mussolini), 필리핀의 마르코스(Ferdinand Marcos), 칠레의 피노체트(Augusto Pinochet), 한국의 이승만 등이 있었다.

이들 모두에 비해 북한에서 김일성(그리고 김정일)의 위상은 훨씬 더 높다.

그는 곧 당이고, 북한에서 당은 국가의 위에 있기에, 그는 곧 국가다. 그는 국가의 시작이자 끝이다. 2012년 4월 12일 개정된 조선노동당 규약 서문은 다음과 같이 시작하고 있다.

> 조선로동당은 위대한 김일성 동지와 김정일 동지의 당이다.
>
> 위대한 김일성 동지는 조선로동당의 창건자이시고 당과 혁명을 백승의 한길로 이끌어 오신 탁월한 령도자이시며 조선로동당과 조선인민의 영원한 수령이시다.

2012년 4월 13일 개정된 북한의 '사회주의헌법' 서문 역시 이와 유사하게 시작하고 있다.

> 조선민주주의인민공화국은 위대한 수령 김일성 동지와 위대한 령도자 김정일 동지의 사상과 령도를 구현한 주체의 사회주의 조국이다.
>
> 위대한 수령 김일성 동지는 조선민주주의인민공화국의 창건자이시며 사회주의 조선의 시조이시다.

이것은 좌파의 공산주의나 우파의 민족주의 이데올로기에 편승한 1인 독재의 수준을 넘어, 국가의 존재 이유를 김일성에게 둠으로써 김일성이 곧 주권임을 선언한 것과 같다. 특히, 이것은 이미 사망한 김일성에 대한 숭배라는 점에서 김일성에 의해 개국된 왕조에 가까워 보인다.

북한의 공식 이데올로기는 주체사상이다. '주체'라는 용어는 1955년 김일성이 소련의 영향력으로부터 독자성을 확보하기 위해 자주의 의미로 처음 사용하였다. 그러나 1960년대 김일성의 1인 지배 강화와 관련되어 '주체'는 그의

'유일 사상 체계'의 기준이 되었다. 이후 주체사상은 1970년 조선노동당 규약에, 그리고 1972년의 헌법에서 공식 통치 이데올로기로 명문화되었다.[22] 1974년 주체사상은 김정일에 의해 마르크스-레닌주의와 구별되었고, 1980년에 마르크스-레닌주의보다 우월한 사상으로 자리매김하였다.

이것을 좀더 자세히 설명하면, 주체사상이란 "운명의 주인은 자신이다. 그래서 운명을 개척하는 힘은 자신으로부터 나온다. 마찬가지로 혁명의 주체는 인민이다. 따라서 혁명을 추동하는 힘은 인민으로부터 나온다"로 요약된다. 자주(自主), 자조(自助)가 핵심이다. 이러한 사상은 초기에 대내적으로 당시 친소파, 연안파 등의 정적을 제거하는 데 이용되었고, 대남용으로는 남한 정부의 대미 종속을 비판하여 적화 통일을 정당화하는 데 이용되었다.

이것이 1960년대 말 김일성 우상화, 김정일로의 후계 체제 확립, 중소 분쟁으로 인한 독자성 확보 등과 관련되어 '유일 사상' 혹은 이 사상에 기반을 둔 체제라는 의미의 '유일 체제'가 되었다. 여기서 유일(唯一)이란 의미는 '오직 하나'의 의미로, 모든 당원들의 사상과 의지 및 행동을 오직 수령의 사상에 완전하고 무조건적인 통일을 이룩한다는 뜻이다.

주체사상은 '수령론'(혁명적 수령관), '사회 정치적 생명체론', '후계자론'으로 구성되어 있다. 수령론은 김일성이 곧 플라톤의 『공화국론』에 나오는, 절대선을 알고 있는 철인왕(philosopher king)이라는 이론이다.[23] 이 이론의 핵심은 다음과 같다. 역사의 창조자는 인민 대중이지만, 지도자가 없는 대중은 무의식적인 비조직 군중에 불과하여 이끌어 줄 머리가 필요하고 머리가 곧 수령이다.

22 통일연구원(2009), p. 30.
23 Plato(1979).

이로써 수령은 마치 한 유기체의 '뇌수'(腦髓, brain)와 같이 모든 인민을 대신하여 생각을 해준다. 그래서 수령의 생각이 당의 생각이고 모든 인민의 생각이다. 이것은 수령에 대한 충성이 곧 당에 대한 충성이자 인민에 대한 충성으로 확대된다. 따라서 수령에 대한 충성은 최고의 도덕 규범이 된다.[24]

다음으로 '사회 정치적 생명체론'은 바로 수령이 '어버이'가 되는 이론이다. 이 이론은 우리의 생명은 육체적 생명체와 사회적 존재로서 정치적 생명체로 양분된다고 보고, 이 중에서 정치적 생명은 영생하고, 따라서 보다 중요한 것이라 여긴다. 또한 육체적 생명은 부모가 주지만 정치적 생명은 수령이 준다. 왜냐하면 개인은 조직 생활에 참여함으로써 수령과 혈연적 관계를 맺기 때문이다. 이러한 혈연관계를 바탕으로 개인은 생명의 제공자요 은인인 어버이 수령에게 충성과 효성을 다할 것이 요구된다. 수령은 반대급부로 인민을 위하고(以民爲民), 덕이 있는 정치(仁德政治), 그리고 폭이 넓은 정치(廣幅政治)를 한다고 주장한다. 이로써 아버지인 수령, 어머니인 당, 자녀인 대중이 혈연적 관계를 이루는 '혁명적 대가정'을 이루게 되어 봉건적 가족 국가가 된다. 이 결과로 체제가 잘못되어도 지도자와 대중의 공동 책임이 된다. 또한 자식이 부모에게 효도하는 것은 부모가 남보다 훌륭하기 때문이 아니라, 낳아 준 생명의 은인이기 때문이듯이, 어떤 경우에도 수령을 배신해서는 안 된다. 궁극적으로 수령은 완벽하고 오류가 전혀 없는 신과 다름없다.

'후계자론'이란 북한에서 수령의 대를 잇는 문제를 체계화한 이론이다. 즉, 혁명은 뇌수인 수령의 영도 하에서만 실현되지만, 장기적인 사업이기 때문에 대를 이어 혁명 사업을 이어나가야 하고, 이것을 위해 수령의 후계자 선정에 대

24 이종석(1996), pp. 3-42.

한 원칙을 정한 것이다. 후계자의 요건은 다음의 네 가지이다. 첫째, 수령에 대한 절대적 충성심이다. 둘째, 뛰어난 사상 이론적 예지와 탁월한 영도력, 고매한 공산주의 덕성을 갖추어야 한다. 셋째, 혁명과 건설에서 이룩한 업적으로 인민들로부터 절대적인 권위와 위신이 있어야 한다. 넷째, 수령과 후계자는 비(非)동일 세대이어야 한다.

바로 이러한 주체사상이 많은 학자들로 하여금 북한을 '신정 체제', '현대판 봉건 국가' 혹은 '왕조 국가', '봉건적 스탈린주의 국가',[25] '유교적 사회주의 국가'[26] 등으로 부르게 한 이유이다.

북한에게 이 사상은 대내 결속의 동인이 되고 있으며, 동시에 모든 것이 정치적 목적에 종속되는 사상 결정론, '우리 식대로 살자'는 폐쇄적 사회, '자립 경제'를 주장하는 폐쇄 경제, 그리고 대를 잇는 세습의 배경이 되고 있다.

요약하면 북한의 정치는 모든 주민에게 김일성과 그 후계자의 생각을 곧 자신의 삶의 절대 기준으로 삼도록 교육하는 것으로서, 궁극적으로는 이들을 수령을 위해 '총폭탄이 되어' 목숨을 던지는 '주체형의 공산주의자'로 만드는 것이다. 따라서 조선노동당은 계급 정당이 아니라 수령의 사당(私黨)과 같은 것이다. 이것은 결국 김일성의 아들인 김정일의 사당이요, 그의 아들인 김정은의 사당이 되는 것이다.

2000년 10월 평양을 방문한 올브라이트(Madeleine Albright) 미 국무장관은 김정일과의 대화를 이렇게 적고 있다.

---

25 최성은 봉건적 스탈린주의 국가를 "마르크스 · 레닌주의를 기형적으로 왜곡한 스탈린주의가 북한 사회에 이식되는 과정에서 북한의 봉건적 전통 문화인 충효의 논리 등과 접맥"된 체제로 규정하고 있다(최성, 1997b, p. 18).

26 김성철 외(1999), pp. 70-137.

> 그는 자유시장과 사회주의를 혼합하는 중국식 모델에는 관심이 없다고 덧붙였다. 대신 스웨덴식 모델에 마음이 끌리는데, 그는 스웨덴 모델이 기본적으로 사회주의적이라고 말하였다. 스웨덴과 같은 북한이라는 이야기에 대해 곰곰이 생각하다가, 나는 다른 모델은 없냐고 물었다.
>
> 그는 말하였다. "태국(타이)은 강한 전통적 왕실을 유지하면서도, 긴 격동의 역사에서 독립을 보존해 왔고, 그러면서도 시장 경제를 유지하고 있습니다. 나는 태국식 모델에도 관심이 있습니다." 나는 마음속으로, 그에게 가장 매력적인 부분이 태국의 경제 체제일까, 아니면 왕실의 보존일까 하고 생각하였다.[27]

올브라이트는 김정일이 타이와 스웨덴이 공통적으로 가진 입헌 군주제에 관심이 있다는 것으로 추정하였다.

4. 군국주의적 특성

북한은 여러 가지 기준에서 군국주의적이다. 여기서 군국주의 체제란 과거 독일, 이탈리아, 일본 등에서 나타났던 극우 파시즘적 체제와 관련된 의미로 "단순히 군대가 외형적으로 앞서는 것뿐만 아니라, 국가의 대내외 정책에 있어서, 그리고 그 국가의 경제 운용이나 정권 담당 엘리트 구성 등의 측면에 있어서 군부가 차지하는 비중이 매우 컸던 정치 체제"를 지칭한다.[28]

역사적으로 볼 때 북한의 김일성 정권은 그 자체가 군부 정권이었다. 김일성이 조선혁명의용군을 창건하였다고 하는 1932년 4월 25일을 지금의 인민군

27 백영미 외 역(2003), "북한의 오래된 미래, 타이?," 『한겨레21』, 제892호(2011. 12. 27.)에서 재인용.
28 오일환(2001), p. 213.

창건일로 하고 있는데, 이 빨치산을 바탕으로 북한군이 창설되었고, 이 집단이 김일성의 1인 지배 체제 강화에 핵심적 역할을 하였다. 이로써 김일성으로서는 군부에 대한 우대가 당연할 수밖에 없으며, 이 전통이 김정일에게도 이어졌다. 김정일은 1994년 김일성의 사망 이후 조선인민군 최고사령관의 직함을 이용하여 군부를 우대하면서 자신의 권력을 공고화해 나갔다. 김정은 역시 2010년 최초로 받은 공식 직함이 당중앙군사위원회 부위원장이었다.

제도적으로도 북한은 군국주의적 특성을 가지고 있다. 앞에서 보았듯이, 명목상 북한의 국가 원수는 최고인민회의 상임위원장이지만 사실상 국가의 최고 지도자는 국방위원회 제1위원장이다. 과거 공산당 1당 독재 체제 국가들에서 당의 서기장이 최고 지도자였던 것과도 다른 독특한 정치 구조이다.

국가 목표의 차원에서도 북한은 군국주의적이다. 조선노동당 규약 전문에 "조선로동당은 선군정치를 사회주의 기본 정치 방식으로 확립하고 선군의 기치 밑에 혁명과 건설을 령도한다"라고 규정하고 있다. 헌법에서도 "조선민주주의인민공화국은 전 인민적, 전 국가적 방위 체계"를 갖추며(제58조), "무장력의 사명은 선군 혁명 로선을 관철하여 혁명의 수뇌부를 보위"하는 것이고(제59조), "국가는 군대와 인민을 정치 사상적으로 무장시키는 기초 우에서 전군 간부화, 전군 현대화, 전민 무장화, 전국 요새화를 기본 내용으로 하는 자위적 군사 로선을 관철한다"(제60조)라고 명시하고 있다.

정책적으로도 북한은 군국주의적이다. 북한은 필요할 때는 언제나 남한과의 적대적 긴장을 유지시키면서 정권을 유지시켜 왔다.[29] 이것은 전시 공산주

29 북한의 유일 사상은 대남 관계뿐만 아니라 사실상 북한의 모든 정치 상황을 흑백 논리에 종속시킨다. 즉, 유일 사상이 정치를 사회주의와 자본주의, 자주성과 종속성, 현실주의 반현실주의, 집단과 개인 간의 양대 개념 간의 사활을 건 투쟁으로 규명하는 소위 '양군대전(兩軍大戰)적 도식'으로 인식하게 만든다(이종

의적 위기 관리 체제로서 "전시와 같은 비상 상황에서나 실시할 수 있는 위기 관리 체제가 일상적 상황에서도 외부의 정치 · 군사적 대결 구조를 이용하여 북한 내부의 정치 상황을 위기 관리하는 체제"이다.[30]

많은 주민이 굶주림에 허덕이는 극심한 경제난에도 불구하고 1998년부터 '강성대국'을 표방해 오고 있으며, 군부 우선의 '선군정치'(先軍政治)를 펴고 있다. 북한은 "인민 군대의 총대 위에 평화가 있고, 사회주의가 있다"며, "온 사회에 군사를 중시하는 기풍을 확고히 세우며 군대가 선차이고 모든 것을 군사에 복종시켜야 한다는 관점과 입장에서 인민 군대를 강화하고 자위적 국방 공업을 발전시키는 데 계속 큰 힘을 넣어야 한다"라고 주장한다.[31] 이것은 북한 체제의 군국주의적 속성을 그대로 밝히는 것이다.

일반적으로 군대란 국가의 주권과 국민의 생명과 재산을 외부의 위협으로부터 보호하는 국민의 군대이다. 그러나 북한의 군대는 당의, 그리고 궁극적으로 김일성-김정일의 사병(私兵)이었고, 이것은 김정은 시대에도 바뀌지 않을 것이다. 이로써 북한은 전체 사회를 군사화 · 동원화한 병영 국가(garrison state)가 되었다.

석, 1996, p. 11).
30 최성(1997b), p. 18.
31 로동신문(2001. 4. 25.), 오일환(2001), pp. 213-214에서 재인용.

제3절 북한 정치 체제의 변화 가능성

1. 체제 변동 이론

1990년대 전반, 소련과 동유럽의 공산당 1당 독재 체제가 붕괴되는 것을 보면서, 특히 1994년 김일성의 사망을 보면서, 상당수의 학자들과 정책 결정자들은 이와 유사한 북한의 체제도 머지않아 붕괴될 것으로 예상하였다.[32] 그러나 북한의 체제는 붕괴되지 않았고, 김정일로 세습되었다. 2008년 김정일이 뇌졸중으로 쓰러진 후 또 다시 북한의 체제 붕괴를 의미하는 '급변 사태' 가능성에 대해 많은 연구자와 정책 결정자들이 관심을 가졌다. 폭로 전문 사이트 위키리크스(Wikileaks)가 공개한 한반도 관련 외교 문건을 보면, 이명박 정부 당시 우리나라의 외교 안보 고위 당국자들도 북한 붕괴가 임박하였다고 보고 있었다.[33] 그러나 김정일은 건재하였고, 김정은으로의 세습도 별 문제 없이 진행되고 있는 듯하다.

그들은 왜 북한의 붕괴를 예측하였고, 그 예측은 왜 빗나갔을까? 한 체제가 붕괴할 것이라는 예측을 한다는 것은 기본적으로 그 체제의 정당성이 위협받

32 1994년 북미 간 핵 문제를 놓고 협상할 당시 김영삼 대통령은 미국에게 곧 붕괴될 북한에게 타협적인 합의보다 강압을 해야 한다고 강하게 주장하였다. 이로써 북미 간 합의 사항이 한국의 승인을 받는 데 매우 어려움을 겪었다(김태현 역, 2005, pp. 378-388). 제네바 합의 이후에도 경수로 건설 비용 부담 문제에서 상당수의 한국 및 미국 관계자들은 북한이 곧 붕괴될 것이기 때문에 남한이 비용의 대부분을 부담해도 어차피 남한 것이 될 것이라는 낙관론이 많았다.

33 경향신문, "위키리크스 폭로로 드러난 MB 정부 외교 · 안보"(2010. 12. 1.). 이 기사에 의하면 당시 통일부 장관과 청와대 외교안보 수석은 미국 관계자들과의 대화에서 북한 정권이 곧 붕괴할 것으로 보는 시각을 전달하였다.

을 만큼 체제 안정성이 약화되었기 때문이다. 체제를 바꾸는 혁명의 원인에 관한 이론은 세 가지 정도로 정리된다.[34]

첫째는 체계 이론이다. 이것은 혁명이란 정부가 국민의 요구인 '투입'과 정부의 정책인 '산출'이 불균형을 이루어 체제 자체가 '다중적 역기능'(multiple dysfunction)을 일으킬 때 발생한다고 보는 이론이다. 즉, 체제가 경제적 · 사회적 · 문화적 혹은 국제적 변화에 대응할 능력이 없어 혁명이 일어난다는 것이다. 그 예로 러시아의 차르 정권은 초기 산업화와 제1차 세계 대전에 의해 일어난 변화에 대한 국민들의 요구에 대응할 능력이 없어 러시아혁명이 일어났다는 것이다. 또한 20세기 후반 동유럽에서의 혁명은 정통 공산주의 정권이 도시화되고, 잘 교육받고, 정치적으로 잘 훈련된 주민들의 압력에 대응할 능력이 없었기 때문이라는 설명이다. 대표적으로 존슨(Chalmers Johnson)의 연구가 있다.[35]

둘째는 사회 심리학 이론이다. 이것은 혁명이 과도한 기대감 혹은 상대적 박탈감에서 비롯된다는 이론이다. 이 이론의 창시자인 토크빌(Alexis de Tocqueville)은 프랑스혁명에 대한 연구에서 혁명은 "절대적 빈곤, 심한 박탈 그리고 더 일반적으로 절망 · 체념 · 정치적 무력감과 연관된 조건" 때문에 일어나는 것이 아니라, 변화에 대한 기대감이 상승하였을 때 일어난다고 보았다. 그의 말을 빌리면, "나쁜 정부에 있어 가장 위험한 순간은 나쁜 정부가 방법을 수정하고자 할 때이다."[36] 즉, 프랑스혁명의 경우 루이 16세가 삼부회를 소집하였을 때 대중의 기대가 높아졌고, 이것이 혁명적 열정으로 나타나게 되었다는 설

34 여기에 자본주의 체제의 몰락을 의미하는 마르크스주의 혁명 이론은 북한의 경우에 적실성이 없어 제외한다.
35 Chalmers Johnson(1966), 조현수 역(2010), p. 413에서 재인용.
36 Alexis de Tocqueville(1856), 조현수 역(2010), p. 413에서 재인용.

명이다. 이와 유사하게 거(Ted Gurr)는 반란이 받기를 기대하는 가치와 실제로 받는 가치 사이의 차이로 생기는 상대적 박탈감 때문에 일어난다고 보았다.[37] 1980년대 후반 동유럽의 혁명은 이들이 서유럽 주민들에 대한 상대적 박탈감 때문에 일어났다는 설명이다.

셋째는 국가 능력 이론이다. 이것은 혁명이 '국제적 허약성'과 '국내적 비효율'에 의해 일어난다고 보는 이론이다. 즉, 전쟁과 침략 등으로 정권이 약화되어 군대의 충성심을 얻지 못하거나 억압을 행사할 결정을 할 수 없을 때 혁명이 일어난다는 것이다. 스카치폴(Theda Skocpol)은 1911년과 1949년의 중국에서, 그리고 1905년과 1917년 러시아에서 이러한 이유로 혁명이 일어났다고 설명한다.[38] 이 이론을 역으로 보면 이것은 독일에서 히틀러 체제와 소련에서 스탈린 체제가 유지되어 왔던 것은 폭력과 억압을 사용할 수 있는 능력과 의지가 있었기 때문이라는 설명이다.[39] 이 경우 정치 변화는 대중의 혁명이 아니라 내부 엘리트의 쿠데타에 의해 일어날 가능성이 있다.

2. 체제 변동 이론으로 본 북한 정치 체제 변화 가능성

먼저 체제 이론의 관점에서 보면, 이것은 경제 · 사회 · 문화 · 국제적 변화에 대한 '투입'에 비해 '산출'이 다중적 역기능을 일으키느냐의 문제이다. 경제적인 측면에서 북한은 1990년대 중반 이후부터 상당한 지역에서 배급이 중단되었고, 아사자가 속출하고 있으며, 빈곤에 의한 탈북자가 발생하고 있다는 사

37 Ted Gurr(1970), 조현수 역(2010), p. 413에서 재인용.
38 Theda Skocpol(1979), 조현수 역(2010), p. 415에서 재인용.
39 조현수 역(2010), p. 415.

실은 분명히 산출에 문제가 있음을 말해 준다. 바로 이것이 상당수의 학자들과 정책 결정자들이 체제 붕괴를 예측한 이유라 생각된다. 사회 · 문화 및 국제적 측면에서도 외부의 정보가 일정 부분 유입되어 '투입'에 대한 적지 않은 압박이 있을 것으로 추정된다. 그러나 겹겹이 짜인 엄격한 사회 통제로 확산이 어려운 환경을 감안하면, 이러한 영역에서의 불만이 정부에 대한 투입으로 구체화되지 못하고 있는 것처럼 보인다.

사회 심리학 이론의 측면에서 보면, 객관적 상황은 분명히 문제가 있다. 특히, 주민의 삶의 모든 영역에서 상대적 박탈감을 느낄 수 있다. 그래서 안전한 체제는 아니다. 그러나 문제는 앞에서 살펴본 것처럼 북한의 정치는 제도적으로 전체주의적이고, 사상적으로 획일적이며 왕조적이고, 위협적일 만큼 군국주의적이다. 또한 철저한 감시와 통제로 인해 기대감이나 상대적 박탈감보다는 오히려 절망, 체념, 정치적 무력감이 더 커 보인다.

국가 능력 이론의 측면에서 보면 아직 북한은 객관적 능력에 비해, '국제적 허약성'과 '국내적 비효율' 문제가 심각해 보이지 않는다. 북한은 전체주의적 특성에서 본 것처럼, 히틀러 체제와 스탈린 체제가 유지되어 왔던 것과 같은 폭력과 억압을 사용할 수 있는 능력과 의지가 아직은 충분히 있어 보인다. 2013년 12월 사실상 2인자였고 고모부였던 장성택의 처형은 그 대표적인 사례라 보여진다. 그러나 국제적으로 외부와 적대적 긴장의 연속, 국내적으로 상당 기간 지속되고 있는 경제적 비효율로 인한 피로도는 상당 부분 누적되고 있다고 보인다. 이로써 내부 엘리트에 의한 쿠데타 가능성이 상당히 높아지고 있다고 볼 수 있다.

위키리크스가 공개한 스티븐스(Kathleen Stephens) 전 주한 미국 대사의 비밀 전문에 의하면, 김정일은 사망 이전에 실제로 암살과 쿠데타의 위협을 강하게 느끼고 있었다고 한다. 스티븐스 대사가 2009년 2월 13일 현정은 현대아산 회장 일행을 만난 후 본국에 보낸 2월 26일자 전문의 내용은 다음과 같다.

> 현정은 현대아산 회장은 "지난 2004년 김 위원장을 암살하려 한 열차 폭발 사건 이후 인민군은 김 위원장이 가장 신뢰하는 집단이 됐다"고 보고하였다. 또 "김 위원장은 열차 통과 30분 전 발생한 이 사건에 대해 휴대폰을 통해 자신이 탑승한 열차의 통과 시간이 전해짐으로써 거의 근접한 시간에 폭발시킬 수 있었다고 믿고 있다"고 말하였다. 현 회장은 "김 위원장은 이 사건이 자신에 대한 암살 실패 사건으로 믿고 있으며 이 사건으로 인해 북한의 휴대폰 도입이 특이하리만큼 늦게 진행되는 것 같다"고 밝혔다. 현 회장은 또 "김 위원장이 암살과 쿠데타를 가장 두려워하고 있다"고 전하였다.[40]

이렇게 볼 때, 북한 정치 체제 유지의 근간은 외부로부터의 고립이라는 정보의 통제를 통해 북한 주민들로 하여금 자신의 사회를 다른 사회와 비교할 수 없게 하고, 동시에 내부 엘리트는 물론 전체 사회를 감시하고 통제하는 능력에 달려 있다.

이것은 결국 북한 정치 체제의 변화를 유도하는 것은 북한 사회를 국제적 고립으로부터 탈피시켜, 북한 주민들로 하여금 외부를 알게 하는 것이 된다. 북한 사회의 개방은 상당 부분 김일성 우상화와 김일성-김정일-김정은으로 이어지는 세습의 정통성에 도전이 될 것이다. 여기에 북한 정권 담당자들의 심각한 딜레마를 읽을 수 있다.

40 노컷뉴스, "김정일, 용천역 폭발사고 자신의 암살 기도"(2011. 9. 7.)(http://www.nocutnews.co.kr, 검색일 2011. 12. 10.).

오늘날 북한의 현실은 외교적 · 경제적 고립을 벗어나지 않고 현재의 어려움을 극복할 수 없는 상황에 놓여 있다. 그러나 핵을 가지고 이러한 고립을 벗어나기는 어렵다. 고립을 벗어나지 않는 한 정권의 정통성은 더욱 도전받게 될 것이다. 하지만 비록 핵을 버리고 고립을 벗어나 경제 회생을 할 수 있다 해도 그때까지 현재의 정치 체제가 유지될 가능성은 매우 낮아 보인다.

Chapter 4

북한의 경제: 몰락한 전시 경제

제 1 절 북한의 경제 현황

북한의 경제 현황을 정확히 파악하는 것은 매우 중요한 일임에도 불구하고 매우 어려운 일이다. 북한은 통계 발표에 아주 폐쇄적이며, 특히 성장이 둔화되기 시작한 1965년 이후 통계는 단편적인 것을 제외하고 거의 발표하지 않다가 2000년대에 들어 외부 세계의 지원 문제로 조금씩 공표하고 있다. 그러나 여전히 왜곡 가능성이 많다. 따라서 북한 경제에 대한 자료는 대부분 추정치에 불과하며, 이 때문에 평가 기관마다 상당한 차이가 있어 왔다. 예를 들어, 2011년 북한의 1인당 국내 총생산(gross domestic products, GDP)을 유엔은 미화 638달러로, 미국 중앙정보국(Central Intellegence Agency, CIA)은 1,800달러로 추정하였다.[1] 약 3배의 차이가 난다. 같은 해 한국은행은 133만 원으로 발표하였다.[2]

1 문성민(2014), p. 13.

2 한국은행이 북한의 경제 자료를 우리 화폐 단위로만 발표하는 이유는 북한 경제 추정 시 우리의 부가가치를 적용하였기 때문에 이것을 미화로 표시하면 상대 가격 수준이 다른 국가의 경제와 비교하면 왜곡될 수 있기 때문이다. 예를 들면, 2006년 북한의 1인당 소득은 1,108달러였고, 베트남은 616달러였다. 이 자료를 단순히 비교하면 북한의 소득이 베트남보다 1.8배 높은 것이 된다. 그러나 북한의 자료는 우리의 가격 수준으로 추정되었고, 우리의 가격 수준이 베트남보다 2.65배 높기 때문에 북한의 소득을 베트남 가격 수준으로 환산하면 418달러가 되는 것이다. 2006년도 세계은행의 세계개발지수(World Development Indicator, WDI)에 따르면 국제 가격 대비 한국의 상대 가격은 81.2%, 베트남은 30.6% 수준이었다(문성민, 2014, p. 13).

북한의 통계 발표에 대한 폐쇄성 외에도 북한 경제에 대한 정확한 통계를 알기에는 다음과 같은 제한이 있다. 첫째, 계획 경제는 가격이 교환 가치를 반영하지 않기 때문에 집합적인 경제 자료를 구성하는 데 필요한 가격으로의 환산이 어렵다. 예를 들면, 2002년 7월 1일 이전, 북한의 쌀 가격은 집단 농장에서 국가가 수매하는 국정 가격은 1kg당 60전, 배급을 위한 국정 가격은 8전, 암시장의 가격은 100-150원 정도였다. 이 중 어느 가격을 쌀 가격으로 보아야 할지 결정하기 어렵다. 환율 역시 국가의 공식 환율과 무역 환율, 암시장 환율이 다르다.

둘째, 북한 정부가 정치적 이유로 축소 또는 과장하는 경우가 있다. 예를 들면, 외국으로부터 원조를 받기 위한 필요에 의해 통계 자료를 축소하거나, 계획량 초과 달성 같은 정치적 성과를 홍보하기 위해 과장하는 경우 등이다. 특히, 거의 모든 사회주의 국가에서 통계 자료의 취합 과정에서 각 부서 및 지방 정부 관료들이 좋은 부문은 과장하고, 나쁜 부문은 축소하는 관행이 만연하였다.

셋째, 지하 경제(사경제 혹은 제2경제)의 확대는 북한 당국 스스로도 정확한 자료를 가질 수 없게 한다. 북한의 지하 경제 규모는 1995년 이후 급격히 증가하였으나, 1990년대 말에 다소 줄어들었다가 다시 경제가 어려워지면서 급격히 증대하고 있다고 보고 있다. 한국은행은 1990년대 말 전후의 시점에 북한의 사경제는 GDP의 3.6% 수준으로 추정하였지만, 최대 20-30%까지 될 수도 있다고 보았다.[3]

3 박석삼(2002), p. 39.

1. 국민 총소득

이와 같은 문제점에도 불구하고, 현재 가장 보편적으로 사용되는 북한 경제에 관한 자료는 1990년 이후 한국은행이 북한의 생산량 자료 혹은 추정치를 기초로 남한의 가격과 부가가치를 적용하여 추정한 것이다. 〈표 4-1〉은 1990년부터 2014년까지 북한의 국민 총소득(gross national income, GNI)과 1인당 총소득이다. 이해를 돕기 위해 남한과 비교하였다.

이 추계는 북한의 생산에 남한의 가격, 부가가치율, 환율 등을 적용해 실제보다 높게 계산되고 있다는 비판이 있지만, 2014년 말 기준 남한의 명목 GNI는 북한의 43.7배이고, 이것은 북한의 경제 규모가 남한의 2.27%에 불과하다는 것을 의미한다. 1인당 GNI는 남한이 2,968만 원이고, 북한이 139만 원으로 남한이 북한보다 21.4배 높으며, 북한 1인당 소득은 남한의 4.67%에 불과하다. 이것을 월소득으로 나누면 11만 원이 조금 넘는다. 추계가 시작된 1990년에 남북한의 격차는 12:1이었는데 25년 후에 43.7:1로 크게 벌어졌다.

2. 경제 성장률

시간이 갈수록 남북 간의 경제 격차가 벌어지는 것은 그간의 경제 성장률을 비교해 보면 알 수 있다. 〈그림 4-1〉은 지난 25년간 남북한의 경제 성장률이다. 이 그림에서 보듯이 북한 경제는 1990년부터 1998년까지 지속적인 하락을 경험하다가 1999년에 와서야 하락을 멈추었다. 1999년 이후의 소폭 성장 역시, 기상 조건 양호와 외부 지원에 기인한 것으로 보이며, 2006년 다시 마이

표 4-1 남북한의 국민 총소득 비교

연도	명목 GNI(남한 십억 원)			1인당 GNI(남한 만 원)		
	남한(A)	북한(B)	A/B	남한(A)	북한(B)	A/B
1990	197,414.7	16,407.3	12.0	460.5	81.1	5.7
1991	238,470.3	16,766.7	14.2	550.8	81.8	6.7
1992	272,708.5	16,446.6	16.6	623.4	79.1	7.9
1993	309,371.3	16,430.5	18.8	700.0	77.9	9.0
1994	364,789.3	17,025.5	21.4	817.2	79.5	10.3
1995	427,012.2	17,169.5	24.9	947.0	79.1	12.0
1996	479,122.5	17,255.5	27.8	1,052.4	78.5	13.4
1997	527,077.3	16,814.2	31.3	1,147.0	75.7	15.2
1998	517,262.1	17,597.2	29.4	1,117.5	78.7	14.2
1999	570,154.8	18,741.0	30.4	1,223.1	83.3	14.7
2000	630,614.3	18,977.9	33.2	1,341.5	83.6	16.0
2001	683,447.1	20,287.0	33.7	1,443.2	88.6	16.3
2002	758,862.6	21,330.7	35.6	1,593.5	92.4	17.2
2003	807,778.0	21,946.6	36.8	1,687.8	94.4	17.9
2004	874,238.7	23,767.1	36.8	1,819.8	101.5	17.9
2005	912,608.6	24,791.6	36.8	1,895.8	105.2	18.0
2006	962,446.6	24,429.2	39.4	1,989.7	103.0	19.3
2007	1,040,091.8	24,826.8	41.9	2,140.2	104.1	20.6
2008	1,104,414.3	27,347.2	40.4	2,256.3	114.3	19.7
2009	1,148,981.8	28,634.6	40.1	2,336.2	119.0	19.6
2010	1,266,579.8	30,048.7	42.2	2,563.4	124.2	20.6
2011	1,340,529.8	32,438.3	41.3	2,692.9	133.4	20.2
2012	1,391,595.5	33,479.0	41.6	2,782.9	137.1	20.3
2013	1,439,644.4	33,844.0	42.5	2,866.7	137.9	20.8
2014	1,496,593.4	34,236.0	43.7	2,968.0	138.8	21.4

주: 2011년 12월 기준.
출처: 통계청, "북한통계"(http://kosis.kr/bukhan)에서 재구성(검색일 2015. 12. 20.).

그림 4-1 남북한의 경제 성장률, 1990-2014

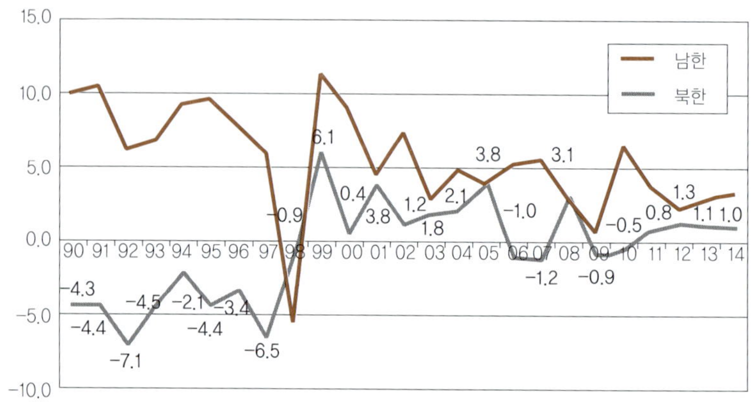

출처: 통계청, "북한통계"(http://kosis.kr/bukhan, 검색일 2015. 12. 20.).

너스 성장으로 돌아섰고, 2008년 잠시 나아졌다가 다시 2년간의 침체를 겪은 후 2011년부터 4년간 약 1%대의 성장을 유지하고 있다. 이렇게 볼 때 북한 경제는 한계 상황에 있다고 볼 수 있다.

이러한 북한의 경제 침체 현상은 자연재해 등으로 야기될 수 있는 특정 부문의 현상이 아니라 거의 모든 산업 부문에 나타나고 있으며, 경제 체제의 구조적 변화가 없는 상태에서 나타나는 정태적 침체 현상으로써 과거 일부 사회주의 국가들이 경제 개혁 과정에서 겪었던 일시적인 동태적 침체 현상과는 다른 성격이다.

3. 분야별 현황

북한의 경제 현상은 분야별로 식량난, 에너지난, 외화난의 소위 '3대난'으로 요약된다. 물론 이 세 가지는 상호 유기적으로 연결되어 있다. 즉, 외화난으로 유류 수입이 감소되면 에너지난으로 연결되고, 동시에 이것은 비료 생산의 감소와 농기계 사용의 어려움을 낳아 식량난으로 연결된다. 다시 이들은 공장 가동률을 감소시키고, 또 이것은 수출 감소로 이어져 외화난을 낳는 식이다.

1) 식량난

먼저 식량 문제는 심각하다. 북한의 식량 생산 현황을 보면 〈표 4-2〉와 같다. 2010년도 북한의 곡물 수요량은 국제식량농업기구(Food and Agriculture Organization, FAO) 최소 권장량 기준으로 460만 톤이고, 정상 배급량(성인 기준 700g)의 22%를 삭감한 감량 기준으로 540만 톤이다.[4] 1995년도 생산량인 345만 톤은 전년도 생산량인 413만 톤에 비해 68만 톤이 감소한 것으로 그해 발생한 기근 때문으로 보인다. 이로써 당시 아사자는 최소 58만 명에서 최대 112만 명이었을 것으로 추정하고 있다.[5]

2009년도 곡물 생산량 411만 톤은 FAO 최소 권장량에 약 50만 톤, 감량 배급 기준으로 볼 때 130만 톤이 부족하다. 2005년부터 2009년까지 5년 동안의 평균

4 양운철 외(2011), p. 46. 감량 배급이 22%인 명분은 1973년도부터 '전쟁 비축미' 명목으로 12%를, 1987년부터 '애국미' 명목으로 10%를 감량한 것으로 알려져 있다. FAO 최소 권장량은 성인 기준 1일 458g이다. 이것을 쌀 100g의 열량 360kcal, 옥수수 100g의 열량 348kcal의 평균값인 354kcal로 계산하면 1,621kcal가 된다. 감량 배급량 성인 기준은 546g이다. 이 경우 1,933kcal가 된다. FAO 한국 협회가 권장하는 한국인의 열량 권장량은 성인 남자 2,700kcal, 성인 여자 2,000kcal이다. 필요한 열량은 연령, 성별, 개인별 운동량, 체중 등에 따라 다르다.

5 양운철 외(2011), p. 112.

표 4-2 북한의 식량 작물 생산량

(단위: 만M/T)

연도	생산량	연도	생산량	연도	생산량
1965	355	1995	345	2005	454
1970	398	1996	369	2006	448
1975	436	1997	349	2007	401
1980	371	1998	389	2008	431
1985	419	1999	422	2009	411
1990	402	2000	359	–	–
1991	443	2001	395	2012	468
1992	427	2002	413	2013	481
1993	388	2003	425	2014	480
1994	413	2004	431	2015	451

주: 식량 작물은 미곡, 맥류, 잡곡, 두류, 서류 생산량.
출처: (남) 통계청 농어업통계과, (북) 농촌진흥청 국제기술협력과. 통계청, "북한통계"(http://kosis.kr/bukhan)에서 재구성(검색일 2015. 12. 20.).

생산량은 428만 8,000톤이다. 여기에도 FAO 최소 권장량에 31만 톤이 부족하고, 감량 배급 기준으로 111만 톤이 부족하다.

부족분의 상당 부분은 외부의 원조로 충당한다. 〈표 4-3〉은 국제 사회가 1995년 이후 북한에 지원해 준 식량 현황이다. 2002년부터 2007년 사이(2006년 제외) 남한이 매년 약 40만 톤씩 지원하였고, 중국도 비슷하게 지원하였다.[6] 미국 역시 상당량을 지원하였으나 2002년도 제2차 북핵 위기 이후 대폭 삭감하였다. 어쨌든 북한은 외부로부터 매년 50만-100만 톤 이상을 원조받았다. 그러나 2009

6 2006년 1월에는 북핵 문제로 한반도에너지개발기구(Korean Peninsula Energy Development Organization, KEDO) 인력이 철수하였고, 7월에는 미사일 발사 실험, 10월에는 제1차 핵 실험 등으로 남북 관계가 매우 경색되었다.

표 4-3 국제 사회의 대북 식량 지원 현황

(단위: 만M/T)

연도	한국	중국	미국	일본	EU	국제 사회 전체
1995	150,000	0	0	378,000	0	544,397
1996	3,401	100,000	23,379	138,574	0	498,907
1997	62,393	150,000	194,941	791	199,720	856,738
1998	54,056	153,351	241,521	67,000	87,570	763,934
1999	12,110	207,103	595,374	0	57,364	981,293
2000	351,087	291,349	333,848	99,999	57,000	1,193,234
2001	198,000	435,148	301,185	500,000	10,221	1,469,832
2002	457,800	310,696	187,099	0	9,000	1,095,054
2003	542,191	214,424	23,421	0	69,185	913,882
2004	406,510	158,722	81,395	71,743	1,853	822,423
2005	492,743	531,416	16,800	48,084	2,655	1,153,507
2006	79,500	257,911	0	0	0	353,573
2007	421,040	312,231	0	0	1,614	754,802
2008	8,005	0	127,226	0	0	270,098
계	3,238,837	3,122,431	2,126,189	1,304,191	496,182	1,671,619

출처: 김영훈(2010), pp. 17-19에서 재구성. 김영훈은 WFP, Interfais의 자료를 인용.

년 5월의 제2차 핵 실험, 2010년의 천안함 사건, 연평도 도발 사건, 2013년의 제3차 핵 실험 등으로 외부 지원은 현저히 줄었다. 반면 2012년 이후 북한의 농업 생산량은 조금 증가하였다.

이 정도면 아사자가 발생할 수준은 아니지만, 어느 사회에서와 마찬가지로, 북한에서도 공정한 분배가 이루어지지 않기 때문에, 국제기구들은 북한 주민들이 약 3분의 1 정도는 만성적인 식량 부족에 시달리고 있는 것으로 추정하고 있다. 이로써 적지 않은 수의 가족이 해체되기도 한다. 특히, 시기적으로 북

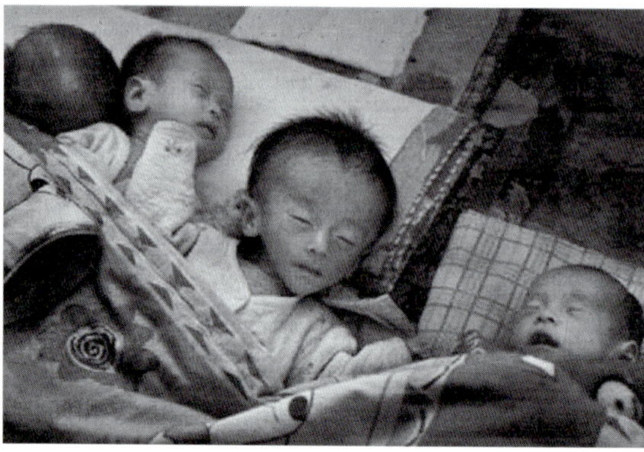

그림 4-2 황해도 해주의 한 탁아소 모습

출처: 2011년 5월 독일의 구호단체 '캅 아나무르'가 찍은 사진으로 VOA 인터넷 홈페이지를 통해 공개된 자료(DaylyNK, http://www.dailynk.com (검색일 2012. 1. 29.)).

한이 '고난의 행군'이라 칭하는 1990년대 중·후반에, 그리고 출신 성분과 당성에 따라 분류된 세 계층 중 하층 계급인 '복잡계층' 주민들에게 식량난은 매우 심각한 수준이었다.[7]

2) 에너지난

북한의 에너지 부족은 1990년 이후 지속적으로 악화되고 있는데, 가장 큰 원인은 석탄 생산량의 감소에 기인한다. 1980년 전후 북한의 에너지 공급 구조는 석탄 70%, 수력 16%, 유류 8%, 기타 4%로 되어 있었다. 1980년대 중반부터 채탄 장비의 노후화, 탄광의 심부화, 신규 설비의 미도입, 자재의 공급 부족 등의 이유로 생산 감소가 시작되었고, 1990년대에 접어들어 북한 경제가 전반적으로 침체되면서 급격히 감소하였다.

이러한 석탄 생산의 감소는 결국 유류에 대한 의존의 증대를 낳는다. 그러나 〈표 4-4〉에서 보듯이 2014년 북한의 원유 도입량은 388만 배럴로서 1990년의 1,847만 배럴의 21%에 불과하다. 남한과 비교하면, 1990년에 16.7분의 1에서 북한의 경제가 매우 어려웠던 1999년에는 375.1분의 1 수준에 불과하였다. 2014년

7 계층 분류에 대해서는 제3장을 참조.

표 4-4 북한의 원유 도입량, 1990-2014

(단위: 만 배럴)

연도	원유 도입량			연도	원유 도입량		
	남한(A)	북한(B)	A/B		남한(A)	북한(B)	A/B
1990	30,837	1,847	16.7	2003	80,481	421	191.2
1991	39,930	1,385	28.8	2004	82,579	390	211.7
1992	50,938	1,114	45.7	2005	84,320	383	219.9
1993	56,056	997	56.2	2006	88,879	384	231.5
1994	57,371	667	86.0	2007	87,254	383	227.8
1995	62,495	806	77.5	2008	86,487	388	222.9
1996	72,193	686	105.2	2009	83,509	380	219.8
1997	87,342	371	235.4	2010	87,242	385	226.6
1998	81,909	369	222.0	2011	92,676	386	240.1
1999	87,409	233	375.1	2012	94,729	383	247.3
2000	89,394	285	313.7	2013	91,508	424	215.8
2001	85,937	424	202.7	2014	92,752	388	239.1
2002	79,099	438	180.6				

출처: 통계청, "북한통계"(http://kosis.kr/bukhan)에서 재구성(검색일 2015. 12. 20.).

도에는 239.1분의 1이다.

2010년대 북한의 전체적인 에너지 공급 규모는 사정이 좋았던 1980년대의 60% 수준으로 하락하였다고 보고 있다. 1991년 북한의 총에너지 공급 규모는 2,192만TOE(tonnage of oil equivalent, 석유환산톤)이었는데, 이것이 2009년에는 1,591만TOE로 감소하였다.[8] 1991년의 72.5% 수준이다. 남한과 비교하면, 1990년에 남한(1억 361만TOE)의 5분의 1에서 2009년에는 남한(2억 4,224만TOE)의 15.2분의 1에

8 양운철 외(2011), p. 182. 석유환산톤 TOE는 원유 1톤을 연소할 때 발생하는 에너지를 1석유환산톤이라고 정의한 에너지의 양을 나타내는 단위이다. 원유 1kg=10,000kcal이므로 1TOE는 10,000,000kcal에 해당한다.

해당한다. 이로써 북한의 1인당 에너지 소비는 남한의 약 13%(남한이 북한의 7.5배) 수준에 불과하다.

3) 외화난

북한의 외화난은 근본적으로 북한의 대외 교역량 부진에 기인한다. 1990년 이후 2014년까지 남한과 비교한 북한의 무역 총액은 〈표 4-5〉와 같다.[9] 1990년

표 4-5 남북한의 무역 총액, 1990-2014

(단위: 억 달러)

연도	남한(A)	북한(B)	A/B	연도	남한(A)	북한(B)	A/B
1990	1,348.6	41.7	32.3	2003	3,726.4	23.9	155.9
1991	1,533.9	25.8	59.5	2004	4,783.1	28.6	167.2
1992	1,584.1	25.6	61.9	2005	5,456.6	30.0	181.9
1993	1,660.4	26.5	62.7	2006	6,348.5	30.0	211.9
1994	1,983.6	21.0	94.5	2007	7,283.3	29.4	247.7
1995	2,601.8	20.5	126.9	2008	8,572.8	38.2	224.4
1996	2,800.5	19.8	141.4	2009	6,866.2	34.1	201.4
1997	2,807.8	21.8	128.8	2010	8,916.0	41.7	213.8
1998	2,255.9	14.4	156.7	2011	10,796.3	63.6	169.8
1999	2,634.4	14.8	178.0	2012	10,674.5	68.1	156.7
2000	3,327.5	19.7	168.9	2013	10,752.2	73,4	146.5
2001	2,915.4	22.7	128.4	2014	10,981.8	76.1	144.3
2002	3,146.0	22.6	139.2				

출처: 통계청, "북한통계"(http://kosis.kr/bukhan)에서 재구성(검색일 2015. 12. 20.).

9 북한의 무역 통계는 '거울 통계'(mirror statistics)이다. 이것은 북한이 공표한 통계가 없기 때문에 북한과 교역한 상대국의 대북한 교역 통계를 통해 북한의 통계를 만드는 방식이다. 따라서 기관별로 차이가 있다. 예를 들어, 2008년의 경우 KOTRA는 북한의 무역 총액을 거래 상대국 61개국과 38억 2,000만 달러로, IMF는 상대국 113개국과 80억 3,000만 달러로, UN은 122개국과 82억 9,000만 달러로 제공하고 있다(양운철 외, 2011, p. 62). 여기서 제시된 자료는 KOTRA 자료이다.

북한의 교역액은 남한의 32.3분의 1로 41억 7,000만 달러였다. 이것이 1998년 14억 4,000만 달러로 최저를 기록하다가, 2010년에 가서야 1990년 수준을 회복하였다. 그러나 이것은 남한의 213.8분의 1에 불과하다. 2014년 현재 76억 1,000만 달러로 남한의 144.3분의 1에 해당한다.

북한은 한국전쟁 이후 경제 발전을 위해 외자를 유치하였다. 1971년부터 1980년 사이 프랑스, 서독, 영국, 일본 등 서방으로부터 13억 달러, 소련과 중국으로부터 10억 달러를 도입하였다. 그러나 북한의 폐쇄적 '자립 경제 노선'은 근본적으로 외화 가득 산업을 불가능하게 만들었고, 1970년대 말부터 외자 상환 능력 불능 사태가 초래되어 외자 유치가 더욱 어렵게 되었다.

아직도 폐쇄적 경제는 지속되고 있고, 특히 1990년대 초 사회주의권 붕괴와 1994년에 시작된 핵무기 개발 계획 등으로 인한 국제 사회의 제재로 폐쇄성을 더하게 만들었다. 2000년대의 완만한 상승은 남한과, 2010년 이후의 상승은 중국과의 교역이 늘어난 탓이다.

4. 북한의 가계 소득 및 소비 규모

2014년 말 기준 북한 주민의 1인당 GNI가 139만 원이고, 이것은 남한 주민 2,968만 원의 21.4분의 1이라는 숫자만으로 물가와 공급 체계가 다른 북한 주민들의 삶을 짐작하기 쉽지 않다. 따라서 여기서는 북한의 가계 소득, 소비 규모 등을 통해 구체적인 북한 주민의 경제적 삶의 현황을 세 시기로 나누어 살펴보기로 한다. 첫째는 1970-80년대로 비교적 빠른 전쟁 복구와 성장에 힘입어 안정적인 배급 체계가 이루어진 시기이다. 둘째는 1990년부터 2002년 7월 '7.1경제

관리개선조치' 이전까지의 '고난의 행군' 시기이다. 셋째는 2002년 후반부터 지금까지 그럭저럭 버티는 시기이다.

1) 1970-1980년대

1980년대 북한의 월급 수준은 〈표 4-6〉과 같다. 당시 일반 근로자의 월급은 북한 원화 기준 80-100원 정도였다.

표 4-6 1980년대 북한 주민의 직종별 임금 수준

구분	직책	임금 (원)
당 · 정 기관	당 · 정무원 부장	300-350
	정무원 부부장, 도 인민위원장	250-300
	도인민위원회 부원장, 군인민위원회 위원장	170-200
공장/기업소	특급 기업소 지배인	250-300
	1-2급 기업소 지배인	150-200
노동자/사무원	광부, 제철, 제련공 등 중노동자	90-100
	일반 기계공, 운전기사 등 경노동자	75-80
	일반 경노동자	70-80
	사무원	60-70
교원	대학 교원	200-250
	일반 교원	80
군 장교	장성급	250-400
	영관급	120-215
	위관급	84-110
서비스 종사자	여관, 이발소, 식당 등 편의 시설 종사자	20-60
	의사	120-250
	인민배우, 공훈배우 등	200-500

출처: 통일원(1995), p. 286.

당시 북한 여성의 노동력 비율은 49% 정도로 추정하고 있어 절반 정도가 맞벌이로 보면 될 것이다.[10] 따라서 일반 근로자 한 가구당 월소득은 약 120-150원이 된다. 여기에 실제로는 당원인 경우 당비, 혹은 맹원의 경우 맹비(급여액의 약 2%), 인체 보험료, 저축, 영화 관람료, 결혼식 부조금, 김일성 · 김정일 생일 때 동상에 바치는 꽃값 등 매월 약 3분의 1 정도가 공제된다고 한다. 따라서 한 가구당 실제의 급여액은 약 3분의 2 정도인 80-100원 정도로 보면 될 것이다.

이와 같은 월급으로 〈표 4-7〉에서 보는 바와 같은 식량 및 기초 생필품을 배급표에 의한 배급량을 국정 가격으로 구매하여 생활하였다. 당시 쌀 1kg의 국정 가격은 8전(100전=1원), 옥수수 1kg의 국정 가격은 7전, 전력은 1kw/h당 3.5전, 전차 요금은 1회 10전, 집세 약 5.4전(평양 기준, 수입의 0.03%) 등이었다.[11] 배급에 별 문제가 없었고 그 정도의 소득으로 기본적인 생활은 가능하였다고 보인다.

2) 1990-2002년

이러한 소비는 국정 가격에 의한 배급이 정상적으로 이루어져야 한다. 배급에 의한 소비가 불가능해지면 배급량에 근거한 국정 가격은 아무 의미가 없고, 그것에 입각한 월급 역시 아무런 의미가 없어진다. 앞에서 보았듯이 북한의 경제는 1990년부터 급격히 침체하였다. 이것의 누적으로 1995년 이후부터 대부분의 북한 주민들은 배급을 받지 못하였다.

당시 북한 주민의 삶에 관한 연구는 탈북자에 대한 설문 조사를 통해 짐작해 볼 수 있다. 이러한 연구는 삶이 어려워 탈북한 사람들이 북한 주민 전체를

10 박석삼(2002), p. 18.
11 한국은행(2002).

표 4-7 북한의 계층별 기초 품목 배급량

공급 계층	해당 성분	공급량	공급처
매일 공급 대상자	당 및 정부 기관 핵심 간부, 김정일 위원장의 개인 서비스 요원 등	1일 1인당 쌀 700g, 육류, 야채, 담배, 맥주, 두부 등 필요량	호위총국 공급과
1주 공급 대상자	중앙당 부부장(조직지도부 과장 포함), 정부 기관 부총리, 장령급 군인	1일 1인당 곡물 700g(백미 7:잡곡 3), 1주 1인당 육류, 야채, 담배, 맥주, 두부 등 필요량	당재정 경리부
2주 공급 대상자	당 중앙 부서 지도원, 과장급 책임지도원 등	1일 1인당 곡물 700g(백미 6:잡곡 4), 2주 1인당 육류 4kg, 담배 30갑, 야채, 기름 등	당재정 경기부
월공급 대상자	그 밖의 당 간부, 정부 기관 간부, 최고인민회의 부의장, 항일 투사 유가족, 영웅 칭호자 등	1일 1인당 곡물 700g(직급에 따라 백미:잡곡 비율은 7:3 또는 5:5) 월 1인당 직급에 따라 육류 1-6kg, 기름 1-3ℓ, 담배 30갑, 야채, 기름 등	직급에 따라 1-4호 공급소
인민반 공급 대상자 (15일마다 배급)	노동자, 사무원, 농민 등 일반 주민	1일 1인당 곡물 700g(백미 2:잡곡 3, 농촌은 1:9), 가구당 1개월에 생선 1kg(실제 3-4개월), 육류 명절 특별 배급(1-2kg), 기타 식료품 부식 카드 제시하고 배급소에서 구입	동배급소

출처: 북한연구소(1994), p. 571.

대표하는 표본이 될 수 없기 때문에 북한의 경제 상황의 한 단면을 볼 수밖에 없는 한계를 가지지만 북한 내 삶을 가늠할 수 있는 하나의 방법이다.

1997년 9월부터 1998년 10월까지 13개월간 중국에 머문 탈북자 1,855명을 면접하여 조사한 한 연구에서 북한에서 배급이 중지된 시점은 〈그림 4-3〉에서

그림 4-3 정기적인 배급이 끊긴 시점

(단위: %)

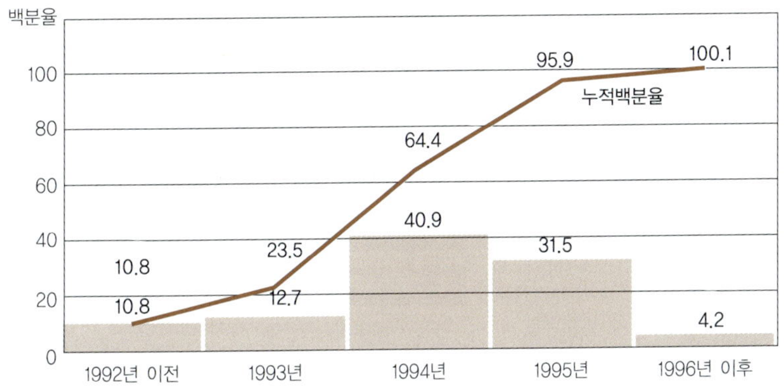

출처: (사)좋은벗들(1999), p. 196.

보는 것과 같다.

대부분의 탈북자들은 배급 중단 시점이 1994년과 1995년에 몰려 있지만, 이미 1992년 이전부터 진행되기 시작하였다는 것을 알 수 있다. 지역적으로는 함경남북도가 가장 먼저 시작되었고, 이후 다른 지역으로 확산되었다.[12] 이들 탈북자들이 배급 중단 후 생계를 유지한 방법은 〈그림 4-4〉와 같다. 탈북자 면담을 통한 다른 연구에 의하면, 2000년을 전후해서 북한 성인들이 직장으로부터 받는 평균 월급은 북한 원화로 94.4원이었다.[13] 그러나 월급 이외 소득, 즉 대부분이 '장마당' 혹은 '농민 시장'에서의 장사를 통해 얻는 소득이 월평균 5,056원

12 (사)좋은벗들(1999), p. 196.
13 박석삼(2002), pp. 4-5.

그림 4-4 배급 중단 후 생계유지 방법, 복수 응답

(단위: %)

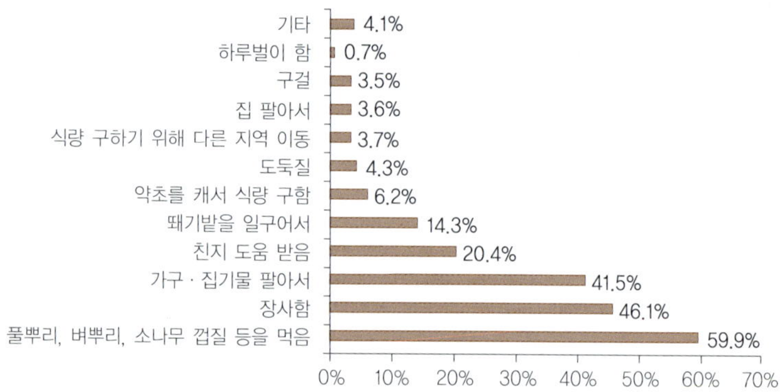

출처: (사)좋은벗들(1999), p. 196.

으로 평균 월급의 50.7배에 달하였다. 물론 이 중 일부는 월평균 수만 원의 고소득자도 있는 반면, 일부는 월급 이외의 소득이 전혀 없는 주민도 있었다고 한다.

월 5,000원 정도의 소득이면 당시 '장마당'의 환율이 1달러에 200원으로 월 소득 약 25달러에 해당하고, 이것으로 당시 '장마당' 쌀 가격이 1kg에 약 50원이었기 때문에 쌀 100kg 정도를 구입할 수 있는 소득이었다.[14]

그러나 여기에 현금 및 일부에 국한되지만 외화를 보유하고 있는 가구도 있었기에 보다 정확한 북한 주민의 경제 상황을 볼 수 있는 지표는 가계 소비 지출이다.[15] 2000년 전후 북한의 한 가구당(4.3명 기준) 소비 지출은 2만 3,590원으

14 박석삼(2002), pp. 16-18.

로 추정하고 있다. 이 정도면 기본적인 생활은 가능한 것으로 보인다.

그러나 이러한 자료는 당시 북한의 평균적 가계 지출을 의미할 뿐 지역별 및 가구별 심각한 격차를 고려하지 않은 것이다. 지역별로 가계 지출은 평안북도가 3만 8,750원으로 가장 높으며, 평양이 3만 5,000원, 황해남도 및 황해북도는 1만 875원, 가장 낮은 강원도는 1만 675원이었다.[16] 이 자료는 지역별 · 가구별 가계 지출 규모의 편차가 나타나 있지 않지만, 지역 평균 격차가 4배 정도 되는 것을 볼 때, 지역과 지역 내 가구별 격차를 감안하면, 전체 인구의 상당 부분, 최소한 수백만 명이 기본적인 생계가 어려웠을 것으로 추정할 수 있다.[17] 당시 세계식량계획(World Food Program, WFP)의 자료에 의하면, 전체 인구 약 2,300만 명 중 70%가 1일 300g의 식량에 의존하고 있으며, 하위 28%에 해당하는 약 650만 명은 심각한 수준이었던 것으로 추정하고 있다.[18] 2010년 지식경제부 기술표준원이 남한에 정착한 탈북자를 대상으로 추계한 북한 남성의 평균 신장은 약 158-164cm이었다. 같은 해 남한 남성의 평균 신장은 174cm이었다.[19]

3) 2002년 '7.1경제관리개선조치' 이후

북한은 2002년 7월 1일 획기적인 '7.1경제관리개선조치'를 내놓았다. 이 조

15 2000년 전후의 시점에서 북한의 한 가구당 현금 보유액은 14,069원으로 맞벌이 가구 월급(약 180원)의 약 78배이다. 또한 외화를 보유하고 있던 가구도 상당히 많았는데, 역시 같은 시기 한 가구당 외화 보유액은 37,632원으로 당시 시장 환율 1달러당 200원으로 계산하면 186달러 정도가 된다(박석삼, 2002, pp. 28, 33).

16 박석삼(2002), pp. 21-22.

17 당시 평양의 식당에서는 일반 노동자의 한 달 급여액에 해당하는 음식을 파는 데도 붐볐다고 하며, TV 세트는 중간급 공무원의 2년치 급여액임에도 매매가 이루어졌다고 한다(*Economist*, March 13, 2004).

18 이들은 소득의 80%를 식비로 지출해야만 한다고 하였다(*Economist*, March 13, 2004), p. 30.

19 지식경제부 보도 자료, "제6차 한국인 인체치수 조사사업(Size-Korea 사업) 결과 요약"(2010. 12. 17.). 한 연구에 의하면 15-19세기 조선 시대 남성의 키는 161cm이었다고 한다(한국경제신문, "조선 시대 평균키는 몇 cm일까?," 2012. 1. 31.).

치는 아래에서 보다 상세하게 논의될 것이지만, 핵심은 그 사이 진행된 시장경제적 요소를 공식적으로 인정하며, 심지어 일부분을 적극 수용한다는 것이다. 특히, 농민 시장에서 형성된 가격에 입각한 물가 및 임금 현실화, 하부 기관에 계획 일부 위임, 독립 채산제 강화 및 식량, 소비재, 주택에 실제 가격 적용은 매우 획기적인 조치였다.[20]

앞의 〈그림 4-1〉에서 보았듯이 이 조치 이후로 북한의 경제는 완만하지만 서서히 개선되었고 2005년까지 성장이 지속되었다. 무엇보다 시장 활동을 가능하게 한 것은 주민들의 생활에 많은 도움이 된 것으로 보인다.

2006년 탈북자들의 면담을 통한 연구에서 '7.1조치' 이전보다 1인당 월평균 소득이 3배로 증가하였음이 나타났다. 조사 결과는 〈표 4-8〉과 같다.

같은 연구에서 〈표 4-9〉에서 보듯이 이들의 소비 구조도 '7.1조치' 이전에 비해 음식비 비중이 줄고 의복비 비중이 상승하여 식량 문제가 조금 나아졌다는 것을 볼 수 있다.

전체적인 가구당 월평균 생계비도 '7.1조치' 이전보다 이후가 60% 정도 더 늘어났다. 당시 가구당 월평균 생계비 지출 현황은 〈표 4-10〉과 같다.

이러한 전반적인 개선에도 불구하고, 임금의 비율이 낮아지면서 새로운 환경에 적응하지 못한 하층 주민들은 오히려 경제적으로 더 나빠지는 경우가 발생하여 빈부 격차가 확대되었고, 부조리가 심화되었으며, 개인주의가 확산되었다. 결국 이러한 상황의 심화가 2009년 11월에 단행된 화폐 개혁의 배경이 되었다고 볼 수 있다.

화폐 개혁은 북한에서 시장 기능을 극도로 위축시켰고, 이로써 북한 경제

20 한국은행(2002), pp. 2-5.

표 4-8 '7.1조치' 이전과 이후의 탈북자 소득 변화 추이

(단위: 달러*)

1997년	1998년	1999년	97-99 평균	2004년	2005년	2006년	04-06 평균
5	6	6	6	22	20	19	20

주: * 북한의 각 연도 평균 시장 환율을 적용하여 계산. 2006년의 경우 1-6월까지의 평균 시장 환율 적용.
출처: 이영훈(2007), p. 6.

표 4-9 '7.1조치' 이전과 이후의 탈북자 소비 구조 변화 추이

(단위: %)

	음식비				의복비	주거비	기타
		주식	부식	외식			
97-99 탈북자	80.2	64.0	26.7	9.3	16.4	0.9	2.6
04-06 탈북자	70.6	61.8	27.4	10.8	23.5	1.0	4.9

출처: 이영훈(2007), p. 7.

표 4-10 '7.1조치' 전후의 북한 가구당 월평균 생계비 지출

(단위: 달러)

1997년	1998년	1999년	97-99 평균	2004년	2005년	2006년	04-06 평균
20	22	16	20	32	29	32	32

주: 북한의 각 연도 평균 시장 환율을 적용하여 계산.
출처: 이영훈(2007), p. 8.

는 2009년에 -0.9%, 2010년에 -0.5%의 성장을 하게 된다. 2009년과 2010년의 어려움은 경제 외적인 요소도 많이 작용하였을 것으로 보인다. 2009년 5월 북한의 제2차 핵 실험과 국제 사회의 제재, 2010년 3월 천안함 사태로 인한 남한의 '5.24조치' 등이 대표적인 사건이다.

2011년 12월 김정일이 사망하고 김정은으로 권력 승계가 이루어진 후 북한

그림 4-5 평안남도 안주 시장 모습

출처: 2011년 5월 독일의 구호 단체 '캅 아나무르'가 찍은 사진으로 VOA 인터넷 홈페이지를 통해 공개된 자료 (DaylyNK, http://www.dailynk.com(검색일 2012. 1. 29.)).

의 경제는 더 이상 나빠지지는 않고 있다. 북한의 경제 성장률은 2011년에 0.8%, 2012년에 1.3%, 2013년에 1.1%, 2014년에 1.0%로 소폭이지만 상승 기조를 이어가고 있다. 이러한 현상은 2009년 말의 화폐 개혁 실패로 2010년 5월 이후 시장에 대한 통제를 하지 않고 있다는 점, 그리고 2012년부터 추진되고 있는 '우리식 경제 관리 방법'의 영향이라 보는 시각이 지배적이다. 이에 관해서는 아래에서 보다 상세하게 볼 것이다.

제2절 북한 경제난의 원인

1. 사회주의 경제 체제의 구조적 모순

앞에서 언급하였듯이 북한 경제 상황을 정확하게 파악하는 것은 매우 어려운 작업이다. 특히, 한국은행이 추계하기 시작한 1990년 이전의 상황은 더욱 어렵다. 북한의 조선중앙통신사가 발간한 『조선중앙년감』에 의하면 1945년부터 1988년까지 북한의 GNI, 1인당 GNI 및 경제 성장률은 〈표 4-11〉과 같다.

이 자료에 의하면 북한의 전후 복구는 상당히 빠른 속도로 이루어졌고, 1970년대 말까지 가파른 성장을 한 것으로 나타난다. 그러나 1980년대 접어들면서 1982년과 1983년을 제외하면 성장 속도가 현저히 감소하게 된다. 이러한 경향은 1990년부터, 〈그림 4-1〉에서 보았듯이, 상당 기간 마이너스 성장을 경험하게 된다.

북한의 통계는 남한의 통계와 작성 방법이 달라 그대로 비교할 수가 없다. 그래서 비교 가능한 추계치를 사용해야 한다. 1960년대 북한의 경제 추정은 몇 가지가 있는데, 그 중 가장 낮게 추정하였다고 여겨지는 중앙정보부의 자료를 보면 〈표 4-12〉와 같다.[21] 전체 GNP에서는 항상 남한이 앞섰지만, 1인당 GNP에서는 1969년에 남한이 북한을 앞선 것으로 나타난다.

그렇다면 1980년대의 저성장, 그리고 1990년부터 마이너스 성장을 하게 된

21 북한의 GNP 추정 자료는 연구자에 따라 크게 차이가 있다. 가장 높은 황의각의 추정치는 가장 낮은 중앙정보부의 추정치와 3배 이상 차이가 나지만 상당 부분 환율 적용 문제로 인한 것이다. 다른 연구인 함택영의 추정치 역시 중앙정보부의 추정치보다 높다(이성봉, 2006, p. 11).

표 4-11 북한의 국민 총소득 및 경제 성장률, 1945-1989

연도	GNI (억 달러)*	1인당 GNI (달러)*	경제 성장률(%)	연도	GNI (억 달러)	1인당 GNI(달러)	경제 성장률(%)
1945	-	-	-	1971	53.3	374	15.9
1946	2.3	25	-	1972	61.8	422	16.0
1947-8	-	-	-	1973	73.5	489	18.9
1949	5.1	53	-	1974	86.2	559	17.1
1950-2	-	-	-	1975	119.1	751	20.0
1953	3.9	46	-	1976	126.0	775	10.9
1954-5	-	-	-	1977	121.0	725	-4.0
1956	7.3	78	31.8	1978	163.6	956	16.9
1957-9	-	-	-	1979	195.5	1,114	14.9
1960	19.1	177	7.4	1980	209.4	1,161	1.7
1961	21.7	195	13.1	1981	206.1	1,116	2.5
1962	24.0	211	11.0	1982	193.1	1,020	12.2
1963	26.3	225	9.4	1983	210.7	1,042	12.2
1964	28.8	240	9.9	1984	199.8	1,018	2.7
1965	30.4	248	3.6	1985	199.3	978	2.7
1966	32.2	255	5.8	1986	221.8	1,063	2.1
1967	28.8	225	5.8	1987	238.7	1,117	3.3
1968	30.4	232	5.8	1988	250.6	1,145	3.0
1969	32.2	239	5.8	1989	-	-	-
1970	42.2	304	31.0				

주: * 무역 환율로 환산.
출처: 조선중앙통신사, 『조선중앙년감』, 각 호. 양운철 · 정성장 · 김치욱 · 오경석 · 김영윤(2011)에서 재인용.

원인이 무엇일까? 위에 언급한 (사)좋은벗들이 탈북한 사람들에 대한 면접 조사에서 북한이 경제적으로 어려움을 겪게 된 원인에 대한 응답 현황은 〈표 4-

표 4-12 남북한 GNP 추정, 1960-1970

연도	남한		북한	
	GNP(백만 달러)	1인당 GNP(달러)	GNP(백만 달러)	1인당 GNP(달러)
1960	2,002	81	1,264.6	120
1961	2,122	83	1,372.5	125
1962	2,266	87	1,485.4	132
1963	2,641	98	1,616.3	140
1964	2,812	102	1,818.3	153
1965	3,005	106	1,983.4	162
1966	3,648	126	2,066.9	164
1967	4,233	143	2,327.6	180
1968	5,057	168	2,583.9	195
1969	6,405	208	2,648.8	194
1970	7,549	242	2,919.8	209
67-70	3.8배	3.0배	2.3배	1.74배

출처: 남한 자료: 1970년 불변 가격 기준. 한국은행, 『국민소득연보 1972』(한국은행, 1972); 북한 자료: 중앙정보부, 『남북한경제력비교』 제Ⅲ권(중앙정보부, 1974), p. 156, 이성봉(2006), pp. 10-11에서 재인용.

13〉과 같다. 이 자료에 의하면 약 41%가 자연재해 때문이라 생각한다.

그러나 한반도와 같은, 면적이 크지 않은 국가에서, 그리고 면적이 거의 동등한 남북한이 자연재해로 인해 이러한 경제 격차가 난다는 것은 설명이 불가능하다. 결국 이 차이의 원인은 북한 경제 체제의 구조적 모순에서 찾을 수밖에 없다.

현재 북한이 운용하고 있는 경제 체제는 1948년 북한 정부 수립 이전에 당시 사회주의권의 종주국이었던 소련의 경제 체제, 즉 스탈린식 통제 경제 체제(혹은 명령 경제 체제, command economic system)를 모방하여 도입되기 시작하였고,

한국전쟁 이후 더욱 강화되었으며, 1958년에 완료되었다.[22] 그 후 몇 차례의 정책적 변화는 있었으나, 큰 틀은 지금까지 그대로 유지되고 있다.

통제 경제 체제는 일종의 전시 경제 체제(war economy sui genre)로서 일반적으로 다음과 같은 일곱 가지의 특징을 가진다.[23] 이들은 ① 생산 수단의 공유, ② 계획에 의한 자원 분배, ③ 공산당의 지도에 의한 정치 논리 우선, ④ 평등주의적 임금 체계, ⑤ 폐쇄 경제, ⑥ 중공업 우선 정책, ⑦ 체제 수호를 위한 과도한 군사비 지출 등이다.

이와 같은 특징의 경제 체제를 가졌던 거의 모든 국가는 1970년대에 접어들면서 침체를 경험하기 시작하였다. 체제의 특징별 문제점은 다음과 같다.

① 생산 수단의 공유는 임금 이외의 소득을 배제시켜, 개인의 소득 증진을 바탕으로 한 자본 축적을 불가능하게 하여 생산성 향상을 위한 동기를 부여하지 못하였다.

② 계획에 의한 자원 분배는 초기 산업화 단계에 자원을 집중적으로 동원하여 양적 성장에는 기여하였다. 그러나 양적 성장이 한계에 도달하자 새로운 지식 및 정보의 처리에 적응하지 못하였고, 자원의 분배에 비효율성을 초래하여 질적 성장을 할 수 없었다.

③ 공산당의 지도에 의한 정치 논리 우선은 자원의 낭비와 경제의 비효율성을 낳았다.

---

22 스탈린식 통제 경제 체제에 대해 노브는 "국가에 의해 정해진 정치적 과제들을 수행하기 위해 모든 인적·물적 자원을 동원할 생산 계획과 공급 배분에 대한 중앙 집권화된 명령 체제"로 정의하고, 이것은 그 과제들을 수행하기 위해 "공포와 헌신적인 요원들로 구성된 하부 체제에 의해 운영되어진다"라고 설명하고 있다(Alec Nove, 1990, pp. 51-52).

23 Sang-Sik Ha(1992).

표 4-13 중국에 있던 탈북자들이 생각하는 북한 경제난의 이유

못 살게 된 이유(복수 응답)	응답 수	인원 빈도(%)	응답 빈도(%)
자연재해로 식량 생산이 안 되어	932	57.1	40.9
국가 정책 때문	196	12.0	8.6
지도층의 관료주의적 실정 때문	185	11.3	8.1
지도자의 책임	173	10.6	7.6
개혁개방을 하지 않아서	161	9.9	7.1
군사비의 과다 지출 때문	159	9.7	7.0
비료, 농약이 부족하여 식량 생산 감소	116	7.1	5.1
경제 개발을 하지 않아서	99	6.1	4.3
미국의 경제 봉쇄 때문	67	4.1	2.9
통일되지 않아서	49	3.0	2.2
농업을 육성하지 않아서	38	2.3	1.7
외국의 원조를 못 받아서	19	1.2	0.8
기타	82	5.0	3.6
합계	2,276	139.5	100.0

출처: (사)좋은벗들(1999), p. 196.

④ 평등주의적 임금 체계는 노동의 의욕 상실, 창의력 상실, 생산품의 질적 저하를 초래하였다.

⑤ 폐쇄 경제는 외국으로부터 새로운 기술의 도입을 어렵게 하였고, 그 국가의 비교 우위 이점을 살릴 수 없게 하였다. 또한 대내적 생산자의 독과점으로 기업의 경쟁력을 잃게 하였으며, 새로운 투자가 요구될 때 자본의 부족 현상을 초래하였다.

⑥ 중공업 우선 정책은 경공업 부문을 압박하여 만성적인 소비재 부족 현상을 낳았다.

⑦ 체제 수호를 위한 과도한 군사비 지출은 민간 경제 부문을 압박하였으며, 재투자의 불가로 경제 성장에 막대한 부담을 주었다.[24]

2. 북한의 특수성에 따른 문제

이와 같은 사회주의 경제 체제가 공통적으로 가졌던 구조적 문제에 더하여 북한의 경제가 1990년 이후 급격한 하락을 경험한 다른 이유는 내부 요인과 외부 요인으로 나누어 볼 수 있다. 내부 요인은 북한 체제의 경직성이고, 외부 요인은 대외 여건의 악화이다.

1) 내부 요인: 경직된 스탈린주의

북한은 사회주의권 내에서도 가장 경직된 스탈린주의적 원형을 유지함으로써 위에서 언급된 사회주의 경제 체제의 보편적인 문제점이 보다 심각하게 나타났다.

먼저 생산 수단의 공유 부분을 보면 북한에서 생산 수단의 공유 정도는 다른 사회주의 경제 체제들의 국유화 비율보다 훨씬 높았다. 북한은 이것을 '사회주의적 소유 제도'라 부르며, 국가 소유인 '전 인민적 소유'와 집단 소유인 '협동적 소유'로 구분하였다. 그러나 이러한 구분은 명목적인 것에 불과하며, 실질적으로 모든 생산 수단이 국유화되어 있다.[25]

24 이 부분은 하상식(1997), pp. 149-180에서 부분적으로 인용되었다.

25 북한은 공유화한 이후에도 아주 부분적으로 개인 소유를 인정해 왔다. 이것을 '사회주의에서의 개인 소유'라 하는데, 임금으로 구입한 소비 품목, 소농기구 등에 한정된다. 이들은 그 소유자가 처분하거나 상속할 수도 있다. 또한 1980년대 이후부터 농민에 한해 20-30평 규모의 개인 텃밭 경작권을 인정해 왔다.

계획 경제적 측면에서 북한의 계획은 당의 지도에 의해 국가계획위원회를 중심으로 이루어지고 있다. 조직상 이 위원회는 직속으로 각 지구 계획위원회, 도 인민위원회, 각 기업 및 시군 인민위원회 등을 가지고 있으나 철저한 중앙 통제에 의해 이루어진다. 따라서 특정 기업이나 산업에 차질이 생길 경우 모두 연계되어 있어 그 효과가 전국적으로 파급된다.

북한 경제에서 정치 논리의 우선에 따르는 문제는 다른 사회주의 경제보다 훨씬 심각하다. 북한의 경제 관리 원칙은 당 정치 사업이 우선되어야 함을 명시하고 있으며, 정치 지도자들의 이른바 '현지 지도'는 전문성이 결여되어 있지만, 법적인 구속력 이상의 영향력을 행사해 왔다. '주체농법'이란 이름 아래 비효율적인 밀식(密植)을 장려한 것, 특히, 식량 증산을 위한 '전 국토의 다락밭 만들기 운동'은 장기적으로 북한 농업의 피폐화를 촉진하였다.[26] 뿐만 아니라 정치 논리에 따른 기념비적 사업으로 인한 잦은 대규모의 전시 행사와 대형 건축물의 건설은 막대한 자원과 인력의 낭비를 초래하였다. 특히, 남한의 1988년 올림픽과 경쟁하기 위해 치러진 1989년의 제13차 세계청년학생축전을 위해 3년에 걸친 준비 기간 동안 지출한 경비는 약 50억 달러에 달하였다.[27] 이것은 그해 북한 GNI의 23%에 해당하는 것으로서 북한 경제에 막대한 부정적 영향을 끼쳤다. 또한 '3대혁명소조운동'을 비롯한 당 조직의 기업 경영 개입은 전문 경영인의 재량권을 극도로 위축시켰다.[28]

26 경사진 다락밭은 장마철 토사 유출의 원인이 되었고, 이로써 강바닥이 상승하여 적은 양의 비에도 홍수 피해를 많이 입게 되었다.

27 세계청년학생축전은 1947년부터 사회주의 국가들의 청년 · 학생들이 '반제자주(反帝自主), 반전평화(反戰平和)를 기치로 가진 모임으로, 1989년 7월의 평양축전(평축)에 남한의 전국대학생대표자협의회 대표로 임수경이 참가하였다.

28 '3대혁명소조'란 북한이 혁명 노선으로 규정하는 사상, 기술, 문화의 3가지 분야(즉, 사람, 자연, 사회를 개조하는 혁명)로 나누어 구성된 소규모 '혁명 수행 선봉대' 집단을 의미한다. 이 운동은 1973년 2월에 시

평등주의적 임금 정책을 보면, 북한의 임금 정책은 '사회주의'적 임금 정책으로서 직능, 근무 연한, 기술 역량 등을 기준으로 책정된 '평균임금산정규정'을 기초로 이루어졌다. 앞의 〈표 4-6〉에서 보았듯이 직종별 임금 수준은 약 3-4배 차이가 있었다. 그러나 직종 내 개인별로는 평등주의에 입각하고 있었다. 생산성 향상을 위해 물질적 보상보다는 도덕적 보상을 위주로 해왔다. '청산리 방법'이 그 예이다. 이것은 농업에서 시작하여 거의 전 분야에 지도 방법이 된 것으로 정치 활동을 통해 생산에서 대중의 열의와 창의를 끌어낸다는 방법이다. 1960년 평안남도의 청산협동농장을 김일성이 '현지 지도'하는 과정에서 제시한 방법이다. 다른 사회주의 국가들이 '새로운 소비에트인', '새로운 사회주의적 인간'을 창조하는 데 실패하였던 것과 같이 북한 역시 실패하였다. 이로써 모든 부문에서 생산의 양과 질이 떨어지는 현상을 초래하였다.

북한 경제의 폐쇄성은 역시 다른 사회주의 경제의 폐쇄성보다 훨씬 그 정도가 높다. 북한은 주체사상에 입각한 주체 경제 혹은 자립적 민족 경제라는 기치 하에 자력갱생의 원칙을 기본으로 자급자족 경제를 고수해 왔다. 이것은 국내 공급이 불가능한 최소한의 원자재를 제외한 모든 자본, 기술, 노동을 국내에서 충족한다는 원칙이다. 이에 따라 북한은 공산권의 무역 체제였던 경제상호원조회의(Council for Mutual Economic Assistance, CMEA 혹은 Comecon)에도 가입하지 않았다. 이로써 계획 경제 하의 동유럽 국가들의 대외 의존도가 평균 30-40%이었던 데 반해, 북한은 약 20%의 수준에 머물러 국제 분업과 완전히 유리되었다.

북한은 군사력의 증강과 경제 개발을 같은 비중으로 다루어 왔다. 앞에서

작되었고, 정치 사상적으로 무장된 청년 인텔리 중심으로 20-30명 단위로 농장과 기업체에 파견하여 나이든 간부들의 보수성과 경험주의를 타파하려 하였다. 1974년 김정일이 후계자로 내정된 후 이 조직은 후계 구도를 돕는 핵심 세력이었다.

도 보았지만, 1960년대 중반 남한이 월남에 파병하면서부터 북한 세출의 30% 이상을 국방비로 지출하는 등 경제력 대비 세계 최고 수준의 국방비 지출을 해 왔다.[29] 특히, 북한의 군수 산업 부문은 국가계획위원회가 아닌 '제2경제위원회'에 의한 별도의 계획으로 운용해 왔다.[30] 이 위원회는 12개의 총국을 두고 있는데 제1총국은 경무기 생산, 제2총국은 중무기 생산, 제3총국은 미사일 생산 등을 담당하고 있는 것으로 알려져 있다. 또한 무기 수출이나 원자재 수입 등의 영역에서 자체적인 대외 경제 활동을 하고 있으며, 기타의 군수품과 군량미를 조달하는 별도의 지역도 운영하고 있다. 따라서 그 방대한 조직과 권력으로 인해 북한에서는 '제2정무원'이라 불린다. 뿐만 아니라 이 위원회의 계획은 최우선적으로 달성되어야 하며, 따라서 우선적으로 자재를 공급받으므로 이 부문이 북한에서 유일하게 '소비자 주권'을 가진 부문이라 볼 수 있다. 이로써 북한의 군수 산업은 민수 산업을 담당하는 '제1경제위원회'와 완전히 분리되어 운영됨으로써 사실상의 2차 경제 역할을 해왔고, 민간 경제를 흡수하여 압박함으로써 오늘날의 경제 침체에 큰 원인을 제공하였다.

이미 매우 열악한 경제 상황에서 1990년대 초부터 시작한 핵무기 및 장거리 미사일 개발은 북한 경제에 큰 부담을 주었을 것이다. 북한은 1998년 대포동 1호 발사를 위해 지상 발사 장비와 조종 장비 설치에만 3억 달러가 소요되었다고 발표하였다. 실제 2005년 우리가 다목적 아리랑 2호 발사에 2,600억 원이 들

29 이춘근(2012), p. 112.

30 원래 군수 산업도 정무원 산하에 일반 산업과 같이 계획 및 집행이 이루어졌으나, 군수 산업이 비대해지는 1968년 정무원 산하에 '제2기계공업부'를 만들어 별도의 집행을 담당하도록 하였고 노동당 비서국에 군수 담당 비서를 신설하여 이를 지도 · 관리하도록 하였다. 이후 1970년대 초 정무원과 완전히 분리, '제2경제위원회'를 만들어 노동당 중앙인민위원회 군사위원회에서 총괄하도록 하였다. 1993년부터 이것은 국방위원회의 직접 통제를 받게 변경되었다.

어갔다고 한다. 일반적으로 장거리 미사일 발사에 약 5억 달러 정도가 든다고 추정한다.[31] 또한 소형 플루토늄 방식 핵무기 1기를 만들어 핵 실험을 하는 데 약 3억-4억 달러가 든다고 한다.[32] 2010년과 2011년에도 핵무기와 관련하여 북한이 쓴 금액은 각각 5억-7억 달러 상당으로 추정하고 있다.[33] 이 정도 금액이면 식량난을 상당 부분 해결할 수 있는 금액이다.

2) 외부 요인: 부정적인 대외 환경

1980년대 말에 시작된 사회주의권의 몰락으로 대외 경제 여건이 극도로 악화되었다. 〈표 4-5〉에서 보았듯이 북한의 대외 교역 규모는 1990년 41.7억 달러에서 이듬해 25.8억 달러로 전년 대비 62% 수준이었고, 1998년에는 14.4억 달러로 1990년 대비 35% 수준에 불과하였다. 그 이유는 그나마 주 교역 체계였던 CMEA의 붕괴가 북한의 교역을 한층 약화시켰고, 특히 90%에 달하는 교역 상대국이었던 소련의 해체와 중국의 개혁은 큰 부정적 영향을 미쳤다.

또한 1991년부터 소련이 교역에서 경화 결재를 요구한 것도 치명적인 영향을 미쳤다. 대소 교역은 1990년도 전체 북한 교역의 절반 이상을 차지한 24.7억 달러였는데, 이듬해에는 전년의 19% 수준에 불과한 4.6억 달러로 줄어들었다. 이후 계속 감소 추세를 보여 1995년에 8,300만 달러로 줄었고, 2000년 대러시아 교역은 4,000만 달러 수준까지 떨어졌다.[34] 또한 북한 원유 공급의 30% 정도를 안정적으로 공급해 온 소련의 붕괴는 에너지 공급에도 타격을 주었으며, 구소

31 조영기(2009), p. 11.
32 한국일보, "북한 핵 실험 비용 3-4억불 추정"(2009. 5. 27.).
33 연합뉴스, "북한 올해 핵무기에 7억 달러 지출"(2011. 6. 21.).
34 양운철 외(2011), p. 88.

련의 국영 기업 사유화에 따라 과거 시장 가격 3분의 1 정도에 불과한 '사회주의 우호 가격'으로 원자재를 구입하던 대외 교역 여건도 사라지게 되었다.

자본주의권과 북한의 경제 관계는 과거부터 크지 않았다. 이것은 상당 부분 미국과의 관계에 기인한다. 미국은 1950년 6월 한국전쟁이 발발하자 곧 수출통제법에 의거 금수 조치를 단행하였고, 특히 중국이 한국전쟁에 개입하자 적성국 교역금지법에 의거 1950년 12월부터 금융 거래까지 금지하였다. 이후에도 다양한 법에 의거 미국 기업은 물론 다른 서방 국가 기업들이 북한과 거래할 수 있는 품목을 제한하였다. 특히, 1987년 북한의 대한항공 폭파 사건 이후 미국은 북한을 테러 지원국으로 분류하여 군사력이나 테러 관련 품목에 대해 대북 수출 금지 조치를 취하였다.

이러한 미국의 경제 제재 조치는 사회주의권이 붕괴하기 이전까지 북한에게 별 영향이 없었다. 그러나 이 국가들이 세계 자본주의 체제에 편입하면서 미국의 경제 제재가 북한에게 어려움을 주었고, 이때부터 미국에 대한 제재의 철폐를 요구하였다.

이러한 요구는 북미 관계에 따라 1989년, 1994년, 1997년 조금씩 완화되었고, 2000년 10월 '국제 테러리즘에 관한 북미공동성명'이 발표된 후 상당히 많이 완화되었다. 특히, 2000년 남북 정상 회담 이후 남북 간 경제 교류가 확대되면서 북한의 교역 상황은 개선되었다. 그러나 2002년의 제2차 북핵 위기 이후 다시 악화되었는데, 이것은 북한이 스스로 선택한 결과이다. 이후 계속된 핵 개발과 미사일 시험 발사는 국제 사회의 대북한 경제 교류 기피를 낳았고, 위조지폐와 마약 밀매 등으로 다시 미국의 직접적인 제재도 받았다. 북한의 핵과 미사일 개발은 결국 국제 사회 전체로부터 제재를 받게 만들었다.[35]

이와 같은 모든 상황을 종합해 볼 때, 북한이 경제를 회생시키기 위해서는 근본적인 체제 개혁을 해야 하며, 자본, 기술 등도 대내 조달이 불가능하기 때문에 대외 개방도 필수적이다.

제3절 북한 정부의 대응

1. 1993년 '3대 제일주의'

경제의 퇴조가 뚜렷하게 나타난 1993년 12월 당중앙위원회 제6기 12차 전원회의는 제3차 7개년 계획(1987-1993)의 실패를 인정하고, 이 충격을 완화하기 위해 3년간(1994-1996)의 완충기를 설정하였다. 이 기간의 경제 정책 기조로 북한은 '3대 제일주의'를 채택하였다. 이후 김일성은 곧 사망하였지만, 이 정책은 김정일에 의해 이른바 '유훈 통치'로 이행되었다.

3대 제일주의란 농업 제일주의, 경공업 제일주의, 무역 제일주의였다. 농업 제일주의는 예산에서 농업에 대한 투자 증가(2.1%에서 6.0%로), '농업연합기업소'라는 조직을 통한 협동농장의 기업화였다. 이러한 조치들은 1960년대 동유럽 국가들이 시도하였던 정책들과 유사한 것으로 체제 개혁이라 볼 수 없다. 이 정책은 실제로 이후부터 2002년까지 농업 생산성도 전혀 제고시키지 못하였다.

35 2005년도 미국 재무부는 당시 북한이 매년 5억 달러의 위조지폐와 1-2억 달러의 마약 밀매를 하였다고 보고 있다(Dianne Rennack, 2006, p. 4).

경공업 제일주의는 역시 예산에서 경공업 부문에 대한 투자 증가(4.1%에서 5.4%로)와, 8.3인민소비재운동, 정춘실운동 등과 같은 정신 개혁을 강조한 것이었다.[36] 무역 제일주의는 수출 상품의 기반 확대, 신용 제일주의, 무역 거래의 분권화와 자율성 증대 등에 중점을 두어 왔으나, 실제로 무역량은 더욱 감소되었다. 결국 1996년까지의 완충기 기간에도 경제 체제에 관한 개혁적인 시도는 없었고, 앞의 현황에서 보았듯이 경제는 더욱 어려워졌다.

2. 1998년 헌법 개정

1998년 9월 5일 최고인민회의 제10기 제1차 회의에서 김정일이 국방위원장으로 추대된 이후 주장된 정책들을 종합해 보면, ① '강성대국' 건설에 필요한 군용 물자 적시 제공, ② '먹는 문제' 해결을 위한 농업 중시, ③ 석탄, 전력, 철도 운수 등의 기간산업 강조, ④ 개혁개방론에 대한 비난과 중공업 위주의 자력갱생론 재기 등이다. 즉, 기존의 제도적 측면에 대한 문제는 전혀 언급되지 않았다.

그러나 당시의 헌법 개정에서 소유 범위의 확대, 경제의 자율성과 채산성 중시, 대외 무역과 경제 개방의 확대 등 경제 분야의 개정이 포함되어 있었다.

소유 범위의 확대에서 소유 주체를 국가와 협동 단체에서 국가와 사회·

36 '8.3인민소비재운동'은 1984년 8월 3일 김정일이 예비 자원, 즉 잉여 노동력, 여유분의 자재, 폐품 등을 활용하여 생필품을 만들어 쓰라는 지시에 따라 펼쳐진 대중 운동이다. 이렇게 생산된 물품을 8.3제품이라 한다. '정춘실운동'은 1991년 김정일의 지시에 따라, 김일성에 의해 '노력영웅' 칭호를 받은 정춘실을 따라 배우자는 운동이다. 정춘실은 자강도 전천군 상업관리소 소장을 하면서 담당 주민들의 생활 형편을 수첩에 적어 체계적으로 관리한 사람으로, 이 운동은 상업에 종사하는 사람들의 헌신을 촉구하는 정신 운동이다.

협동 단체로 사회 단체가 추가되었고, 개인 소유의 범위를 텃밭을 비롯한 개인 부업경리에서 나오는 생산물에서 '그 밖의 합법적인 경리 활동을 통하여 얻은 수입'으로 확대하였다. 이것은 당시 만연하던 암시장 상황을 반영하여 이제까지 유지해 온 철저한 공적 소유에서 사적 소유를 일부분 인정하여 인센티브를 강화하려는 시도로 보였다.

경제의 자율성과 채산성 중시 부문에는 독립 채산제 실시, 원가, 가격, 수익성과 같은 경제적 개념을 도입함으로써 경영의 책임성을 강화하였다고 볼 수 있다.

대외 개방은 대외 무역 주체를 국가의 독점에서 '국가 또는 사회 · 협동 단체를 추가함으로써 다양화하였고, 특수 경제 지역에서의 기업 창설과 운영을 장려하는 것이 포함되어 있다.

그러나 이 헌법 개정은 국가 계획 제도가 전혀 약화되지 않았고, 사적 소유권의 확대도 아주 미미한 변화에 불과하였으며, 추진 방법 역시 '김정일식 경제개혁' 혹은 '제2의 천리마 대진군'이라는 의식에 호소하는 것으로 과거 '천리마 운동'과 별로 다르지 않았다.

3. 2002년의 '7.1경제관리개선조치'와 경제 특구 설치

1) 7.1경제관리개선조치

지속적이고 심각한 경제 침체에 거의 손을 놓고 있던 북한은 2002년 7월 1일 상당히 획기적인 '7.1경제관리개선조치'를 발표하였다. 그 내용은 가격 및 임금 인상, 가격 설정 방식 개편, 일부 계획 수립 권한의 하부 위임, 공장 · 기업소에 경영 자율권 부여, 원부자재 시장의 개설, 분배의 차등화, 사회 보장 체제 개편 등의 일곱 가지 내용으로 되어 있다.[37] 구체적인 내용은 〈표 4-14〉와 같다.

가격 및 임금 인상은 쌀의 경우 이전 국정 가격 8전에서 43원으로 538배 인상, 전기는 3전에서 2원 10전으로 60배 인상, 지하철 요금은 10전에서 2원으로 20배 인상, 집세는 수입의 0.03%에서 m^2당 2원으로, 임금은 월평균 110원에서 2,000원으로 18배 인상 등이다. 이것은 배급 제도의 사실상 폐지를 의미하며, 사회 보장도 축소시킴으로써 '공짜와 건달꾼 추방'을 목적으로 하였다.

일부 계획 수립 권한을 기업소와 지방 행정에 위임한 것, 일부 가격 설정 권한을 지방에 이양한 것, 공장 · 기업소에 경영 자율권을 부분적으로 인정한 것, 원부자재 시장을 개설한 것 등은 계획 체제의 완화로 볼 수 있다.

처음 이 조치가 소개되었을 때, 일부에서는 기대도 많았다. 이 기대는 그해 9월의 북일 정상 회담이 이루어지면서 더욱 커졌다. 실제로 이후 3년간은 완만하지만 경제 성장이 이루어졌고, 앞에서 본 것처럼 이전 시기에 비해 특히 하층민들의 삶이 많이 향상되었다.

그러나 이 조치 발표 후 얼마 되지 않아 제2차 북핵 위기가 발생하였고, 북한과 국제 사회가 다시 긴장 국면으로 접어들었다. 이로써 북일 정상 회담 후 급진전될 것처럼 보이던 일본과의 관계 정상화도 무산되면서 이 조치의 효과는 제한적이었다.[38] 특히, 이 조치는 2009년 말의 화폐 개혁으로 크게 퇴보되었다.

37 한국은행(2002).

38 뒤에 보다 상세히 논의되겠지만, 북일 수교가 이루어지면 북한 경제에 큰 영향을 미칠 만큼 일본으로부터 상당한 경제 지원이 있을 것으로 예상하고 있었다.

표 4-14 '7.1경제관리개선조치'의 주요 내용

내용	조치 전	조치 후	비고
가격 및 임금	• 농민 시장 가격이 국정 가격의 수십 혹은 수백 배 • 월평균 임금 100–150	• 농민 시장 가격과 국정 가격 근사치 • 월평균 임금 2,000원 내외	• 국정 가격 현실화 • 가격 인상에 따른 생활비 보전
가격 설정 방식	• 생산 원가 고려 • 중앙 및 지방 행정 기관	• 생산 원가, 국제 시장 가격, 국내 수요 및 공급 고려 • 중앙 및 지방 행정 기관 외에 공장에 대한 가격 설정권 제한적 부여	
계획 수립 권한	• 국가계획위원회에 집중	• 국가계획위원회는 국가적 중요 사업, 도별 공업 총생산액, 기본 건설 투자액 등만 작성 • 기타 세부 사업은 기관, 기업소, 지방 행정 기관에 위임	• 중앙 집권적 계획의 분권화
경영권	• 느슨한 독립 채산제 • 원가 개념 부족 • 각 공장, 기업소에 대한 국가의 통제	• 독립 채산제 강화 • 원가 개념 강화 • 중앙 기관의 각종 규제 폐지	
원부자재 시장	• 공장, 기업소 간 거래	• 원부자재 시장 개설 • 일정 비율의 생산물 자재 시장에 납품	• 시장 범위의 확대
분배 방식	• 평등주의적 분배 • '일한 만큼 분배'라는 원칙 무시	• '벌어들인 수입'을 기준으로 분배 • 수익성에 따른 상여금 지급 • 국가의 노력 동원에 보수 지급	• 능력급 강화 • 국가의 무료 노력 동원 억제
사회 보장	• 식량, 소비재, 주택 사실상 무료	• 식량, 소비재, 주택에 제값 지불	• 배급 제도의 사실상 폐지

출처: 한국은행(2002)에서 발췌 수정.

2) 나진 · 선봉 자유 무역 지대와 신의주 경제 특구

북한은 1970년대에 유치한 외자를 상환하지 못한 경험이 있었고, 1984년 9월 합영법 제정을 통해 외자 유치 노력을 하였으나 실패하였다. 이에 특수 경제 지대 설치라는 새로운 방식을 시도하였다.

북한은 유엔개발계획(United Nations Development Program, UNDP)의 두만강 개발 계획과 관련하여, 1991년 7월 경제 특구를 조성할 것을 밝혔고, 동년 12월 '나진 · 선봉 자유 무역 지대'를 설치하였다. 주요 내용은 이 지역에 '사회주의 시장 경제'를 실시한다는 것이다. 즉, 특구 내에는 국가의 계획 명령이 없으며, 국가가 책임자는 임명하지만 자금 및 물자는 제공하지 않는다. 기업은 스스로 생산과 판매를 결정하며 국가에 수익의 일부를 납부한다는 것이다. 그러나 이것 역시 구체적 제도 미비, 남북 관계 악화 등으로 국제 사회의 관심을 받지 못하였고, 2002년까지 외자 유치는 3억 달러에도 미치지 못해 실패하였다.

북한은 2002년 '7.1경제관리개선조치'가 있은 이후 다시 특구 활성화를 위해 노력하였다. 최고인민회의 상임위원회는 동년 9월 12일 '조선민주주의인민공화국 신의주 특별행정구 기본법'을 채택하였다. 주요 내용은 50년간 토지 임대, 사유 재산 인정, 재정 독립, 자체 화폐, 독자적 세금 및 관세 등이 포함되어 있어 상당히 파격적이었다. 이것은 중국의 홍콩(마카오)특별행정구 헌법을 기본으로 도입한 것으로 그야말로 '일국양제'(一國兩制)의 시도를 의미하는 것이었다.[39] 북한은 이 법 채택 이후 곧 중국계 네덜란드 인이며, '유럽-아시아 국제무역회사'를 경영하던 양빈을 초대 장관으로 임명하였다. 그러나 이 획기적인 시도는 중국이 며칠 후인 10월 4일 양빈을 국내법 위반으로 체포하면서 사

39 법무부(2002).

실상 중단되어 버렸다.

4. 2009년 화폐 개혁

북한은 2009년 11월 30일 전격적으로 화폐 개혁을 단행하였다. 그 내용은 신권과 구권의 교환 비율은 1:100이며, 가구당 교환 한도는 10만 원(신권 1,000원)이고, 그 이상은 '보관금 교환 증서'만 받는다는 것이었다.

가장 큰 문제는 교환 한도이었다. '7.1조치'의 영향으로 당시 북한 주민들의 평균 월급은 2,500-3,000원 수준이었다. 그래서 맞벌이 경우 평균 가구당 교환 한도액 10만 원은 16-17개월 월급에 해당하는 금액이었다. 그러나 당시 월급은 가구 소득의 5% 정도 수준이었고, 배급이 중단되어 거의 시장에서 생필품을 구입해야 하는 상황에서 실제 최저 생계비는 월급의 약 20배 정도가 필요하였다. 당시 쌀 1kg의 가격은 2,800원 수준이었고, 시장 환율은 미화 1달러에 4,000원이었다. 따라서 교환 한도액 10만 원은 1개월치 생계비 정도이며 시장 환율로 약 25달러밖에 되지 않았다. 대부분의 주민들은 장사와 같은 부업을 통해 저축한 돈이 있었고, '보관금'이란 언제 돌려받을지 알 수 없어 이 이상의 돈은 사실상 국가에 의해 몰수되는 상황이 되었다.

이로써 주민들의 반발은 매우 거세었다. 충격으로 사망한 사람, 돈 없는 사람을 찾아 7:3으로 나누고자 시도하는 사람이 속출하였다.[40] 다음 날인 12월 1일 쌀 한 됫박이 30만 원, 콩기름 한 병이 25만 원, 고구마 1kg이 6만 원에 거래되었다.[41] 발표 3일 후 평양 시내 학교에서 평균 4분의 1의 학생이 굶어서 등교하

40 "화폐 교환 후 주민들 반응," 『오늘의 북한소식』, 310호(2009. 12. 5.).

지 못하는 사태가 벌어졌다.[42] 화폐 교환 1주일 만인 12월 7일 쌀 1kg의 가격은 신권으로 53원(구권 5,300원)으로 1주일 전에 비해 90% 상승하였다.

이에 북한 정부는 가구당 한도를 기본 10만 원에서 1인당 5만 원씩, 4인 가족의 경우 30만 원까지 추가 상향 조정하였고, '배려금'으로 1인당 500원씩 지급한다는 것이었다.

북한 정부가 이러한 화폐 개혁을 한 이유는 복합적일 것이다. 우선 경제적 측면에서 추정되는 의도는, 첫째 국가의 경제 질서를 회복하는 것이다. 즉, 공적 영역의 경제가 마비되면서 국가의 재정 동원 능력이 현저히 떨어졌다. 둘째, 계획 경제의 복원과 시장의 억제이다. 셋째, 인플레이션 해소와 북한 경제의 달러화(dollarization) 현상 억제이다. 수입이 없는 상태에서 지출을 위해 발행된 과잉 통화량으로 지속적인 인플레이션을 겪고 있어 이것을 회수해야 하였고, 동시에 북한 원화의 가치 하락으로 북한 경제가 달러에 의존하는 현상을 억제하기 위해 공식 환율과 시장 환율의 격차를 해소해야 하였다. 개혁 직전 시장 환율은 1 대 4,000원(신권 40원)이었는데, 개혁 당시 달러 대 북한 신권은 96.9원(구권 9,690원)이었다.[43]

그러나 이러한 경제적 의도보다 정치적 의도가 더 중요하였을 것으로 추정한다. 가장 큰 정치적 의도는 국가의 주민들에 대한 통제력 강화였을 것이다. 배급의 중지는 주민들에게 국가에 대한 의존도를 약화시켰고, 자신의 삶은 자신이 해결해야 된다는 생각을 낳았다. 둘째, 사회 질서 회복과 부패 방지이다. 국정 가격과 시장 가격의 차이로 인해 전 주민들에 의한 국가 재산과 생산물의

41 "신의주, 쌀 1됫박에 한때 30만원까지 치솟아," 『오늘의 북한소식』, 309호(2009. 12. 2.).
42 "평양시, 화폐교환 기간 굶은 사람 갑자기 늘어나," 『오늘의 북한소식』, 311호(2009. 12. 7.).
43 조명철(2010), p. 5.

절취 행위가 일상으로 일어났고, 관료의 부패가 만연하였다. 셋째, 계층적 정치 질서를 회복해야 하였다. 시장에서 성공한 주민들 중 상당수는 하위 계층이었고, 이들은 자신의 부를 통해 정치적 신분을 바꾸려 하였다. 이것은 핵심 계층에게 도전이 되었다. 넷째, 시장의 확대는 경제적 거래뿐 아니라 정치적으로 민감한 '정치 정보의 거래'도 이루어졌다. 그리고 이 모든 것의 뒤에는 안정적 권력 승계를 위한 목적이 있었을 것으로 추정된다.[44]

5. 2012년 우리식 경제 관리 체제

김정은으로 권력 승계가 이루어진 후 북한은 새로운 경제 정책을 시도하고 있다. 이것은 2012년 6월 말 '우리식의 새로운 경제 관리 체계'로 불리다가 이후에 '우리식 경제 관리 방법'으로 바꾸어 불리게 된 것으로 남한의 연구자들은 이것을 '6.28방침'으로 부르기도 한다.[45] 그렇지만 이 정책은 북한 정부가 공식적으로 발표한 것이 아니라 북한 매체(또는 조총련 기관지)의 보도 형식으로 나온 것이어서 구체적 내용도, 또 이 정책이 실제로 얼마나 광범위하게 이행되고 있는 지도 확인할 수 없다.[46]

이 정책의 핵심 내용은 농업 분야와 공업 분야로 나누어 볼 수 있다. 농업 분야에서 내용은 '분조관리조 안에서의 포전담당제', 생산물에 대해 국가 7, 농

44 조명철(2010), pp. 5-7.
45 이 정책을 남한의 연구자들이 '6.28방침'으로 부른 이유는 북한 정부가 2012년 6월 28일 "우리식의 새로운 경제 관리 체계를 확립할 데 대하여"라는 제목의 내부 방침을 공표하고 이의 시행을 위해 지역별로 간부 및 경제일꾼들에 대한 교육을 실시하였다고 전해졌기 때문이다. 이 방침의 시행일자는 10월 1일이다(양문수, 2014, p. 4).
46 박형중(2013), p. 14.

민 3의 분배와 분배분에 대한 자유 처분권 인정이다. '포전담당제'란 기존 북한의 농업은 10-25명으로 구성된 분조 단위의 집단 농업이었는데, 이것을 3-5명 단위로 세분화하여 1개의 포전(일정 면적의 논밭)을 담당토록 하여 사실상 가족농화하는 것이다. 또한 농업 생산물 분배에서 국가 7, 농민 3의 분배 구조는 이전의 국가 9, 농민 1에 비해 획기적인 구조이고, 특히 분배분에 대해서 자유 처분권은 과거 분배분에 대해서도 시장 가격보다 현저하게 낮은 국정 가격으로 현금 수매하였던 것에 비하면 농민에게 큰 이익이 되는 조치이다.[47]

공업 분야에서 변화는 기업의 자율성 및 인센티브 확대이다. 기업은 국가의 계획에 의해서만 생산해야 하였는데 이것이 기업 자체가 계획하여 생산할 수 있으며, 초과 생산분에 대해서는 기업이 시장에서 처분할 권한도 가지게 되는 변화이다. 또한 처분 시에도 시장 가격에 따라 할 수 있고, 이렇게 생긴 이윤에 대해서는 기업의 자체적 판단에 따라 처분할 수 있게 한다는 내용이다.

2015년 말 현재까지 이러한 변화는 아직도 제한적인 지역에만 적용되어 시범 단계에 머물고 있는 것으로 보이며 그 장래는 불투명하다. 또한 그 개혁의 범위가 과거 사회주의 국가들이 하였던 개혁의 수준을 넘어서지 못하고 있다. 따라서 연구자들의 평가는 상당히 유보적이다. 박형중은 이것이 과거 사회주의 경제 체제 중 '공산당 지배+계획과 시장의 공존+생산 수단의 국가 소유' 형태로 중국 1984-1992년 사이 시행하였던 '사회주의 상품 경제'의 시도로 보이지만, 기득권층의 저항, 농민 및 노동자 통제에 대한 불안감, 특수 기관의 이권 보장 문제 등으로 저항을 받아 진전을 보지 못하고 있는 것으로 진단하고 있다.[48]

47 민준규 · 정승호(2014), p. 3. 분배분에 대한 국가 수매 국정 가격은 2009년 화폐 개혁 이후에도 쌀 1kg당 44원 수준이 유지되었다. 그러나 농민들이 배분 몫을 현물로 시장에 팔 경우 2014년 12월 기준 1kg당 약 6,000원을 받을 수 있다.

양문수는 '우리식 경제 관리 방법'이 '시장 친화적'이라는 차원에서, 또 아직까지 폐기되지 않고 있다는 점에서 긍정적이라고 보고 있다. 그러나 그 역시 현실의 벽이 만만치 않음을 인정하고 있다.[49]

민준규 · 정승호는 이 정책은 처음부터 단기적 체감 경기 호전에 중점을 둔 것이며, 개혁성의 수준은 2002년의 '7.1조치'보다 더 낮다고 보고 있다. 이것은 과거 사회주의 경제 개혁 중 개혁성이 가장 낮은 1960년대 소련의 코시긴 개혁과 유사한 수준이며, 중국의 1단계 개혁의 요소도 일부 있는 것으로 보이지만, 추가적 개혁이 이루어지지 않는 한, 중장기적 관점에서 경제 개선 효과는 극히 제한적일 것으로 보고 있다. 이러한 평가들을 종합해 볼 때, 최근 북한의 '우리식 경제 관리 방법'은 단기적 처방일 뿐 북한의 경제 상황 개선에 근본적인 해결책이 될 수 없다고 볼 수 있다.

북한 경제 문제의 본질은 체제에 있고, 따라서 시장 경제로의 개혁과 대외 개방이 반드시 필요하다. 그러나 앞 장에서 보았듯이 현재 북한 지배 계층의 권력 유지는 폐쇄와 억압을 바탕으로 하고 있다. 이렇듯 경제에서 개방의 필요성과 정치에서 폐쇄의 필요성이라는 딜레마 상황에서 북한 지배 계층은 '그럭저럭 버티기'(muddling through)로, 때로는 '벼랑끝 전술'(brinkmanship)로 대응해 오고 있다.

48 박형중(2013), pp. 15, 34.
49 양문수(2014), pp. 22-23.

Chapter 5

북한의 군사: 병영 국가

제 1 절 통일 방안과 군사적 억지력

우리의 통일 방안인 민족 공동체 통일 방안의 첫 단계는 화해 협력 단계이다. 이 목표는 김영삼 정부 이후 지금까지 그대로 계승되고 있다. 그러나 구체적 대북 정책에서는 정부별로 상당한 차이를 보여 왔고, 이 차이의 핵심에 북한의 군사 문제가 놓여 있다.

군사 문제는 상호 의존적인 능력과 의도의 문제다. 능력이란 상대적 군사력으로, 가상 적국에 대한 방어력 혹은 억지력을 말한다. 의도란 상대국의 군사력이 우리에게 적대적이냐 우호적이냐의 문제이다. 상호 의존적이란 상대 국가가 우호적일 때는 그 능력이 힘이 되지만 적대적일 때는 위협이 된다는 것이다.

이것을 남북 관계에 적용하면, 남북 사이 화해 협력의 기초는 다음 조건이 충족되면 가능하다. 첫째, 북한이 우리의 선제적 선의를 악용할 능력이 없는 경우이다. 이것은 우리가 북한의 도발을 완벽히 방어해 낼 능력이 있거나, 아니면 북한이 도발할 생각을 추호도 할 수 없을 만큼 충분한 억지력이 있으면 된다.

둘째, 북한이 우리의 선제적 선의를 악용할 의도가 없는 경우이다. 이것은 우리의 선의에 반하여 무력 도발을 할 의도가 없다는 것을 믿을 만한 군사적 신뢰 구축을 의미한다.

지난 20여 년 가까이 우리 사회에서 대북 정책을 놓고 보수와 진보가 갈등하는 이유 중 상당 부분은 이러한 두 기준에 대한 각각의 '객관적' 평가의 차이에 근거한다. 보수는 보수대로, 그리고 진보는 진보대로 자기들의 '믿음'이 객관적 '사실'에 바탕을 두고 있다고 생각한다.

김대중 · 노무현 정부의 대북 정책을 지지하는 사람들은 북한에 대해 우리가 군사적으로 자신이 있으며, 북한 스스로도 충분히 인지하고 있을 것이라 본다. 그래서 우리가 북한을 자신들의 의지에 반해서 흡수하려고 하지 않는다면, 구태여 북한이 군사적으로 적대적인 정책을 펴지 않으리라고 본다. 또한 북한 지도부는 자신들의 정권 유지에 대한 위협이 줄어들면, 경제적으로 개혁 · 개방을 할 것이고, 이를 통해 종국적으로 연착륙도 가능하리라고 본다. 또한 이것은 당장은 남북한의 평화를 유지하고, 중기적으로는 북한의 갑작스러운 붕괴로 급진적 통일을 해야 하는 상황을 피할 수 있으며, 장기적으로 북한 스스로 현 체제를 버리고 남한에 흡수되어 올 것이기 때문에 실보다 득이 많다고 본다.

그러나 이 두 정부의 대북 정책을 비판하는 사람들은 북한이 아직도 남한에 대해 군사적 우위를 점하고 있으며, 이를 바탕으로 적화 통일을 하겠다는 의지에는 변함이 없다고 본다. 따라서 이들은 남북 대화도 적화 통일을 위한 하나의 전략에 불과하기 때문에 남북 사이의 호혜적 관계를 전제로 하는 화해 협력은 불가하다고 본다. 또한 이들은 북한은 경제 체제 개혁의 의도가 전혀 없으며, 이로써 연착륙도 불가능하다고 본다. 그 결과 외부에서 도와주지 않으면, 민중 봉기나 쿠데타 등으로 북한 체제는 스스로 붕괴할 것이고 이후에야 개혁과 개방이 가능하다고 본다. 따라서 이들에게 최소한의 인도적 지원 이상의 북한에 대한 지원은 낭비이며, 심지어 이적 행위가 되는 것이다.

이와 같이 북한의 군사력과 군사 정책의 의도에 대한 평가는 대북 정책의 인식의 전제가 되기 때문에 매우 중요하다. 그러나 군사적 능력과 의도를 객관적으로 평가한다는 것은 매우 어렵다. 그것은 다음과 같은 이유 때문이다.

첫째, 이 평가는 주관적 요소가 개입할 수밖에 없기 때문이다. 이 논의를 위해 먼저 방어(defence)와 억지(혹은 억제, deterrence)의 개념부터 보자. 방어력이란 가상 적국의 어떠한 무력 도발에도 큰 피해 없이 아국의 생명과 재산을 보호할 수 있는 능력을 말한다. 이에 비해 억지력이란 가상 적국의 군사적 행동에 대해, 피해는 막을 수 없지만, 신뢰할 만한 충분한 응징 능력을 가짐으로써 이러한 행동을 사전에 단념시킬 수 있는 힘을 말한다. 예를 들어, 과거 냉전(cold war) 기간에 이것이 실제 전쟁, 즉 열전(hot war)으로 나아가지 않은 이유는 미국과 소련 중 하나가 다른 하나에게 선제공격을 하였을 경우, 감당할 수 없을 만큼 충분한 보복을 할 수 있는 파괴 능력, 즉 '상호 확증 파괴'(mutually assured destruction, MAD) 능력을 가졌기 때문이었다. 즉, '공포의 균형'(balance of terror)을 통한 상호 억지력 유지 때문이었다. 그러나 강대국 소련이 해체된 후 미국은 외부의 어떠한 무력 도발로부터도 미국 본토를 방어할 수 있는 미사일 방어 체제(missile defence system, MD 체제)를 통해 방어력을 구축하려 하였다.[1] 반면에 남북한 사이에는 지리적 근접성 때문에 기습이 가능하고, 그래서 방어력을 가진다는 것은 거의 불가능하다고 보아야 한다. 따라서 우리에게는 억지의 개념이 중요하다.

억지력을 효용으로 표현하면, 국가 A가 국가 B에 군사적 공격을 하는 이유

1 이런 의미에서 본토 내에서 대규모 살상이 일어난 9.11테러 사건은 MD 체제로 방어력을 구축하는 것의 불완전성을 여실히 보여 준, 그래서 미국인들에게는 더욱 충격적인 사건이었다.

는 이 공격으로부터 얻는 기대 효용 EU(A)가 현상 유지에 비해 클 경우이다. 따라서 국가 B가 국가 A에 억지력이 있으려면 {EU(A)<현상 유지}의 상황이 되어야 한다.

그러나 선제공격을 하는 국가 A의 기대 효용을 평가하는데 국가 B의 군사적 능력뿐 아니라 이 국가의 보복 실행 '의지'가 개입한다. 즉, 어떤 이유에서든 선제공격에 보복할 의지가 없으면 아무리 객관적 군사력이 앞서 있어도 억지력은 생기지 않는다.[2] 또한 선제공격을 하는 국가 A의 기대 효용 역시 이 공격에 필요한 비용은 물론, 이 공격으로부터 얻을 수 있는 이득의 평가가 있어야 하고, 이 이득은 주관적 판단이 개입할 수밖에 없다. 여기서 능력과 의지가 분리될 수 없고 서로 의존적이 된다.

둘째, 병력과 무기의 평가에서도 양과 질의 모든 면에서 객관화가 쉽지 않다. 군사적으로 민감한 무기의 수에 대한 정보는 모든 국가에서 비밀로 하고 있다. 그래서 냉전 시기에 미국과 소련이 핵무기 감축을 위한 회담 중 소련의 협상단이 미국 측 협상단에게 "우리는 핵폭탄을 얼마나 가지고 있느냐?"고 물었다는 어처구니없는 일화도 있다.[3] 질적인 평가는 사기, 훈련 정도, 군수, 작전 능력, 정보 능력 등 고려해야 할 변수들이 무수히 많기 때문에 쉽지 않다.

셋째, 억지력의 평가에서 얼마나 우위에 있어야 '충분한' 억지력이 되는지에 대한 객관적 기준이 없다. 군사적 행동이란 지도자의 성격, 지도자가 처한 대내외적 환경에 대한 인식 등에 따라 달라질 수 있다. 또한 비록 이러한 요소들에 대한 자료가 있다고 하더라도 가상 적국이 반드시 합리적 결정을 내린다

2 여기서 '겁쟁이 게임'의 상황이 생기고, '벼랑 끝 전술' 혹은 '허풍'(bluffing)이 중요하게 된다. '겁쟁이 게임'에 관한 자세한 논의는 제12장 참조.
3 이춘근(2012), p. 161.

는 보장이 없고, 심지어 '합리적'이라는 것에 대한 객관성 확보도 쉽지 않다.

이와 같은 한계에도 불구하고 우리는 북한의 군사력과 군사 정책에 대한 이해가 필요하다. 그것은 앞서 언급한 남남 갈등을 해소해야 하고, 더 중요하게 보다 효과적인 대북 정책을 찾아야 하기 때문이다.

『손자병법』(孫子兵法)에 나오는 "적을 알고 나를 알면 백 번 싸워도 위태롭지 않고, 적을 알지 못하고 나를 알면 한 번 이기고 한 번 지며, 적을 알지 못하고 나도 알지 못하면 싸울 때마다 반드시 진다"(知彼知己 百戰不殆, 不知彼知己 一勝一負, 不知彼不知己, 每戰必敗)는 경구가 아직도 유효하다.

제2절 남북한의 군사력 비교[4]

1. 재래식 군사력에 대한 단순 개수 비교

재래식 군사력의 평가 방법은 단순 개수 비교 방법과 투자비 누계 비교 방법이 있다.[5] 단순 개수 비교란 가장 기본적인 군사력 평가 방법으로 우리와 가상 적국의 인적 · 물적 동원 능력, 즉 병력 수와 무기의 종류별 수를 비교하는 것이다. 투자비 누계 비교는 국방비 누계를 비교하는 방법이다.

4 이 절의 일부는 하상식 · 김정계(2003), pp. 183-206에 실린 논문을 바탕으로 하였다. 그러나 이후의 변화와 다른 장과의 균형을 위해 거의 대부분 수정되었음을 밝힌다.
5 함택영(1997), p. 31. 함택영은 여기에 전력 지수 비교 방법을 추가하고 있지만, 현재 사용되고 있지 않아 생략하였다.

이 두 가지 방법 중 어느 하나가 절대적 장점을 가지지는 않는다. 단순 개수 비교는 질적인 평가가 누락되어 있고, 보급 능력, 정보 능력, 훈련 수준 등과 같은 소프트웨어적인 평가가 없다. 국방비 누계 방법 역시 국방비에 관한 자료의 신뢰성과 국가 간 비교 시 발생하는 가격 등가성의 문제가 있다. 특히, '절대병기'(absolute weapon)라 불리는 핵무기와 같은 대량 살상 무기는 그 파괴력이 너무 커 금액도 숫자도 큰 의미가 없다.[6]

따라서 본 장에서는 우선 남북한의 재래식 군사력을 양과 함께 질적인 측면을 고려해 비교 분석해 보고, 국방 투자비 누계를 비교해 본 후 북한의 대량 살상 무기 현황을 살펴볼 것이다.

재래식 무기에 대한 개수 비교는 우리의 『국방백서』에도 사용하고 있을 뿐 아니라 국제적으로 상당히 권위를 인정받고 있는 영국의 국제전략연구소(The International Institute for Strategic Studies, IISS)가 발간하는 『군사력 균형』(*The Military Balance*)도 이러한 평가에 상당 부분을 할애하고 있다. 실제로 한 나라가 어떤 무기를 얼마나 가지고 있는지 아는 것은 매우 중요하다. 손자가 말한 '적을 알고 나를 아는 것'은 여기서 출발한다.

우리 국방부가 발간한 가장 최근의 『국방백서』에 나타난 남북한의 재래식 군사력은 〈표 5-1〉과 같다. 먼저 병력 수를 보면 북한이 120만 명으로 남한 63만 명의 1.9배에 해당한다. 압도적이다. 여기에 예비 병력 770만 명을 더하면 890만 명으로 2013년 북한 전체 인구 2,455만 명의 36%가 전쟁 시 동원할 수 있는 인원인 셈이다. 현역 120만 명은 광활한 면적을 방어하는 러시아 군인 수 84만 5,000 명보다 많고, 전 세계에 군대를 주둔시키는 미국 군인 수 149만 명의 80.5%에 해

6 Bernard Brodie, ed.(1946), 이춘근(2012), p. 241에서 재인용.

표 5-1 남북한의 병력 및 장비 수 비교

(2014년 10월 기준)

구분			한국	북한
병력(평시)	육군		49.5만여 명	102만여 명
	해군		7.0만여 명(해병대 2.9만여 명 포함)	6만여 명
	공군		6.5만여 명	12만여 명
	계		63만여 명	120만여 명
육군	부대	군단(급)	12(특전사 포함)	15
		사단	44(해병대 포함)	81
		기동여단	14(해병대 포함)	74(교도여단 미포함)
	장비	전차	2,400여 대(해병대 포함)	4,300여 대
		장갑차	2,700여 대(해병대 포함)	2,500여 대
		야포	5,600여 문(해병대 포함)	8,600여 문
		다련장/방사포	200여 문	5,500여 문
		지대지 유도 무기	60여 기(발사대)	100여 기(발사대)
해군	수상함정	전투함정	110여 척	430여 척
		상륙함정	10여 척	260여 척
		기뢰전 함정	10여 척	20여 척
		지원함정	20여 척	40여 척
	잠수함정		10여 척	70여 척
공군	전투임무기		400여 대	820여 대
	감시통제기		60여 대(해군 항공기 포함)	30여 대
	공중기동기		50여 대	330여 대
	훈련기		160여 대	170여 대
헬기(육 · 해 · 공군)			690여 대	300여 대
예비 병력			310만여 명 (사관 후보생, 전시 근로 소집, 전환/대체 복무 인원 포함)	770만여 명 (교도대, 노농적위군, 붉은청년근위대 포함)

주: 남북 군사력 비교를 위해 육군 부대 · 장비 항목에 해병대 부대 · 장비도 포함하여 산출.
북한군 야포 문수는 보병 연대급 화포인 76.2mm를 제외하고 산출.
질적 평가 표현이 제한되므로 공개할 수 있는 수준으로 양적 평가를 실시한 결과.

출처: 국방부(2014), p. 239.

당한다. 오늘날 세계 대부분의 국가에서 군인 수를 줄이고 무기를 현대화하고 있지만, 북한은 아직도 대군주의(大軍主義)를 고수하고 있다. 지상군 102만여 명의 70%가 평양–원산선 이남 지역에 배치되어 있다.[7] 후방을 비워 둔 형태로, 방어보다 기습 공격을 위한 군 배치이다.

예비 병력 770만 명의 내역을 보면 우리의 향토예비군 같은 전투 동원 대상의 교도대가 60만 명이다. 이 밖에 우리의 민방위대에 해당하는 노농적위군이 570만 명, 고등중학교 군사 조직인 붉은청년근위대가 100만 명, 준군사 부대(호위사령부, 인민보안성, 군수동원지도국, 속도전 청년돌격대)가 40만 명이다.[8]

북한의 군사 장비 중 관심 있게 보아야 할 무기는 전차, 야포, 방사포이다. 전차는 우리가 2,400여 대, 북한이 4,300여 대 보유하고 있다. 수적으로 북한이 거의 두 배에 해당하지만 대부분의 전차는 노후 기종이다.[9] 주종은 1960년대 배치된 T-54 · 55 · 59이다. 이들을 현대화된 천마호, 선군호로 교체하고 있다. 북한은 3,500대를 '주력 전차'라는 육군 작전의 축이 되는 무기 체계로 간주하고 있다. 이에 비해 우리의 전차는 신형 K1 및 K1A1 기종을 1,484대, 구 소련제이지만 북한의 어느 전차보다 신형인 T-80 기종을 80대 보유하고 있다.[10] K1 전차는 미국의 M1 전차를 개량한 것인데, M1은 이라크전쟁에서 이라크 군이 보유한 소련제 전차에 압도적인 성능을 보여 주었다. K1A1은 K1의 개량형이다. 나머지는 우리 역시 1950-1960년대 기종이다. 전반적으로 전차는 수에서 북한이 앞서지만 성능에서 남한이 월등히 앞선다.

7 국방부(2014), p. 25.
8 국방부(2014), p. 28.
9 1970년대 배치된 우수한 기종인 T-62의 엔진 수명은 500-1,200시간, T-62에 장착된 115mm U-5TS포는 수명이 120발로 알려져 있다(함택영, 1997, p. 35).
10 이춘근(2012), pp. 169-170.

그림 5-1 북한의 M1985 240mm 다련장포

출처: http://www.military-today.com/artillery/m1985_mlrs.htm.

야포는 남한이 5,600여 문, 북한이 8,600여 문을 가지고 있다. 북한이 가지고 있는 야포들은 구경이 120-170mm에 이르는 견인포와 자주포이다. 견인포(牽引砲, towed gun)란 트럭에 끌려 이동하는 포를 말하고, 자주포(自走砲, self-propelled gun)란 스스로 움직이는 포를 말한다. 이들은 기동성도 있고, 성능도 남한의 야포에 뒤지지 않는다. 남한의 자주포와 견인포의 구경은 155mm, 175mm, 203mm로 북한보다 우위에 있다. 그러나 수에서 북한이 훨씬 우위에 있다.

북한의 장비 중 특히 위협적인 것은 수도권 지역을 공격할 수 있는 방사포(放射砲) 혹은 다련장포(multiple rocket launcher, MRL)이다. 이것은 트럭에 실려 기동성이 좋고, 한꺼번에 수십 발씩 미사일을 발사할 수 있는 무기다. 북한의 다련장포는 107mm, 122mm, 240mm로 구성되어 있다. 이것의 최대 유효 사거리는 약 35km 정도이다.[11] 최근 시험 개발 중인 300mm 방사포는 최대 사거리가 중부권까지 도달할 수 있는 것으로 보고 있다.[12] 2007년 북한의 방사포 수는 2,500문

11 이춘근(2012), pp. 174-175.
12 국방부(2014), p. 25.

이었는데 2010년에 5,100문으로 3년간 2배로 늘어났고, 2014년에 다시 5,500문으로 증가하였다. 2010년 11월 23일 연평도 포격 때 북한은 해안포와 함께 이 방사포를 주로 사용하였다. 우리는 200여 문에 불과하다.

북한의 해군은 병력 수로 남한보다 조금 적다. 장비에서 전투함 수는 430여 척으로 남한 110여 척의 3.9배에 달한다. 이들의 약 60%가 평양-원산선 이남에 전진 배치되어 있다. 그러나 북한의 해군은 동 · 서해로 분리되어 있어 작전이 제한된다. 전투함은 남한의 함정에 비해 소형이기 때문에 기습 공격이나 게릴라전에는 유리하지만, 기상 악화 시 기동성이 떨어지고 원해 작전이 어렵다. 70여 척의 잠수함정은 로미오급 및 상어급 잠수함과 연어급 잠수정으로 구성되어 있다. 남한보다 수적으로 7배나 우위에 있어 역시 은밀한 기습 공격에 강하다. 특히, 탄도 미사일 탑재가 가능한 신형 잠수함정을 개발하는 등 능력을 향상시키고 있다.[13]

이에 비해 남한의 해군은 북한과의 전쟁보다 한국의 해로를 보호한다는 목적으로 이루어져 있다. 남한 해군의 장비는 북한에 비해 전반적 능력이 월등하다. 그래서 남한의 해군이 공세적인 전략을 취할 경우 북한에 압도적인 우위를 갖는다.[14] 하지만 기습 공격에는 약하여 서로 비대칭적인 무기 체계를 가지고 있다.

북한의 공군은 병력과 장비 모두 수적으로 남한의 약 2배에 달한다. 이 중 전투 임무기 820여 대의 약 40%는 평양-원산선 이남에 전진 배치되어 있다. 특히, 저공 침투용의 AN-2기와 헬기를 이용하여 유사시 특수전 부대를 후방 깊숙

13 국방부(2014), p. 26; 이춘근(2012), p. 185.
14 이춘근(2012), p. 186.

이 침투시킬 능력을 가지고 있다. 대부분의 항공기는 매우 노후되었지만 일부 신예기도 있다. 조기 경보 및 강력한 방공망을 북한 전 지역에 구축하고 있다.[15] 그러나 남한 공군의 무기는 북한 공군에 비해 질적으로 훨씬 우수하다. 조종사의 체공 시간도 월등히 앞선다. 비록 남한 공군 단독으로 제공권을 완전히 장악하기는 어렵더라도, 전쟁이 발발할 경우 미국 공군의 지원이 있다면 '거의 완벽할 정도로' 제공권을 장악할 수 있을 것으로 보고 있다.[16]

종합적으로 남북한의 재래식 군사력 균형을 보면, 남한은 질적으로 우세하고, 전면전의 경우 상당한 우위를 확보할 것이다. 이에 북한은 수적 우세로 대응하고 있고, 전진 배치를 통한 기습전, 국지전 및 게릴라전 등에 초점을 맞추고 있다. 이렇게 볼 때 우리의 대북 억지력이란 북한의 국지적 도발을 전면전으로 간주하고 공세적으로 대응하면 상당 부분 확보될 수 있다. 이것이 바로 한미 동맹군의 작전 계획 5027(Operation Plan 5027)이 가진 기본적 개념이다.[17] 이 계획은 북한이 국지적으로 도발하면 그 대응으로 북한으로 진격하여 통일을 이룩한다는 것이다.

그러나 북한이 대량 살상 무기, 특히 핵무기를 보유한다면 그 자체의 가공할 파괴력으로 전면전으로 확대하는 공세적 계획에 입각한 억지력 확보는 어려워진다. 바로 이러한 남북 간의 비대칭 전력 때문에 북한이 핵무기와 미사일의 개발에 매진해 온 이유일 것이다.

15 국방부(2014), p. 27.
16 이춘근(2012), pp. 168, 190.
17 이춘근(2012), p. 196.

2. 군사비 누계에 의한 비교

단순 개수 비교의 대안으로 제시된 상대적 군사력 평가 방법은 투자비 누계 비교 방법이다. 투자비 누계 비교를 지지하는 연구자들은 이것이 인적 · 물적 · 조직적 구성 요소의 총합, 즉 군대의 규모, 무기 체제의 규모와 성능, 군대의 사기와 질, 전쟁 수행 잠재력, 장비의 효율성 및 운용 능력을 총체적으로 반영하여 최고의 방법이라고 주장한다.[18]

이 방법의 효용성을 주장한 함택영은, 국방부가 1990년대 중반까지 사용해 온 국방비 누계 방법은 북한의 비용은 지나치게 높게, 남한의 비용은 지나치게 낮게 왜곡시켰다고 비판하면서 〈표 5-2〉와 같은 남북한의 군사비 지출 누계를 제시하였다.[19]

이 연구에 의하면 국방부가 발표한 국방비 누계에 의한 남한의 군사력은 1975년에 북한의 3.3%, 1980년에 35.8%, 1988년에 67.2%, 1992년에 82.4%였다. 그러나 함택영의 연구는, 북한의 국방비 상한선과 하한선에 따른 오차의 중간을 보면, 군사비 총액으로 본 남한의 군사력(〈표 5-2〉의 Ⅲ)은 1973년에 북한의 84.5%, 1978년에 100%로 동등해졌고, 1986년에 130.4%, 1994년에 213.6%로 나타났다. 투자비와 운영 유지비만 계산하였을 때, 남한의 군사력은 1973년에 북한의 78.0%, 1981년에 103.3%, 1988년에 121.7%, 1994년에 172.6%였다.

어느 기준으로 보아도 1980년대 초부터 남한이 재래식 군사력에서 북한을

18 함택영(1977), p. 53.

19 당시 국방부의 군사비 누계 자료는 북한 군사비 추정에서 북한의 은닉 비용을 과장하여 추정하였고, 남한의 국방비 계산에는 미국의 원조를 제외하였으며, 1974년 제1차 율곡 사업 이전에는 국방비가 전혀 없는 것으로 간주한 것을 왜곡의 이유로 들었다(함택영, 1997, pp. 44-45).

표 5-2 남북한의 군사비 지출 누계

(단위: %)

	국방부	함택영		
	(Ⅰ)[1]	(Ⅱ)[2]	(Ⅲ)[3]	(Ⅳ)[3]
지출 범위	투자비	총액	총액	투자비+운영 유지비
해외 군원	제외	포함	포함	포함
감가상각(연간)	불계상	계상(10%)	계상(8%)	계상(8%)
1960	-	133.3	133.3	125.0
1965	-	129.7	123.7	133.9
1970	-	101.2	91.7	89.3
1973	(50.8)	90.6	87.8-84.5-87.8	72.6-78.0-81.8
1975	3.3	82.2	90.5-81.8-90.5	67.8-74.0-84.1
1976	10.4	85.0	98.6-86.1-98.6	70.7-77.1-91.4
1978	-	94.8	95.3-100.0-122.0	81.4-86.9-112.2
1980	35.8	100.4	109.6-113.6-144.8	93.8-98.6-136.3
1981	(54.2)	104.5	116.0-119.6-154.9	98.8-103.3-146.7
1983	-	110.9	123.9-126.8-168.2	105.4-109.2-162.4
1984	49.8	113.1	126.4-129.0-173.3	107.7-111.2-169.1
1986	(60.4)	115.2	128.3-130.4-177.3	109.7-112.6-175.6
1988	67.2(65)	123.5	138.8-140.5-191.3	119.2-121.7-192.2
1989	71	131.2	149.9-151.4-206.5	128.6-131.1-209.3
1991	80	144.2	170.4-174.9-235.1	143.7-149.1-235.9
1992	82.4(72)	149.2	180.4-187.2-248.0	149.3-157.0-243.8
1994	-	161.8	201.9-213.6-275.2	160.5-172.6-259.1

주: 1) 괄호 안의 수치는 남/북의 '전력 지수'.
2) 중앙정보부/국방부 추정을 이용하고 8% 감가상각을 적용. 미 군원 및 감가상각을 제외한 남한 국방비 자료 이용 시 1990년 남/북 비율은 110%(북한연구소, 1994, p. 864).
3) 이 연구에서 추정한 북한 국방비의 상/하한선에 의거.
출처: 함택영(1997), p. 52에서 재구성.

앞지르기 시작하였고, 이후 남북한의 군사력 격차는 점점 확대되어 연구 마지막 연도인 1994년에 남한이 북한의 1.7-2.1배에 달한다고 평가하였다. 그래서 북한은 재래식 군비 경쟁에서 패배하였고, 보다 경제적인 핵무기나 화학 무기 등의 확보에 주력하고 있다고 보았다.[20] 이 연구 역시 남북한의 지리적 근접성과 북한의 무기 체계를 감안할 때 재래식 무기만으로도 북한이 서울을 '불바다'로 만들 수 있다고 보았다.

이와 같은 군사비 누계 비교 방법은 재래식 무기만을 사용하는 것을 전제로 한 상대적 군사력 평가에서 단순 개수 비교에 비해 총체적이고 직관적인 시각을 제공하는 장점이 있다. 특히, 남북한의 경제적 격차가 급격히 확대되는 1990년 이후의 자료를 보면 더욱 그렇다.

가장 최근에 계산된 남북한의 연도별 국방비는 〈표 5-3〉과 같다. 이 표에서 나타난 우리의 군사비 지출은 달러화 기준으로 1975년부터 앞서기 시작하였고, 1976년에 북한의 1.5배, 1977년에 2배에 달한다. 이것은 남한의 제1차 '율곡사업'(1974-1981) 시작과 관련이 있어 보인다. 이러한 추세는 1970년대 후반 및 1980년대 전반까지 계속되다가, 1987년에 3배로 앞서기 시작하였다. 1998년 북한이 경제적으로 매우 어려울 당시 남한의 국방비는 북한 국방비의 7.4배에 달하였다. 2010년 현재 남한의 국방비는 북한의 31.6배에 달한다. 남한의 국방비가 곧 북한의 1년 GDP와 거의 같아진 것이다. 이러한 격차는 북한이 남한과 재래식 무기로 경쟁하는 것이 불가능해졌다는 것을 보여 준다.

3. 북한의 대량 살상 무기

대량 살상 무기(weapons of mass destruction, WMD)란 핵무기, 화학 무기, 생물 무

20 함택영(1997), p. 53.

표 5-3 연도별 남북한 국방비

(단위: 억 달러)

연도	출처 1			출처 2		
	남한			북한(공식 발표 자료 기준)		
	국방비	GNI 대비 국방비(%)	정부 재정 대비 국방비(%)	국방비	GNI 대비 국방비(%)	정부 재정 대비 국방비(%)
1945-1969	-	-	-	-	-	-
1970	3.23	3.62	22.5	7.31	22.70	37.0
1971	3.88	3.93	24.3	8.30	23.40	34.0
1972	4.42	4.10	24.5	5.32	12.55	17.0
1973	4.63	3.35	26.5	45.42	10.34	13.3
1974	4.72	3.71	28.0	6.60	11.10	14.6
1975	9.48	4.38	28.9	9.10	14.00	17.2
1976	15.14	5.08	32.4	9.60	12.40	15.8
1977	19.90	5.20	33.5	9.75	11.30	14.5
1978	25.25	4.90	34.8	12.60	12.00	15.6
1979	31.75	4.79	29.5	14.32	11.50	15.1
1980	37.00	5.74	34.7	16.20	12.00	15.4
1981	39.60	5.47	33.6	17.00	12.50	16.2
1982	42.66	5.51	33.5	15.30	10.57	14.6
1983	42.18	4.91	31.4	16.20	11.00	14.7
1984	41.00	4.32	29.6	16.20	10.57	14.6
1985	42.40	4.30	29.4	16.20	9.30	14.4
1986	47.20	4.15	30.1	17.57	10.13	13.8
1987	57.70	4.02	29.6	18.55	9.60	13.2
1988	75.56	3.93	30.0	17.97	8.70	12.2
1989	89.60	3.79	27.3	17.96	7.50	12.0
1990	93.76	3.47	24.2	19.91	11.65	12.0
1991	101.91	3.23	23.8	20.77	9.60	12.1
1992	107.70	3.19	25.1	21.04	9.97	11.4
1993	114.80	3.08	24.2	21.53	10.50	11.4

표 5-3 계속

(단위: 억 달러)

연도	출처 1			출처 2		
	남한			북한(공식 발표 자료 기준)		
	국방비	GNI 대비 국방비(%)	정부 재정 대비 국방비(%)	국방비	GNI 대비 국방비(%)	정부 재정 대비 국방비(%)
1994	125.37	2.88	23.3	21.87	10.32	11.5
1995	143.63	2.70	21.4	-	-	-
1996	152.13	2.66	20.8	-	-	-
1997	144.95	2.72	20.7	-	-	-
1998	98.65	2.75	18.3	13.28	10.54	14.6
1999	115.58	2.50	16.4	13.61	8.61	14.6
2000	128.04	2.30	16.3	13.70	8.20	14.3
2001	119.21	2.36	15.5	14.10	9.00	14.4
2002	130.78	2.27	14.9	14.90	8.80	14.9
2003	146.95	2.28	14.8	17.70	9.60	15.7
2004	165.47	2.29	15.8	3.90	2.00	15.6
2005	206.01	2.44	15.6	4.60	1.90	15.9
2006	235.61	2.48	15.3	4.70	1.80	16.0
2007	263.64	2.51	15.7	5.16	1.93	15.7
2008	241.69	2.60	14.8	5.50	2.20	15.8
2009	227.03	2.72	14.2	5.70	2.54	15.8
2010	255.675	2.52	14.7	8.10	3.10	15.8

출처: 양운철 · 정성장 · 김치욱 · 오경석 · 김영윤(2011), pp. 150-151.

기, 방사선 무기 등 인간을 대량으로 살상할 수 있는 무기를 말한다. 핵무기를 방사선 무기에 포함하여 화생방 무기(化生放武器)라고 부르기도 한다. 이러한 무기는 운송 수단이 필요하다. 폭격기로 실어 나를 수 있고 미사일로도 실어 나를 수 있다. 미사일에 실어 나르는 경우 이 폭탄은 탄두가 된다.

1) 핵무기

북한은 1954년 인민군 내에 '핵무기 방위 부문'을 설치한 것으로 보아 한국전쟁 휴전 직후부터 핵무기 개발을 준비해 온 것으로 보인다.[21] 1956년에는 30명의 핵물리학자를 소련에 파견하였고, 소련과 '조 · 소 간 원자력의 평화적 이용에 관한 협정'을 체결하였다.[22] 1962년 영변에 원자력 연구소를 설립하고 1963년에는 소련에서 연구용 원자로를 도입하여 자체적으로 핵 관련 전문가를 양성하고 관련 기술도 축적해 왔다.

1974년 국제원자력기구(International Atomic Energy Agency, IAEA)에 가입하였고, 1977년 IAEA가 북한의 실험용 원자로에 대한 최초의 사찰을 실시하였다. 1970년대에 걸쳐 북한은 일련의 핵연료 순환 주기(연료의 정련, 변환, 가공 기술)를 집중 연구하여 자체적인 기술로 원자로의 출력 확장에 성공하였다.

1980년 영변에 5MW급 원자로(흑연 감속로) 건설에 착공하여 6년 만인 1986년 1월에 완공하여 가동을 시작하였다.[23] 이때부터 연간 약 6kg의 플루토늄 생산이 가능한 폐연료봉이 생기게 되었다. 북한은 플루토늄을 생산하기 위한 방사 화학 실험을 1985년에 시작하여 1989년에 완성하였다. 1989년 영변의 원자로에서 폐연료봉 약 8,000개(25-50톤)를 인출하였다.[24] 같은 시기 태천에도 200MW급 원자로 건설을 시작하였다. 1985년 북한은 핵확산금지조약(Nuclear Nonproliferation Treaty, NPT)에 가입하였다.

1989년 초부터 미국은 영변 지역을 핵무기 개발 시설로 의심하고 A급 감시

21 이춘근(2012), p. 206.
22 조민 · 김진하(2009), p. 4.
23 박준영(1999), pp. 216-217.
24 조민 · 김진하(2009), p. 5.

지역으로 집중 관찰하고 있었다. 그해 9월 프랑스 상업 위성 '스팟 2호'(Satelite Probatoire d' Observation de la Terre, SPOT Ⅱ)가 영변의 핵 시설을 촬영한 것을 공개하면서 핵폭탄 제조를 위한 시설이라는 의혹이 전 세계에 알려졌다. 이때부터 현재까지 26년 이상 끌어 오고 있는 북한의 핵 문제가 시작된 것이다.

1990년 3월 IAEA 이사회는 북한에게 안전 조치 협정 체결을 권고하였고, 11월 북한은 남한의 핵무기, 즉 주한 미군의 핵무기와 동시에 사찰한다면 IAEA의 사찰을 수락하겠다고 발표하였다. 1991년 10월 한미 간에 주한 미군 전술 핵무기 전면 철수를 합의하였고, 12월 노태우 대통령이 남한 내 핵무기가 없음을 선언하였다. 곧이어 북한은 IAEA의 안전 조치 협정에 서명하고 사찰을 수락하겠다고 발표하였다. 12월 31일 남북한이 '한반도의 비핵화에 관한 공동 선언'을 채택하였다.[25]

1992년 1월 북한이 안전 조치 협정에 서명하였고, 5월부터 이듬해 2월까지 6차례 IAEA의 임시 사찰을 받았다. 여기서 IAEA 사찰단은 북한의 신고 내용과 실제 사찰 사이에 '중대한 불일치'를 발견하고, 북한의 미신고 시설 2개소에 방문 허용을 촉구하였다.[26] 북한은 그 곳이 군사 시설이라며 사찰을 거부하였다.

1993년 2월 IAEA 정기 이사회는 1개월 이내에 북한이 특별 사찰을 수용할 것을 촉구하는 결의안을 채택하였다. 이에 맞서 북한은 3월 12일 NPT 탈퇴 서한을 유엔 안전보장이사회에 제출하였다. 이것이 제1차 북핵 위기의 시작이다.

1994년 6월 이 위기는 절정에 달하였다. 1994년 3월 19일 판문점에서 열린 남북 특사 교환을 위한 실무 회담에서 북측의 박영수 대표(조국평화통일위원회 부

25 이 공동 선언문은 부록을 참조할 것.
26 조민 · 김진하(2009), pp. 7-9.

국장)가 남측의 송영대 대표(통일원 차관)에게 "여기서 서울이 멀지 않다. 전쟁이 일어나면 불바다가 되고 만다"며 협박하였다. 4월 18일 미국은 패트리어트 미사일을 한국에 배치하였고, 이에 반발한 북한은 4월 28일 정전 협정 무효화, 군사정전위원회 탈퇴를 선언하였다.[27] 6월 14일 미국은 장관급 회의 중 이스라엘이 1981년 이라크 오시라크 지역의 원자로에 대한 선제공격과 같은 '오시라크(Osirak) 옵션'을 검토하였다.[28] 국내에서는 생필품 사재기 현상이 곳곳에서 일어났고, 6월 13-14일 이틀 동안 주가는 4% 폭락하였다.[29] 레이니(James Laney) 주한 미국 대사는 당시 한국을 방문하고 있던 딸과 손자들에게 귀국을 지시하였고, 한국에 거주하는 미국인을 소개하는 '비전투 요원 소개 작전'(Noncombatant Evacuation Operation, NEO) 시행을 검토하고 있었다. 워싱턴 시간으로 6월 16일 미국 백악관에서는 주한 미군의 증원 병력 규모(적게는 2,000명에서 많게는 5만 명)를 논의하고 있었다.[30] 이 회의 중 평양을 방문 중이던 카터 전대통령이 북한이 핵 동결을 할 의사가 있다는 말을 전해 오면서 위기는 일단 진정되었다. 비록 다음 달 김일성의 죽음으로 성사되지 못하였지만, 카터는 남북 정상 회담도 약속받았다.

클린턴 대통령이 당시 상황을 1962년 쿠바 미사일 사태와 유사하다고 표현한 이 위기는, 1994년 10월 미국과의 제네바 협상에서 북한이 핵 개발을 동결하는 대가로 경수로 2기를 건설해 주고 경수로 1기 완성 시까지 매년 50만 톤의 중유를 공급해 줄 것을 합의하면서 일단락되었다. 이때 맺은 합의문을 '제네바

27 패트리어트(Patriot) 미사일은 지대공 미사일로 항공기뿐 아니라 미사일을 격추하는 요격 미사일(Anti-ballistic Missile, ABM)이다.
28 김태현 역(2005), p. 257.
29 김태현 역(2005), p. 263.
30 김태현 역(2005), pp. 268-277.

합의문' 혹은 '기본 합의문' (Agreed Framework between the United States of America and the Democratic People's Republic of Korea)이라 한다.

그림 5-2 히로시마에 투하된 우라늄 농축 방식의 핵폭탄

주: Little Boy: 1945년 8월 6일 일본 히로시마에 투하되었던 우라늄 농축 방식의 핵폭탄. 무게 4,400kg, 길이 3.0m, 직경 71cm.
출처: http://en.wikipedia.org/wiki/Little_Boy.

이 합의문에 따라 1995년 1월 미국은 북한에 중유 제공을 시작하였고, 3월 경수로를 제공할 조직으로 '한반도에너지개발기구'(Korean Peninsula Energy Development Organization, KEDO)가 발족되었다.

이후 경수로 선정 문제, 1998년 북한의 장거리 미사일 발사 문제, 금창리 지하 핵 시설 문제, 1999년 서해 교전 및 북한의 서해 북방 한계선 무효화 선언, 2000년 남북 정상 회담, 2001년 미국 부시 정부 출범과 대북 정책 '원점에서 재검토' 선언, 북한과 유럽연합의 수교, 미국에서 9.11테러 사건 발생, 2002년 1월 부시 대통령이 북한을 '악의 축'(axis of evil)으로 언급한 일, 6월 제2차 서해 교전, 9월 북일 정상 회담 등을 겪으면서 비록 우여곡절이 있었지만 이때까지 제네바 합의는 표면적으로 유지되는 듯하였다.

2002년 10월 3일 미 국무부 동아시아 · 태평양 담당 차관보 제임스 켈리(James A. Kelly)가 대통령 특사 자격으로 북한을 방문하였고, 여기서 고농축 우라늄(highly-enriched uranium, HEU) 방식의 핵무기 개발 의혹을 제기하였다. 북한 외무성 제1부상 강석주는 "우리는 그보다 더한 것도 가지게 되어 있다"고 응답하였다. 이것이 제2차 북핵 위기의 시작이다.[31]

미국은 강석주의 대답을 북한이 HEU 방식의 핵 개발을 시인한 것으로 간주하고, 이것이 제네바 합의 위반이라며 북한을 압박하였다. 이에 맞서 그해 12월 북한은 제네바 합의에 의한 핵 동결을 해제한다고 선언하였다. 실제로 봉인과 감시 카메라를 제거하였고 곧 사찰단원들도 추방하였다.

2003년 1월 10일 북한은 NPT 탈퇴를 선언하였다. 2월 노무현 대통령이 취임할 즈음, 미 국방부는 북한의 핵 문제를 해결하기 위해 미사일 공격이나 집중포격, 심지어 전술 핵무기를 사용하는 방안을 포함, 모든 방안을 검토한다고 공표하였다. 3월 3일 부시 대통령은 한 일간지와의 회견에서 "외교적 노력으로 북핵 문제가 풀리지 않으면, 군사 행동을 할 것"이라 언급하였다.[32] 이에 중국은 북한행 석유 파이프라인을 3일간 단절하면서 북한이 대화에 나오도록 압박하였다. 미국은 B-52와 B-1 폭격기 각각 12대씩을 괌에 증파하였다. 한반도 상공에서 북한의 미그기 4대가 미국 정찰기 RC-135에 15m까지 접근하여 위협하였다.

같은 달 미국은 이라크에서 전쟁을 시작하였다. 4월 10일 북한의 NPT 탈퇴가 발효되었다. 미국의 다음 목표가 북한이라는 언론의 보도가 쏟아지는 가운데 베이징에서 북한, 미국, 중국 사이의 3자 회담이 개최되었다. 그러나 북한은 6월 플루토늄을 재처리해 무기화할 것을 언급하면서 미국을 압박하였고, 이에 맞서 7월 미국 의회는 KEDO 지원 금지법을 통과하였다. 8월에 이전의 3자 회담

31 조민 · 김진하(2009), p. 26.
32 조민 · 김진하(2009), p. 33.

에 한국과 일본, 러시아가 참여하는 제1차 6자 회담이 개최되었다. 그러나 북한은 10월 폐연료봉 재처리 완료와 핵 억제력 강화 노력을 하겠다는 담화를 발표하며 숨가쁜 대결을 계속하였다. 마침내 2003년 11월 21일 KEDO가 경수로 공사 중단을 공식 발표하면서 1994년의 제네바 합의는 사실상 끝나게 되었다. 2004년 2월과 6월에 제2차 및 제3차 6자 회담이 베이징에서 열렸으나 별 효과를 얻지 못하였다.

2005년 2월 10일 북한 외무성은 북한이 핵무기 보유국임을 선언하였다. 이후 몇 개월간의 협상과 남한의 대북한 직접 송전 등의 타협으로 그해 9월 제4차 6자 회담에서 '9.19공동선언'이 나왔다. 이 선언에는 ① 북한의 모든 핵무기와 현존하는 핵 계획 포기, ② 북한의 NPT, IAEA 복귀 및 북한에 경수로를 제공하는 문제 논의, ③ 북미 · 북일 수교 협상 시작, ④ 한반도 평화 체제 협상 시작, ⑤ '공약 대 공약', '행동 대 행동'이라는 이행 원칙 등의 내용이 담겨 있다. 그러나 이 합의가 있은 다음 날, 미국은 북한의 불법 자금 세탁의 우려가 있다는 이유로 마카오의 방코델타아시아 은행(Banco Delta Asia S.A.R.L., 滙業銀行)에 있는 북한 계좌를 동결하였다. 북한은 이것에 즉각 반발하고 '자위적 조치'를 취하겠다고 선언하였다. 당시 계좌에 있던 금액은 2,500만 달러로 금액의 크기에 비해 북한이 민감하게 반발한 것은 그것이 '통치 자금'이었기 때문이란 추측도 있었다.

2006년 5월 KEDO가 공식적으로 사업 종료를 선언하였다. 북한은 7월 5일(미국 시간으로는 7월 4일 독립 기념일) 장거리 로켓 발사 시험을 하였다. 이에 대해 7월 15일 유엔 안전보장이사회가 북한 제재 결의안(제1695호)을 만장일치로 채택하였다. 이 결의안에는 북한은 모든 미사일 및 핵 개발 프로그램을 중지하고 6자 회담에 복귀할 것, 모든 유엔 회원국은 미사일과 관련된 물품 및 재정 지원

그림 5-3 **나가사키 핵폭탄 폭발 장면(1945. 8. 9.)**

출처: http://en.wikipedia.org/wiki/File:Nagasakibomb.jpg.

을 북한에 제공하지 말 것을 촉구하는 내용이 담겨 있다. 그러나 북한은 이에 굴복하지 않고, 10월 3일 핵 실험 계획을 발표하였고, 10월 9일 마침내 함경북도 화대군 풍계리에서 지하 핵 실험을 실시하였다.[33]

북한의 핵 실험에 대해 유엔 안전보장이사회는 2006년 10월 14일 다시 대북 제재 결의안(제1718호)을 만장일치로 채택하였다. 그 내용은 핵무기 및 미사일 관련 물자의 교역 금지, 북한의 자산 동결 및 금융 중단, 관련자 여행 금지 등이 들어 있다.

2007년 2월 제5차 6자 회담에서 '9.19공동성명 이행을 위한 초기 조치'를 담은 '2.13합의'가 발표되었다. 여기에는 북한 핵 불능화 이행을 단계적으로 실시한다는 내용이 들어 있다. 10월 3일 다시 열린 제6차 6자 회담에서 '9.19공동선언 이행을 위한 제2단계 조치'에 대한 '10.3합의'가 도출되었다. 여기에는 ① 미국은 핵 불능화를 위한 초기 자금을 제공하고, 중유 100만 톤에 해당하는 인도

33 조민 · 김진하(2009), pp. 53-59.

적 지원을 하며, 북한과 전면적 외교 관계로 나아간다는 공약을 유지할 것, ② 북한은 '2.13합의'에 따라 모든 핵 프로그램에 대한 정확한 신고를 2007년 12월 31일까지 할 것 등이 들어 있다. 6자 회담이 열리는 같은 시각인 10월 2-4일 제2차 남북 정상 회담이 평양에서 열렸다. 이 회담에서 핵 문제 해결을 위해 '9.19 공동성명' 및 '2.13합의' 이행 노력이 명시되었을 뿐 아니라, 특히 2000년 제1차 남북 정상 회담에는 포함되어 있지 않았던, 적대 관계 종식, 불가침 의무 준수, 정전 체제를 평화 체제로 전환하는 문제 등 군사적 문제에 대한 내용이 들어 있다.[34]

그러나 6자 회담에서 도출된 '10.3합의'도 이행되지 않았고, 남북 간 제2차 정상 회담에서 합의한 '10.4선언'도 노무현 대통령의 임기 종료로 더 이상 지켜지지 않았다. 6자 회담은 이후 2009년에 몇 차례 회동을 하였지만 합의에 실패하였고, 이후부터는 회담 자체가 열리지 않고 있다. 그래서 2003년 4월 10일 북한의 NPT 탈퇴 발효 이후 지속되던 북한에 대한 비핵화 노력은 2008년부터 사실상 거의 손을 놓은 상태가 되어 버렸다.

2008년 2월 이명박 대통령이 취임하였고, '비핵 · 개방 · 3000' 구상이 공식화되었다. 6월 북한은 '10.3합의'에 따른 핵 신고서를 6자 회담 의장국인 중국에 제출하였고, 영변의 원자로 냉각탑을 폭파하였다. 7월 금강산 관광객이 피격되는 사건이 있었고, 8월 김정일이 뇌졸중으로 공식 활동을 중단하였다. 10월 미국은 북한에 대한 테러 지원국을 해제하였고 북한은 핵 불능화 작업을 재개하였다. 그러나 검증 문제를 놓고 북미 간 갈등은 계속되었다.

34 제2차 남북 정상 회담에서 발표된 '10.4선언'의 정식 명칭은 '남북 관계 발전과 평화 번영을 위한 선언'이다. 전문은 부록을 참조할 것.

그림 5-4 나가사키에 투하된 플루토늄 방식의 핵폭탄

주: Fat Man: 1945년 8월 9일 일본 나가사키에 투하된 플루토늄 방식의 핵폭탄. 무게 4,633kg, 길이 3.3m, 직경 1.5m.
출처: http://en.wikipedia.org/wiki/Fat_Man.

2009년 1월 미국에서 버락 오바마(Barack Hussein Obama) 정부가 출범하였다. 4월 5일 북한은 다시 장거리 로켓을 발사하였고, 5월 25일 북한은 제2차 핵 실험을 하였다. 어느 누구와도 대화를 마다하지 않겠다는 오바마에게 대화를 거부한 셈이었다.

북한의 핵 실험 다음 날 남한은 그 사이 북한의 반발로 참가를 유보해 온 '대량살상무기확산방지구상'(Proliferation Security Initiative, PSI)에 전면 참여를 선언하였다.

6월 12일 유엔 안보리는 결의안 1874호를 채택하였다. 주요 내용은 북한이 더 이상의 핵 실험이나 탄도 미사일 기술을 사용하지 말 것, NPT와 IAEA 안전조치에 복귀할 것, 모든 회원국들은 북한을 오가는 화물 중 무기 및 관련 물자에 대해 자국의 항구와 공항에서 검색할 것, 모든 회원국은 대량 살상 무기 관련 프로그램에 기여할 수 있는 금융 서비스 제공을 금지할 것 등이다.[35]

이 결의안에 대해 북한은 강하게 반발하였다. 북한은 6월 23일 ① 새로 추출한 플루토늄 전량 무기화, ② 우라늄 농축 작업 착수, ③ 봉쇄 시 군사적 대응

35 외교통상부, "유엔 안보리 대북 추가 제재 결의 1874호 채택," 보도 자료(2009. 6. 13.)(http://www.mofa.go.kr/news, 검색일 2009. 7. 15.).

을 하겠다고 선언하였다. 이 선언은 과거 우라늄 농축에 대해 침묵을 지키던 것과는 달리 스스로 인정한 것이다.[36] 11월 3일에는 8,000대의 폐연료봉 재처리를 완료하였다고 발표하였다.

2010년 3월 26일 천안함 사건이 발생하였고, 이에 대해 5월 24일 이명박 대통령은 이것이 북한의 소행이며, 북한의 사과와 관련자 처벌을 요구하는 담화문을 발표하였다. 동시에 ① 북한 선박의 우리 해역 운항 불허, ② 개성공단을 제외한 남북 교역 중단, ③ 대북 심리전 재개, ④ 한미 연합 대잠수함 훈련 실시 등이 포함된 '5.24조치'가 발표되었다. 이 조치에 대해 북한은 다음 날 남북 관계 전면 폐쇄, 남북 불가침 합의 전면 파기를 선언하였다. 이후 7월 말 한미 연합 해상 훈련, 9월 말 서해에서 한미 연합 대잠 훈련, 10월 중순 한국 주도의 PSI 훈련이 부산에서 실시되는 등 무력 시위가 이어졌다. 11월 23일 북한은 "남측 군사 도발에 강력한 물리적 타격으로 대응"하겠다며, 연평도에 포격 도발을 하였다. 이것은 한국전쟁 휴전 이후 한 번도 없었던 영토에 대한 직접적인 공격이었다.

2011년 12월 17일 김정일이 사망하고 김정은으로 권력 승계가 이루어졌다. 2012년에 접어들면서 북한은 '핵보유국 지위'를 주장하기 시작하였고, 4월 개정된 헌법에는 핵보유국임을 명시하였다. 6자 회담은 더 이상 열리지 않았지만, 북한의 우라늄 농축 문제를 심각하게 여기고 있던 미국은 몇 차례 열린 북한과의 대화를 통해 2월 29일, '2.29합의'를 도출하였다. 그 내용은 ① 우라늄 농축 프로그램 잠정 중지, ② 핵·미사일 실험 유예, ③ 미국의 대북 '영양식' 지원 등이다.[37] 그러나 이 합의는 4월 13일 북한의 장거리 미사일 발사 시험으로 무

36 정영태 · 홍우택 · 김태우 · 박휘락 · 이상민 · 이호령 · 조영기(2014), p. 19.

효화되었다. 이후부터 미국은 '전략적 인내'라는 이름으로 북한의 핵 문제에 대해 완전히 손을 놓았다.

2013년 2월 12일 북한은 제3차 핵 실험을 실시하였다. 박근혜 정부 출범 13일 전이었다. 북한은 다음날 "제3차 지하 핵 실험이 성공적으로 진행"되었고, "소형화, 경량화"되었다고 주장하였다. 특히, 이 실험은 HEU 방식의 핵 실험이라는 추정도 있다.[38] 같은 날 북한 외무성은 "핵 보유국, 위성 발사국 지위를 영구화할 것"을 발표하였다.[39] 이어서 3월 31일에는 당 중앙위 전원회의에서 '경제 · 핵 무력 병진 노선'을 채택하였다. 우리는 이를 '핵 · 경제 병진 노선'으로 칭하고 있다.[40]

미국과 남한이 손을 놓고 있는 사이 북한은 2016년 1월 6일 제4차 핵 실험을 실시하였다. 북한은 이것을 "첫 수소탄 시험"으로 "소형화"된 성공적 실험이라 주장하며, "수소탄까지 보유한 핵 보유국의 전열에 당당히 올라서게" 되었으며, "책임 있는 핵 보유국으로서 침략적인 적대 세력이 우리의 자주권을 침해하지 않는 한… 먼저 핵무기를 사용하지 않을 것이며, 어떤 경우에도 관련 수단과 기술을 이전하는 일이 없을 것"이고, "핵 개발 중단이나 핵 포기는 하늘이 무너져도 절대로 있을 수 없다"고 발표하였다.[41] 많은 전문가들은 북한의 실험이 핵보유국 중에도 단지 미국, 러시아, 중국, 프랑스만 실시한 수소탄 실험이

37 식량 지원 대신 '영양식' 지원이란 용어를 쓴 이유는 이 지원이 취약 계층, 즉 어린이, 임산부, 노약자, 부양가족이 많은 가구 등에 대한 지원임을 명시하기 위한 것이다. 북한에 이러한 취약 계층은 약 300만 명 정도로 보고 있으며, FAO, WFP 등의 국제기구들은 이들에 대한 지원을 강조해 왔다. 미국이 북한에 지원할 '영양식'은 24만 톤 규모로 결정되었다.

38 Mary Beth Nikitin(2013), p. 14.

39 국방부(2014), p. 240.

40 정영태 외(2014), p. 16.

41 중앙일보, "북한 '수소탄 시험 성공 진행' 북한 보도 전문"(2016. 1. 6.).

표 5-4 북한의 핵 실험 일지

핵 실험	날짜	비고
제1차	2006. 10. 9.	유엔 안보리 결의 제1718호
제2차	2009. 5. 25.	유엔 안보리 결의 제1874호
제3차	2013. 2. 12.	유엔 안보리 결의 제2094호
제4차	2016. 1. 6.	유엔 안보리 제재 논의 중. 북한은 '첫 수소탄 시험'이라 주장

아니라 증폭 핵폭탄(boosted fission weapon) 실험일 것이라 보고 있다.[42] 또한 전문가들은 이 실험이 주는 더 심각한 의미는 원자 폭탄이냐 수소 폭탄이냐의 문제보다 소형화, 경량화라 본다.[43] 크기와 무게는 미사일로 정확하게 목표 지점에 보내는 능력을 결정하기 때문이다. 2016년 1월 초 현재까지 북한의 핵 실험 현황은 〈표 5-4〉와 같다.

현재 북한이 어떤 종류의 핵폭탄을 얼마나 가지고 있는지 알기는 쉽지 않다. 핵폭탄을 만드는 데 필요한 플루토늄 및 고농축 우라늄 양은 〈표 5-5〉와 같다. 따라서 북한의 보유 핵무기 수 추정은, 플루토늄의 경우 폐연료봉을 얻을 수 있는 양을 측정하는 원자로 가동 시간이 중요하고, 농축 우라늄의 경우 원심 분리기의 수와 사용 시간을 알아야 하며, 여기에 북한의 기술 수준, 북한이 원하는 폭탄의 폭발력에 따라 다를 수밖에 없다.

무기급 플루토늄 생산량은 영변의 5MW 원자로를 가동하여 생긴 폐연료봉을 재처리하여 생산할 수 있는 것으로, 연간 6kg 정도 될 것으로 추정한다. 북한

42 Mary Beth Nikitin(January 7, 2016).
43 "Hecker assesses North Korean hydrogen bomb claims," *Bulletin of the Atomic Scientists* (January 7, 2016).

표 5-5 핵폭탄 1개를 만드는 데 소요되는 플루토늄과 우라늄의 양

구분	무기급 플루토늄(kg)			농축 우라늄(kg)*		
폭발력	기술적 능력			기술적 능력		
(kt)**	저급 기술	중급 기술	고급 기술	저급 기술	중급 기술	고급 기술
1	3	1.5	1.0	8	4	2.5
5	4	2.5	1.5	11	6	3.5
10	5	3.0	2.0	13	7	4.0
20	6	3.5	3.0	16	9	5.0

주: * 히로시마에 투하된 우라늄탄 Little Boy는 20kt급이었다.
** 1kt는 TNT 1,000톤에 해당하는 폭파력을 말한다.
출처: http://ko.wikipedia.org.

은 2008년 6월 26일, 6자 회담 의장국인 중국에 제출한 핵 신고서에서, 생성된 플루토늄 총량은 약 38.5kg이며, 핵무기 제조에 사용한 플루토늄 양은 약 26kg 라고 밝혔다.[44]

농축 우라늄 생산량은 북한이 2010년 11월 9-13일 영변을 방문한 미국 핵 전문가 지그프리드 헤커(Siegfried Hecker) 박사에게 막 건설된 수백 개의 원심 분리기를 보여 주었고, 그에게 2,000대의 원심 분리기를 가동 중이라 설명하였다 한다. 만일 이것이 사실이라면 이후 매년 30-40kg을 생산할 수 있다.

이러한 여러 요소를 감안, 헤커 박사는 2016년 1월 초 현재 북한이 적게는 18개의 폭탄을 만들 수 있는 핵 물질을 가지고 있고 매년 6-7개를 더 만들 수 있는 능력을 가지고 있다고 보고 있다.[45]

44 한겨레, "북, 핵무기용 플루토늄 26kg 신고"(2008. 7. 4.).
45 *Bulletin of the Atomic Scientists*(January 7, 2016). 헤커 박사는 2004년 이후 북한을 7차례 방문하였고,

2) 미사일

핵무기가 효과적으로 사용되기 위해서는 운송 수단인 미사일이 중요하다. 히로시마와 나가사키에 투하된 것처럼, 폭격기로 핵폭탄을 운송할 수 있지만 오늘날은 미사일 기술의 발달로 폭격기는 격추될 가능성이 높기 때문이다.[46] 특히, 남북 간에는 거리가 짧기 때문에 이미 발사된 미사일을 요격하기는 매우 어렵다.

미사일은 운항 방법, 사정거리, 용도 등에 따라 구분해서 부른다. 운항 방법으로는 탄도(彈道, ballistic) 미사일과 순항(巡航, cruise) 미사일이 있다. 전자는 로켓의 추진력으로 가속되어 로켓 분사가 끝나면 자유 탄도를 날아 표적에 도달한다. 그러나 후자는 제트 기관에 의해 유도 운항되어 목표물 추적이 가능하다.

사정거리별로 나누어, 사거리 1,000km까지를 단거리 미사일(short range ballistic missile, SRBM), 사거리 1,000-5,000km 사이를 중거리 미사일(intermediate range ballistic missile, IRBM), 그 이상을 대륙 간 탄도 미사일(intercontinental ballistic missile, ICBM)로 부른다. 남북 사이는 거리가 짧아 단거리 미사일이 중요하고, 북한이 미국 본토를 위협하기 위해서는 ICBM이 있어야 한다. 이 외에도 잠수함 발사 미사일(submarine-launched ballistic missile, SLBM)이 있다.

용도에 따라서 지상에서 공중에 있는 목표물을 공격하기 위한 것을 지대공(地對空, surface to air, SA) 미사일이라 하고, 비행기에서 지상의 목표물을 공격하

현재 북한 핵 문제에 관해 세계 최고의 권위자 중 하나로 인정받고 있다. 그는 이 중 절반이 HEU탄일 것으로 보고 있다.

46 단거리 유도 미사일의 속도는 마하 2-3이고, 대륙 간 탄도 미사일의 경우 속도는 마하 7-9 정도이다. 우리의 지대공 미사일 '천마'의 속도는 마하 2.6이다. 이에 비해 미국의 전략 폭격기 B-52의 최고 속도는 마하 0.95에 불과하다. 1mach는 1,224km/h이다. 최근의 군사 기술 발달로 미국은 2009년 현재 해상 시스템은 7/8, 육상 시스템은 7/10의 비율로 요격할 수 있다고 한다. 그러나 한반도에서는 거리가 너무 짧다(이춘근, 2012, p. 243).

기 위한 미사일을 공대지(空對地, air to surface, AS) 미사일 등으로 부른다. 또한 대상 목표물에 따라 대전차, 대함, 요격(anti-ballistic missile, ABM) 미사일 등으로 부른다.

핵탄두를 나를 수 있는 장거리 폭격기(혹은 전략 폭격기), ICBM, SLBM을 '3대 전략 핵전력'(nuclear triad), 혹은 단순히 전략 무기라 부른다. 이 세 가지 운송 수단이 필요한 이유는 핵무기에 대한 적의 선제공격에 살아남아 제2공격(second strike)의 효과성을 보장함으로써 강력한 억지력을 가질 수 있기 때문이다.

북한의 미사일 개발 현황은 다음과 같다. 북한은 1976년부터 1978년 사이 중국의 '동풍61' 개발 계획에 참여하여 미사일 기술을 전수받기 시작하였고, 소련제 스커드(SCUD) 미사일을 이집트로부터 반입하였다.[47] 이렇게 도입된 미사일을 역설계 방법으로 1984년에 자체적으로 제조하기 시작한 것으로 추정된다. 북한은 이 해 사정거리 300km의 소련제 스커드-B를 기반으로 한 '화성 5호'(KN-03)를 시험하였고, 곧 사정거리 500km의 스커드-C를 기반으로 한 '화성 6호'(KN-04)도 시험하였다.[48] '화성 5호'는 1985년부터 대량 생산을 시작하였지만 1989년 '화성 6호가 대량 생산되면서 생산이 중단되었다. 이들은 일반적인 고폭탄과 핵무기, 화학 무기 등을 탄두로 사용할 수 있다.

1993년에는 사정거리 1,000km의 '화성 7호'를 시험 발사하였다. 미국은 이것을 '노동 1호'(KN-05)라 부른다.[49] 동해 바다에 떨어졌지만, 일본의 혼슈를 향

47 SCUD 미사일은 소련이 개발한 단거리 지대지(surface to surface, SS) 전술 탄도 미사일이다. 스커드란 NATO가 소련의 무기에 대해 붙인 이름(NATO Reporting Name)이다.

48 박준영(1999), pp. 213-236. KN은 Korea와 North의 이니셜로 미국 국방부 소속 국방정보국(DIA)이 새로운 미사일이 발견되는 순서대로 붙인 코드명이다. 숫자가 높을수록 최근에 발견된 것이다.

49 '노동' 혹은 '로동'이라는 이름은 1990년 5월 미국이 처음 이 미사일을 발견한 지역(함경남도 함주군 로동리)의 이름을 따 붙인 것에서 유래한다.

해 발사되어 일본을 긴장시켰다.

1996년 북한은 시리아를 통해 SS-21 단거리 전술 미사일을 도입하여 북한 고유의 단거리 미사일로 개발하였다. 이것이 KN-02 미사일로 알려진 것이다. 이것의 사거리는 120km 정도이고 북한 이름은 '화성 11호' 혹은 '독사'로 추정된다. 2005년에 시험 발사되었는데, 2006년부터 대량 생산에 들어간 것으로 보인다. 보유수는 50-100기 정도일 것으로 추정된다.[50] 2007년 군사 퍼레이드에 12기가 등장하였다. 〈그림 5-5〉는 퍼레이드에 등장한 KN-02 모습이다.

그림 5-5 북한의 KN-02 미사일

출처: http://www.military-today.com/missiles/kn_02.htm.

1998년 8월 31일 북한은 '대포동 1호'에 '인공 지구 위성'으로 부르는 '광명성 1호'를 탑재해 발사하였다.[51] 이것은 일본 상공을 가로질러 태평양에서 추락하였다. 운반체의 엔진 연소와 탄체의 2단계 분리까지 성공하였으나 3단계로 진입하는 데 실패하였다. 성공하였다면 사거리 2,200-3,000km로 보고 있다. 핵무기가 소형화되면 핵탄두 탑재가 가능한 모델이다.

인공위성 발사체(space launch vehicle, SLV)와 미사일은 그 자체로 구분이 안 된

50 http://www.military-today.com/missiles/kn_02.htm.
51 '대포동'이라는 로켓의 이름은 미국이 붙인 것으로, 이것이 발사된 함경북도 화대군 무수단리의 옛 지명인 대포동에서 왔다.

다. 추진체 로켓 끝 부분에 폭탄(혹은 인공위성을 가장한 가짜 위성)을 탑재하면 미사일이 되고, 여기에 인공위성을 탑재하고 위성이 다시 폭탄처럼 지구로 돌아오지 않도록 마지막 3단을 추가해 지구 궤도 속도에 맞추어 추진시키면 SLV가 된다.[52] 일부에서는 로켓의 발사 각도에 따라 구분하기도 한다. 즉, 위성을 발사하면 로켓이 수직으로 상승하지만, 미사일인 경우 사거리를 최대화하기 위해 지표면과 30도 각도로 누워서 비행하도록 발사한다고 한다.[53]

2006년 7월 5일 북한은 '대포동 2호'를 발사하였다. 북한은 이것을 SLV '은하 1호' 로켓이라 불렀다. 그러나 이 미사일도 3단계 진입에 실패하였다.

2009년 4월 5일 북한은 다시 개량형 '대포동 2호'를 발사하였다. 북한은 이것을 SLV '은하 2호'로 불렀고, 여기에 '광명성 2호'라 부르는 인공위성을 탑재하였다고 주장하였다. 발사 후 제1단계 로켓은 발사 지점에서 580km 떨어진 동해상에 떨어졌고, 2단계로 진입하여 일본을 넘었다. 그러나 2단계 로켓이 분리되는 데 실패하여 2, 3단계 로켓이 모두 태평양에 추락하였다. 발사 지점으로부터 3,846km 지점이었다.[54]

2012년 4월 13일 북한은 다시 개량형 '대포동 2호'를 발사하였다. 북한은 이것을 SLV '은하 3호'로 불렀고, 여기에 위성인 '광명성 3호'를 탑재하였다고 주장하였다. 이것은 김일성 생일 100주년에 맞추어 외신 기자들까지 초청한 행사였는데 발사 2분 만에 추락하였고, 북한도 곧 바로 실패를 인정하였다.

2012년 12월 12일 북한은 또 다시 개량형 '대포동 2호'를 발사하였다. 북한은 이것을 이전과 같이 SLV '은하 3호'로 불렀고, 여기에 위성인 '광명성 3호' 2

52 한국과학기술정보원(2006).
53 "대포동 1호," 위키 백과(http://ko.wikipedia.org/wiki, 검색일 2011. 12. 10.).
54 이춘근(2012), p. 222.

호기를 탑재하였다고 주장하였다. 이 발사는 성공하였고, 미국은 이것을 위성으로 인정하였다.[55]

표 5-6 북한의 미사일 현황

미국명(북한명)	사거리(km)	최대 탄두 중량(kg)	추정 보유수	최초 시험
KN-02(화성 11호)	120-160	200	50-100	2005
KN-09	200	방사포		
KN-03/SCUD-B(화성 5호)	300	985	330-500[1)]	1985
KN-04/SCUD-C(화성 6호)	500	700	300-600	1990
KN-05/노동 1호(화성 7호)	1,300	985	200	1993
KN-07/노동 B/무수단	3,500	650	50(?)[2)]	-[2)]
대포동 1호(백두산 1호) (위성-광명성 1호)	3,000	500		1998. 8. 31.
대포동 2호(은하 1호)	4,000			2006. 7. 5.
개량형 대포동 2호(은하 2호) (위성-광명성 2호)	6,700	1,000		2009. 4. 5.
개량형 대포동 2호(은하 3호) (위성-광명성 3호)	실패			2012. 4. 13.
개량형 대포동 2호(은하 3호) (위성-광명성 3호)	10,000	650-1,000		2012. 12. 12.
KN-08(화성 13호)	11,000			-[3)]
KN-11(북극성 1호)	SLBM[4)]			2015. 12. 21.

주: 1) 화성 6호가 생산되면서 생산이 중단됨.
2) 2007년(인민군 창건일)과 2010년(노동당 창건일)의 열병식에 8기 등장하였으나 시험 발사는 파악되지 않음.
3) 2015년 10월 10일 북한 노동당 창건 70주년 열병식에 이것의 개량형이 나타남. 사거리 12,000km에 달할 것으로 추정하는 ICBM으로 시험 발사하지 않음.
4) 출처: 워싱턴 프리비컨(http://freebeacon.com/national-security, 검색일 2016. 1. 11.); John Schilling, "North Korea Tests a Submerged-Launch Ballistic Missile, Take Three," 38North(http://38north.org/2016/01/jschilling011215, 검색일 2016. 1. 20.).

55 조선일보, "미국 광명성 3호 정식 위성 인정한 듯"(2012. 12. 14.).

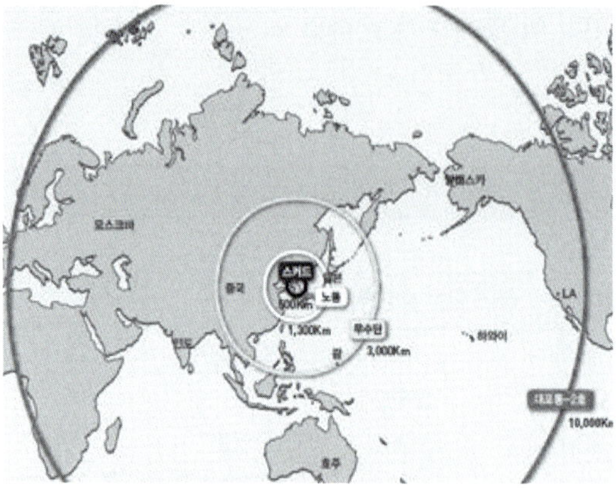

그림 5-6 **북한의 미사일 종류별 사거리**

출처: 국방부(2014), p. 29.

북한은 2015년 5월 9일 최초로 SLBM 발사 시험을 성공하였다고 보도하였다. 이 미사일은 '북극성 1호'로 불렸다. 제2차 시험 발사는 2015년 11월 28일에 실시되었다. 그러나 이 두 시험은 모두 실패한 것으로 보고 있다. 북한은 동년 12월 21일 다시 실험하였고, 일부는 이것이 성공한 것으로 판단하고, 일부는 잠수함(신포급 혹은 '고래')에서 실시한 것이 아니라 바지선에서 실시한 것이라고 보기도 한다.[56]

북한의 미사일 현황을 정리하면 〈표 5-6〉과 같다. 그리고 2014년 국방부가 평가한 북한의 미사일 종류별 사거리는 〈그림 5-6〉과 같다.

3) 화학 무기

화학 무기는 '가난한 자의 핵무기'로 불릴 만큼 생산 가격에 비해 파괴력이 강하다. 이것은 보관도 쉽고, 소량을 사용해도 큰 살상 효과를 낼 수 있다. 눈에

56 SLBM 발사 시험이 성공하였다는 보도는 미국의 보수 성향 인터넷 매체인 워싱턴 프리비컨(Washington Free Beacon)이 미국 국방 관리들의 말을 인용해 보도한 내용이다. *Washington Free Beacon*, "North Korea Conducts Successful Submarine Missile Test"(January 5, 2016)(http://freebeacon.com/national-security, 검색일 2016. 1. 11.). 바지선에서 실시하였다는 주장은 John Schilling, "North Korea Tests a Submerged-Launch Ballistic Missile, Take Three," 38North(http://38north.org/2016/01/jschilling011215, 검색일 2016. 1. 20.).

도 잘 보이지 않아 적에게 큰 심리적 공포감을 주고, 다양한 장비를 갖추도록 해 전투 효율성을 떨어뜨린다.[57]

북한은 1961년 말 김일성의 '화학화 선언'에 따라 화학 무기를 개발하기 시작하였다. 1989년 이래로 화학 무기를 자체 생산할 수 있었고, 신경성, 수포성, 혈액성 등 다양한 유독 작용제를 대량 생산하였다. 또한 화학전에 대비해서 마스크, 의복, 탐지기, 오염 제거기 등에 상당한 자원을 쏟아부었다.[58]

북한은 최소 8개의 화학 공장에서 화학 무기를 생산하는 것으로 추정하고 있다. 여기서 사린(sarin), 신경가스(tabun), 포스겐(phosgene 질식제), 애덤자이트(adamsite 구토제), 청산(prussic acid) 및 각종 머스터드 가스(mustard gas)를 생산하고 있다고 추정한다.[59] 미국 정보 기관은 북한이 연간 약 8,000톤의 화학 무기를 생산한다고 본다. 이 중 절반은, 화학 무기가 매우 높은 불순화율을 가지고 있기 때문에, 기존에 저장된 것의 교체용으로 사용되고, 나머지 4,000톤 중 30%(1,200톤)는 인민군의 저장고로, 10%(400톤)는 훈련용으로, 5%(200톤)는 연구용으로, 나머지 5%는 버려진다고 보고 있다. 이렇게 생산된 무기는 최소 6개의 주요 저장소에 보관되어 있고, 170여 개의 산악 터널에도 저장되어 있다고 보고 있다.[60] 우리 국방부는 북한이 약 2,500-5,000톤의 화학 무기를 보유하고 있다고 보며, 평시에 연간 4,500톤, 전시에 연간 1만 2,000톤까지 생산 가능하다고 본다.[61]

57 이윤걸(2011).
58 http://www.globalsecurity.org/wmd/world/dprk/cw.htm.
59 이윤걸(2011)에 의하면 북한의 화학 무기에 관한 감독은 인민무력부 총참모부 핵 · 화학방호국이고, 실제 생산과 보관은 제2경제 산하 함흥과학분원 일용국에서 관여한다고 한다. 생산 시설은 평안북도 삭주 청수화학공장 일용 직장, 함경남도 함흥에 있는 제2.8비날론연합기업소 일용 공장 등 12곳이라 한다.
60 http://www.globalsecurity.org/wmd/world/dprk/cw.htm; 국방부(2014), p. 29.
61 한겨레, "북, 화학무기 5천톤 · 생물학무기 13종 보유"(2009. 10. 5.); http://www.globalsecurity.org/wmd/world/dprk/cw.htm.

이러한 화학 무기를 남한과의 전쟁에 사용한다면, 자주포나 박격포 그리고 스커드 미사일을 이용할 수 있다. 특히, 북한이 가지고 있는 120mm와 240mm 다련장 로켓포는 사린가스나 시안화수소(hydrogen cyanide)를 날려 보내는데 매우 효과적이라 한다.[62]

북한은 아직도 화학무기금지조약(Chemical Weapons Convention, CWC)에 가입하지 않았다.[63] 우리는 1993년 서명하였고, 1996년 7월 국회의 비준을 거쳐 발효되었다.

4) 생물 무기

생물 무기는 화학 무기보다 더 두려운 무기이다. 이것은 냄새나 형태도 없어 식별하기 어렵고 화학 무기보다 훨씬 은밀하게 공격할 수 있다. 또한 잠복기가 있어 광범위한 지역에 오랫동안 영향을 미친다. 비용도 매우 적게 들고 살상력은 막강하다. 은닉도 매우 쉽다. 소규모 연구실에서도 생산 가능하며 보유 현황도 파악할 수 없다. 이것 역시 '가난한 자의 핵무기'이다.

그러나 무기로서 문제도 많다. 살아 있는 균이기 때문에 탄두로 만들어 비축할 수 없다. 특정 시점에 필요에 따라 세균을 배양하여 생산하는 무기이다. 또한 세균과 독소는 화학적인 폭발로 쉽게 파괴되고, 공기 중의 자외선과 높은 온도에 살상력이 급격히 줄어든다. 따라서 다련장 로켓이나 탄도 미사일에 장착이 불가능하다. 대부분 자외선이 없는 야간에 특수 부대를 동원해 은밀히 살

62 http://www.globalsecurity.org/wmd/world/dprk/cw.htm.
63 CWC는 화학 무기를 금지하는 국제 협약으로, 정식 명칭은 '화학 무기의 개발, 생산, 비축, 사용 금지 및 폐기에 관한 협약'(Convention on the Prohibition of the Development Production Stockpiling and Use of Chemical Weapons and on Their Destruction)이다. 유엔 사무총장이 이 협약의 수탁자이다.

포해야 한다. 더욱이 이것이 살포된 지역에는 상당 기간 아군도 접근이 불가능하다. 그래서 적군뿐 아니라 아군에게도 영향을 미친다.

북한은 1954년부터 자강도 강계에서 미생물 연구소를 운영하였고, 1966년 세균실과 진균실을 만들었다. 1968년 일본에서 온 조총련계 학자들의 주도로 생물 무기 연구가 이루어졌다.[64] 이후 1980년대부터 김일성의 교시에 따라 세균 무기 개발이 시작되었고, 1990년대 초 여러 개의 북한 의학 기관과 대학들이 탄저, 콜레라, 페스트 같은 병원균을 군사용으로 사용하는 일을 해왔다고 공개되기도 하였다.[65] 북한의 대표적인 생물 무기는 탄저균과 두창(천연두)이라고 알려져 있다. 현재 국방부는 이 밖에도 장티푸스, 이질, 콜레라, 페스트, 브루셀라, 발진티푸스, 유행성출혈열, 황열병, 보톨리늄 독소, 황우독소 등 약 13종의 생물학 작용제 균체를 가지고 있으며, 유사시에 이들 균을 자체 배양하여 생산할 수 있는 능력을 가지고 있다고 추정하고 있다.[66]

북한은 1987년 생물무기금지협약(Biological Weapons Convention, BWC)에 가입하였다. 남한도 같은 해 가입하였다.

제3절 북한의 군사 정책

북한의 군사적 '의도'를 보기 위해 필요한 북한 군사 정책의 특징은 앞의

64 이윤걸(2011).
65 http://www.globalsecurity.org/wmd/world/dprk/bw.htm.
66 한겨레, "북, 화학무기 5천톤 · 생물학무기 13종 보유"(2009. 10. 5.).

제3장에서 북한이 군국주의적 특성을 가진 것을 보았다. 여기서는 앞 절에서 논의한 북한의 군사적 '능력'을 함께 고려하여 북한의 대남한 군사적 의도를 고찰해 보고자 한다.

북한의 군사적 '능력'은 1990년대 초 국제적으로 냉전 구도가 해체되면서 동맹이 약화되었고, 남북 간의 경제 격차가 커지면서 재래식 전력에서 남한에 뒤지게 되었다. 이에 북한은 한편으로 군인 수의 증대와 전진 배치로, 다른 한편으로 대량 살상 무기 개발로 맞서 왔다. 이 과정에서 북한이 보여 준 모습은 마치 고슴도치처럼 외부로부터의 불리한 환경에 잔뜩 몸을 웅크리고 침을 곧추세우고 있다.[67]

이에 대한 해석을 크게 나누면 두 가지이다. 하나는 불변론이고, 다른 하나는 가변론이다. 불변론이란 북한은 자신이 처한 대내외적 여건의 변화에도 불구하고 대남 적화 의지에 전혀 변화가 없다는 해석이다. 즉, 북한은 현재의 불리한 상황을 시간을 두고 바꾸어 가면서, 적화 통일의 기회가 올 때를 노리고 있고, 비록 그런 기회가 오지 않더라도 파멸하였으면 하였지 변화는 불가하다는 해석이다.

가변론이란 경제적·외교적으로 절대 불리한 상황에서 김일성 가계로 이어지는 정권의 생존을 위한 몸부림일 뿐, 대외적으로 정권 안전을 보장해 주면 군사적 신뢰 구축도 가능할 것이며, 이로써 변화를 통한 공존과 협력의 관계가 가능하다고 해석하는 것이다.

67 이춘근(2012), p. 231.

1. 불변론

먼저 북한의 대남 적화 의지에 변화가 없다는 신호들을 보자. 첫째, 대내적으로 아직까지 적화 통일(혹은 '김일성-김정일주의화')을 포기한다는 어떤 가시적 조짐도 없다. 앞에서 보았듯이, 노동당 규약에서도 북한 주도의 통일 목표를 유지하고 있고, 제도적으로 국방위원회를 최고 기관으로 하면서 더욱 군국주의적 특성을 강화하였다. 정책적으로 군사 우선주의인 '선군정치'를 펴고 '강성국가'를 지향하고 있다.[68]

둘째, 김대중 · 노무현 정부의 10년 동안 적극적인 화해 협력 정책에도 불구하고 대남 도발이 멈추지 않았다. 1990년대 후반 북한의 잠수함정이 세 차례나 침투하였다. 1996년 9월 16일 북한의 상어급 잠수함이 강원도 강릉 해안에 침투하였고, 약 2년 후 1998년 6월 21일 북한의 유고급 잠수정이 강원도 양양의 해안에 침투하였다. 그해 12월 또 다시 북한 반잠수정이 전남 여수 돌산도 해안에 침투하였다.

1990년대 후반부터 지금까지 남북 간에 교전이 벌어진 사건도 다섯 차례나 있었다. 1999년 6월 15일 북한 경비정이 NLL을 넘어 이를 저지하는 가운데 북한 해군의 선제공격으로 제1연평해전이 일어났다.[69] 2002년 6월 29일에 역시 같은 이유로 제2연평해전이, 2009년 11월 10일에 대청해전이 발발하였다. 2010년 11월 23일 북한이 연평도에 해안포 및 방사포로 포격 도발을 하자 우리가 대응 사격을 하는 교전이 있었다. 2014년 10월 7일 북한 경비정의 NLL 침범으로 다시 남

68 2010년 조선로동당 규약 전문에서 사용되었던 '강성대국'이란 용어는 2012년 규약에서는 모두 '강성국가'로 바뀌었다.
69 1999년 9월 북한은 인민무력부 성명을 통해 서해의 NLL 무효화를 선언하였다.

북 함정 간 교전이 발생하였다.

최근에도 북한의 도발은 멈추지 않고 있다. 2010년 3월 26일 백령도 서남방 2.5km 해상에서 해군 제2함대 소속 천안함이 북한의 어뢰 공격에 의해 침몰된 것을 비롯하여, 2014년 10월 10일 경기도 연천 일대에 대북 전단 살포용 풍선에 대한 조준 사격이 있었다. 2015년 8월 4일에는 DMZ에서 목함 지뢰 도발이 있었고, 8월 20일에는 대북 확성기를 향해 포격을 가하였고 준전시 상태를 선포하기도 하였다.

셋째, 개혁 · 개방에 대한 부정적 태도이다. 1998년 김대중 정부 출범 이후 시작된 포용 정책에 대해 북한은 이것을 자신의 체제를 무너뜨리기 위한 '트로이의 목마'로 인식하여 소극적으로 대하였으며, 체제에 미치는 영향을 최소화하기 위해 자신에게 유리한 교류만 하려고 하였다. 제한적인 경제 특구도 신의주, 나진 · 선봉, 개성 등 모두 평양과 가장 먼 '꼭짓점' 지역을 선정하였다. 물론 이 지역은 중국, 러시아와 또 남한과 가깝다는 이유도 있지만, 이 모든 지역에 철조망을 쳐 일반 북한 주민의 출입을 제한한 것은 개방에 대한 저항이다. 2008년 금강산 관광객 피격 사건을 처리하는 태도 역시 매우 소극적이었다.

넷째, 이러한 불변론에 가장 강력한 힘을 실어 주는 것으로, 북한의 핵무기 개발에 대한 집착이다. 핵무기 개발에 북한은 사활을 걸었다고 해도 과언이 아니다. 이미 보았듯이 미국의 공습이 언제 있을지도 모르는 상황 속에서도 굽히지 않는 '벼랑 끝 전술'을 펴왔다. 제1차 핵 위기가 고조되던 1994년에도 그랬고, 제2차 핵 위기가 고조되던 2003년에도 그랬다. 이것은 무력으로 현 정권을 붕괴시키지 않는 한, 북한에서 변화를 기대하기 어렵다는 가장 강력한 신호이다.

북한이 핵무기와 미사일에 매달리는 이유는 군사적 목적과 함께 정치적 목적이 있는 것으로 보고 있다. 정치적 목적은 서로 연관된 대외적 · 대내적 목적이 있다.

대외적 목적은 핵 카드를 이용해 미국이 한반도 문제에 개입하지 않도록 하고, 동시에 미국과 관계 정상화를 얻어 내려는 것이다.[70] 북한은 이 두 가지 목적 모두를 핵이 아닌 개혁 · 개방으로도 달성할 수 있다. 오히려 그것이 안전하고 확실한 방법이다. 그러나 이 방법은 곧 통일에서 남한에게 주도권이 넘어가는 것이 되기 때문에 이 방법을 택할 수 없다. 그래서 북한은 미국만 개입하지 않으면 핵무기를 가지고 통일에 주도권을 가질 수 있다고 본다.

대내적 목적은 현 정권의 안보이다. 개혁 · 개방을 하지 않는 북한 정권은 군부에 생존을 의존할 수밖에 없고, 그래서 군부가 원하는 '선군정치'와 '강성국가'를 내걸었다. 선군과 강성에 핵무기는 강력한 수단이다. 이 연장선에서 김정일은 자신의 정책을 가장 잘 유지할 김정은을 후계자로 세웠고, 따라서 북한의 변화란 기대하기 어렵다. 특히, 일부에서는 김정은 시대의 '핵 · 경제 병진노선'은 핵무기가 군사적 목적 이외에 경제적 목적도 있다는 것을 의미한다고 주장한다. 특히, 북한이 잠수함을 이용하여 은밀하게 대량 살상 무기를 판매할 수 있고, 이를 통해 막대한 수익을 얻을 수 있다는 것이다.[71]

북한의 핵무기에 대한 군사적 목적은 대남용과 대미용이다. 대남용은 핵

70 이러한 주장의 근거로 이춘근은 1994년 10월 북미 간 제네바 협상에서 미국에게 자신들이 원하는 6개 항목을 제시하였다. 그것은 ① 북한에 대한 핵 선제 불사용, ② 팀스피리트 훈련 중지, ③ 남한에 대한 미국의 핵우산 제공 중지, ④ 한국 내의 미군 핵 기지 공개, ⑤ 주한 미군 철수, ⑥ 북한 사회주의 체제 인정 등이다(이춘근, 2012, p. 204).

71 정영태 외(2014), pp. 22-24, 78-79. 이들은 핵 개발이 안보와 경제라는 '두 마리 토끼'를 동시에 잡는 수단으로 보고 있다.

무기가 있으면 남한의 억지력을 약화시킬 수 있다. 북한의 재래식 전력은 상대적으로 약화되어 전면전에 취약하다. 따라서 남한이 억지력을 유지할 수 있는 방법은 북한의 기습적 소규모 도발에 남한이 공격적으로 되받아치는 것이다. 이것이 한미연합군 작계5027의 핵심 내용이다. 그러나 이 계획은 북한이 핵무장을 한다면, 북한의 소규모 도발에 핵 공격이라는 위험을 감수하지 않는 한 보복 공격이 어려워지게 되고, 이것은 곧 남한의 억지력 상실을 의미한다.[72] 2010년 천안함 폭침과 연평도 포격은 북한의 핵 능력에 대한 자신감에서 비롯되었을 것이란 견해도 있다.[73]

군사적 목적으로 대미용이란 북한이 핵무기로 미국 본토를 직접 타격할 수 있게 되면, 미국이 한미연합군으로든 혹은 단독으로든 북한에 대한 군사적 제재나 선제공격을 쉽게 결정하지 못하게 만드는 것이다.[74] 여기에 SLBM 마저 추가된다면 선제공격으로부터 핵무기의 일부가 살아남아 제2공격(second-strike) 가능성을 증대시킴으로써 미사일 방어 체계나 '킬 체인'(kill chain)을 무력화시키는 효과를 가져와 강력한 억지력을 가지게 된다. 실제로 2015년 6월 한미 간에는 '작계5027'을 대체하는 새로운 '작계5015'의 서명을 마쳤다고 한다. 이 계획은 북한의 대량 살상 무기를 공격적으로 제거하는 개념이 기조를 이루고 있다고 한다. 즉, 기존 '작계5027'이 전면전을 대비하여, ① 북한군 공격→② 일정한 방어선에서 북한군 진격 저지→③ 미군 증원 전력 전개→④ 한·미 연합군 반격의 개념이라면, '작계5015'는 전면전, 국지전의 확전 및 핵·미사일 공격 위협에 대비하여, ① 북한군 국지 도발→② 북한군의 확전 징후 확인→③ 핵·미

72 이춘근(2012), p. 197.
73 정영태 외(2014), p. 9.
74 정영태 외(2014), p. 8.

사일 기지 등 주요 목표 선제 타격→④ 미군 증원 전력 전개→⑤ 한 · 미 연합군 전면적 반격의 개념이다.[75]

이래서 북한의 핵무기는 협상용이 아니라 그 자체가 목적이었다는 것이다. 이러한 시각을 설득력 있게 주장하고 있는 이춘근의 표현을 빌리면, "북한의 핵 보유는 자신이 통일의 주역이 되겠다는 의도를 군사적으로 표현한 것이다."[76]

2. 가변론

불변론만큼이나 가변론도 설득력이 있다. 첫째, 북한 정권은 1990년대 초 동유럽에서 공산당 정권의 몰락과 동서독의 통일을 지켜보면서 자신의 생존을 위해 남한에게 불가침을 약속받고 싶어하였다. 이것이 1991년 12월 13일의 '남북 사이의 화해와 불가침 및 교류 협력에 관한 합의서'(남북기본합의서)이고, 동년 12월 31일 '한반도 비핵화에 관한 공동 선언'이라 볼 수 있다. 이 두 합의서는 우리가 얻을 수 있는 것은 거의 다 얻은 것이다.

대내적으로 '선군정치', '강성국가'도 불변론과 다른 해석이 가능하다. 즉, 이러한 정책은 곧 정권 붕괴에 대한 불안에서 연유한다는 것이다. 〈표 5-7〉은 1994년 김일성 사망 후 2001년까지 김정일의 전체 공식 활동 대비 군 관련 활동의 비율이다.

75 한겨레, "한 · 미 '작계5015' 한반도 유사시 북핵 · 미사일 선제타격"(2015. 8. 27.). 여기에는 북한의 핵 · 미사일 발사 징후가 포착되면 30분 안에 선제 타격한다는 한국군의 '킬 체인' 개념도 반영되어 있다고 한다. 또한 우리 군은 우리 우위의 비대칭 전략 개념으로 북한이 핵무기를 사용할 징후가 보이면 핵무기 승인권자를 제거한다는 '참수 작전'을 소개하기도 하였다.

76 이춘근(2012), p. 247.

표 5-7 김정일의 전체 공식 활동 대비 군 관련 활동 비율, 1994-2001

	1994년	1995년	1996년	1997년	1998년	1999년	2000년	2001년
비율(%)	5	57	74	67	70	59	29	47

출처: 양운철 외(2011), p. 153.

1994년 김정일의 군 관련 활동은 전체 공식 활동의 4.7%였는데, 이것이 경제적으로 어려워지면서 급격히 증가하다가 2000년 남북 정상 회담이 있은 해에 현격히 줄어들었다. 이것은 2001년 부시 행정부가 출범하면서 다시 늘어나게 되었다. 즉, 이것은 김정일이 정권 안보에 대한 인식이 군대에 대한 의존으로 나타났다는 해석을 가능하게 한다.

둘째, 북한은 통일보다 북한이라는 국가 유지, 구체적으로 김일성 왕조 정권의 안보를 더 중요시한다. 북한은 당장 주권이 합쳐지는 통일보다는 주권 국가들의 연합인 국가 연합과 같은, '낮은 단계의 연방제 안'을 공식적 통일 방안으로 가지고 있다. 2000년 6월 남북공동선언문 2항은 다음과 같이 되어 있다. 북한은 이것을 보장받고 싶어하였다.

> 2. 남과 북은 나라의 통일을 위한 남측의 연합제 안과 북측의 낮은 단계의 연방제 안이 서로 공통성이 있다고 인정하고 앞으로 이 방향에서 통일을 지향시켜 나가기로 하였다.

셋째, 매우 짧은 시기에 제한적이기는 하지만 북한이 개혁에 관심을 가졌던 것은 2002년 7월 1일의 '7.1경제관리개선조치'와 그해 9월 12일의 '신의주 특별행정구 기본법' 제정이다. 며칠 후인 9월 17일 김정일은 북일 정상 회담에서

굴욕적일 수 있는 일본인 납치를 시인하면서, 일본으로부터 경제 지원을 모색하였다. 이러한 노력은, 앞에서 본 것처럼, 2주 후 제2차 북핵 위기가 발생하면서 무산되었다. 2012년 이후 '우리식 경제 관리 방법' 을 아직까지 유지하고 있는 것도 핵무기 개발로 정권 유지에 대한 자신감 때문이라는 해석도 가능하다.

넷째, 그리고 역시 가장 중요한 가변론적 해석은 북한이 처음부터 핵무기 보유를 목표로 한 것이 아니라 체제 보장을 위한 협상의 한 카드였다는 것이다. 실제로 1994년 제네바 합의 당시부터 핵무기 보유라는 원래의 목적을 숨기고 시간을 벌기 위해 미국을 기만하였다고 보기에는 적지 않은 무리가 있다.

또한 2000년도 10월, 당시 북한의 제2인자였던 국방위원회 제1부위원장의 백악관 방문과 올브라이트 미 국무장관의 평양 방문 이후, 예정대로 클린턴 대통령이(혹은 부시 대신 고어가 대통령에 당선되어 그가) 평양을 방문하였다면 북핵 문제가 달라질 수도 있었다는 추정도 무리는 아니다.

북한은 2005년 7월 12일 정동영 통일부 장관이 북한이 2년 이내 핵을 폐기하는 대가로 2008년부터 200만kw 전력 공급을 하겠다는, 이른바 '대북 중대 제안' 후 북한은 그해 9월 19일 핵 폐기와 NPT 및 IAEA 복귀를 약속하는 '9.19공동성명'에 합의하였다. 그 후 이 성명을 이행하기 위해 2007년 2월 13일의 '2.13합의' 도 있었고, 동년 10월 3일의 '10.3합의', 제2차 남북 정상 회담에서 약속한 것도 있었다. 이 모두가 기만술이라고 보는 것 역시 무리한 해석이다.

앞에서 보았듯이 2016년 1월 6일 제4차 핵 실험 후 북한은 이제 핵 개발 중단이나 포기는 있을 수 없지만, "우리의 자주권을 침해하지 않는 한, 먼저 핵무기를 사용하지 않을 것" 이며, "어떤 경우에도 관련 수단과 기술을 이전하는 일은 없을 것" 을 표명하였다. 또한 이 실험 이후 1주일 내내 북한 매체가 미국과

의 평화 협정을 촉구하였다.[77]

이렇게 본다면 북한은 핵 카드를 가지고, 대남 적화 통일을 목표로 하는 것이 아니라, 단지 자신들이 원하는 정권 안보를 얻어 내려는 목표였는데, 이것이 거부당하자 최후의 수단으로 핵무기 개발을 하였다는 해석이 가능하다.

3. 북한의 군사적 의도

『손자병법』의 경구처럼 군사의 영역은 '속임수의 영역'이다.[78] 이 영역에 신의 같은 것은 존재하지 않는다. 유비무환의 정신만이 필요하다. 상대방을 약하게 보고 대비를 소홀히 하기보다는, 비록 자원의 낭비를 감수하더라도 상대방을 강하게 보고 대비를 철저히 하는 것이 옳다. 그래서 적의 모든 행동은 의심해야 하고, 최악의 상황을 가정해야 한다.

억지력을 최대화하기 위해서는 엄포(bluffing)가 필요하다. 언제든 전쟁을 할 각오가 있다는 것을 보여 주어야 한다. 이러한 전략적 측면에서 북한은 남한보다 충실해 보인다. 평화주의자는 억지력에서 절대 약자이다.

적어도 지금까지 북한이 보여 준 현상을 바탕으로 볼 때 북한의 군사적 '의도'는 불변론에 더 가깝다. 그렇다면 우리는 어떻게 대응해야 할까? 북한 정권이 스스로 무너질 때까지 기다리거나, 아니면 더 적극적으로 항복하도록 압박을 해야 할까? 그렇게 하고서도 화해 협력에 필수적인 군사적 신뢰를 구축할 수 있을까? 특히, 북한 주민의 마음을 살 수 있을까? 그들로 하여금 남한과 같은 사

77 연합뉴스, "북 핵 실험 후 7일 연속 미에 '평화협정' 공세…왜 집착할까"(2016. 1. 13.).
78 이춘근(2012), p. 157.

회에 살고 싶게 만들어 우리가 원하는 방식으로 통일을 이룩할 수 있을까? 이 질문들에 대한 답은 제4부에서 논의하기로 한다.

Chapter 6

북한의 경제 개혁 전망

제 1 절 경제 체제 개혁의 정치[1]

북한이 경제 체제를 개혁할 것인지, 한다면 성공할 수 있을 것인지의 문제는 우리의 대북 정책에 큰 영향을 미치는 전제가 된다.[2]

우리는 앞에서 북한이 아직까지 체제 개혁을 하지 않는 이유는 현 집권층이 시장 경제로의 개혁으로 경제난을 극복하면서 동시에 권력을 유지하는, 이른바 '연착륙'이 불가능하다는 판단 때문이라 보았다.

그런데 우리의 '민족 공동체 통일 방안'이 상정하고 있는 평화적·점진적 통일 방법은 북한이 스스로 시장 경제로 체제 개혁을 원하고, 그래서 경제난을 극복하면서 동시에 국가로 존속하는, 이른바 '연착륙'을 할 수 있다는 전제를 가지고 있다. 따라서 만일 북한이 이러한 '연착륙'을 할 수 없다면 그것에 기반한 대북 정책은 오히려 정치·경제적으로 우리에게 더 많은 비용을 초래할 뿐

1 이 장은 저자의 논문(1997), pp. 149-180에 기초하였으나 저서로서의 일관성과 그 사이 변화된 환경을 반영하여 거의 대부분 수정되었음을 밝힌다.

2 일반적으로 개혁(reform)이라는 용어는 체제의 기본 골격을 그대로 둔 채 정책적인 변화를 추구하는 것을 지칭하며, 체제 전환(system transition)이라는 용어는 체제의 기본 구조 자체를 변화시키는 것을 말한다. 구 공산권 국가들의 경제 '개혁' 혹은 '개혁·개방'은 모두 계획 경제에서 시장 경제로의 '체제 전환'이었다. 그러나 이 두 용어를 구분하지 않고 쓰는 일반적 관행 때문에 여기에서도 체제 개혁과 체제 전환을 같은 용어로 쓰고 있다.

이다.

이러한 관점에서 본 장에서는 과거 공산당 1당 독재 국가들에서 나타났던 경제 체제 개혁과 정치적 변화 사이의 상관관계를 분석함으로써 북한의 개혁 문제에 관한 시사점을 얻고, 동시에 적절한 대북 정책 방향을 찾아보고자 한다.

경제 체제 개혁의 시작과 진행 및 파급 효과에 대해 영향을 주는 변수는 크게 미시적 변수인 정치 지도자의 전략적 선택과 거시적 변수인 사회 경제적 제약 조건으로 나누어 볼 수 있다. 그런데 정치 지도자들의 전략적 선택은 제한된 정보 때문에 예측이 어렵다. 반면, 후자의 변수는 유사한 사례를 통해 일정 부분 예측이 가능하다. 그래서 과거 공산권 국가들의 경제 체제 개혁 경험은, 비록 북한의 고유한 특성이 존재하지만, 향후 북한이 취할 수 있는 대안의 종류를 보여 주고, 또 이 대안들을 선택하였을 경우 어떤 결과를 초래할지에 대해 많은 시사점을 제시한다.

구공산권 국가에서 진행되었던 다양한 경험들은 크게 두 부류로 나눌 수 있다. 하나는 구소련 및 동구의 이른바 '개발된 사회주의'(developed socialism) 국가들에서 시도된 구소련 · 러시아형(혹은 러시아 · 동구형)이며, 다른 하나는 중국과 같은 이른바 '개발 도상의 사회주의'(developing socialism) 국가들에서 시도된 중국형(혹은 중국 · 베트남을 포함한 동아시아형)이다. 전자는 정치 개혁과 동시에, 혹은 정치 개혁을 통해, 급진적인 경제 체제 개혁을 이행하는 이른바 '이중 전환'(dual transition)을 시도한 모형이며, 후자는 정치 체제는 그대로 두고, 또한 대부분 같은 정치 지도부에 의해, 경제 체제만 점진적으로 전환시킨 모형이다.[3]

3 '이중 전환'이란 엄밀히 말해서 정치 개혁을 먼저하고 경제 개혁을 시작하는 전략이다. 그러나 정치 개혁이 단시일에 이루어질 수 없고, 경제 개혁 역시 장기적인 과정이기 때문에 이 두 과정은 동시에 지속될 수

제2절 경제 체제 개혁의 모델

1. 소련 · 러시아형

1) 개혁 이전의 경제 구조 및 환경

개혁 이전 소련의 경제 체제는 통제 경제 체제였다. 이 체제는 스탈린에 의해 1928년 말부터 수립되기 시작하였으며, 1930년대 중반에 거의 완성되었다.[4] 이것은 '유사 전시 경제 체제'(war economy sui genre)로서 생산 수단의 공유, 계획에 의한 자원 분배, 공산당의 지도에 의한 정치 논리 우선, 평등주의적 임금 체계, 폐쇄 경제, 중공업 우선 정책, 체제 수호를 위한 과도한 군사비 지출 등의 특징을 가진다.

이러한 체제를 통해 소련은 산업화에 성공하였으며, 제2차 세계 대전에서 연합군을 승리로 이끄는 데 지대한 공헌을 하였다. 냉전이 정점을 이루던 1960년대 초, 소련의 경제 발전 모델은 제3세계의 많은 국가들에게 서방 선진국의 모델과 다른 또 하나의 대안으로 자리잡았다. 소련은 1961년 10월에 작성된 제3차 당 계획에서 1970년대에 1인당 생산성에서 미국을 앞지를 수 있다고 장담하였다. 그러나 바로 이 시점부터 소련의 경제 성장률은 둔화되기 시작하였고, 출처에 따라 조금씩 다르지만 〈표 6-1〉에서 보는 바와 같이 1970년대 말에 이르러 침체로 접어들기 시작하였다.

밖에 없다.

4 이것에 관한 상세한 논의는 Alec Nove(1969) 참조.

표 6-1 소련의 경제 성장률, 1961-1985

(단위: %)

연도	1961-1965	1966-1970	1971-1975	1976-1980	1981-1985
공식 통계	6.5	7.8	5.7	4.3	3.6
셀류닌, 카닌*	4.4	4.1	3.2	1.0	0.6
미국 CIA 추정**	5.1	5.0	3.0	2.3	2.0

주: * 이 자료는 소련 경제학자인 셀류닌(Selyunin)과 카닌(Khanin)의 계산이다.
출처: Anders Aslund(1989), p. 15.

이러한 침제의 원인은 제4장에서 보았듯이 대부분 체제의 구조에서 연유하였다.[5] 이와 같은 구조적 문제를 해결하기 위해 흐루시초프(Nikita Sergeyevich Khrushchov)에 의해 부분적인 개혁이 시도되었지만, 그의 실각으로 다시 원상태로 복원되었다. 그 후 코시긴(Aleksey Nikolayevich Kosygin)에 의해 부분적인 개혁이 다시 시도되었으나, 역시 원상태로 복원되고 말았다. 18년을 집권한 브레즈네프(Leonid Ilich Brezhnev)는 경제 성장이 급격히 둔화되었음에도 불구하고 이에 대해 아무런 조치도 취하지 않았으며, 고르바초프(Mikhail Sergeyevich Gorbachev)가 집권한 1985년까지 이 체제의 기본 골격이 그대로 유지되었다.

2) 경제 개혁의 추진 과정

가. 소련의 개혁 시도: '이중 전환'의 시도와 개혁 지도부의 몰락

1985년 3월 고르바초프는 공산당 서기장이 되면서 바로 경제 개혁의 필요성을 표출하였으나 초기에는 전임자인 안드로포프(Yury Vladimirovich Andropov)가 시행하였던 규율 강화를 시도하였다. 그러나 이 방법으로 경제 상황은 전혀 개

5 이 체제가 침체하게 된 구조적 요인은 제4장에서 다루었으므로 참조할 것.

선되지 않았다. 이로써 그는 '페레스트로이카'(perestroika, restructuring, 개혁)를 외치며 당 관료들을 독려하였다. 이 방법 역시 전혀 도움이 되지 않았다. 1987년 1월 공산당 중앙위원회 전원 회의에서 고르바초프는 최초로 소련 경제를 '위기'로 표현하였고, 근본적인 원인을 체제에 돌렸다. 그는 바로 이 체제가 '사회적 문제에 귀를 막고 있으며', 이것이 정실주의와 부패를 조장한다고 비난하였다.[6]

이 시점부터 고르바초프는 공산당 중심의 상부 명령에 의한 개혁에서 대중의 압력에 의한 개혁으로 경제 개혁의 방법을 바꾸었다. 이러한 방법이 바로 '개방'(glasnost, openness)과 '민주화'(democrakatizatsia, democratization) 정책이다. 이 정책에 따라 고르바초프는 체제 비판을 허용하였으며, 공산당원의 충원 기준에서 개혁성을 중시하였고, 정치 권력을 공산당에서 정부로 이양시키기 시작하였다. 보다 중요하게 인민대표회의(USSR Congress of People's Deputies)를 만들고, 복수 후보 중에서 선출되도록 하였다. 이것이 이전의 다른 사회주의 국가들의 개혁과 근본적으로 다른 점이었다. 후술하겠지만, 이것이 중국의 개혁과 뚜렷이 구별되는 점이다. 이때가 '이중 전환'의 시작이라고 볼 수 있다.

이러한 정치 개혁을 통해 고르바초프는 사적 경제 활동 허가, 기업별 책임 채산제, 사기업 허용 등과 같은 경제 개혁에 관한 3개의 기본적인 법령을 제정하였고, 이를 시행하기 위해 12개의 포고령을 내렸다.[7] 이러한 법령들은 과거의 행정적인 개선 수준의 경제 정책에서 체제 자체에 대한 개혁을 위한 것임에 틀림없었다. 그러나 이 법령들은 집행되는 과정에서 당 및 국가 관료들의 저항

6 *Pravda*(January 28, 1987).

7 3개의 법령은 1986년 말에 제정된 사적인 경제 활동을 허용하는 개인노동관계법(Law on Individual Labor Activity), 1987년에 제정된 기업의 경영을 개선하기 위해 기업별 책임 채산제와 책임 경영을 구현하기 위한 국영기업법(Law on State Enterprise), 실질적으로 사기업을 인정한 획기적인 협업법(Law on Cooperatives)이다.

으로 거의 효과를 내지 못하였다. 또한 고르바초프는 소련 경제를 대외에 개방하기 위해서 대외경제부를 신설하였고, 이를 통해 루블의 태환성 확보, GATT 가입, 유럽경제공동체와의 관계 개선 등을 모색하였지만, 역시 그 어느 것도 실현시킬 수 없었다. 농업에 대한 개혁에서도 고르바초프는 농지의 임대를 법령화하기 위해 1987년에 한 차례, 1988년에 두 차례 시도하였으나 실패하였다. 이 법령은 1989년 3월 획기적인 정치 개혁이 실현된 시점에서야 겨우 이루어졌지만 지방 관료들의 저항으로 집행되지 못하였다.

1989년 복수 후보를 바탕으로 선거에 의한 인민대표회의 구성이라는 획기적인 정치 개혁을 시작하던 고르바초프는 예기치 않은 복병을 만나게 되었다. 그것은 바로 민족 단위로 구성된 각 공화국의 주권 회복 운동이었다. 비교적 자유스러웠던 선거 유세 과정에서 후보자들은 과거의 모든 잘못을 소련공산당과 중앙 정부에 돌렸고, 유권자의 지지를 얻고자 민족주의에 호소하게 되었다. 이와 같은 정치적 공격에 밀려 경제 개혁은 전혀 진척을 보지 못하게 되었다.

이를 해결하기 위해 고르바초프는 1990년 11월 15개의 연방 구성 공화국에 제한적인 주권을 허락하는 '연방 조약'(Union Treaty)을 제의하였으나 거절당하였다. 이에 이듬해인 1991년 4월 노보-오가레보 회담에서 고르바초프는 재정권을 포함한 많은 권한을 러시아공화국의 대통령인 옐친(Boris Nikolayevich Yeltsin)에게 위임하겠다고 약속함으로써, 8월 20일 이 조약에 대한 서명이 예정되어 있었다. 이 서명이 있기 하루 전 보수주의자들에 의한 쿠데타가 발발하였다.

요약하면, 고르바초프의 전략은 정치 개혁을 통한 경제 개혁이었다. 정치 개혁에서 그는 많은 것을 이루었다. 그러나 경제 개혁에서는 1921년에 시작된 레닌의 '신경제 정책'(New Economic Policy, NEP) 수준도 벗어나지 못하였다.[8]

고르바초프가 어렵게 제정한 법률은 집행되지 않았고, 이를 보완하기 위한 많은 계획들도 논의만 무성하였을 뿐 이행된 것은 거의 없었다. 진정한 의미에서의 경제 체제 개혁은 소련 와해 후 러시아에서 옐친에 의해 시행되었다.

나. 러시아의 경제 개혁

1991년 8월의 불발 쿠데타 이후 실질적인 권력을 장악한 옐친은 그해 10월 러시아 인민대표회의에 경제 개혁 프로그램을 제시하였고, 이것은 다음 달 압도적인 지지로 통과되었다. 그는 이 계획을 추진하기 위한 비상 대권까지 부여받았다. 이 프로그램은 가격 자율화, 시장 가격에 의한 생산성에 따른 임금 지급, 조세 제도의 개선, 균형 예산, 루블화의 안정 및 태환성 확보, 기업의 사유화, 국가 및 집단농장의 사유화, 군수 산업의 민수화, 수출입 자유화, IMF 가입 등 거의 경제 전반에 걸친, 이른바 '충격 요법'(shock therapy)으로 불린 급진적인 것이었다.[9] 이 프로그램은 1992년 새해로 접어들면서 곧바로 대통령령에 의해 시행되었다.

그러나 이 개혁은 보다 구체적인 법안의 작성 과정으로 들어가면서 저항을 받게 되었다. 이 저항은 개혁의 시작을 지지한 의회에서, 그리고 집행부 내에서도 집요하게 나왔고, 옐친은 결국 개혁의 속도를 늦출 수밖에 없었다. 사실 러시아에서 급진적인 개혁은 1992년 1월부터 4월까지이며, 그 이후부터 지속적

8 1917년 볼셰비키 혁명 후, 러시아 혁명 정부는 제1차 세계 대전 종전 협상에 들어갔고, 1918년 3월 종전과 함께 철군하였다. 이때 귀국한 제정러시아 귀족 중심의 군인(백군)과 혁명군(적군) 사이에 내전이 일어났고, 이때부터 '전시 공산주의'가 시행되었다. 이로 인해 1921년 무렵 소련 경제는 붕괴 직전 상태에 도달하였다. 1921년 3월 내전이 일단락되면서 사회주의 정책으로부터 후퇴해야 할 필요성을 느꼈고, 이에 따라 제10차 당대회에서 '신경제 정책'을 단행하였다. 내용은 대부분의 농업 · 소매업 · 소규모 경공업 분야에서 사적 소유와 경영을 허용하는 것이었다.

9 Keith Bush(1991), pp. 1-5.

표 6-2 러시아 개혁 초기 주요 경제 지표

경제 지표	1991년	1992년	1993년	1994년	1995년	1996년	1997년
순GDP 성장률(%)	−5.0	−14.5	−8.7	−12.6	−4.0	−6.0	0.9
소비자 가격 상승(%)	93	1,354	876	307	198	48	19
인구(백만 명)	148.5	148.3	148.2	148.0	148.1	148.0	−
환율(미화 $1.00)	22	220	932	2,191	4,558	5,121	5,900

출처: Economist Intelligence Unit(1997), pp. 5, 11.

인 타협이 이루어져 어느 정도 점진적 개혁의 성격을 띠게 되었다.

개혁의 과정에서 옐친은 의회를 강제로 해산해야 하였고, 새로운 의회의 구성과, 강력한 대통령 중심제의 새로운 헌법을 만들기도 하였다. 이러한 우여곡절을 겪은 러시아의 개혁이 가져다준 결과로서 주요 경제 지표를 보면 〈표 6-2〉와 같다.

이 표에서 보듯이 개혁 직후 러시아의 경제는 개혁 이전보다 훨씬 심각한 침체를 겪게 되었다. 이러한 극심한 침체는 1997년도에 멈추었지만 그 이듬해 다시 모라토리움을 선언하는 등 −4.6%의 성장률을 보였고, 1999년 이후부터 경제가 회복된다. 1992년 소비자 가격은 연간 상승률이 1,354%라는 살인적인 상태였다. 루블화의 가치 역시 끝없이 추락하였고, 이것이 결국 1998년 1,000분의 1로 디노미네이션(denomination)하게 만들었다.

3) 소련 및 러시아 경제 개혁의 특징

가. 전략적 선택의 제약 조건

소련의 개혁 지도부가 경제 체제 개혁의 전략을 선택하는 데 주어진 환경에서의 제약 조건은 크게 여덟 가지로 나누어 볼 수 있다. 첫째는 경제 체제의 안정성이다. 소련이 통제 경제 체제를 가졌던 기간은 60년이 넘는다. 이 체제는 그 동안 수차례의 개혁 시도에도 불구하고 개혁에 저항하는 강인한 복원력을 가지고 있었다. 고르바초프가 개혁을 외치던 1980년대 중후반경 소련에는 이미 시장 경제를 경험한 세대가 없어졌고, 따라서 통제 경제 체제는 대다수 인민들에게 유일한 체제로 인식되어졌다. 특히, 장기간 브레즈네프 치하에서 각인되어진 '생활 보장, 직업 보장, 평등주의'라는, 이른바 '브레즈네프 사회 계약'의 내면화가 이루어졌다. 따라서 능력과 노력에 따라 보상받는 시장 체제는 많은 대중에게, 특히 경쟁에 약한 사람들에게는 부담이 되는 체제로 여겨졌다.

둘째, 보다 중요하게 이러한 장기간에 걸친 안정된 경제 체제는 소련 사회 내에서 경제적 엘리트와 정치적 엘리트의 수렴을 낳았으며, 이로써 지배 계급(nomenklatura)과 피지배 계급의 구분이 명백해져, 엘리트와 대중 간의 계층 간 경직성이 강화되었다. 이와 같은 상황에서 체제 개혁은 엘리트에게, 거의 보장되어 있는 정치 · 경제적 특권을 불확실성에 맡기는 결과를 가져다주며, 이것은 엘리트가 개혁에 저항하는 결과를 낳았다.

셋째, 경제 구조의 선진성이다. 1930년대 소련의 '대약진운동'은 급격한 산업화를 이룩하게 하였으며, 1980년대에 이르러 소련은 이른바 '개발된 사회주의' 체제로써 인구 대부분이 제2, 3차 산업에 종사하는 선진형 경제 구조를 가지고 있었다. 1985년 소련에서 농업에 종사하는 인구가 전체 인구의 19.5%에 불과하였으며, 농업이 국민 소득(net material products, NMP)에 공헌한 부분도 역시 19.5%에 불과하였다.[10] 이것은 경제 체제 개혁이 보다 광범위한 구조 개혁을 필요로

10 IMF, World Bank, OECD, and EBRD(1991), pp. 86, 101. 사회주의 경제의 경제 총량 지표는 자본주의

하며, 따라서 보다 많은 비용을 요구한다는 것을 의미한다. 고용 부문에서도 농업에서 공업으로 자연스러운 충원이 아니라, 한 산업에서 새로운 산업으로 이전하기 위해 재훈련을 받아야 할 인구가 상대적으로 많다는 것을 의미한다.

넷째, 개혁 당시의 경제 상황이다. 소련의 개혁 시점은 바로 경제 상황의 심각성을 깊이 인식한 시점이었다. 이러한 상황에서 생산과 분배 체계를 혼란시키는 체제 전환은, 비록 그 전환이 성공적이라 하더라도, 이른바 'J-곡선', '전환의 계곡', '눈물의 계곡' 등으로 일컬어지는, 일시적인 생산 감소 현상을 겪게 될 수밖에 없다.[11] 이로 인해 경제는 더욱 어려워지고 이것은 체제 개혁에 대한 대중의 민주적인 지지 기반 확보를 어렵게 한다.

다섯째, 군사 부문의 비대화이다. 개혁 시작 당시 소련의 군사비 지출은 GNP의 22-30%에 달한 것으로 추정되었다.[12] 이러한 군사비의 비대화는 경제의 효율화에 역행한 큰 원인 중 하나이며, 또한 이것은 군수 산업을 민수화해야 하는 개혁의 과정에서 군부의 저항을 받을 수 있는 소지를 제공한다. 특히, 민군 관계에서 민의 우위가 확보되지 않은 공산당 1당 체제 하에서 이러한 군의 저항은 개혁을 보다 어렵게 한다.[13]

여섯째, 정치 체제의 안정성이다. 소련의 정치 체제는 후진국의 현대화에 '가장 적절한 모델'이라고 평가되었을 만큼 안정성을 유지하고 있었다.[14] 이러

경제와 다르게 사용되었다. NMP는 자본주의 경제의 국민 순생산(Net National Products, NNP)과 비슷한 개념이다.

11 이에 관한 논의는 Ralf Dahrendorf(1990), Adam Przeworski(1992) 참조.

12 계획 경제 체제에서 정확하게 군사비를 측정해 내는 것은 거의 불가능하다. 비록 미국 CIA는, 당시 소련이 GNP의 15-17%를 군사비로 사용하고 있는 것으로 추정하였으나, 소련 내의 학자들은 예외 없이 이보다 훨씬 높게 잡고 있었다(Aslund, 1989, p. 15).

13 소련의 민군 관계에 대해서는 Timothy J. Colton and Thane Gustafson, eds.(1990) 참조.

14 Samuel P. Huntington(1968), p. 137.

한 안정성은 관료주의를 낳았고, 또한 이것은 개인에 의한 지배보다 제도에 의한 지배가 정착되어 있음을 의미한다.[15] 이러한 안정성은 정치 지도부가 획기적인 정책을, 특히 특권 관료들의 이익에 반하는 정책을 수행하기에는 많은 한계점을 노출할 수 있는 환경을 제공한다.

일곱째, 문화적 근접성이다. 소련은 방대한 유라시아 대륙을 차지하고 있었지만 언제나 유럽의 일부라 생각하고 있었고, 특히 고르바초프는 소련을 서방 국가들과 동일화하려고 노력하였다.[16] 서방 국가들의 산업화는 국가가 주도하기보다 민간 경제를 중심으로 이루어졌고, 이러한 역사적 전통은 소련의 개혁 정책이 보다 급진적 정책을 시도하게 하는 주요한 간접적 원인이 되었다.

마지막으로 국제적 조건이다. 소련은 냉전의 한 축으로 미국을 비롯한 시장 경제 체제를 가지고 있는 국가들과 제로섬(zero-sum)적인 대립을 하고 있었고, 소련의 많은 보수 엘리트가 고르바초프의 개혁에 동참한 이유는 소련이 개혁을 통해 미국과의 경쟁에서 뒤지지 않기 위해서였다. 이러한 상황은 시장 경제로의 개혁을 위한 서방 국가로부터 도움을 받기 어려운 환경을 만들었다. 실제로 고르바초프의 개혁은, 특히 초기에, 국력의 증대를 통해 미국과 경쟁하려는 의도로 미국에게 비쳐졌으며, 따라서 미국을 비롯한 서방 국가들의 지원을 거의 받지 못하였다. 이러한 환경은 경제 개혁의 큰 몫을 차지한 대외 개방 문제에 많은 한계를 노출하였다. 개혁 이전 소련의 경제는 자급자족의 경제라고 말할 수 없지만 대외 경제 관계는 대부분 CMEA 국가들에 한정되어 있었다. 따라서 대외 개방에 대한 서방의 소극적인 태도는 소련의 경제 개혁에 어려움을

15 Alec Nove(1986), Jerry F. Hough and Merle Fainsod(1979) 참조.
16 Mikhail Gorbachev(1988b).

가중시켰다.

나. 전략적 선택의 결과

소련이 선택한 '이중 전환' 전략은 정치 · 경제적으로 엄청난 파급 효과를 가져왔다. 첫째, 개혁을 시작한 지도부가 개혁의 과정에서 권좌에서 물러났다. 많은 학자들은 권위주의 체제에서 민주주의 체제로의 전환은 하나 이상의 정치인을 필요로 한다고 보고 있다. 이것은 비록 그가 개혁은 시작하였지만 그를 권좌에 오르게 한 체제가 민주 체제가 아니었기 때문에 대중적 검증을 거치지 않는 한 태생적 한계를 가질 수밖에 없다는 이유 때문이다. 이 점은 고르바초프가 1990년 3월 소련인민대표회의에 의해 대통령으로 선출되었던 상황과 옐친이 이듬해 6월 국민의 직접 투표에 의해 선출되었던 것을 비교해 보면 명백해진다.[17] 옐친의 바로 이 점이 그해 쿠데타를 저지할 수 있었던 원동력이 되었다.

둘째, 체제 자체의 붕괴에 의한 국가 기능의 허약화이다. '이중 전환'이란 본질적으로 정치 체제의 변화를 의미한다. 따라서 구정치 체제가 붕괴하는 것은 당연하다. 그러나 이러한 체제의 전환은 단기적으로 기존의 관료 체제를 약화시키고, 이것은 다시 개혁 정책의 집행에 필요한 효율성을 저하시킨다. 개혁적인 법령과 대통령령이 만들어졌으나 실제로 이들은 거의 집행되지 않았다.

셋째, 개혁에 필요한 정책이 정치적 흥정과 타협으로 일관성을 잃었다. 앞에서 보았듯이 고르바초프의 개혁 정책은 말할 것도 없고, 확고한 지지 기반을

17 1990년 3월에 개정된 소련의 헌법은 소련의 대통령을 "모든 국민의 보통 · 평등 · 직접 · 비밀 선거에 의해 5년의 임기로 선출한다"라고 되어 있었으나(제127조 제1항), 첫 대통령만은 예외 규정(제171조)으로 인민대표회의에서 간접 선거를 통해 선거하도록 되어 있었다. 만일 고르바초프가 이 예외 규정을 만들지 않았다면, 상황은 달라졌을 수도 있었다.

가지고 있었던 옐친조차도 개혁이 시작되면서 많은 타협을 해야 하였으며, 초기의 정책은 예외 없이 모든 분야에서 후퇴하게 되었다. 특히, 개혁의 초기에 나타나는 생산 감소 현상에 편승한 보수 엘리트의 '민주적' 저항에 타협하지 않을 수 없었으며, 이것이 바로 동구의 경우 많은 개혁 초기 지도자들이 재선에서 당선하지 못한 이른바 '역도미노' 현상의 원인이 되었다.

마지막으로 앞의 〈표 6-2〉에서 보았듯이, '이중 전환'은 개혁 초기에 경제 부문에서 매우 부정적 파급 효과를 가져온다. 이러한 현상은 이른바 '충격요법'을 사용한 모든 동유럽 국가에 공통적으로 나타났으며, 이것은 다시 정치 체제가 민주화되어 가는 상황에서 개혁을 시작한 정치 지도자에게 치명적인 부정적 영향을 주게 된다.

2. 중국형

1) 개혁 이전의 경제 구조 및 환경

1949년 국민당 장제스(蔣介石) 정권과의 긴 투쟁에서 승리한 마오쩌둥(毛澤東)은 '신민주주의' 정책에 따라 상당 기간 민족 자본에 입각한 상공업의 사유를 인정하였으며, 국유의 사회주의 상공업과 공존시켜 왔다.[18] 그러나 1954년부터 마오쩌둥은 점진적으로 사기업을 '공사 합동 경영'의 모형으로 국유화하기 시작하였고, 1956년에 이르러 국유와 다름없는 공사 합동 경영 기업이 32.5%, 국영 기업이 67.5%를 차지함으로써 실질적으로 모든 기업이 국유화되었다.[19] 이때부터 모든 기업의 생산은 국가의 계획에 의해 이루어졌다.[20]

18 모택동은 1950년 6월 중국공산당 제7기 제3차 중앙위원회 전체 회의에서 당시 상황에서 자본주의를 소멸시키고 사회주의를 곧 실현할 수 있다는 주장을 비판하였다(한동훈 譯, 1996, p. 66).

당시 중국은 90%의 인구가 농업에 종사하는 농업 국가였다. 중국의 농업은 공산당 정권 수립 이후 '과도기총노선'에 따라 토지 개혁을 실시하였고, 이를 바탕으로 농업 생산은 가족 경영을 기초로 하는 '생산호조합작'(生産互助合作) 방식과 집단농장화된 '농업생산합작사'(農業生産合作社)의 두 가지 방식으로 나뉘어 있었다. 토지 개혁 초기에는 전자의 방식이 우선하였으나 1956년 말에 이르러 거의 모든 농업이 후자의 방식으로 바뀌었다. 이러한 농업 생산 방식은 소련 모형을 따라 1958년에 시작된 '대약진운동'(大躍進運動)의 일환으로 그해 내에 모든 농업을 국가 농장인 인민공사에 편입시켰다. 이로써 완전한 농업의 국유화가 이루어졌다.

중국이 계획 경제 체제를 수립한 이후부터 점진적인 개혁을 시작한 1978년까지의 주요 경제 지표는 〈표 6-3〉에서 보는 바와 같다. 이 표에서 보듯이, 중국 경제는 26년간 연평균 성장률이 6%로 당시의 주변국에 비해 결코 낮지 않은 수준이다.[21] 그럼에도 불구하고 중국이 경제 개혁을 실시한 이유는 다음과 같다.

첫째, 낮지 않은 성장률에도 불구하고 당시 중국의 경제는 세계 최저 소득 국가 중의 하나였다. 그래서 빠른 성장률은 초기의 경제 수준이 매우 낮았기 때문이다. 1952년 중국의 1인당 국민 소득은 미화 52달러에 불과하였고, 1978년에도 220달러에 불과하였다.[22] 이에 비해 거의 같은 수준에서 출발한 대만, 한국,

---

19 '공사 합동 경영' 방식은 사기업주에게 투자분만큼의 고정 이자를 지급하는 방법으로 기업의 경영권을 뺏은 것이다.

20 실제로 중국의 제1차 5개년 계획은 소련의 도움을 받아 만들어졌다. 이 계획은 실제로 1951년에 작성하기 시작하였고, 1955년에야 완성되었으며, 실제 계획 기간은 4년이다(한동훈 역, 1996, pp. 48-49).

21 제2차 5개년 계획의 마이너스 성장은 대부분 이 기간 중에 일어난 '대약진운동'의 혼란에 기인하며, 이 기간 중 중국은 엄청난 기아를 경험하였다. 1959-1961년 사이 3년 동안 아사자 수는 정부 추산 1,500만 명이고, 학자들의 추산은 3,000만 명에서 최대 4,000만 명에 이른다.

22 이 금액은 공식 환율을 사용한 것이다(World Bank, 1992, p. 184).

표 6-3 중국의 연평균 경제 성장률, 1952-1978

(단위: %)

기간	연평균 성장률
제1차 5개년 계획(1952-1957)	9.1
제2차 5개년 계획(1958-1962)	-2.2
경제 조정기(1963-1965)	14.9
제3차 5개년 계획(1966-1971)	6.9
제4차 5개년 계획(1972-1975)	5.5
1976-1978 평균	5.8
1952-1978 평균	6.0

출처: 한동훈 역(1996), p. 81.

홍콩, 싱가포르 등 소위 '동아시아 네 마리 용'의 경제 성장률은 중국을 훨씬 앞서고 있었다.

둘째, 초기 산업화로 중공업 부문은 진전을 보았으나 수억 인구의 의식주가 제대로 해결되지 않는 상황이었으며, 특히 1966년에서 1976년까지에 걸친 문화대혁명 기간 중에 겪은 경제 침체와 사회적 혼란에 대한 경험은 이념주의(紅)에서 실용주의(專)로 전환해야 할 필요성을 느끼게 만들었다.[23]

셋째, 1969년 소련과 국경 충돌로 중국은 안보에 위협을 느꼈고, 이것은 서방권과 관계 개선의 확대와 근본적 경제 개혁을 통한 현대화의 필요성을 절실히 느끼게 하였다.

넷째, 이러한 시대적 필요성이 실용주의자인 등소평을 다시 권좌로 복귀하게 하였고, 그의 권력이 확고해짐에 따라 강력한 통제력을 바탕으로 경제 개혁 추진에 대한 자신감이 확보되었다.

23 Harry Harding(1987).

따라서 중국의 경제 개혁 원인은 체제에 대한 불신에서 연유한 소련의 개혁 원인과 다르며, 오히려 기존 중국공산당의 정통성을 확인하고, 중국 사회주의 정치 체제를 더욱 공고히 하는 데 두고 있었다.

2) 경제 개혁의 추진 과정

소련은 경제 개혁의 이슈가 최대의 정치적 이슈였고, 이로써 개혁 정책이 정치적 타협과 흥정의 대상이 되었던 것에 반해, 중국의 개혁은 밖으로 드러나지 않았다. 마오쩌둥이 사망한 지 2년째 되는 1978년 말 제11차 중앙위원회 제3차 전체 회의에서 덩샤오핑(鄧小平)을 위시한 개혁파가 주도권을 잡았으나, 시장 경제라는 말도, 이에 대한 법안도 제출된 바 없었다.[24] 최초의 개혁으로 시도되었던 '농가청부생산책임제'(家庭聯産承包責任制)조차도 어떠한 법령의 발표도 없이 이루어졌다.

또한 중국의 개혁은 비록 공산당이 주도하였지만, 대부분 일부에 한정된 지역적인 시험을 통해 이것이 점차 번져 나가는 방법을 통하였다. 따라서 소련이 중앙 집권적 개혁을 추진한 반면 중국은 지방 분권적인 개혁을 실시하였다. 최초의 농업 개혁도 선전(深圳) 지방에만 한정되어 이루어졌으며, 이것이 성공한 후에야 다른 지역으로 서서히 확산되었다.[25]

따라서 중국의 개혁은 점진적으로, 그리고 부분적으로, 농촌 부문의 개혁에서 출발하여 산업으로 소리 없이 번져 나갔다. 이러한 대내 개혁과 병행해서

24 중국 정부는 자신들의 개혁 목표가 시장 경제 체제라는 것을 개혁이 시작된 후 14년이 지난 1992년에야 처음 공식적으로 밝혔다. 물론 이 시장 경제 체제도 "사회주의 시장 경제 체제"라고 정의하였다(Peter M. Lichtenstein, 1991).

25 중국의 개혁이, 비록 중단된 적은 없었지만, 중대한 위기에 처한 때는 1989년 '천안문 사태' 이후 보수주의자가 세력을 다시 얻었을 때였다. 그러나 이 위기도 등소평이 가진 절대적 권력에 의해 넘길 수 있었다.

대외 개방도 지속적으로 추진하였다.

가. 농업 부문의 개혁: 1979-1984

1979년부터 실시된 중국의 개혁은 농업 부문 및 농촌 지역을 대상으로 집중적으로 이루어졌으며 당시 중국의 경제 성장을 주도하였다.[26] 농업 개혁의 내용은 생산자에 대한 인센티브를 제공하기 위한 인민공사의 해체와 '농가청부생산책임제'의 채택, 농업 부산품 가격의 부분적 자유화, 농촌 공업의 육성을 골자로 하고 있다. '농가청부생산책임제'란 과거의 인민공사에 기초한 집단 농업에서 탈피하여, 소규모의 집단 혹은 개별 농가 단위로 농지를 할당하여 장기 임대 방식으로 경작케 하며, 생산물의 일정량을 공정 가격으로 정부에게 판매하고 그 초과분은 자유 시장에서 판매할 수 있게 한 제도이다. 중국의 공식 통계에 의하면, 1979년부터 1984년까지 이러한 개혁을 통해 농업 총생산의 증가는 42.23%, 연평균 증가율은 6.05%에 달하였다. 또한 농촌집체기업(鄕鎭企業)을 확대시켜 농촌의 잉여 노동을 흡수하고 농업 생산물의 가공 등을 통해 농촌 지역의 경제 성장을 촉진시켰다. 이에 따라 개인 및 외국인 기업의 농촌 지역에 대한 투자가 점차 확대되었다.

나. 산업 부문의 개혁: 1985년 이후

중국은 제2단계 개혁으로, 1984년 제12기 중앙위원회 제3차 전체 회의에서 개혁의 중점을 농업 부문에서 도시 산업 부문으로 전환하였다.[27] 이것은 과거

26 농업 부문의 개혁에 관한 논의는 Elisabeth J. Perry and Christine Wong, eds.(1985)의 Part I 참조.
27 물론 이것이 이전에 산업에 대한 개혁이 전혀 없었다는 것은 아니다. 중국은 1979년에서 1984년 사이 국유 기업에 대한 '권한의 하향 이양과 이익 유보'라는 개혁을 실시하였다. 즉, 기업별 생산성에 따라 임금

의 고도로 집중된 계획에 의한 자원 분배 제도를 개혁한 것으로써, 그 특징은 종전의 '지령성 계획'(mandatory planning)에서 '지도성 계획'(guidance planning)으로 바꾼 것이다.[28] 이때부터 이중 가격 제도가 실시되었다.

1986년부터 국영 기업의 개혁에 관한 논의가 진행되어 왔고 중소규모의 기업은 '기업청부경영책임제도', 일종의 리스 제도인 '개체호 제도', 사영 기업 제도 등이 실시되었다. 그러나 대규모 국영 기업들에 대한 개혁은 대규모 실업과 생산에 있어서의 파급 효과를 염려하여 아주 점진적으로 이루어졌다.

다. 대외 개방

중국 경제 개혁의 성공에 대외 개방은 큰 공헌을 하였다. 1978년 등소평이 물려받은 중국의 경제는 소련과 같은 폐쇄 경제 체제였다. 이와 같은 환경에서 대외 개방은 자본 부족과 기술의 낙후, 국내 불완전 고용 등과 같은 문제의 해결에 직접적인 도움이 되었다.

중국의 대외 개방 역시 순차적 개혁으로써 경제 특구의 점진적인 확대를 통해 진행되었다. 먼저 연해 지역을 시작으로 개방이 이루어졌고, 다시 여타 국경 지역으로 확대되어 나간 후, 서서히 내륙 지역으로 그 범위를 확대하였다.[29] 1989년 천안문 사태로 대외 개방이 다소 주춤하였으나, 1990년 후반 일본을 비

인상, 보너스 지급, 이윤 유보를 실시하여 생산 의욕을 높이고자 하였다. 그러나 이러한 개혁은 단지 일부 지역에만 시범적으로 실시되었다. 이 부분은 Perry and Wong(1985), Part II 참조.

28 '지령성 계획'은 국가가 직접 생산 및 교환, 분배에 관한 명령을 하달하는 방식인 반면, '지도성 계획'은 국가의 직접적인 지시 없이 가격이나 조세, 금융 등의 정책 수단을 통해 경제 주체의 결정에 영향을 미치는 방식이다.

29 1979년 7월 선전과 주하이(광둥 성)를 '수출 특구'로 지정한 이후 1980년 5월에는 선전, 주하이와 함께 산터우(광둥 성), 샤먼(푸젠 성) 등을 '경제 특구'로 지정하였다. 이후 중국은 1984년에 톈진 등 14개의 연해 도시와 하이난 섬을 추가 개방하였고, 1985년에는 3개의 삼각주 지역을 개방한 데 이어 1988년에는 하이난 섬을 경제 특구로 지정하였다.

롯하여 서방 국가들의 잇따른 대중국 경제 제재 완화가 이루어짐에 따라 다시 활기를 되찾았다.

3) 중국 경제 개혁의 특징

가. 전략적 선택의 제약 조건

중국의 지도부가 선택한 모델은 점진적 개혁 모델이다. 덩샤오핑이 이러한 개혁을 하게 된 당시의 환경을 소련의 경우와 비교하여 보면 다음과 같다.

첫째, 소련에 비해 중국은 통제 경제 체제의 존속 기간이 길지 않았다. 특히, 농업 개혁의 시발점이 된 인민공사의 폐지는 그것이 생긴 시기가 1958년이었기 때문에 겨우 20년밖에 되지 않아 상당수의 농민들은 과거 가족농의 경험을 고스란히 가지고 있던 시점이었다. 이것은 같은 경제 체제를 60년 이상이나 지속해 온 소련과 비교하면 중국의 농민들이 인민공사를 내면화하였다고 볼 수 없다. 더구나 '대약진운동'을 통해 인민공사를 만들 당시 겪었던 기아에 대한 생생한 기억이 남아 있던 그들에게 이 농업 개혁은 저항이 아니라 오히려 절대적으로 환영할 개혁이었고, 따라서 개혁은 즉각적인 효과를 거둘 수 있었다.

둘째, 보다 중요하게 이러한 짧은 제도적 역사는 이 제도에 이해관계가 걸려 있는 엘리트를 양산할 기회를 주지 않았고, 이로써 개혁에 대한 엘리트의 저항도 비교적 적게 받을 수 있는 환경이었다.

셋째, 소련의 경제 구조가 산업화된 구조를 가졌던 것에 비해 중국의 경제 구조는 농업 경제 구조를 가지고 있었다. 중국이 소련을 모델로 한 '대약진운동'을 통해 빠르게 산업화를 이룬 것은 사실이다. 1952년 국민 생산의 57.7%가 농업에서 나왔으며, 단지 19.5%만 공업에서 나온 것에 비해, 1978년에는 농업에서 32.8%, 공업에서 49.4%가 나왔다. 고용 구조 역시 1952년에는 83.5%의 인구가 농업에 종사하였고, 단지 6%만 공업에 종사한 데 비해, 1978년에는 농업 인구가 73.2%, 공업 인구가 12.5%였다.[30] 이러한 큰 변화에도 불구하고 개혁 당시 농업에 대해 공업이 차지하는 비율은 소련과 비교할 때 거의 미미한 실정이었다. 이 수치는 국민소득에 대한 농업의 공헌도에서 소련의 1.5배 이상이고, 고용 측면에서는 농업 인구 비율이 소련의 2배를 넘는 것이었다. 이것은 경제 체제의 개혁이 산업의 구조 조정에 거의 영향을 미치지 않을 수 있게 하였으며, 다른 동아시아 자본주의 국가들의 산업화 과정과 마찬가지로, 농업에서의 유휴 노동력이 자연스럽게 산업화에 필요한 인력을 제공할 수 있는 환경을 제공할 수 있었다.

넷째, 개혁 당시의 경제 상황이다. 중국의 경제 개혁에 대한 동기 역시 체제의 문제, 즉 체제의 생산성 문제에 기인함은 말할 필요도 없다. 그러나 중국은 개혁을 시작할 시점에도 경제는 성장을 지속하고 있었으며, 이러한 조건은 체제 개혁에 많은 도움을 줄 수 있는 환경이었다. 또한 이와 같은 상황의 차이로 인해 개혁 시작의 이유가 달랐다. 소련의 개혁이 체제에 대한 불신에서 유래되었던 것에 반해, 중국의 개혁은 체제를 수호하기 위해 개발 전략을 바꾸는 수준에서 이루어졌다.

다섯째, 중국은 소련에 비해 전체 국가 경제에서 군사 부문이 차지하는 비율이 상대적으로 낮았다. 소련이 최소한 GNP의 22-30%를 군사비에 사용한 것에 반해 중국은 5% 수준으로 군사비 부담이나 군수 부문의 비중이 낮았고, 이로써 군사 부문에 대한 개혁은 크게 요구되지 않았다. 이것은 당시 군부가 당정

30 한동훈 역(1996), p. 86.

치국 상임위원의 43%를 차지하던 상황을 고려해 본다면, 군수 산업의 민수화를 포함하는 개혁은 거의 생각할 수 없는 일이었다.[31] 또한 중국은 군사 부문에서 소련이 부담해야 하였던 공산권의 맹주로서의 부담도 거의 없었다.

여섯째, 정치 체제의 상대적 유연성이다. 소련과 마찬가지로 중국 역시 1당 지배 체제를 갖추고 있었지만, 소련의 정치가 수차례의 지도자 승계 과정을 통해서 어느 정도 제도화되었던 점에 반해, 중국은 개혁 당시까지 소련처럼 제도화가 정착되지 않았다. 특히, 문화혁명 기간 중의 반제도화 현상은 관료주의의 발달을 더디게 하였고, 소련에 비해 관료주의가 팽배할 기회를 상대적으로 적게 가졌다. 따라서 소련에서처럼 관료 엘리트의 개혁에 대한 집요한 저항을 적게 받을 수 있었다.

일곱째, 문화적 근접성이다. 소련은 민간 주도의 산업화를 통해 경제 성장을 이룩한 서방 국가들의 역사적 배경에 근접해 있었던 데 반해, 중국은 국가 주도의 경제 성장을 이룩한 동아시아의 국가들과 인접하고 있었다. 사실 중국의 산업화 형태는 대만, 한국을 비롯한 국가 개입의 산업화 과정과 거의 형태를 같이 한다.

마지막으로 국제적인 조건이다. 중국의 개혁에 대한 국제적 환경은 소련의 경우와 아주 다르다. 특히, 개혁의 초기에 미국은 경쟁적 관계에 있던 소련의 견제를 위해 중국의 개혁을 적극 지지하였고, 이 점은 중국에게 해외 시장을 가질 수 있는 좋은 환경이 되었다. 또한 중국은 소련과 달리 동아시아 전역에 퍼져 있는 화교들의 투자도 개혁에 좋은 조건을 형성해 주었다. 중국 외자 유치의 70%가 화교에 의해 홍콩을 통해 이루어졌다.

31 Jurgen Domes(1985), p. 120.

나. 전략적 선택의 결과

이러한 조건 하에서 시작된 점진적 개혁은 소련이나 러시아가 실시한 '이중 전환'에 비해 정치 · 경제적으로 큰 차이를 보였다.

첫째, 개혁을 시작한 지도부가 여전히 권좌에 남아 있을 수 있었다. 중국의 개혁은 소련과 달리 정치적으로 1당 지배 체제를 그대로 유지하고 있고, 개혁의 과정에 중앙당이 직접 개입하기보다 지방에서 순차적으로 성공 사례를 보아 가면서 자율적으로 개혁을 실시하도록 하였기 때문에, 중앙의 정치 지도부에 큰 영향을 주지 않았다.

둘째, 중국은 중앙의 권력이 도전받는 것을 허용하지 않았다. 물론 1989년의 '천안문 사태' 이후 1992년까지 덩샤오핑의 권력 장악력이 떨어지기는 하였으나, 그 외의 기간에 그의 권위는 추락되지 않았고, 따라서 그의 영향력은 그가 사망할 때까지 절대적이었다.

셋째, 소련과 러시아의 개혁이 정책 결정 과정 중에 지속적인 흥정과 타협이 있었고, 정책의 집행 과정에서 관료들의 끊임없는 저항을 받아 왔으나, 중국의 경우는 이러한 현상이 상대적으로 적었다. 물론 중국에서 구체제로 회귀하기를 원하는 엘리트와 대중의 저항이 완전히 없었던 것은 아니지만, 지극히 권위주의였던 정치적 상황과 함께, 지속적인 경제 성장은 이러한 보수 엘리트의 입지를 좁히는 상황을 만들었다. 해체된 소련공산당과 달리 중국공산당은 개혁 과정에서도 중국 인민들의 지지를 받으며 더 확대되었다. 〈그림 6-1〉에서 보듯이, 창당 90주년인 2011년 중국공산당의 당원 수는 8,000만 명을 넘었다.

마지막으로 중국의 개혁은 지속적인 경제 성장을 유지할 수 있었다. 〈표 6-4〉에서 보는 바와 같이 1978년부터 1995년까지 연평균 성장률 9%를 유지해 왔

그림 6-1 연도별 중국공산당원 수

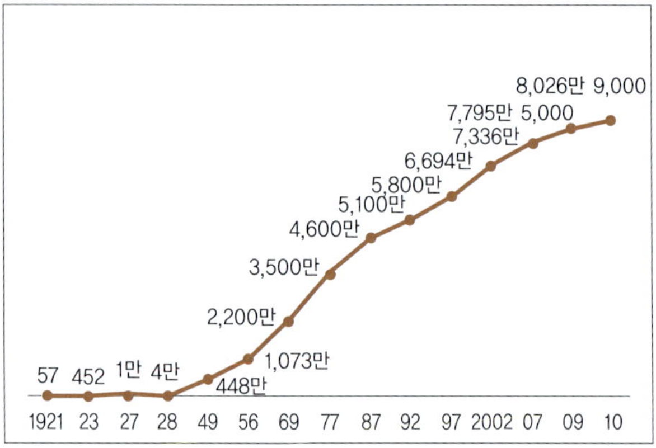

출처: 중앙일보(2011. 6. 29.).

표 6-4 개혁 과정 중 중국의 GDP 성장률, 1979-1995

(단위: %)

연도	성장률	연도	성장률
1979	11.7	1988	11.3
1980	7.9	1989	4.4
1981	4.4	1990	4.1
1982	8.8	1991	8.2
1983	10.4	1992	13.6
1984	14.7	1993	13.4
1985	12.8	1994	11.6
1986	8.1	1995	10.2
1987	10.9		

출처: 1979년부터 1991년까지의 자료는 한동훈 역(1996), p. 172의 자료; 1992년부터 1995년까지의 자료는 Economist Intelligence Unit(1997), p. 6.

다. 이러한 고도 성장의 지속은 중국의 개혁 지도부에 대한 정통성에도 긍정적인 영향을 미칠 수밖에 없었다.

3. 소련/러시아와 중국의 개혁 경험이 북한에 줄 함의

소련 및 러시아와 중국의 개혁 경험에서 북한의 미래를 조망하는 데 도움이 될 점을 전략적 선택의 환경과 전략적 선택의 결과, 그리고 두 모델의 공통점이 주는 시사점으로 나누어 종합해 보면 다음과 같다.

1) 전략적 선택의 환경이 주는 시사점

첫째, 개혁 이전의 경제 체제가 존속되었던 기간이 짧으면 짧을수록, 이 체제에서 발생하는 이해에 따라 생기는 계층 구조의 경직성이 적고, 내면화가 적게 된다.

둘째, 체제에 대한 내면화의 부족은 개혁에 대한 저항, 특히 엘리트의 저항을 줄어들게 한다.

셋째, 경제의 발전 단계가 낮으면 낮을수록 체제 개혁에 대한 비용이 적게 든다. 즉, 산업화가 적게 되어 있을수록 체제 자체가 가지는 경직성이 적고, 따라서 개혁에 대한 구조 조정의 폭이 줄어들어 개혁에 따르는 부담이 적다. 소련의 체제는 그 구조의 경직성 때문에 과거 정치 체제의 개혁이 없었을 때 실시된 부분적 개혁에서도 저항을 보여 왔고 원래 체제로의 강인한 복원력을 보여 주었다. 따라서 소련에서의 경제 체제 개혁은 포괄적인 개혁을 요구하였다.

넷째, 개혁 당시의 경제 상황이 좋으면 좋을수록 최악의 상황에 있는 분야부터 점진적으로 개혁을 시도할 수 있지만, 경제가 악화된 상황에서는 서로 연결되어 있는 많은 분야에 대해 전면적인 개혁을 실시해야 한다. 또한 이러한 전면적인 개혁은 지배 엘리트 내부에서 개혁파와 보수파 간의 분열 가능성을 증가시킨다.

다섯째, 경제에서 군수 부문의 비율이 낮을수록 이것을 민수화해야 하는 부담이 줄어들 뿐만 아니라, 권위주의 체제에서 막강한 권력 기반을 이루고 있는 군부 및 군수 산업 종사자들의 저항을 줄일 수 있어 개혁을 용이하게 한다.

여섯째, 정치 체제의 제도화가 안정될수록 관료화가 이루어지며, 관료화가 심화될수록 개혁에 대한 부처 간 갈등과 관료들의 저항이 커진다. 이로써 개혁 정책이 효율적으로 집행되기가 더욱 어려워진다.

일곱째, 간접적이기는 하지만 문화적 근접성도 무시할 수 없는 요소이다. 소련 및 러시아는 유럽권의 산업화 전략이었던 개인주의에 바탕을 둔 민간 위주의 시장 중심적인 경제 발전 전략을, 중국은 집단주의 문화에 바탕을 둔 동아시아 국가들의 산업화 전략이었던 국가 중심적 발전 전략과 유사한 모형을 택하였다.

마지막으로 국제적 환경에서 서방 자본주의 체제와 정치적으로, 혹은 군사적으로 경쟁 관계가 적을수록 폐쇄 경제의 문제를 해결하는 데 보다 많은 도움을 얻을 수 있다.

2) 상이한 개혁 전략의 선택에 따른 결과가 주는 시사점

첫째, '이중 전환'의 경우 개혁을 시작한 지도자가 권좌에 남아 있기 어렵다. 이것은 정치 개혁 과정에서 겪게 되는 개혁 지도자의 태생적 한계 때문이다. 그러나 만일 개혁 지도부가 대중 선거를 통해 이러한 태생적 한계를 극복할 수만 있다면 전혀 불가능한 것은 아니다. 옐친의 경우, 비록 그는 공산당 간부로서 중앙 정치 무대에 들어섰지만 대중의 선거를 통해 개혁 지도자로써 확고한 지지를 받아 낼 수 있었다.

둘째, '이중 전환'에서 우려해야 할 부분은 개혁 정책이 정치적 흥정과 타협의 대상이 될 수 있다는 것이다. 이 경우 개혁은 일관성을 잃고 방황할 수 있다.

셋째, 역시 '이중 전환'의 경우 정치 개혁에 따른 국가 기능의 마비는 개혁 정책 집행의 효율성을 저해하였다. 즉, 이 경우는 국가 관료의 효율성을 필요로 하는 국가 중심의 중앙 집권적인 개혁 전략을 택하기 어렵다는 한계를 지니고 있다는 것을 의미한다. 따라서 분권적이고 개혁 정책으로 이익을 얻는 민간을 개입시키는 개혁 전략이 보다 유리하다.

마지막으로 급진적인 충격 요법은 단기적으로 생산 감소를 나타낼 수밖에 없으며, 이것은 개혁 지도부의 정치적 지지 기반에 심각한 부정적 영향을 미친다.

3) 두 모델의 공통점이 주는 시사점

이러한 개혁 사례에 대한 시사점이 북한에 적용되기 위해서는 이 두 모델에서 공통적으로 나타나는 특징을 볼 필요가 있다. 그것은 이 두 개혁이 모두 새로운 지도부의 탄생과 함께 시작되었다는 점이다. 소련과 중국 모두 기존의 공산당 지도부에 의해 개혁이 시작되기는 하였으나, 소련의 개혁은 고르바초프라는 제2차 세계 대전을 겪지 않은 새로운 세대로의 권력 이양 과정에서 시작되었다. 중국에서도 비록 덩샤오핑이 완전히 새로운 인물은 아니었지만, 새롭게 권좌에 복귀함으로써 역시 개혁을 시도하기 위한 좋은 정치적 환경을 가질 수 있었다. 이러한 환경은 이들로 하여금 과거의 정책을 비판하는 데 비교적 자유스러울 수 있게 하였으며, 이들이 내놓은 새로운 개혁안을 통해 구세력을 축출하고 자신의 권력 기반을 공고히 하는 데 오히려 도움을 얻을 수 있었다. 이것은 개혁을 통해 구 엘리트에게 과거의 실정에 대한 책임을 물음으로써 구 엘리트를 합리적으로 청산할 빌미를 제공할 수 있기 때문이다.

제3절 북한 경제 개혁 부진의 원인과 전망

1. 개혁 부재의 원인

위에서 본 과거 사회주의 국가들의 개혁 경험이 북한에 주는 시사점을 통해 보면 북한의 개혁 부재는 다음과 같이 설명될 수 있다.

먼저 경제 체제 개혁에 대한 전략적 선택에 있어서의 제약 조건을 보면, 북한은 소련과 러시아가 택하였던 '이중 전환'을 통한 급진적인 방법을 사용해야 할 상황이다. 북한의 현 경제 체제는 1950년대 중·후반에 수립된 것으로 1990년대 중반에 이미 40년을 지난 시점이라 중국보다 소련에 가까웠다. 산업화의 정도에서도 북한은 1994년에 농업 부문(농림·어업)이 29.5%로써, 1978년 중국이 개혁을 시작하던 당시의 73.2%보다 오히려 1985년 소련의 19.5%에 더 가까웠다.

2010년 북한의 농업 부문은 20.8%로 감소하여 1985년의 소련과 거의 유사한 상황이 되었다.[32] 또 악화된 경제 상황도 중국보다 소련에 가깝고, 관료화의 정도도 소련과 유사하다. 군사비 부문 역시 소련과 거의 같은 상황이며, 국제적 환경에서도 서방에 적대적이다. 단, 한 가지가 소련의 경우와 다르다면, 문화적으로 중국과 가까운 점이다. 이러한 환경적인 요인을 고려해 볼 때 북한이 중국의 개혁 모델을 따라 개혁을 시도하였다고 해도 성공할 수 있는 확률은 아주 낮았다는 점을 시사해 주고 있으며, 상황은 지금도 마찬가지이다.

이렇듯 북한이 처한 객관적 환경은 소련 · 러시아 방식의 이중 전환이 필요하다. 그러나 이 모델은 북한의 정치 상황을 고려할 때 현재의 집권자들에게 자살과 다름없는 것이다. 이것이 바로 현재까지 심각한 경제적 위기에도 불구하고 개혁을 외면하고 있는 이유라 볼 수 있다.

만일 북한이 정치적으로 위험 부담이 비교적 낮은 중국 방식의 개혁을 추구한다면, 생길 수 있는 결과는 다음과 같이 추론해 볼 수 있다.

첫째, 위에서 언급한 여러 가지 환경적 제약 조건 때문에 현 지도부가 개혁을 주도해도 성공할 가능성은 낮다.

둘째, 북한의 특수성으로, 중국과 달리 북한은 분단국이라는 점이다. 이것은 북한이 극복해야 할 가장 중요하고 핵심적인 정치적 부담으로써 1989년 베를린 장벽 붕괴가 동독이라는 국가의 붕괴로 이어졌다는 점에서 시사점을 얻을 수 있다. 북한이 하나의 국가로 존속하려면, 남한과의 체제적 차별성을 유지해야 한다. 차별성이 없어지면, 그리고 북한 사회가 개방되면, 북한 주민은 동요하게 되고, 이것은 곧 대량 탈북으로 이어져 체제 붕괴로 나아갈 가능성을 배

32 양운철 · 정성장 · 김치욱 · 오경석 · 김영윤(2011).

제할 수 없다. 비록 중국은 대만과 분리되어 있지만, 정치적으로 대만을 의식하지 않을 수 있었다.

셋째, 위의 부담보다 가볍지 않은 북한의 체제 개혁에 대한 장애는 1990년 전후 김정일의 정치적 입지였다. 중국은 덩샤오핑이라는 혁명 1세대를 중심으로 개혁 세력이 확고하게 권력을 장악하고 있었다. 그러나 김정일은 혁명 1세대가 주를 이루는 군부를 의식해야 하였고, 그것이 결국 선군정치, 강성대국으로 나타난 것으로 볼 수 있다.[33] 2010년대 김정은에게도 이러한 상황은 크게 달라지지 않았다.

넷째, 역시 김정일의 정치적 입지 문제로써, 김정일이 대(代)를 잇는 상황과 함께, 스스로 1980년대부터 실질적인 권력을 장악해 왔으며, 따라서 근본적인 경제 체제의 개혁은 대를 잇는 정통성은 물론, 스스로의 정책을 부정해야 하는 부담을 안고 있었다. 대를 잇는 부분은 현재 김정은도 마찬가지이다.

다섯째, 북한이 가지는 지리적 제약이다. 북한은 좁은 지리적 여건으로 중국과 같이 지역별로 단계적이고 순차적인 개혁과 개방을 하는 것이 쉽지 않다. 바로 이것이 북한이 '꼭짓점' 개방을 시도하였지만 그 지역마저 철조망을 쳤던 하나의 이유였을 것이다. 또한 정치적으로 극히 통제된 중국의 개혁도 '천안문 사태'를 겪었다. 만일 북한에 이와 같은 사태가 일어난다면 이것은 걷잡을 수 없는 상황으로 치달을 수 있을 것이다.

여섯째, 북한이 남한에 비해 경제적으로 엄청나게 뒤떨어졌다는 제약이다. 개방은 필연코 북한 주민들이 남한의 실상을 알게 하는 결과를 초래할 것

33 북한의 민군 관계에 대한 논의는 신상진 · 전현준(1994), 전현준(1995), Bruce Bueno de Mesquita and Jongryn Mo(1996).

이며, 이것은 이제껏 북한이 주장해 온 '남한 해방'의 논리를 웃음거리로 만들어 버릴 것이고, 이로써 김일성 · 김정일 · 김정은 정권이 가지는 정통성의 핵심적인 바탕이 되는 김일성의 '민족 영도자'로서의 정통성을 와해시켜, 결국 세습 정권의 정통성도 와해시킬 것이다.

2. 북한의 미래 시나리오

이와 같은 논의를 종합해 보면 현재 북한 정권이 놓여 있는 상황에서는 개혁이 불가능할 것이라는 결론이 나온다. 그러면 북한의 미래는 어떻게 될까?

이 논의를 위해 우리는 대내적인 변수가 영향을 미칠 수 없는 한계적인 상황에서 대외적 변수에서의 변화를 가정해 볼 수밖에 없다. 즉, 첫째는 대외적으로 현재의 고립 상황이 지속되는 경우(I)이고, 둘째는 외부에서 북한이 당면한 어려움을 극복할 만한 대규모 지원이 이루어지는 경우(Ⅱ)이다.

먼저 현재의 고립 상황이 지속될 경우에는 다음의 네 가지 시나리오를 상정해 볼 수 있다. 첫째는 외부 폭발(explosion)의 경우로 소규모 혹은 심지어 대규모의 대남 도발을 할 경우(I-1)이다. 이 시나리오는 가능성이 높지 않지만 배제할 수 없다. 서해에서의 교전과 특히 연평도 포격의 경우 우리가 대규모의 보복을 하였다면, 북한의 핵무기 사용 문제를 제외하고 고려해도, 지리적인 근접성과 북한이 가지고 있는 무기의 양을 고려해 볼 때, 남북한 모두 엄청난 피해를 입었을 것이다. 이것이 북한으로 하여금 핵무기를 버릴 수 없게 하는 원인일 것이다. 그러나 북한의 핵무기를 고려하더라도 한국과 미국의 방위 능력, 남북한의 경제력 차이 등을 고려해 볼 때, 종국적으로 북한은 자멸을 초래할 가능성이 높다. 이 경우는 '폭력적이고 급진적인 통일'이 될 것이다.

둘째는 김정은에 의한, 중국형이지만 이보다 더 점진적인 방식의 개혁(I-2)이 시도되는 경우이다. 이 시나리오는 위에서 논의된 이유로 김정은 정권에게 시간을 조금 더 연장시켜 줄 수 있을지 모르지만 종국적으로 실패할 수밖에 없을 것이다. 그 결과는 다시 외부 폭발로 가거나 쿠데타로 연결될 수 있을 것이다.

셋째는 경제적 어려움에 견디다 못한 대중의 자연 발생적(spontaneous) 폭동으로 인한 극도의 무질서나 대량의 탈북자 발생 등에 의한 붕괴, 즉 내부로부터의 붕괴(implosion)이다(I-3).[34] 이 경우는 무질서의 상황에서도 명백한 지도자가 부상하지 않는 경우이며, 이것은 남한에 의한 북한의 흡수를 통한 한반도의 '평화적이고 급진적인 통일'로 나아갈 가능성이 있다.

마지막으로 김정은의 개혁 부재에 의해서든, 개혁 시도 후 실패에 의해서든, 내부 쿠데타에 의한 새로운 정권의 창출(I-4)이다. 이 시나리오는 현실적으로 가장 가능성이 높은 것이다. 그 이유는, 제3장에서 체제 변동 이론의 관점에서 고찰해 보았지만, 특히 군국주의적 특성 때문에 '밑으로부터의 혁명'보다 쿠데타의 가능성이 더 높을 것이기 때문이다. 그러나 이 정권도 남한과의 대립을 기초로 한 상태에서는 중국식 개혁(I-4-A)을 할 수밖에 없으며, 이 경우 위에서 언급한 제약 조건 중 세습의 정통성 문제를 제외한 모든 조건은 그대로 적용되기 때문에, 개혁을 성공시키고 권좌에 오래 남아 있을 수 없다. 따라서 중국식 개혁은 김정은에 의한 개혁 시도와 유사한 길을 걸을 것이다. 그러나 만일

34 이 경우는 내부로부터의 붕괴 도중 특정한 지도자가 부상하지 않는 경우이며, 만일 극도의 무질서 속에서 새로운 지도자가 세력을 결집하여 안정을 찾는다면 쿠데타와 같은 상황이 된다.

새로운 정권이 남한 및 국제 사회와 우호적인 관계를 수립하고, 상호 공영의 방향으로 개혁을 추진한다(I-4-B)면, 이것이 바로 우리의 '민족 공동체 통일 방안'이 상정하는 환경이 될 것이다. 이 경우는 '이중 전환'이 될 수밖에 없다.

다음으로 북한이 만일 현재의 고립 상황과 달리 외부로부터 엄청난 지원이 이루어지는 경우(Ⅱ)를 상정해 볼 수 있다. 이것은 현재 김정은 정권이 핵을 포기하고 외부의 지원을 수락하는 경우로서, 북한의 대남 · 대미 · 대일 관계 정상화도 함께 이루어질 것이다. 이 시나리오는 그 사이 북한 정권의 정책은 물론, 세습 정권이라는 점, 그리고 제4차 핵 실험 이후 핵 개발 중단이나 핵무기 포기는 절대 있을 수 없다는 주장 등을 감안하면, 현실적으로 당분간 실현 가능성은 거의 없다. 그러나 만일 김정은이 이러한 전략을 선택한다면, 특히 이것은 남한의 지원을 제외하고 생각할 수 없기 때문에, 평화적이고 점진적인 통일을 가능하게 한다. 물론 이 경우에도 통일의 과정까지 김정은이 권좌에 남아 있을

그림 6-2 북한의 미래 시나리오

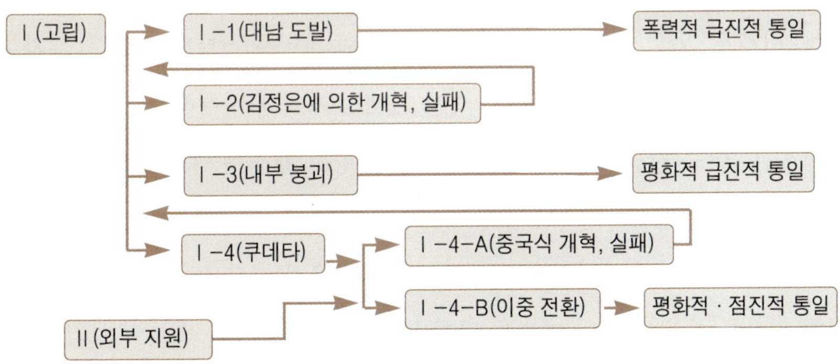

가능성은 매우 낮으며, 따라서 쿠데타의 경로(I-4)를 밟게 되고, 이에 의한 새로운 정부는 그 개혁 정책의 선택에 따라 I-4-A와 I-4-B의 경로를 따르게 될 것이다. 이와 같은 논의를 종합하면 〈그림 6-2〉와 같다.

이와 같은 구도를 바탕으로, 현재의 경색된 남북 관계 속에서, 그리고 북한의 상황, 즉 막강한 군부의 존재와 한국전쟁의 경험, 그 후의 반남 · 반미 상징 조작, 반자본주의 상징 조작, 북한의 집단주의적이고 권위주의적인 정치 문화, 수차례의 핵 실험 등을 모두 고려해 볼 때 가장 실현 가능성이 높은 시나리오는 I-2에서 시작하여 I-4로 나아가고, I-4-A가 한두 차례 반복되다가 어느 시점에서 I-4-B로 가는 경로일 것이다. 그러나 상기한 시나리오 중 어느 하나도 그 실현 가능성을 완전히 배제할 수 없다.

3. 정책적 과제

이 장에서는 북한 정권 유지에 사활의 문제가 되며, 따라서 우리 대북 정책의 가장 기본 전제가 되는, 북한 경제 체제 개혁의 가능성을 점검해 보고자 하였다. 이것을 위해 소련 · 러시아형과 중국형의 개혁을 검토해 보았다. 전자는 경제 체제의 개혁과 동시에, 혹은 경제 체제의 개혁에 선행하여, 정치 체제를 개혁하는 '이중 전환'의 유형이었고, 후자는 정치 체제는 변화시키지 않고 경제 체제만 점진적으로 개혁한 유형이었다.

물론 이 두 개의 사례만을 바탕으로 일반화시키는 것은 문제가 있지만, 이러한 검토를 통해 북한의 미래에 관한 몇 가지 시나리오를 만들어 보았다. 이 시나리오를 통해서 볼 때, 우리가 원하는 평화적 · 점진적 통일은 북한에 대한 봉쇄를 통해서도(I-4-B), 지원을 통해서도(Ⅱ, I-4-B) 가능하다는 것을 보았다. 그러나 이것을 역으로 표현하면, 우리의 대북 정책이 어떠한 것이든 우리가 원하는 결과를 확실하게 도출해 낼 수 있는 보장된 방법은 없다는 것을 의미한다.

이러한 시나리오 작성이 우리의 대북 정책에 주는 시사점을 정리하면 다음과 같다.

첫째, 최악의 상황인 북한의 대남 도발은 북한이 고립될 경우에 더욱 그 가능성이 높아지며, 이것을 방지하기 위해서는 대비 태세의 강화와 함께 북한을 대화의 장으로 끌어들여야 한다는 것이다.

둘째, 북한을 지나치게 막다른 골목으로 몰아붙이는 정책은, 비록 다섯 개 중 하나(I-4-B)의 시나리오는 우리가 원하는 통일 방안과 합치하지만, 우리가 통제할 수 없는 방향으로 발전될 수 있다는 점이다. 이 정책은 우리에게 비용이 들지 않는 장점은 있지만, 우리의 운명을 통제할 수는 없게 된다.

셋째, I-4-B로 유도하기 위한 방법이 두 가지가 있음으로 인해 우리의 대북 정책이 혼란스러울 수 있다는 점이다. 즉, 고립을 시켜도 평화적이고 점진적인 통일이 가능할 수 있고, 대규모의 대북 지원을 통해서도 이러한 통일이 이루어지지 않을 수 있다는 점이다. 이것이 대북 정책의 딜레마라면 딜레마이다. 이 과제에 대한 논의는 구체적인 대북 정책과 함께 제4부에서 다시 하게 될 것이다.

PART 3

통일을 위한 대외 변수: 현상 고착화

제7장
미국의 대한반도 정책

제8장
중국의 대한반도 정책

제9장
일본의 대한반도 정책

제10장
러시아의 대한반도 정책

한반도 분단의 발생과 지속에는 한반도 내부 요인이 중요하다. 그러나 내부 요인만으로 설명될 수 없다. 내부 변수와 외부 변수의 관계는 상대적으로 하나가 강해지면 다른 하나가 약해지는 관계이다. 즉, 우리 민족의 역량이 강해지면 우리 민족의 운명이 주변국의 이해관계에 영향을 적게 받지만 약해지면 더 받게 된다.

일제로부터 해방이 미군과 소련군의 분할 점령 형태로 이루어졌고, 이로써 분단 정부가 수립된 것, 한반도에 전쟁이 발발한 것, 한국전쟁이 내전이 아니라 국제전이 된 것, 남한의 참여 없이 미군과 소련군의 경계선이었던 북위 38도선과 비슷한 선에서 휴전하게 된 것, 휴전 이후 지금까지 분단이 지속된 것, 이 모두 주변국의 이해관계를 빼고 설명할 수 없다. 따라서 통일도 마찬가지이다.

이런 의미에서 제3부에서는 외부 변수로서 주변국, 특히 미국, 중국, 일본, 러시아(소련)의 대한반도 이해관계를 살펴보고자 한다. 이 중 미국과 소련은 냉전에서 두 종주국이었다. 중국은 한국전쟁에 직접 참여하였고, 현재의 군사 분계선에서 휴전하는 데 가장 큰 영향을 미친 국가이며, 현재까지 북한 체제 유지의 보루 역할을 하고 있다. 일본은 우리를 식민지화함으로써 우리의 자발적인 근대화 기회를 박탈하였고, 외세에 의해 우리의 운명이 결정되는 원인 제공을 하였을 뿐 아니라 지금도 적지 않은 영향을 미치고 있는 국가이다.

살펴볼 순서는 미국, 중국, 일본, 러시아이다. 이것은 현재 우리의 안보와 통일 문제에 영향을 미치는 순서이다. 그래서 제7장은 한미 안보 관계를 중점적으로 볼 것이다. 제8장은 중국의 북한에 대한 전략적 이해관계를 중심으로 볼 것이다. 제9장은 일본과 우리가 가지는 매우 복합적인 현안들을 정리해 볼 것이다. 제10장은 제정러시아-소련-러시아연방으로 이어지는 변화를 겪으면서 이어온 대한반도 관계를 정리해 볼 것이다.

이들이 가지는 한반도에 대한 기본적 이해관계는 한반도가 자신의 이익에 중요한 지역이고, 가능하다면 자신의 배타적 영향권 아래에 두는 것이다. 그러나 이것은 다른 국가들도 마찬가지이기 때문에 상당한 비용을 수반한다. 이 비용은 상호간의 세력 관계에서 상대적 힘에 반비례하기 때문에 자신이 강할 때는 기꺼이 비용을 감수한다. 그러나 자신이 약할 때라도 최소한 한반도 전체가 다른 강대국의 배타적 영향권에 들어가는 것을 막으려 한다. 이들 간 힘의 분배가 비슷해지면 한반도의 분단 상태가 이들에게 최적의 상태가 된다.

Chapter 7

미국의 대한반도 정책

제 1 절 한미 안보 관계의 변수[1]

지난 20여 년간 우리를 짓눌러 온 북한 핵 문제는 오늘날 한반도의 안보 문제를 집약적으로 표현하고 있다. 이 문제의 핵심은 냉전 종식 이후 전 세계가 하나로 통합되어 가는 과정에서 북한 정권이 국제 사회로 나오기 위한 개혁·개방 대신 핵무기로 정권 안보를 지키겠다는 전략적 선택과 더 이상의 핵 확산은 결코 용납할 수 없다는 미국의 정책이 충돌한 것이다. 우리의 문제는 여기에서 동북아 냉전 구조를 악화시킬 뿐 아니라 우리의 안보 자체를 위협하는 북한의 핵 무장도 용납할 수 없고, 그렇다고 핵 제거를 확실하게 담보할 수 있는 미국의 무력 응징도 전쟁 위험이라는 점에서 받아들일 수 없기에 선택의 폭이 매우 제한적이라는 것이다.

핵 문제의 이러한 역학 구조가 곧 우리 사회의 갈등 구조로 나타나고 있다. 우리 사회 일부는 이 사태에 대한 주된 책임이 북한 지도부에게 있다고 생각하는 반면, 다른 일부는 비록 시작은 북한이 하였더라도 해결하지 못한 것은 미국

1 이 장은 하상식(2007), pp. 239-265에 실린 글을 바탕으로 작성되었다. 그러나 저서로서의 일관성 유지와 변화된 환경 등으로 상당 부분 수정되었음을 밝힌다.

의 대북 적대 정책 때문이라 생각한다. 전자에 속하는 사람들은 이 문제의 해결을 위해 북한을 강하게 압박해야 하고, 따라서 이 방법에 무게를 두고 있는 미국과의 공조를 우선해야 한다고 생각한다. 반면 후자에 속하는 사람들은 북한에 대한 제재보다 남북 공조를 지속해야 하며, 미국을 설득해야 한다고 생각한다. 여기에 남북 관계와 한미 관계의 갈등이 존재한다.

이와 같은 갈등은 경제적 양극화를 둘러싼 좌우의 균열 구조보다 더 크게 부각되고 있으며, 더욱이 해방 후 지금까지 우리의 안보에 중추적인 역할을 담당해 왔던 한미 안보 관계가 핵심 쟁점이 되고 있다는 측면에서, 심지어 19세기 말 우리나라가 서양과 만나면서 위정척사론(衛正斥邪論), 동도서기론(東道西器論), 문명개화론(文明開化論)으로 나뉘어 갈등하던 시기와 비교되기도 한다.[2] 위정척사론이 '반외세론'이라면 이것은 오늘날 반미론(反美論)에 해당하고, 동도서기론이 외세의 '제한 활용론'이라면 용미론(用美論)에, 그리고 문명 개화론이 외세의 '적극 활용론'이라면 친미론(親美論)에 해당한다고 볼 수도 있을 것이다. 이러한 문제 의식 하에 본 장은 지난 70여 년 동안에 걸친 한미 안보 관계의 변천을 요인별로 분석하여 이 관계의 본질을 규명하고자 한다.

모든 국가 간 관계에서 그렇듯이 한미 안보 관계에도 국제 체제 변수와 국가 간 변수, 국내 변수가 있다.

2 '위정척사론'은 서양 문물을 배척해야 한다는 시각, '동도서기론'은 동양의 장점(道)과 서양의 장점(器)을 결합하자는 시각, '문명개화론'은 서양을 문명 표준으로 삼아야 한다는 시각이다. 이에 대한 상세한 논의는 하영선 편(2006), pp. 399-404를 참조할 것.

1. 국제 체제 변수

한 국가의 대외 정책은 국제 체제와 상대국의 힘 및 성격이라는 제약 조건 하에서 선택하는 과정이며, 이러한 선택이 다시 국제 체제와 상대국의 선택에 영향을 미치는 순환 작용이라 볼 수 있다.

국제 체제에 대한 견해는 다양하지만, 현재 가장 보편적으로 인정되고 있는 견해는 신현실주의 가정들이다. 이것은 다음의 세 가지로 요약될 수 있다. 첫째, 국제 체제는 무정부적이다. 즉, 국가의 행위를 규제할 중심 권위가 존재하지 않는다. 둘째, 1648년 베스트팔렌조약(Peace of Westfalen 혹은 Westphalia) 이후 가장 강력한 행위자인 주권을 소유한 국가는 필연적으로 자국을 방어하고 국력을 확대하기 위해 공세적 군사력을 보유하려 한다. 셋째, 모든 국가들은 독립과 주권을 유지하려 하기 때문에 국가의 생존이 그 행위에 영향을 미치는 가장 기본적인 동기이다.[3]

그러나 1948년 출범한 우리나라로서는 이러한 일반적 가정들은 희망 사항에 불과하였다. 당시 한국은 식민지에서 겨우 국권을 회복하여, 한국전쟁 과정에서 볼 수 있었듯이, 자국을 방어할 만한 군사력을 보유한 '주권 국가'도 되지 못하였고, 또한 분단으로 베스트팔렌조약 이후 일반화된 '민족 국가'(nation-state)도 이루지 못하였다. 따라서 한미 관계가 시작되는 초기에는 냉전 체제가 지배적으로 영향을 미쳤다.

냉전 체제란 한편으로 민주주의와 자본주의 대 1당 독재와 사회주의라는 정치·경제적 체제 경쟁이었고, 다른 한편으로 이 경쟁의 종주국인 미국과 소

3 하영선 외 역(2003), pp. 274-275.

련이 막강한 대량 살상 무기를 가지고 공포의 균형을 유지하면서 자신의 문명을 확산시키려는 체제였다. 따라서 우리나라에게 국제 체제란 '미국 문명화'와 '소련 문명화'라는 양대 진영 중 하나에 속하도록 지속적으로 간섭과 개입을 받을 수밖에 없는 구조였다. 따라서 우리에게 안보란 '선택된 문명'을 지키는 것이었다.[4] 이렇게 볼 때, 한미 안보 관계란 이러한 냉전 체제의 변화에 따라 크게 영향을 받을 수밖에 없었다.

2. 국가 간 변수

전통적 국가 안보의 개념은 그 국가의 가장 기본적인 가치, 주권, 영토, 국민을 외부의 위협으로부터 안전하게 보호하는 것이다. 그래서 안보란 주변국과의 상대적 관계이며, 가상 적국에 비해 군사적 능력이 강할수록, 그리고 그 관계가 우호적일수록 증진된다. 또한 거의 모든 국가는 자신의 능력 강화에 한계가 있기 때문에 어떤 형태로든 동맹국을 가지고 있다. 따라서 한 국가의 안보란 개념적으로 자국의 군사력과 의지, 가상 적국의 군사력과 의지, 자국 동맹국의 군사력과 동맹을 지키려는 의지, 가상 적국 동맹국의 군사력과 동맹을 지키려는 의지라는 네 요소의 상호 작용에 의해 좌우된다.

우리는 비록 휴전 협정의 당사자는 아니지만, 북한과 아직도 휴전 상태에 있다. 그래서 우리는 '되찾아야 할 국민'과 '되찾아야 할 영토'가 남아 있다. 북한 역시 마찬가지다. 그래서 우리 안보의 당면 목적은 북한으로부터 우리의 가치, 주권, 영토, 국민을 보호하는 것이다. 이렇게 보면, 우리 안보는 북한과의 관

4 하상식(2005), pp. 82-83.

계, 북한과의 상대적 군사력, 우리 동맹국의 군사력과 동맹을 지키려는 의지, 북한 동맹국의 군사력과 동맹을 지키려는 의지에 의해 결정된다.

우리의 안보와 관련된 주변국은 미국, 중국, 일본, 러시아이다. 이들 4개국과 남북한으로 구성되는 6개국 간의 양자 관계는 다른 국가들의 양자 관계에 의해 영향을 주고받는다. 즉, 각국의 상대적 군사력과 동맹 의지는 자국의 동맹국과의 관계, 자국의 동맹국의 가상 적국과의 관계, 그리고 자국의 동맹국과 동맹국의 동맹국과의 관계에 의해 모두 영향을 주고받게 된다. 예를 들면, 현재 남북 관계는 우리와 미국의 관계에 의해 영향을 받고, 역시 북한과 미국의 관계에 의해 영향을 받으며, 동시에 우리와 중국의 관계, 미국과 중국의 관계에 의해 영향을 받게 된다. 남북 관계가 우호적이면 한미 관계가 덜 중요하지만 남북 관계가 적대적이면 한미 관계가 더 중요해진다. 역으로 북미 관계가 우호적이면 남북 관계가 좋을 수 있으나 적대적이면 어려워진다. 또한 남북 관계는 한중 관계가 우호적이면 유익하고, 북중 관계가 나빠지면 유익하며, 미중 관계가 좋아지면 유익해지는 것이다.

과거 냉전 체제 하에서는 기본적으로 미국, 소련의 압도적 양극화 구조로 인하여 이러한 6개국 간의 양자 관계가 크게 부각되지 못하였다. 하지만 소련이라는 냉전의 한 축이 붕괴됨으로써 이러한 국가 간 다차원적 관계의 변수가 지니는 중요성이 커졌다. 특히, 국가 간 변수로서 한미의 양자 관계는, 제1장에서 소개하였듯이, 동맹으로서 동맹 딜레마 관계와 '공동의 적'이었던 북한과 안보 딜레마 관계를 중첩적으로 가지고 있다.

3. 국내 변수

안보 관계에 영향을 미치는 상대적 군사력과 의도는 객관화가 쉽지 않은 개념이다. 이미 제5장에서 우리는 상대적 군사력이나 의도를 평가하는 것이 매우 어렵다는 것을 보았다.

이러한 한계를 보완하기 위해 여기서는 정부의 형태와 정부의 성격을 통해 안보 정책에서 의도를 일정 부분 가늠해 보고자 한다. 여기서 정부의 형태란 그 정부가 민주주의냐 아니면 권위주의냐의 문제이고, 정부의 성격이란 그 국가의 지도자와 국민의 주된 여론을 현실주의와 자유주의 시각으로 나누어 규명해 보는 것이다.[5]

1) 정부 형태

정부 형태의 구분은 국가의 안보 정책이 민주주의와 권위주의라는 정치 체제에 의해 영향을 받을 것이라는 전제를 가지고 있다. 이것은 '민주 평화 이론'에 근거한다. 이 이론의 대표적 주창자인 도일(M. W. Doyle)은 민주주의 체제가 가지는 민주적 대표제, 인권에 대한 이념적 공약 등은 국가를 평화 지향적으로 만들며, 의견의 차이가 폭력적 갈등으로 비화되기 이전에 해결하는 장치가 있다고 주장한다. 그러나 이러한 민주적 가치와 장치가 없는 권위주의 체제 하에서는 힘의 논리가 지배해 물리적 강제력을 사용하는 경향이 있다고 주장한다.[6] 이는 남북한의 상반된 협상 행태의 심층 기반을 이해하게끔 하는 분석적

5 지도자와 여론 중 그 중요성은 정치 체제에 따라 다를 수 있다. 즉, 권위주의 정부일수록 최고 지도자의 의도가 더욱 중요할 것이고 민주주의 정부의 경우 국민의 여론이 중요할 것이다. 그러나 위기 상황에서는 정치 체제의 차이와 상관없이 지도자들의 의도가 중요하다.

관점을 제공한다. 남한의 협상을 통한 장기적 변화의 관점은 남한의 내적인 민주주의 체제가 질적으로 발전될수록 강화되어 왔다. 반면에 북한의 벼랑 끝 전술이나 선군정치는 단순히 대외적 전략을 떠나서 북한 내부 체제의 강압적 성격의 대외적 발현이라고 볼 수 있다.

비단 남북 관계뿐 아니라 한미 관계에 있어서도 정부 형태는 중요한 변수로 작용한다. 과거 냉전 시기 미국의 대외 전략은 상대 국가의 내적 성격과 무관하게 대소련 봉쇄 전략을 위한 도구로서의 가치가 핵심 기준으로 작용하였다. 따라서 이라크 후세인 정부나 남한 권위주의 정부처럼 상대 국가의 내적 성격이 권위주의 체제라 하더라도 기본적으로 강고한 동맹을 이룰 수 있었다. 하지만 21세기 동맹 관계는 반테러와의 전쟁에서 민주주의 가치 동맹이 매우 중요해지기 때문에 정부 형태는 중요한 의미를 지닌다.

2) 정부 성격

정부의 성격 구분은 특정 정부의 국제 정치를 인식하는 기본 시각에서의 차이가 그 정부의 안보 정책에 영향을 미친다는 가정에 근거한다. 앞에서도 언급하였지만, 현실주의 정부란 국제 체제를 잠재적으로 언제나 적이 될 수 있는 주권 국가들이 자국의 이익을 극대화하려 하고 있으며, 이 과정에서 호혜에 바탕을 둔 절대적 이익보다 상대적 이익을 더욱 중요시하고, 도덕이나 윤리는 존재하지 않는다는 시각을 가진 정부를 지칭한다. 그래서 자력에 의한 안보의 극대화가 최우선이고 필요한 경우 동맹을 통한 세력 균형을 유지해야 한다는 것이다.

6 M. W. Doyle(1995), pp. 180-184.

자유주의 정부란, 국내 정치에서 사익을 공익과 조화시킬 수 있도록 길들여진 계몽된 인간들 사이에 제도화를 통해 평화를 유지할 수 있듯이, 국가 간에도 제도화를 통해 평화를 유지할 수 있다는 시각을 가진 정부를 지칭한다. 그래서 이러한 정부는 시장 경제에 바탕을 둔 국가들 사이에 호혜적 자유 무역을 바탕으로 국가 간 상호 의존을 증대시키고, 개별 국가는 정치적 민주주의를 통해 시민의 권리를 보장해 주어 국가가 시민을 희생시키는 전쟁으로 가는 결정을 하지 않도록 노력한다는 것이다. 또한 국가 권력을 초국적 기구나 공동체 혹은 국제적 규범 및 규칙으로 확대함으로써 평화를 유지할 수 있고 또 그렇게 해야 한다고 생각하는 정부이다. 일반적으로 한국에서는 김대중 · 노무현 정부를, 그리고 미국에서는 민주당 정부를 자유주의적 정부로, 한국의 노태우 정부 이전과 이명박 정부, 미국의 공화당 정부를 현실주의적 정부로 분류한다. 이 기준에 따르면, 북한의 김일성 · 김정일 · 김정은으로 이어지는 정부는 지극히 현실주의적이다.

제2절 시기별 한미 안보 관계 변화

1. 해방에서 1953년 한국전쟁 휴전까지: 동맹 형성기

미국이 구한말 이후 한반도에 다시 관심을 가지게 된 것은 태평양전쟁 때문이다. 당시 미국은 한국을 이용해 소련을 대일본전에 참여시키기를 바랐고,

이것이 미소 간의 한반도 분할 점령을 낳았다.[7] 그러나 일본군 무장 해제를 위해 남한에 진주한 미군은 시간이 지날수록 한반도를 반공 정책의 입장에서 보기 시작하였다. 그 시작은 냉전의 출발이라 일컬어지는 1947년 3월 '트루먼 독트린'(Truman Doctrine)의 발표이다. 이 독트린은 공산주의 세력의 확대를 막고 유럽에서 미국의 영향력을 확대한다는 반소반공(反蘇反共) 정책이다. 이것에 의하여 미국은 터키와 그리스의 반공 정권에 군사 지원을 하였고, 이것이 이후 마셜 플랜(Marshall Plan)과 북대서양조약기구(The North Atlantic Treaty Organization, NATO) 창설의 기조가 되었다. 이러한 미국의 정책 기조와 이승만의 친미 노선이 만남으로써 이승만 정부가 수립되었다.[8]

그러나 1949년 10월 중국 본토가 공산화될 때까지도 미국은 한반도에 큰 안보 가치를 두지 않았다. 미국은 1948년 출범한 이승만 대통령의 주한 미군 철수 반대, 군사 원조 지원, 군사 동맹 체결 요구를 거절하였고, 1949년 7월에 이르러 500명의 군사 고문단만 남기고 완전히 철군하였다. 그해 10월 중국 대륙의 공산화 직후에도 미국은 '마오쩌둥의 티토화'라는 온건한 입장을 견지하였다.[9]

미국이 본격적인 냉전의 시각으로 한반도를 보게 만든 것은 한국전쟁이다.

7 당시 미국 트루먼 대통령은 마셜 장군으로부터 일본 본토에 상륙하는 작전에만 최소 25만 명의 미군이 희생될 것이며, 궁극적인 대(對)일본 승전을 위해서는 "태평양전쟁 내내 일본군은 단 1개 소대도 항복한 적이 없기 때문에 문자 그대로 가가호호 방문하면서 항복을 받아내기 위해서는" 이보다 훨씬 더 많은 미군을 필요로 한다고 보고받았다(이종인 역, 2002).

8 여기서 분단의 책임이 미국에게 있다고 주장하는 것은 아니다. 다만 남한 정부의 수립에 미국의 반소반공 정책이 크게 영향을 미쳤다는 점을 지적하고 있다. 분단의 책임에 관한 '전통주의, 수정주의, 재수정주의' 시각들에 대한 상세한 논의는 신복룡(2001), 특히 pp. 47-60을 참조할 것.

9 '마오쩌뚱의 티토화'란 미국이 경제 지원 등 중국에 우호적인 정책을 취하여 유고슬라비아의 티토처럼 소련과는 독자적인 온건한 노선을 지향하도록 하는 정책을 말한다(엄상윤, 2005, p. 16). 그러나 미국의 한국에 대한 이해관계가 '상징적 수준'에서 '냉전 차원'으로 바뀌게 된 것은 중국 대륙이 공산화된 시기라고 보는 견해도 있다(이철순, 2003, pp. 163-184). 중국 본토의 공산화와 한국전쟁의 발발은 단지 9개월의 차이이기 때문에 크게 중요하지 않지만, 중국 본토가 공산화되기 2개월 전 주한 미군이 철수한 것으로 미루어 전자의 주장이 더 설득력 있어 보인다.

트루먼 대통령은 한국전쟁이 발발하자 3일 만에, 의회의 승인도 받기 전에 그리고 유엔 안보리 결의가 있기 이전에 파병하였다.[10] 그리고 이승만 대통령은 7월 14일 서한을 통해 유엔군 사령관인 맥아더 장군에게 한국군의 작전 통제권을 이양하였다. 이로써 '사실상의 한미 동맹'이 시작되었다.[11]

1950년 말 중국의 개입으로 한국전쟁이 교착 상태를 보이자 1951년 5월 미국은 한국전쟁을 '정치적 해결'로 종식시키기로 결정하고 7월 10일부터 휴전회담을 시작하였다.[12] 이승만 대통령은 휴전을 '한국에 대한 사형 집행 영장'으로 표현하면서 반대하였으나 미국이 들어 주지 않았다. 이에 한국은 휴전을 수락하는 조건으로 미국에 한미상호방위조약을 요구하였으나 이 또한 미국이 들어 주지 않았다. 1953년 6월 휴전 협정 체결이 가시화되자 이승만 대통령은 휴전 협정을 무산시킬 수도 있는 '반공 포로' 2만 7,312명을 석방하면서 미국에 압박을 가하였다. 마침내 미국은 휴전 협정 조인 다음 날인 1953년 7월 28일 한국과 상호 방위 조약을 약속하였고, 그해 10월 1일 양국이 서명하였으며, 이듬해 1월 15일 한국 국회의 비준을, 1월 26일 미국 상원의 비준을 거쳐 11월 7일에 발효되었다.[13]

이렇게 시작된 한미방위조약은 한국의 절대적 필요에 의해 이루어졌기에 주둔군지위협정(Status of Forces Agreement, SOFA)도 체결되지 않았다.[14] 또한 비록

10 한국전쟁에 미군의 최초 참여는 1950년 6월 28일 일본에 주둔한 미군이었고, 이것은 7월 7일의 유엔 안보리 결의에 따른 유엔군을 구성하기 이전이었기 때문에 미군의 한국전쟁 참전은 집단 안보 차원이 아니라 동맹 차원이라고 주장한다(김계동, 2001, p. 8).

11 엄상윤(2005), p. 18.

12 이로써 한반도에서는 김일성의 '무력 적화 통일의 꿈'이 미국에 의해 실현되지 못하였던 것처럼 이승만의 '무력 북진 통일의 꿈'도 중국에 의해 실현되지 못하였다(엄상윤, 2005, pp. 18-19).

13 이에 대한 최근의 의미 있는 실증적 연구로 박태균(2006)을 참조할 것.

14 물론 한미상호방위조약을 체결할 때부터 SOFA를 위한 협상은 있었으나 지지부진하였고, 최초의 한미 SOFA는 그로부터 14년 후인 1967년에야 이루어졌다.

미국이 거절해 이루어지지 않았으나 우리 스스로의 안보도 확보할 수 없었던 1954년 2월과 5월 두 차례에 걸쳐 미국이 지원하는 베트남전쟁에 파병을 자처하기도 하였다.[15]

이렇게 볼 때, 한미 안보 관계의 시작은 기본적으로 냉전이라는 국제 체제 변수로부터 가장 큰 영향을 받았다고 평가할 수 있다. 당시 동북아 지역은 소련이 1950년 2월 중국과 동맹을 맺었고, 미국은 1951년 9월 일본과 동맹을 맺어 양 진영으로 뚜렷이 구분되었다. 비록 국제 체제 변수와 완전히 분리될 수 없지만, 이 시기의 한미 안보 관계는 부분적으로 미국의 양자 관계인 대소련 정책에서, 그리고 미국의 국내 변수인 트루먼 정부의 현실주의적 시각에서 영향을 받았다고 평가할 수 있다. 또한 이 과정에서 미국은 한국이 절실한 안보 과제로 생각하는 통일에 대해 냉정하였다.

한국 정부의 끈질긴 요구에도 불구하고 미국이 방위 조약 체결을 망설였던 것은 동맹 딜레마에서 연루의 우려 때문이었다. 역으로 군사 동맹을 맺기도 전에 이승만 정부가 전쟁 초기에 조속하게 작전 통제권을 이양한 것은 포기의 위험을 두려워하였기 때문으로 볼 수 있다. 또한 상호 방위 조약에 수반되어야 하는 SOFA의 부재와 베트남전쟁에 파병을 자청한 것 역시 같은 맥락에서 이해될 수 있고, 이로써 한미 동맹은 우리에게 안보를 제공하는 대신 주권 제약의 성격을 강하게 지니게 되었다.

15 최용호(2004).

2. 한국전쟁 휴전 이후부터 1969년 닉슨 독트린 발표까지: 동맹 강화기

이승만 정부는 휴전을 일시적인 것으로 인식하고 미군 철군 지연과 철수 규모 축소 및 한국군의 전력 강화에 노력하였다. 그러나 미국은 휴전 협정이 조인된 지 몇 개월 후인 1953년 12월, 14만여 명의 주한 미군 중 그 절반에 해당하는 7만여 명의 철수를 일방적으로 발표하였다. 또한 미국은 1954년 제네바 회담 결렬 이후 동북아의 현상 유지라는 정책에 입각하여 한 · 미 · 일 간 반공 삼각 안보 협력 체제를 구축하고, 전초 기지인 한국을 '자유 민주주의의 쇼케이스(showcase)'로 만들고자 노력하였다.[16]

미국의 이러한 정책에 이승만은 적합하지 않았다. 그는 미국에게 무력 통일에 집착하며, 기회가 있다면 실제로 그렇게 할 수 있는 인물로 보였다. 또한 이승만 정부는 일본과의 국교 정상화에도 소극적이었고, 더구나 비민주적이었다. 이에 미국은 전쟁 이후 이승만을 제거하려는 계획을 세우기도 하였고, 1960년 4.19혁명이 일어나자 그의 하야를 '적극 종용'하여 퇴진하도록 하였다.[17]

1960년의 4.19혁명에서부터 이듬해 5.16쿠데타까지 1년여 동안 한국 사회는 그간 독재로 억압되었던 정치, 안보, 경제, 사회의 모든 분야에서의 욕구가 일시에 분출되어 혼란스러웠다. 이러한 상황은 북한에게 무력 남침의 기회가 될 수도 있었는데, 여기서 미국은 큰 버팀목이 되었다. 그러나 한국 사회의 민주화는 동시에 주한 미군 범죄에 대한 초법적 지위, 공공연한 내정 간섭 등으로

16 엄상윤(2005), pp. 23-24.
17 박태균(2006), pp. 127-142. 한국전쟁 직후 이승만을 제거하려던 계획은 '에버레디 계획'(Plan Everready)이었다. 이에 대해서는 홍석률(1994), pp. 138-169; 김계동(2001), pp. 7-26 등을 참조할 것.

한국에서 최초의 반미 운동이 일어난 시기이기도 하다.

이 시기는 냉전의 절정기로 미국은 한 나라가 공산화되면 이웃 나라도 그렇게 된다는 이른바 '도미노 이론'에 입각하여 전 세계에 걸쳐 공산 세력의 팽창을 저지하기 위해 매진하고 있었다. 1957년 10월 소련은 세계 최초의 인공위성 '스푸트니크 1호'(Sputnik-1)를 발사하였고, 1961년 8월 베를린에는 냉전의 상징인 베를린 장벽이 쳐졌다. 그해 4월 쿠바의 카스트로(Fidel Castro) 정권이 아메리카 대륙 최초로 사회주의 국가 건설을 발표하자 이 정권을 붕괴시키려던 미국 정보국의 '피그만 사건'(Bay of Pigs Invasion)은 완전한 실패로 끝났다. 급기야 1962년 10월에는 소련과 일촉즉발의 전쟁 위기까지 간 쿠바 미사일 위기 사태가 발생하였다. 더욱 심각한 것은 베트남전쟁에서 엄청난 노력에도 불구하고 미국은 수세에 몰리고 있었다.

이런 와중에 5.16쿠데타로 집권한 박정희 정부는 비민주성에도 불구하고 한미 동맹을 강화시켰다.[18] 먼저 이 쿠데타는 '반공을 국시(國是)'로 표명하면서 철저히 친미 정부가 되었고, 미국이 원하는 한일 국교 정상화를 추진하였으며, 1964년에는 베트남에 파병을 시작하였다.[19]

연병력 5만 명에 달하는 한국군의 베트남 파병은 한미 동맹을 강화시키는 결정적인 역할을 하였다. 이것은 미국이 1963년부터 고려한 주한 미군 감축 계획을 유보시켰고, 14년을 끌어 오던 SOFA 협상을 일단락지어 일부 민사재판 관할권을 받을 수 있었다. 또한 한국은 이 파병으로 미국과 다시 유대 의식을 강

18 한미 동맹이 5.16쿠데타에 미친 영향은 복합적이다. 한편으로 작전권이 없는 한국군 지휘부가 쿠데타를 저지할 수 없게 만드는 역할도 하였고, 다른 한편으로 군부 내부의 무력 충돌에 의한 안보 공백을 막는 역할도 하였다(엄상윤, 2005, p. 25).

19 한일기본관계조약, 즉 한일 국교 정상화는 1965년 6월 조인되었다.

화하는 '혈맹'이 되었으며, 그 대가로 미국으로부터 받은 군사 원조는 한국군의 현대화에 크게 기여하였다.[20]

이 기간 중 한미 안보 관계는 이전 기간과 같이 냉전의 최고조 시기라는 국제 체제에 의해 가장 크게 영향을 받았다고 볼 수 있다. 동시에 전 세계적 반공 전선을 펴고 있던 미국과 '반공을 국시'로 하는 한국의 양자 관계도 크게 영향을 미친 것으로 평가할 수 있다. 이러한 동맹 당사국 간의 이해의 일치는 동맹을 강화하는 데 크게 기여하였고, 한국군의 베트남 파병은 비록 한국 젊은이들의 생명을 비용으로 치루기는 하였지만, 한국군 현대화, '베트남 특수'에 의한 경제 성장, '혈맹'을 과시한 미국과의 유대감 등 반대급부도 적지 않았다는 점에서 동맹 딜레마의 소지는 크지 않았다.

국내 변수에서 비록 정부의 형태는 서로 달랐지만, 한국과 미국 모두 철저한 현실주의적 시각과 반공 정책에 바탕을 둔 정부 성격의 동질성이 한미 동맹 강화에 공헌한 또 다른 요인일 것이다.

그러나 이러한 한미 안보 동맹 강화는 전후 최초로 남북 사이에 안보 딜레마적 상황이 시작되게 하였다. 북한은 남한에서 반공 군사 정권이 출범한 것에 대응하여 1961년 7월 소련 및 중국과 상호 방위 조약을 체결하였다. 그러나 비슷한 시기에 시작된 중소 분쟁으로 인해 중국과 소련에 의한 동맹 딜레마에서 연루의 위험을 벗어나기 위한 노력으로 주체사상을 내세우고 '4대 군사 노선'을 주창하는 등 자주 국방 노력을 경주하였다.[21] 이러한 북한의 자주 국방 노력은 자신의 정부 형태를 병영 국가화하게 하였으며, 남한의 국방력 강화 및 남한

20 한국의 베트남전 파병 이후 1965년부터 5년간 미국으로부터 받은 군사 원조는 16억 8,000만 달러로서 이전 5년간 받은 8억 달러의 2배가 넘었다(차상철, 2004, p. 133).

21 이 부분은 제5장 북한의 군사를 참조할 것.

체제의 권위주의화를 촉진시켰다. 이 시기 특히 주목할 것은 냉전 체제의 최고조가 낳은 결과인 쿠바 미사일 위기 사건이 간접적이나마 북한의 자주 국방 전략에 미친 영향이다. 즉, 당시 북한 지도부의 입장에서는 소련이 쿠바를 버리고 미국과 협조 체제를 구축한 것은 핵 무장 등의 자위력의 필요성을 절감하게 한 사건이 아닐 수 없었다.[22] 결국 북한의 이러한 학습 효과는 오늘날 핵 실험이라는 극단적 선택 및 한미 관계의 균열의 확대, 북중 관계의 긴장이라는 현 지형의 역사적 뿌리로 작용하고 있다.

3. 닉슨 독트린 발표부터 1979년 소련의 아프가니스탄 침공까지: 동맹 시련기

1969년 미국의 닉슨 대통령이 괌에서 발표한 '닉슨 독트린'(Nixon Doctrine)은 한미 안보 관계의 운명이 미국의 단독 결정에 의해 얼마나 크게 영향을 받는지 보여 주는 대표적인 사례이다. 이것은 미국이 세계 각국, 특히 아시아 국가들은 핵에 의한 위협의 경우를 제외하고 자국의 국방을 스스로 책임져야 한다는 이른바 '아시아 인에 의한 아시아 방위'를 촉구하고, 중국과의 관계 개선 의지를 선언한 것이다. 1971년 미국은 중국의 유엔 가입과 대만 축출을 허용하였고, 중국은 유엔 안전보장이사회 상임 이사국이 되었다. 1972년 2월 미국은 중국과 '상하이 공동 성명'을 통해 화해와 관계 개선을 공식 발표하였다. 또한 그해 5월 닉슨 대통령은 모스크바를 방문하여 '제1차 전략무기감축협정'(SALT-1)을 맺었다.

22 안병진(2004), p. 289.

1968년 한반도는 1월 21일 북한 무장 공비의 청와대 기습 사건, 1월 23일 푸에블로 호 납북 사건, 11월 초 울진 · 삼척 지구 무장 공비 침투 사건 등으로 남북한 긴장이 최고조에 달하였던 시기이다. 그러나 이때부터 한미 간에는 갈등이 일기 시작하였다. 한국은 미국에게 북한의 도발 행위가 있을 때마다 군사적 보복 조치를 해줄 것을 요구하였으나 거절당하였다. 심지어 미국 정보 수집함인 푸에블로 호 납북 시에도 한국은 공동의 대응을 요구하였으나, 미국은 한국 정부 몰래 북한과 승무원 송환 협상을 진행하였다.

주한 미군 문제 역시 마찬가지였다. 당시 한국은 베트남에 2개 사단 이상의 병력을 주둔시키고 있었고, 그 수는 한국에 주둔한 미군의 수보다 많았다. 한국의 입장은 당연히 주한미군 철수는 있을 수 없는 것이었고, 1970년 6월 30일까지 정부는 일부 언론의 주한 미군 철수 보도에 대해 사실무근이라 일축하였다. 그러나 미국은 5일 후인 1970년 7월 5일 사이공에서 개최된 베트남 참전국 회의에서 일방적으로 주한 미군 2만 명을 철수하겠다고 통보하였다. 당시 한국은 '3선 개헌' 발의로 등원을 거부해 오던 야당까지 동참하여 거국적인 주한 미군 철수 반대를 요구하였지만, 예정대로 이듬해 6월 2만 명이 철수하였다.

이러한 미국의 태도에 대한 한국 정부의 대응은 한편으로 자주 국방 능력 강화와, 다른 한편으로 남북 대화의 시도였다. 자주 국방 노력은 국방과학연구소의 설립을 통한 핵무기 및 미사일 개발과 함께 재래식 전력 증강 계획인 제1차 율곡계획(1974-1981)의 추진이었다. 남북대화 노력은 1972년의 '7.4남북공동성명'을 낳았다. 1975년 3월 북한의 남침용 땅굴을 발견하였고, 다음 해 8월 판문점에서 도끼 만행 사건이 발생하였지만, 미국의 태도는 바뀌지 않았다.

한국의 핵무기 개발 계획을 파악한 미국은 한국에게 이 계획의 폐기를 종용하였으며, 특히 인권 외교를 앞세운 카터 대통령은 박정희 정부의 인권 탄압 중지와 핵 개발 포기를 강력히 요구하였고, 일방적으로 주한 미군의 추가 철군 계획을 발표하였다. 이후 협상을 통해 주한 미군 철수는 1981년까지 연기되었지만, 철군을 대비해 1978년 한미연합군사령부(ROK-US Combined Forces Command, CFC)를 창설하고 작전 통제권을 이곳으로 넘겼다.

이 기간의 한미 안보 관계는 시련기이다. 가장 큰 변수는 역시 국제 체제인 냉전 상태의 변화였다. 이것은 미국이 베트남전쟁에서 겪고 있던 어려움에 기인한 것으로 이것이 미국의 중국 및 소련과 데탕트를 추진한 원인이 되었다. 이것은 냉전의 한 축을 이루던 미국의 전략적 선택에 의해 국제 체제가 상당 부분 변할 수 있음을 단적으로 보여 준 것이다. 역으로 보면, 이 당시의 한미 안보 관계는 한반도의 남북 긴장과 전혀 상관없이 그리고 한국의 대규모 베트남 파병에도 불구하고 어려워졌다는 것을 의미하고, 이것은 미국에게 한국의 중요성이 상대적으로, 특히 미국의 대중국 관계에 비해 줄어들었다는 것을 의미한다.

이 기간 중 남북 관계는 다시 안보 딜레마를 겪게 된다. 1960년대 전반의 북한 전력 강화에 이어 1969년 미국의 닉슨 독트린과 1971년의 주한 미군 일부 철수는 남한에게 심각한 안보 위기 의식을 낳게 하였고, 이것은 율곡 사업을 낳았다. 이러한 남한의 군비 증강은 북한의 군비 확대와 현역 군인 확대, 그리고 특히 약 1만 5,000명이던 특수전 병력이 4만 1,000명으로 확대되는 결과를 낳았다.

이렇게 분단에 일정 부분 책임이 있는 강대국 간의 데탕트가 오히려 한반도에서 긴장을 고조시킨 상황을 홍석률은 '한반도 분단의 내재화'로 설명한다.[23] 즉, 외세에 의해 주어진 분단 상황에 남북한이 스스로 갈등하면서 '한반

23 홍석률(2012).

도화' 됨을 의미한다. 1972년 2월 닉슨이 중국을 방문하였을 때 저우언라이(周恩來)에게 한 말은 이런 의미에서 인용할 필요가 있다.

> 한국인들은 남북 모두 감정적이고 충동적인 사람들이오. 우리 모두 이러한 충동성과 그들의 호전성이 우리 두 나라를 곤경에 처하게 만드는 사건을 일으키지 않도록 영향력을 발휘해야 하오. 한반도를 우리 두 나라 사이의 분쟁으로 만드는 것은 어리석고 비합리적인 일이오. 이러한 일이 한 번 일어났지만, 다시는 일어나지 않아야 하오. 총리와 내가 이러한 일을 방지하기 위해서 함께 일할 수 있을 것이라 믿소.[24]

한반도 분단 문제를 강대국 사이의 갈등 문제로 삼지 말자는 것이다. 이러한 국제적인 환경에 의해 남북은 대화를 시작하였고 1972년 '7.4남북공동성명'을 낳았다.[25] 그러나 여기서 제시된 '자주'는 역설적으로 분단 문제가 '한국화'된 것을 의미하기도 하였다.[26]

4. 소련의 아프가니스탄 침공부터 냉전 와해 이전까지: 동맹 재강화기

1979년 12월 소련의 아프가니스탄 침공은 동서 데탕트의 분위기를 일거에 역전시켰다.[27] 미국은 즉시 1980년 모스크바 올림픽 참가를 거부하였으며, 데

24 #197, Memorandum of Conversation, February 24, 1972, Department of State, Foreign Relations of the United States(FRUS) 1969-1976, Vol. XVII, p. 733, 홍석률(2012), p. 180에서 재인용.

25 이 성명에 최초로 남북 간에 합의된 '통일 3원칙'인 '자주, 평화, 민족 대단결'이 발표되었다. 7.4남북공동성명 전문은 부록을 참조.

26 홍석률(2012), p. 199. 홍석률은 '7.4남북공동성명' 이후 동서 간의 진영 대결 논리가 남북 간의 체제 경쟁 논리가 되었고, 이것이 "한반도 분단을 유지하는 주요 동력"이 되었다고 주장한다.

탕트와 함께 시작된 소련에 대한 곡물 수출을 중단하였다. 또한 아프가니스탄 이슬람 반군인 '무자헤딘'(mujahedin)에 대해 군사 원조를 위한 협상을 시작하였으며, 대내적으로도 군사력 증강에 힘썼다.

이러한 카터 정부의 데탕트로부터의 반전은 레이건 정부의 출범으로 급격히 강화되었다. 레이건 정부는 한 걸음 더 나아가 '전략 방어 구상'(Strategic Defense Initiative, SDI)을 추진하면서 소련과의 군사 경쟁에서 확실한 우위를 얻기 위해 노력하였다.[28] 사실상 '닉슨 독트린'의 반전이 이루어진 것이다.

한미 관계에서 레이건 대통령은 취임 후 최초의 국빈으로 한국의 전두환 대통령을 초청하였고, 주한 미군 철수 계획 백지화 및 전력 강화, 한국군 전력 증강 지원을 약속하였다. 실제로 주한 미군은 일부 증가되었고, 1981년에는 사상 최대 규모의 팀스피리트 훈련이 실시되었다. 미국은 한국의 방위력 증강 사업인 제2차 율곡 사업(1982-1986)도 강력히 지원하였다. 1983년 9월 1일 사할린 상공을 비행하던 대한항공 소속 여객기가 격추되는 사건과 10월 9일 전두환 대통령의 서남아 순방 팀이 첫 방문지인 미얀마의 아웅산 묘소에서 테러를 당하는 사건이 발생하였다. 1986년 미국은 한국에 랜스 미사일을 추가 배치하였고, 1987년에는 서울 올림픽을 앞두고 대대적인 팀스피리트 훈련을 실시하였다. 그해 11월 또 하나의 대한항공 여객기가 미얀마 근해에서 공중 폭파되는 사건

27 1978년 4월 마르크스-레닌주의를 주장하는 쿠데타에 의해 아프가니스탄에서 새로운 정부가 출범하였다. 미국은 이 정부를 인정하였다. 그러나 쿠데타 정권이 소련의 지원 아래 사회주의적 개혁을 시도하자 정국은 혼란에 빠지고 지도자도 바뀌었다. 소련은 이 좌파 정권을 지키기 위해 1979년 12월, 8만 대군을 아프가니스탄에 파병하였다. 소련은 이 전쟁에서 3만 명에 달하는 희생자를 냈지만 1989년 철군할 때까지 무장 반군을 완전히 진압하지 못하였다(M. Wesley Shoemaker, 1997, p. 55).

28 SDI는 소련의 ICBM을 방어하기 위해 우주와 지상에서 방어 체계를 구축하는 내용이 있는데, 이 때문에 당시 유행하던 영화에 빗대어 'Star Wars Program'이란 별명이 붙여졌다. 이것이 현재까지 이어오는 미사일 방어 체제의 시작이라 볼 수 있다.

이 일어났다. 이 사건을 계기로 미국은 북한을 테러 국가로 규정하였다. 이렇듯 미소 간 냉전으로의 회귀는 곧 한미 동맹의 재강화로 이어졌다.

이 기간 중의 한미 안보 관계는 이전 기간과 같이 국제 체제인 냉전에 의해 가장 크게 영향을 받았으며, 동시에 이것은 강대국의 정책 변화에 기인한 것이었다. 다만 이전 기간이 미국의 정책 전환 때문이라면 이 기간은 소련의 사회주의권의 확대·유지 정책 때문이었다. 이렇게 한미 안보 관계가 냉전의 부침에 의해 변한다는 것은 곧 한미 안보 관계가 강대국인 미국과 소련 간의 관계에 의해 종속되어졌다는 것을 의미한다.

또한 이전 기간과 같이 한미 안보 관계의 강화는 남북 관계의 경직을 보여주었다. 이것은 한미 안보 관계가 미국의 대소련 관계에 대한 종속 변수라면 남북 관계 역시 이에 대한 종속 변수임을 의미한다.

5. 냉전 와해 시기부터 2001년 부시 정부 출범까지: 동맹 이완기

1989년 동유럽을 몰아친 민주화 운동은 그해 11월 베를린 장벽 붕괴를 낳았고, 다음 달에는 미국의 부시 대통령과 소련의 고르바초프 대통령이 지중해의 몰타(Malta)에서 냉전 종식을 선언하였다. 이어 1990년 6월 사회주의권의 군사 동맹인 바르샤바조약기구는 정치 기구로 전환할 것을 선언하였고, 11월 이마저 해체되었다. 그해 7월 NATO도 냉전 종식을 선언하고, 소련 위협론을 취하하였다. 1990년 10월 동서독이 통일하였고, 1991년 12월 소련이 마침내 해체되면서 전 세계적인 차원에서 냉전은 끝났다.

한반도에서도 변화가 일어났다. '신사고 외교'를 표방한 고르바초프가 1986년 7월 '블라디보스토크 연설'에서 한국과의 관계 개선 의지를 보였고, 1990년 9월 마침내 한국은 소련과 국교 정상화를 이룩하였다.[29] 1991년 9월에는 남북한이 동시에 유엔에 가입하였고, 1992년 8월 한국은 중국과도 수교하였다.

1988년 미국은 한국의 경제력 향상을 이유로 주한 미군의 주둔 비용 분담을 제기하였고, 한국은 이듬해부터 향후 3년간 매년 4,000만 달러씩 분담하기로 하였다.[30] 또한 1990년 4월 미국은 주한 미군을 감축할 것이며, 1990년대 말 경에는 소규모의 미군만 남고 한미연합사령부의 해체도 검토한다는 '동아시아 전략 구상'을 발표하였다. 이렇게 전 세계적인 냉전 구조 해체가 한미 군사 동맹의 외부적 긴장감을 이완시키고 있었다. 이러한 국제 정세에 부응하여 남북 관계도 변하기 시작하였다. 1991년 12월 남북기본합의서가 맺어졌고, 비핵화 공동 선언도 채택되었다.

그러나 전 세계적인 냉전 구조 해체 및 그에 따른 남북 관계 개선, 한미 군사 동맹의 이완감과 역시 그에 따른 자연스런 조정 과정은 북한 핵 문제로 복병을 만나게 된다. 북한의 핵 문제 진행 과정은 제5장에서 살펴보았듯이 이후 지금까지 남북 변수에서 지배적으로 영향을 미쳐 오고 있다.

북한 핵 문제로 1990년 발표된 주한 미군 추가 감축은 중단되었다. 이 과정에서 북핵 문제에 강경한 입장을 취하던 김영삼 정부가 미국의 북한 핵 시설 폭격 계획을 격렬히 반대하면서 미국을 당황하게 하기도 하였지만, 1995년 2월 주한 미군을 당시 3만 7,000명 수준으로 유지하고, 한국의 군사력 증강 계획을 지

29 '신사고 외교'란 소련이 내부 개혁을 위해 필요한 외부에서의 평화적 환경을 만들기 위해, 기존의 제로섬적 외교에서, 서방과 공존과 타협을 추구하려는 외교 정책을 말한다(Mikhail Gorbachev, 1988b).

30 1년 전인 1987년에 한국전쟁 이후 계속된 미국의 대한 군사 차관이 종료되었다.

원하는 내용이 담긴 '신동아시아 · 태평양 전략'을 발표하면서 한미 군사 동맹을 굳건히 하였다.

그러나 다른 한편 제네바 합의가 이루어진 후인 1994년 12월 미국은 평시 작전 통제권을 한국에 이양하였다. 2000년에는 SOFA 2차 개정 협상도 재개되었고, 12월에 12개의 중대 범죄 피의자에 대한 한국 정부의 신병 확보와 환경 조항이 신설되었다. 이렇게 볼 때 1993-1994년 북한 핵 문제로 복병을 만나 잠시 멈추었던 한미 동맹의 자연스런 조정은 다시 탄력을 받는 듯하였다.

이 기간 중 한미 안보 관계는, 북한 핵 문제가 긴장을 조성하던 1993-1994년을 제외하면, 전반적으로 느슨해지고 미국의 일방적 정책 변화에 좌우되던 한미 간의 비대칭적인 관계가 서서히, 그리고 자연스럽게 조정을 시작하는 시기였다. 이러한 변화에 가장 큰 영향을 미친 변수는 역시 냉전 구조의 와해라는 국제 체제였다. 이것은 역시 강대국이었던 소련의 내부 사정에 따른 대외 정책의 선회에 크게 영향을 받은 것이었다.

또한 이 기간은 남북 관계가 분단 이후 가장 호전되던 시기였다. 이것은 전 세계적 차원의 냉전 종식이라는 국제 체제의 환경도 있었지만, 한국의 국내 변수, 특히 노태우 정부의 북방 정책과 김대중 정부의 일관된 대북 포용 정책이 큰 역할을 하였다고 볼 수 있다. 이러한 의미에서 특히 이 시기는 한국의 국내 변수가 한미 안보 관계에 상당한 영향을 미친 경우라 볼 수 있다.

북한에게 이 기간은 '고난의 행군' 시기였다. 대외적으로 한국의 소련 및 중국과의 수교로 외교적 고립을 낳았고, 특히 경제난은 체제를 흔들 만큼 심각해졌다. 이러한 북한의 국내 변수가 상호 인정과 존중에 입각한 남북기본합의서를 낳은 이유라 보여진다. 그러나 이러한 북한의 국내 변수는 또 다시 남북 사이에 안보 딜레마를 낳았다. 남한의 경제력을 바탕으로 한 제2차 율곡 사업을 통한 전력 강화는 경제력에 한계가 있어 재래식 무기의 성능 향상을 도모할 수 없는 북한이 현역 군인 수를 80만 명에서 120만 명이라는 획기적인 수준으로 증대하도록 하였고, 상대적으로 비용이 적게 드는 핵무기 개발 계획을 적극적으로 추진하게 하는 하나의 동기였다고 보여진다.[31]

6. 2001년 부시 정부 출범부터 2008년 이명박 정부 출범까지: 동맹 조정기

2000년 11월 미국의 대통령 선거에서 민주당의 패배는 한미 안보 관계에 새로운 전환을 가져다주었다. 부시 정부는 출범하자마자 그간 지지부진해 오던 마사일 방어 계획 추진을 최우선 과제로 삼았고, 클린턴 정부의 대북한 정책을 비판하였으며, 제네바 합의에 근거한 경수로를 화력 발전소로 대체하자는 등 제네바 합의 자체를 재검토하려는 움직임도 보였다.[32]

'네오콘'(Neocons: neo-conservative, 신보수주의자)으로 불리는 강경주의자들의 '공격적 현실주의'에 입각한 부시 행정부의 정책은 이듬해 9.11테러로 더욱 강경해졌다.[33] 9.11테러가 미국의 안보 정책에 미친 영향을 요약하면, 첫째 미국과 함께 반테러전에 참여하느냐의 여부가 적과 우방을 구분하는 기준이라는

31 Selig S. Harrison et al.(2003), Larry A. Niksch(2003).

32 James T. Laney and Jason T. Shaplen(2003), pp. 16-30.

33 '공격적 현실주의'는 '인간 본능 현실주의'나 '방어적 현실주의'와 달리 국가들이 힘을 위해 경쟁하는 이유는 무정부적 국제 체제의 구조 때문이며, 이 구조 하에 국가들은 획득할 수 있는 모든 힘을 원하고, 상대적 힘을 극대화시키기 위해 노력하며, 궁극적으로는 패권적 지위가 목표라는 시각이다(이춘근 역, 2004).

'부시 독트린'(Bush Doctrine)이 채택된 것이다. 둘째, 다차원전을 위한 군의 첨단화 · 경량화 · 신속화를 추진한 것이다. 셋째, 대량 살상 무기에 대한 특별한 경계심이 생긴 것이다. 넷째, 대테러전은 도덕적 전쟁으로 선제공격도 불사한다는 것 등이다.[34]

미국은 과거의 테러 사태와 달리 '테러에 대한 전쟁'을 선포하였고 테러가 있은 지 16일 만에 아프가니스탄 침공을 시작하였다.[35] 2002년 연두교서에서 부시 대통령은 북한을 이라크, 이란과 함께 '악의 축'(axis of evil)으로 지목하였다.[36] 2003년 3월 20일 드디어 18만여 명의 미군과 4만여 명의 영국군이 동원된 '충격과 공포'(Shock and Owe)라는 작전명 하에 이라크 공격이 시작되었다.

이러한 미국의 정책으로 한미 안보 관계는 양국 간 동맹이 결성된 이후 중대한 조정기를 맞게 되었다. 전 세계적인 탈냉전의 흐름과 함께 남북 관계 개선에 총력을 기울여 온 김대중 정부와 그 정책을 계승한 노무현 정부는 한편으로 동맹으로서 미국의 대테러전에 동참해야 하고, 다른 한편으로 미국이 테러 지원국으로 규정하고 있고, 특히 9.11테러 이후 극도의 경각심을 가진 핵무기 개발을 시도하는 북한과 우호적 관계를 유지해야 하는, 양립하기 어려운 과제를 안게 되었다. 즉, 동맹의 가장 기본이 되는 안보의 목표에 대한 시각에서 차이를 가지게 된 것이다. 미국은 테러분자와 이를 지원하는 국가와 핵무기 확산을

34 이춘근(2002), pp. 5-29.

35 미국의 아프가니스탄 침공은 9.11테러의 범인으로 지목된 알카에다 조직원을 내어 줄 것을 아프가니스탄 정부에 요청하였으나 거절당하자 9월 27일 미 중앙정보국 소속 군사공작팀을 투입시키면서 시작되었다. '지속적 평화'(Enduring Peace)라는 이름의 작전으로 군 특공대가 투입된 것은 22일 이후이다(김창영 역, 2004, p. 24).

36 '악의 축'이라는 용어의 중요성은, 첫째 악마(evil)와 대량 살상 무기의 연결로 성경에서 말하는 선과 악의 최후 대결인 '아마겟돈'(Armageddon)을 상징적으로 나타낸다는 것이며, 둘째 축(axis)은 제2차 세계 대전을 일으킨 추축국(Axis)을 연상케 한다는 것이다(김창영 역, 2004, p. 125).

통제하는 것을 안보의 목표로 삼으면서 북한의 김정일 정권이 이것을 가장 위협하는 대상으로 보게 된 반면, 한국은 북한을 '악'이 아니라 현상 유지에 기반을 두면서 한반도에서 평화를 구축하는 것을 안보의 목표로 삼게 되었다. 미국의 '핵 저지'와 한국의 '전쟁 저지'라는 안보 목표의 차이가 나타난 것이다.

이러한 갈등 상황에서 한국은 적절히 타협할 수밖에 없었다. 한국은 2003년 3월 미국의 이라크 공격에 즉각적인 지지를 표명하였고, 5월 한미 정상 회담에서 북한 핵 문제를 해결하는 데 평화적 해결을 원칙으로 하되 미국이 원하는 '필요한 경우 추가적 조치'(further steps)를 고려한다는 데 합의하였다.[37] 그리고 이라크에 영국군 다음으로 큰 규모의 파병을 하였다.[38]

또한 이 시기에 진행된 한미 안보 관계의 핵심 사항 중 하나는, 비록 아직까지 이행되지 않았지만, 전시 작전권 전환 문제였다. 이것은 9.11테러 이후 미군의 '전략적 유연성' 증대라는 목표와 노무현 정부의 '자주 국방'이라는 목표가 부합하여 2006년 9월 한미 정상 간에 전환한다는 원칙에 합의하였고, 이후 전환 시기가 2012년 4월 17일로 확정되었다. 당시 안보와 직접적인 관련은 없지만 간접적으로 한미 안보 관계에 상당한 영향을 미칠 수 있는 한미자유무역협정에 관한 진척도 있었다.[39]

미국은 9.11테러 이후 미국의 해외 주둔군 정책을 수정하였다. 대테러라는 다차원 전쟁을 위해 붙박이 해외 주둔군을 신속기동군으로 전환하여 이들의

37 여기서 추가적 조치란 군사적 조치를 의미한다.

38 한국은 2003년 9월 미국이 폴란드형 사단 규모의 경보병 부대 파병을 공식 요청받은 후 6개월간의 논의를 거쳐 2004년 2월 국회의 동의를 얻었고, 10월에 3,000명 규모의 '이라크 평화재건군'인 '자이툰'(평화를 상징하는 올리브) 부대를 파병하였다.

39 한미자유무역협정의 시작은 2004년 5월 미국 무역대표부가 관심을 보이면서 시작되었다. 당시 한국은 중장기 과제로 연구 중이었던 상황이었다. 이것이 2005년 몇 차례의 실무 회의와 한미 통상장관 회담을 거쳐 2006년에 공식 협상에 들어갔다. 이 협상은 2007년 4월에 타결되었고, 6월에 서명되었다.

'유연성'을 강화하고자 한 것이다. 이러한 미국의 해외 주둔군 정책의 변화는 주한 미군을 전방에서 후방으로 이동할 것과, 기동이 빠른 해 · 공군 중심의 최소한의 군대를 주둔시켜야 할 필요성을 낳았다. 이에 따라 한미 양국은 용산 기지를 포함한 한강 이북의 기지를 평택과 오산으로 이동하고, 이미 한국에서 차출되어 이라크에 배치되었던 3,000명의 미군은 한국으로 돌아오지 않고, 2008년까지 3단계에 걸쳐 추가로 9,000명을 더 감축하기로 합의하였다.

이 기간중 한미 안보 관계에는 중국과의 관계에 의해서도 영향을 받았다. 이것은 중국의 부상과 역할에 대한 한국과 미국의 미묘한 입장 차이에 기인한다. 첫째, 한국은 북핵 문제 해결의 양대 원칙인 '북핵 불용'과 '평화적 해결'을 중국과 공유한다는 점에서, '모든 수단'을 열어 놓겠다는 미국에 비해 중국에 더 기대를 걸고 있었다. 둘째, 중국의 경제적 부상에 대해 미국은 경계의 측면을 강조한 반면, 한국은 기회의 측면을 더 크게 보았다. 셋째, 미국은 일본, 호주와 함께 군사적으로 중국을 견제하고자 하였으며, 주한 미군 역시 이에 공헌하기를 바랐지만, 한국은 한미 동맹이 한반도 이외의 지역으로 확대되는 것을 우려하고 있었다.

이 기간중 미국의 대북한 정책은 강경하였지만 아프가니스탄과 이라크에서 전쟁을 수행하면서 지지부진하였다. 그 사이 한국은 북한과 관계 개선을 위해 많은 노력을 기울였다. 제5장에서 보았듯이 제2차 북핵 위기로 어려움도 있었지만, 남북 당국 간 회담도 꾸준히 열렸고, 다양한 인적 · 물적 교류가 크게 확대되었다. 경의선 철도 연결 공사는 마무리되었고, 개성공단 사업도 지속적으로 추진되었다. 이산가족 상봉, 정부 및 민간의 인도적 지원, 정부 차원의 비료 및 식량 지원도 계속되었다. 북한이 2006년 7월 미사일 시험 발사 이후 일시

그림 7-1 2007년 '10.4선언'의 내용

출처: 2007 남북 정상 선언 이행 종합기획단, "남북 정상 회담 해설 자료"(2007. 10. 12.), p. 14.

적으로 모든 남북 교류가 중단되었지만 다시 복원되었고, 결국 2007년 10월 2-4일 제2차 남북 정상 회담이 열렸다.[40] 이 회담에서 발표된 '10.4선언'에는 남북의 긴장 완화 노력, 불가침 준수 재강조, 정전 체제를 평화 체제로 전환, 경제 협력 사업 강화, '9.19공동선언' 이행을 위한 노력, 백두산-서울 직항로 개설, 2008년 베이징 올림픽에 남북의 응원단이 열차로 가기로 하는 등의 합의가 이루어졌다. 〈그림 7-1〉은 당시 합의한 사항을 지도로 표시한 것이다.

이 기간 중 한미 안보 관계에서 가장 두드러진 현상은 한국과 미국이 한국 전쟁 이후 항상 공유하였던 공동의 적인 북한에 대한, 그리고 미묘하지만 중국에 대한 인식의 차이를 느끼게 되었고, 이것은 한미 안보 관계의 조정을 요구하고 있었다.

이러한 현상에 대한 원인은, 첫째 국제 체제에서 냉전의 완전한 종식이다.

40 이 회담에서 발표된 '남북 관계 발전과 평화 번영을 위한 선언'(10.4선언)은 부록 참조.

소련의 해체로 미국은 유일 초강대국이 되었다. 둘째, 미국 변수로서 보수주의 정권의 탄생과 9.11테러 사건이다. 이로써 미국은 냉전을 대신하는 새로운 국제 질서, 즉 반테러국과 테러 지원국으로 양분하였으며, 여기에 비확산이 큰 비중을 차지하였다. 또한 군사 정책에서 대테러 전쟁을 위해 해외 주둔 미군을 첨단화 · 신속기동군화하며, 선제공격도 불사한다는 정책을 폈다. 셋째, 북한 변수이다. 경제적 · 외교적 어려움으로 정권 안보 위기에 처한 북한은, 개혁 · 개방이 아니라 핵무기 개발로 해결하고자 하였다. 이것이 미국과 대결 구도를 만들었다. 넷째, 한국 변수이다. 김대중 정부와 이를 이은 보다 독자적인 노무현 정부의 균형 외교 노력, 북한 핵 문제의 평화적 해결 노력 등이 영향을 미쳤다. 마지막으로 중국의 부상이 한미 안보 관계에 적지 않게 개입하기 시작하였다는 것이다.

7. 2008년부터 현재까지: 동맹 체제 강화기

2010년 중반에 이르러 미국 오바마 정부 내의 다수는 한국이 동아시아에서 미국의 "가장 가까운 동맹국"으로 부상하였다고 생각한다.[41] 이러한 변화는 2008년부터 시작되었다.

가장 크게 영향을 미친 요인은 2008년 2월 한국에서 이명박 정부가 출범한 것이라 보인다. 이 정부는 출범과 함께 이전 김대중 · 노무현 정부의 대북 정책을 비판하며, '비핵 · 개방 · 3000' 구상을 공식화하였다. 이것은 북한이 비핵화와 경제적 개방을 하면, 10년 이내 1인당 소득을 3,000달러가 될 수 있도록 지원

41 Mark E. Manyin, Emma Chanlett-Avery, and Mary Beth Nikitin(2011), p. 2.

그림 7-2 2009년의 한반도

출처: 경향신문, "김용민의 그림마당"(2009. 6. 19.)(http://www.khan.co.kr/).

하겠다는 것이다. 특히, 이 정책이 과거 정부와 다른 점은 대북 정책에 '비핵'을 전면에 내세운 것이다. 이전 정부들은, 북한의 핵 문제가 1994년 10월 북미 간 제네바 합의에서 일단락되었고, 이것이 2001년 3월 부시 정부 출범 이후 대북 정책에 대한 전반적 재검토가 표명된 후 결국 2002년 10월 미국의 농축 우라늄 문제로 제네바 합의 파기를 선언한 것 등에서 보듯이, 궁극적으로 미국이 해결해야 할 문제로 보았고, 따라서 소극적으로 대처하였다. 그러나 이명박 정부는 북한의 핵 문제를 직접 우리 문제로 인식한 것이다. '비핵 · 개방'이란 지난 10여 년간의 경험으로 북한이 수용하기 매우 어려운 조건이었지만, 이것은 한미 관계에서 이전 정부에서 존재하였던 북한에 대한 입장 차이를 좁히는 데 크게 기여하였다.

이러한 기조는 2008년 7월 금강산 관광객 피격 사건이 일어나면서 남북 간 갈등의 증폭으로 이어졌고, 결국 금강산 관광 사업이 중단되었다. 8월 북한은 핵 불능화 작업을 중단하며, 영변 핵 시설을 원상 복구한다고 발표하였다. 이전의 비핵화 노력들이 원상 복구되기 시작한 것이다.

안보 관계에 간접적으로 영향을 미치는 경제적인 영역에서도 이명박 정부는 미국과의 관계 강화에 많은 노력을 기울였다. 2008년 4월 미국과의 쇠고기 협상에 미국 입장을 수용하였고, 2010년 12월 미국의 요구에 의해 FTA 재협상도 수용하였다.

2009년 1월 미국에 비교적 온건한 민주당의 버락 오바마(Barack Hussein Obama) 정부가 출범하였다. 선거 과정에서 오바마가 내세운 외교 안보 정책은 부시 정부 정책을 부정하는, "Before Bush, After Bush"(BBAB)였다.[42] 즉, 부시 정부 이전의 클린턴 정부로 돌아가고, 부시 이후부터 새롭게 시작한다는 의미였다. 그러나 2009년 4월 5일 오바마 대통령이 프라하에서 "핵 없는 세상"을 외치던 날 북한은 장거리 미사일을 발사하였고, 다음 달인 5월 25일 제2차 핵 실험을 하였다. 미국의 대북 정책이 제재 이외로 나갈 수 없게 되었다.

2010년에 들어오면서 남북 관계는 최악의 상황으로 치닫게 된다. 2010년 3월 26일 백령도 인근 해상에서 작전 중이던 해군 2함대 소속 천안함이 피격되는 사건이 일어났다. 이명박 대통령은 5월 24일 담화문을 발표하고, 북한에게 한국과 국제 사회에 사과할 것과 관련자 처벌을 촉구하였다. 또 후속 조치로 ① 유엔 안보리 회부 등 안보리 차원 조치 협의 및 기존 대북 제재 결의 엄격 이행, ② 대북 심리전 재개, ③ 한미 연합 대잠수함 훈련 실시, ④ PSI 강화 등이 포함된 '5.24조치'를 발표하였다. 이어 맞서 7월 한미 연합 군사 훈련 및 서해에서 대잠수함 훈련을 실시하였다.[43]

42 조성렬(2008), p. 1.
43 여기에 적시된 ①과 ②는 이행되지 않았다. 한미 연합 훈련에는 미 해군 항공모함 조지워싱턴 호(USS George Washington, 9만 7,000톤급)를 비롯하며 미 해군 7함대 전력이 참가하였다. 이 항모는 선상에 75대의 전투기와 6,000명의 병력을 싣고 있으며, 보통 1-2척의 핵 잠수함이 같이 움직인다.

2010년 6월 이명박 정부는 이전 정부가 전시작전통제권을 전환하기로 한 날짜를 2012년 4월 17일에서 3년 7개월 뒤인 2015년 12월 1일로 연기하기로 미국과 합의하였다.

북한은 11월 23일 연평도에 포사격으로 도발하였다. 이것은 한국전쟁 이후 처음으로 우리 영토에 직접 포격을 가한 사건이다. 이에 대응하여 바로 5일 후 서해상에서 한미 연합 군사 훈련을 실시하였다. 이 훈련에는 역시 미 항공모함을 포함하는 미 해군 제7함대의 전력이 참가하였다. 또한 2011년 2월 28일부터 3월 10일까지 미 해군의 항공모함과 미군 2만여 명이 참가하는 대규모 한미 합동 군사 훈련 '키 리졸브'(Key-Resolve)가 실시되었다.

이명박 정부의 중국에 대한 인식도 이전 정부와 달랐다. 앞에서 보았듯이 이전 정부는 북핵 문제 해결은 물론 미래의 한반도 통일 문제 등을 고려해 균형 외교와 자주 국방을 위한 노력을 해왔다. 그러나 이명박 정부는 이 문제를 한미 관계의 복원으로 해결하려고 하였다.

둘째는 북한 변수이다. 북한은 2008년 초중반 핵 문제에 다시 강경한 태도를 보이기 시작하였다. 그 원인이 이명박 정부의 대북 정책 때문인지, 아니면 8월에 일어난 김정일의 뇌졸중 때문인지 알 수 없지만, 5월에 영변 원자로 가동 일지를 제출하고, 6월에 6자 회담 의장국인 중국에 핵 신고서를 제출하고 냉각탑을 폭파한 북한이, 9월 9일 김정일이 북한 건국일인 9.9절에 참석하지 않으면서, 영변의 핵 봉인 제거를 요청하였고, 핵 시설을 재가동하겠다고 나왔다. 북한의 이러한 기조는 새로운 기회를 가질 수 있었던 미국과의 관계도 더욱 어렵게 만들었다. 사실 2009년 1월에 출범한 미국의 오바마 정부는, 누구와도 대화를 마다하지 않겠다고 하면서 이전 부시 정부에 비해 북한에 유연한 정책을 펼

표 7-1 세계 경제 지표, 2006-2010

(단위: %)

	2006년	2007년	2008년	2009년	2010년
전 세계	5.2	5.4	2.9	−0.5	5.0
미국	2.7	1.9	0.0	−2.6	2.9
중국	12.7	14.2	9.6	9.2	10.3
일본	2.0	2.4	−1.2	−6.3	3.9
한국	5.2	5.1	2.3	0.2	6.2
유로 지역	3.1	2.9	0.4	−4.1	1.8

출처: 한국은행(2010), p. 5.

것으로 기대하고 있었다. 그러나 북한은 이 정부가 북한에 대한 정책을 정하기도 전인 그해 4월 장거리 로켓 발사, 5월 제2차 핵 실험으로 미국과 정면으로 맞섰다. 이러한 행동은 북미 대화를 불가능하게 하였고, 자연스럽게 미국의 대북 정책은 한국의 새 정부의 대북 정책과 시각을 같이하게 되었다.

셋째는 미국 변수이다. 2008년에 시작된 미국의 금융 위기로 미국의 경제는 심각한 침체와 하락을 경험하였다. 〈표 7-1〉에서 보듯이 2007년 미국의 경제 성장률은 1.9%, 2008년 0%, 2009년 −2.6%를 기록하였다. 또한 9.11테러 이후 아프가니스탄과 이라크에서의 전쟁으로 재정 적자 역시 심각한 상태이었다. 2011년 말 기준 미국의 세출은 3조 4,562억 달러이고, 세입은 2조 1,627억 달러로 재정 적자가 약 1조 3,000억 달러(세입 대비 60%)에 달하였다.[44] 또한 미국은 신용 등급 평가사의 평가 개시 이래 최초로 등급이 강등되는 수모를 당하기도 하였다. 이에 따라 미국은 중국을 더욱 경계하게 되었고, 미국은 '아시아로 회귀'(Pivot to

44 기획재정부, "미국 재정적자 동향 및 시사점," 보도 참고 자료(2012. 1. 26.), p. 3.

Asia) 혹은 '재균형'(rebalancing) 정책으로 맞서게 된 것이다.[45] 여기서 동맹인 한국이 더욱 중요해졌다.

넷째, 중국의 부상이다. 2008년 미국의 금융 위기가 중국에게는 기회가 되었다. 이 사태를 계기로 중국은 영향력을 크게 확대하고 있다. 〈표 7-1〉에서 보듯이 2008년 전 세계적 금융 위기에도 불구하고 중국은 9.6% 성장하였고, 2009년 전 세계가 마이너스 성장을 하였는데 중국은 9.2% 성장하였다. 2010년에는 10.3% 성장하였다. 2010년 중국은 마침내 일본을 앞서 세계 2위의 경제 대국이 되었고 최근 유로존의 재정 위기를 극복하는 버팀목 역할도 하고 있다. 중국은 천안함과 연평도 사태 이후 한미 연합 훈련에 자신들도 이에 대응하는 군사 훈련을 하면서 매우 민감한 반응을 보였다.

미국의 오바마 정부와 한국의 이명박 · 박근혜 정부 사이 북핵 문제에 대해서는 '전략적 인내'(strategic patience) 정책으로 합의가 이루어졌다. 이것은 기본적으로 나쁜 행동에 보상을 줄 수 없다는 것으로 다음의 4가지 요소를 담고 있다.

① 북한이 비핵화를 위한 '불가역적인 조치'(irreversible steps)가 없는 한 6자 회담 복귀 불가,

② 북한에 대한 중국의 전략적 판단을 변화시키기 위한 점진적 노력,

③ 북한의 도발을 제재 강화의 기회로 사용,

④ 중요한 북미 간 혹은 북한과의 다자적 대화는 남북 관계의 진전이 선행되어야 함.[46]

45 미국의 '아시아로 회귀와 중국의 반접근 및 지역 거부 전략'에 대해서는 이성우(2014), pp. 243-271 참조.

그러나 이러한 '인내'는 북한에게 핵과 미사일 실험의 시간을 벌어 주었다. 북한은 2012년 4월과 12월에 장거리 미사일을 발사하였고, 2013년 2월 12일 제3차 핵 실험을 하였다. 특히, 제3차 핵 실험 시기는 오바마 정부 제2기(2013. 1. 20.-2017. 1. 19.)가 출범한 지 한 달이 되지 않은 시점이었고, 박근혜 정부 임기 시작 13일 전이었다.

2013년 2월에 출범한 박근혜 정부의 대북 정책인 '한반도 신뢰 프로세스'는, 앞에서 보았지만, 이전 김대중 · 노무현 정부의 대북 정책이 너무 유화적이었고, 이명박 정부 대북 정책이 너무 강압적이었다고 보고 균형 있는 정책을 편다는 것이다. 그러나 새로운 정부 출범 직전 제3차 핵 실험에 이어 2016년 1월 6일 제4차 핵 실험에 이르기까지 북한의 핵무기 개발 가속화로 대북 제재에 동참할 수밖에 없고, 북한과의 신뢰 구축을 위한 '남북 대화와 국제 공조의 균형'은 시도조차 되지 못하고 있다.

2013년 5월 한미 정상 회담에서 한국 정부는 전시작전통제권 전환 시기 연기를 다시 요구하였고, 2014년 10월 '특정 시기를 정하지 않고 양국이 합의한 전환 조건의 충족 여부에 따라 전환 시기를 결정'하는 방식의 "조건에 기초한 전시작전통제권 전환"을 합의하였다.[47]

2008년 이후 지금까지 한미 관계에 영향을 미친 변수는 국제 체제 변수로 미국의 경제력 약화와 중국의 상대적 부상이 있었고, 이것은 국내 변수인 이명박 · 박근혜 정부의 강경한 대북 정책과 맞물려 한미 관계는 훨씬 좋아진 것으

46 Manyin et al.(2011), p. 2. '전략적 인내'라는 개념은 2009년 12월 8-10일 스티븐 보스워스 미 대북정책 특별대표가 북한을 방문하여 강석주 외무성 제1부상을 만나고 돌아와 북한을 포함한 6자 회담 모든 관련 당사국들은 북핵 문제의 교착 상태를 벗어나기 위해 노력해 줄 것을 당부하면서 사용한 개념이다(백학순, 2010, p. 1).

47 국방부(2014), pp. 115-118.

로 보인다. 이로써 한미 관계는 1990년 냉전 체제 와해 후 이완되었던 관계가 다시금 강화되는 시기이다. 이 시기에 특징적인 현상은, 한국전쟁 당시처럼 미국은 남한과 중국은 북한과 동맹 관계를 가지고, 국제 체제에서 냉전 대신 미국과 중국의 경쟁 구도가 대체되면서, 한미 관계가 밀접하게 되었다는 것이다.

제3절 한미 안보 관계의 과제

지금까지 논의한 해방 이후부터 현재까지 60여 년간의 한미 안보 관계를 특징적인 시기별로 나누어 보면, 약 10년을 주기로 동맹 형성기, 동맹 강화기, 동맹 시련기, 동맹 재강화기, 동맹 이완기, 동맹 조정기, 동맹 재재강화기의 7시기로 나누어진다. 이것을 정리하면 〈표 7-2〉와 같다.

한미 안보 관계의 향방은 현재 우리의 안보와 미래 우리의 통일에 중요하

표 7-2 한미 안보 관계의 시기별 특징

시기	특성	주요 변수
1945-1953	동맹 형성기	냉전 시작, 미국: 반소반공(反蘇反共)
1953-1969	동맹 강화기	냉전 강화, 한국: 군사 정부
1969-1979	동맹 시련기	냉전 해빙, 미국: 베트남전쟁 패배(닉슨 독트린)
1979-1989	동맹 재강화기	냉전 강화, 소련: 아프가니스탄 침공
1990-2001	동맹 이완기	냉전 해체, 한국: 민주 정부
2001-2008	동맹 조정기	미국: 보수 정부, 테러와 이라크전쟁, 한국: 민주 진보 정부
2008-현재	동맹 재재강화기	미국 약화, 중국 부상, 한국: 민주 보수 정부, 북핵 문제

다. 이 문제를 이해하기 위해 이 장에서 한미 안보 관계의 변화에 미치는 국제 체제 변수, 국가 간 양자 변수, 국내 변수들을 모두 이용하였고, 기간도 해방 이후부터 현재까지, 그리고 중요한 거의 모든 사안들을 종합적으로 검토하였다.

한미 안보 관계의 전반적 특성을 요약하면 다음과 같다. 첫째, 냉전 체제 하에서 냉전이라는 국제 체제 변수에 의해 크게 영향을 받았다. 국제 체제란 강대국들 간의 관계에 의해 결정되어지고, 따라서 한미 안보 관계는 미국의 대소련 · 러시아 및 대중국 정책의 종속 변수였다. 이것은 한미 안보 관계가 미국의 대소련 · 러시아와 대중국 정책의 하위 개념이며, 한미 간 비대칭 관계를 의미한다. 냉전 구조 해체 이후에도 이러한 경향은 크게 달라지지 않았다.

둘째, 국가 간 변수에서 한미 안보 관계는 주로 미국의 대북한 정책의 종속 변수였으나, 한국의 대북 관계가 조금씩 영향을 키워 가고 있다. 그러나 근본적으로 북미 관계가 개선되지 않는 한 영향력은 제한적일 수밖에 없다.

셋째, 역시 국가 간 변수에서 한미 안보 관계는 동맹 딜레마가 그대로 적용된다. 즉, 남한이 북한으로부터 안보 위협을 많이 느낄수록 포기의 위험을 더 두려워하며, 적게 느낄수록 연루의 위험을 더 두려워한다. 이것은 우리 안보의 증진은 궁극적으로 남북 관계 개선에서 찾을 수밖에 없음을 의미한다.

넷째, 남북 간의 경제적 격차로 인한 재래식 군비 경쟁에서 남한의 우위는 북한의 핵무기 개발로 어려움에 처하게 되었고 다시 안보를 '핵우산'을 제공하는 미국에 의존해야 하는 상황이 되고 있다.

다섯째, 국내 변수에서 한미 안보 관계는 미국과 한국에서 정부의 성격에 따라 일정 부분 영향을 받기도 하였다.

이렇게 볼 때 향후 한미 안보 관계의 과제는 다음과 같다. 우선, 한국과 미국의 국력 차이를 고려할 때, 그리고 북한의 '벼랑 끝 전술'과 대량 살상 무기를 고려할 때, 기존 한미 관계의 변화에는 신중한 접근이 필요해 보인다. 냉철한 현실 인식이 전제되지 않은 반미론(反美論) 혹은 탈미론(脫美論)은 위험한 안보 환경을 조성할 가능성이 있다.

둘째, 북한의 핵무기 개발 문제는 우리 안보에 심각한 우려를 낳게 하고 있고, 문제 해결에 상당한 영향력을 가진 미국과 중국은 서로에게 책임을 전가하고 있다. 결국 우리의 안보 문제는 정전 협정을 평화 협정으로 교체하는 것과 같은, 안보를 안보의 문제로 해결하기 위한 우리의 주도적 노력이 필요하다.

셋째, 중·장기적 과제로 전통적인 한미 공조론을 넘어 다자 안보 체제를 구축할 필요가 있다. 한반도 분단의 외부 요인은 주변 강대국 간 이해관계의 대립이었다. 이러한 구도는 냉전이 끝난 지금도 변하지 않고 있으며, 한반도 통일에 가장 큰 외부 장애 요인이다. 따라서 단순히 한미 간 동맹에 의존하기보다는 동북아 다자 안보 공동체를 구축하는 노력을 통해 동북아 역내의 잠재적 긴장 관계를 해소해 나갈 필요가 있다. 비록 6자 회담이 교착 상태에 빠져 북핵 문제 해결 도구로서의 효율성에 대해서는 참여국들 사이에 논란이 존재하지만, 이것이 향후 동북아 다자 안보 포럼으로서의 기능을 할 것이라는 점에 대해서는 일정한 합의가 존재한다. 이러한 한미 관계와 동북아 다자 공동체의 중첩된 강화는 통일에 대한 주변국의 동의를 얻어 내는 데 매우 중요한 요소가 된다.

넷째로, 이러한 다차원적 관계망에서 안보 관계를 강화하기 위해서는 정부 간의 채널도 중요하지만, 의회, 시민 사회, 기업, 문화 등에 걸친 다차원적 네트워크를 강화하는 노력이 필요하다. 이러한 공공 외교의 기반이 강화되면 될수록 안보에 대한 상호간 이해의 저변도 넓어질 수 있다.

Chapter 8

중국의 대한반도 정책

제 1 절 중국의 대한반도 정책의 변수[1]

일제 강점기 동안 중국 대륙은 우리와 함께 일본에 대항하면서 임시 정부를 비롯한 국외 독립 운동의 본거지를 제공한 가장 가까운 우방이었다. 그러나 1948년 한반도가 자본주의와 사회주의로 나뉘어 분단국이 되고 이듬해 중국은 자본주의 국민당과 사회주의 공산당 사이의 내전에서 공산당이 승리하면서 북한과는 우방국이, 남한과는 적대국이 되었다. 이러한 상황이 결국 1950년 한국 전쟁에서 중국과 우리는 교전국이 되었고 이후 40여 년간 한중은 적대 관계를 유지하게 되었다.

1992년 8월 한중 수교 이후 20여 년이 지난 지금, 두 나라는 경제적으로 매우 중요한 파트너가 되었다. 중국은 우리의 최대 교역국이자 우리 경제의 모든 면에서 중요한 변수가 되었고, 중국에게도 우리는 수출 4위국, 수입 1위국으로 매우 중요하다.

그러나 안보 문제에서는 아직까지 북한과 동맹 관계에 있고, 2010년 3월의

1 이 장은 하상식(2011), pp. 97-126을 바탕으로 작성되었으나, 저서로서의 일관성 유지와 변화된 환경을 반영하여 거의 대부분 수정되었음을 밝힌다.

천안함 사건과 그해 11월의 연평도 포격 사건 등에서 보았듯이 우리에게 비우호적이다. 북한의 핵 문제에 대해서도 핵무기 개발에는 반대하지만 제재에 대해서는 비협조적이다.

일반적으로 경제 협력과 상호 의존성이 증대하는데도 불구하고 안보 분야의 협력 수준이 낮은 동북아 지역의 현상을 '동북아 패러독스'(Northeast Asian Paradox)라고 부른다. 여기에 남북 관계와 미국, 러시아까지 포함한 6자 관계는 그 복잡성이 더해진다. 그 중에서도 중국은 현재의 경제 문제뿐만 아니라, 특히 우리가 통일로 가는 과정에서 매우 중요한 국가이다. 따라서 중국의 대한반도 이해관계를 정확하게 인식하는 것은 대북 정책 및 통일을 준비하는 데 핵심적 전제가 된다.

이러한 문제의식 하에 본 장에서는 중국의 대한반도 정책, 특히 중국의 대북한 및 대남한 정책의 근간이 되는 중국의 대한반도 전략적 이해관계를 중심으로 살펴보고자 한다.[2]

모든 국가 간의 관계가 그렇듯이 중국의 대한반도 정책은, 기본적으로 중국의 대미 관계로 구성되는 국제 체제 변수, 중국의 대남북한 관계, 미국의 대남북한 관계, 남북 관계 등으로 구성되는 국가 간 변수, 그리고 중국의 국내 변수 등으로부터 영향을 받는다. 이러한 세 차원의 변수들 간의 관계는 〈그림 8-1〉과 같다.

2 중국의 대한반도 정책이란 중국의 남한과 북한 두 국가에 대한 정책과 동일한 의미로 사용하고 있다. 그러나 중국과 분단된 남북한 중 한 일방과의 단순한 양자 관계를 의미하는 대북한 혹은 대한국 정책의 의미보다 이것은 남북한의 통일 문제에 대한 정책, 남한을 고려한 북한 정책, 혹은 북한을 고려한 남한 정책이라는 의미도 동시에 가지고 있다.

그림 8-1 중국의 대한반도 정책에 미치는 변수

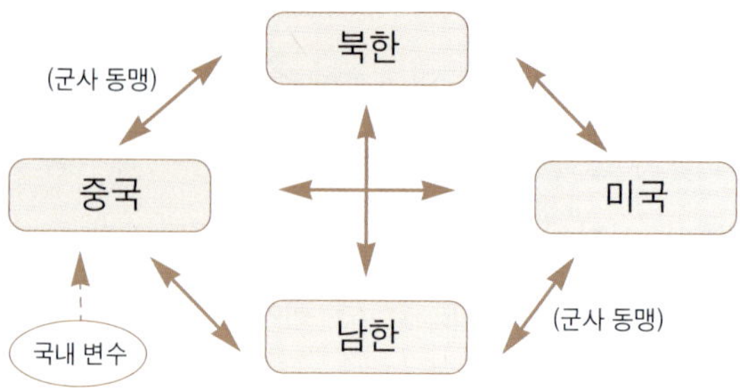

1. 국제 체제 변수

역사적으로 중국과 한반도 지역에 존재해 왔던 국가들 간에는 상호간 전쟁은 말할 것 없고, 이 두 지역의 국가가 연합하여 다른 국가와 전쟁한 적도 여러 번 있었다. 삼국 시대 고구려는 중국과 수차례 전쟁을 하였고, 7세기에 나당 연합군이 백제와 고구려를 멸망시켰다. 13세기에는 여몽 연합군이 일본 정벌에 나서기도 하였고, 16세기에는 조명 연합군이 일본의 조선 침략에 맞서 싸웠다. 1950-1953년의 한국전쟁 역시 중국을 빼고 설명할 수 없다. 이 전쟁에서 중국은 100만 명 이상을 파병하였고, 엄청난 인명 피해를 입었다.[3] 이것은 중국이

3 한국전쟁에서 중공군의 인명 피해는 자료에 따라 큰 차이가 있다. 중국 측의 자료는 전사 11만 6,000명, 부상 22만 명, 행불 및 포로 2만 9,000명으로 총 36만 6,000명으로 기록하고 있으나, 우리 정부의 추정치는 사망 14만 8,600명, 부상 79만 8,400명, 실종 3,900명, 포로 2만 1,700명으로 총 97만 2,600명이다(국방군사연구소, 1996, p. 145).

한반도에 핵심적인 이해관계를 가지고 있다는 것을 증명한다.

19세기 이전까지 중국의 대한반도 관계는 각 국가의 내부 상황과 함께 역내 국가 간 힘의 균형 관계로 대부분 설명할 수 있을 것이다. 그러나 산업화 이후 세계는 좁아졌고, 특히 두 차례에 걸친 세계 대전 후 국가들의 대외 정책에서 국제 체제의 문제는 매우 중요해졌다.[4]

중국의 대한반도 정책에서 국제 체제 수준의 영향은 냉전 체제였고, 그것은 주로 대미 관계였다.[5] 물론 1921년 결성된 중국공산당이 국민당과 내전을 거쳐 1949년 10월 1일 중국 대륙에서 중화인민공화국이 출범할 때까지 기간은 냉전 기간이 아니다.[6] 그러나 내전 자체가 미국을 비롯한 자본주의권의 지원을 받은 국민당과 당시 유일한 사회주의 국가였던 소련의 지원을 받은 공산당과의 투쟁이었다는 점에서 중국은 태생부터 미소 대결에 관련되어 있었다. 실제로 1946년 6월 장제스(蔣介石)의 대규모 공산당 토벌은 미국의 지원 하에 이루어졌고, 수세에 몰린 공산당에 대한 소련의 지원이 내전 승리에 결정적 역할을 하였다. 이런 환경에서 출범한 중화인민공화국은 8개월 만에 한국전쟁에서 미국과 직접 충돌하였다.

한반도에서 일어난 강대국 간 충돌의 설명에 빠지지 않는 구조적 배경은

4 국제 체제란 지정학적 · 전략적 요소가 포함된 국제적 힘의 분배 구조와 권력 관계의 성격 등을 특징적으로 규정하는 것을 말한다. 간단히 표현하면 이것은 강대국의 수와 이들 간의 특징적 관계로 이루어진 구조다.

5 냉전 기간 중 중국의 대미 관계뿐 아니라 대소 관계도 중국의 대한반도 정책에 영향을 미쳤다. 그것은 중소 분쟁이다. 1950년대 말부터 시작되어 1960년대 중반에 최고조에 달해 무력 충돌로까지 치달은 이 분쟁은, 한편으로 미국이 중국에 접근하는 계기를, 다른 한편으로 북한이 중소 등거리 정책과 함께 이들 국가로부터 군사 동맹 조약을 얻어 내는 기회를 제공하였다.

6 중화민국은 1911년 10월 신해혁명에 이어 1912년 1월 1일 쑨원(孫文)을 중심으로 한 난징 임시 정부 수립으로 시작되었다. 청조는 이러한 혁명 세력들을 진압하기 위해 위안스카이(袁世凱)를 총리로 기용하였으나 그가 혁명 세력과 타협하여 대총통이 되고자 하였고, 그에 의해 2월 12일 마지막 황제 푸이가 퇴위되면서 청나라가 멸망하였다.

한반도의 지정학적 위치이다. 한반도는 지정학적으로 대륙 세력(중국, 러시아 · 소련)과 해양 세력(미국, 일본)의 교차점에 위치함으로써 이들 간 교량(bridge) 혹은 완충(buffer)의 역할을 하게 된다. 그래서 이 지역의 국가가 약할 때 강대국의 각축장이 되고 심지어 전쟁터가 되기도 하며, 현재의 분단은 이러한 결과라는 설명이다.[7] 여기에 냉전 시기에는 대륙 세력이 곧 냉전의 한 축인 사회주의권이었고, 해양 세력이 곧 냉전의 다른 한 축인 자본주의권이었기 때문에 한반도에는 지정학적 분열 구조와 이데올로기적 분열 구조가 복합적으로 더해져 국제체제 변수의 영향력이 더 강화되었다고 볼 수 있다.

중국의 대미 관계는 미중 간의 상대적 힘(능력)과 미중 관계의 성격(우호적 혹은 적대적 의도)에 의해 규정된다. 중국의 상대적 힘의 변화는 대외 전략 교시의 변화에 잘 나타난다. 정부 수립 당시 중국은 우호국인 소련에게서조차 위성국가 수준의 취급을 받았고, 미국의 공격을 두려워하는 상태였다. 그래서 제1세대 지도자인 마오쩌둥의 교시는 '불칭패', 즉 '심알동 광적량 불칭패'(深挖洞廣積糧 不稱霸, 굴을 깊게 파고, 식량을 비축하며, 패권자라 칭하지 말라)였다. 이러한 기조는 상당 부분 제2세대 지도자 덩샤오핑의 '도광양회'(韜光養晦, 빛을 감춰 밖으로 새지 않도록 하면서 은밀하게 힘을 길러라)로 이어졌다. 그러나 1990년대 후반 제3세대인 장쩌민은 대국으로서 책임지는 자세를 보인다는 '책임대국론'(責任大國論)을 주장하며, '유소작위'(有所作爲, 필요한 역할은 한다)로 변해 왔다. 제4세대에 해당하는 후진타오(국가 주석 임기 2003. 3. 15.-2013. 3. 14.)는 '화평굴기'(和平·崛起, 평화로운 부상) 혹은 '화평발전'(和平發展)을 주창하였다.[8] 이렇듯 상대적 능력에서

7 과거 강대국 간 한반도 분할에 관한 논의는 이완범(2002), pp. 191-215.
8 '화평굴기'가 주변국에 위협적인 표현이라는 비판이 제기되면서 '화평발전'으로 부르게 되었다. 이 정책의 기원 및 내용에 관한 상세한 논의는 유현정(2010), pp. 424-426 참조.

표 8-1 남북한 및 주변 4강의 경제력과 군사비 현황, 2013년 기준

국가	GDP (억 달러)	국방비 (억 달러)	GDP 대비 국방비(%)	병력 (천 명)	국민 1인당 국방비(달러)
미국	162,000	6,004	3.70	1,492	1,896
중국	90,200	1,122	1.24	2,333	83
일본	51,500	510	0.99	247	401
러시아	22,100	682	3.08	845	478
한국	12,600	305	2.42	630	596
북한	296*	n.a.	n.a.	1,200	n.a.

주: * 북한의 GDP는 같은 해 한국은행 추계 남한의 1/42.6에 근거하여 계산.
출처: 국방부(2014), pp. 238, 240.

중국의 부상은 그만큼 자신의 목소리를 내겠다는 것으로 변해 오고 있다.

이러한 변화는 2008-2009년 미국이 금융 위기 사태로 인한 경제 침체로 지도력을 상당 부분 잃은 반면, 중국은 상대적으로 자신감을 가지면서 가속화되었다. 이 사태 이후 중국은 "미국에 대해 '뿌'(不, No)라고 말할 수 있을 만큼" 성장하였다.[9] 중국은 2010년 GDP에서 일본을 제치고 세계 제2의 경제 대국이 되었다. 〈표 8-1〉에서 보듯이 2013년도 말 기준, 중국의 GDP는 9조 200억 달러로 미국 16조 2,000억 달러의 56%에 해당하고, 이것은 일본의 1.75배에 달한다. 군사비 역시 일본의 2배 이상을 지출하고 있다. 더구나 시장 환율 기준이 아니라 구매력 균형(purchasing power parity, PPP) 방식으로 환산해 보면 중국의 GDP는 이미 미국을 앞섰다. 미국 중앙정보국(Central Intelligence Agency, CIA)의 The World

9 2009년 중국에서는 (개혁 · 개방이 시작된) "1979년에는 자본주의만이 중국을 구할 수 있었지만, 2009년에는 중국만이 자본주의를 구할 수 있었다" 고 스스로의 경제적 성과에서 오는 자부심을 가지고 있다(중앙일보, "신해혁명 100년 중국을 알자," 2011. 1. 5.).

Factbook에 의하면, 2014년 중국의 구매력 균형 방식으로 산출한 GDP는 18조 900억 달러로 미국의 17조 3,500억 달러를 넘어섰다. 이것은 일본의 4조 7,670억 달러의 3.8배에 해당한다.[10]

이러한 중국의 부상에 미국은 '헤징'(hedging) 전략으로 맞서고 있다.[11] 이 전략의 기본 목표는 미국이 만들어 놓은 국제 질서에 중국을 편입시키고자 하는 것이다.[12] 이것은 봉쇄(containment)와 관여(engagement)를 혼합한 'congagement' 혹은 협력(cooperation)과 경쟁(competition)을 혼합한 'coopetition' 등의 새로운 용어로 표현되기도 한다.[13]

이 전략은 이라크와 아프가니스탄 전쟁을 마무리하면서 오바마(Barack Hussein Obama, Jr.) 정부에서 '아시아로 회귀'(Pivot to Asia) 혹은 '아시아 재균형'(Rebalancing to Asia) 정책으로 표현되었다. 이것은 미국의 외교, 안보, 경제적 이해관계의 중심축이 아시아-태평양 쪽으로 이동한다는 것을 의미하는 것으로, 힐러리 클린턴(Hillary Clinton) 국무장관이 2011년 11월에 제시한 주요 행동 방침은, ① 양자 간 안보 동맹 강화, ② 중국을 포함한 신흥국과의 관계 심화, ③ 다자 간 지역 기구 참여, ④ 무역과 투자의 확대, ⑤ 군의 광역 기지화 구축, ⑥ 민주주의와 인권 진전 등 여섯 가지이다.[14]

---

10 미국 중앙정보국, https://www.cia.gov/library/publications/the-world-factbook/rankorder/2001rank.html(검색일 2016. 1. 30.). 구매력 기준의 이 자료에 의하면 2014년 한국의 GDP는 1조 7,840억 달러로 중국의 1/10에 해당한다. 북한의 GDP는 400억 달러(2013년 기준)로 나와 있다.

11 '헤징'이란 용어는 "울타리를 쳐서 안전하게 투자 관리를 한다"는 의미의 경제학적 용어로 현물의 시세 하락으로 인한 손해를 막기 위해 현물을 선물로 파는 행위를 말한다. 국제정치학에서 '헤징 전략'이란 국가 간 힘의 변화에 따라 불확실한 미래에 균형(balancing)이나 편승(bandwagoning)이라는 양 극단의 선택을 당하지 않기 위해 사전에 다양한 대비책을 강구하는 정책을 말한다(김재관, 2013, p. 292 참조).

12 이지용(2015), p. 15.

13 'congagement'란 용어는 Zalmay Khalilzad(1999), p. 6에서, 'coopetition'이란 용어는 David Shambaugh, ed.(2013), pp. 4-5에서 나왔다. 이지용(2015), p. 15에서 재인용.

이러한 방침에 입각하여 2011년 가을부터 미국이 취한 아시아를 향한 '전략적 전환'(strategic turn)의 구체적인 내용을 보면, ① 호주에 미군 배치, 싱가포르에 해군 배치, 필리핀과 군사 협력 확대, ② 동아시아 지역에 미군 병력 증강과 이의 전개, 유연성 및 정치적 지속성 증대, ③ 동아시아정상회담(East Asia Summit, EAS) 참여, ④ 환태평양전략경제동반자협정(Trans-Pacific Strategic Economic Partnership, TPP) 협상 진전 등이 있다.[15] 특히, 군사 · 안보 분야에서 2020년까지 미국의 11개 함대 그룹 중에서 6개의 함대 그룹을 포함, 미 해군의 60%를 아시아-태평양 지역에 배치한다는 계획은 안보 분야에서 대중국 헤징의 핵심에 해당한다.[16] 이것을 통해 미국은 중국이 해양 방어 전략으로 발전시키고 있는 '반접근/지역거부'(Anti-Access/Area Denial, 2A/AD) 능력을 극복하려는 '합동 작전 접근 개념'(Joint Operation Access Concept, JOAC)을 실현하여 태평양에서 지역 접근과 자유로운 작전 능력을 보장하려고 한다.[17]

이러한 미국의 전략에 2013년 출범한 시진핑(習近平) 정부(국가 주석 임기 2013년 3월 14일부터 10년)는 '위대한 중화 민족의 부흥'을 의미하는 '중국의 꿈'(中國夢, 중궈멍)을 주창하고, 대미 전략으로 '신형 대국 관계'(新型大國關係, New Type of Major Power Relations) 구축을 제시하였다.[18] 이것은 패권국(hegemon)과 신흥 도전국

14 Hillary Clinton(2011), p. 58.

15 Mark Manyin, Stephen Daggett, Ben Dolven, Susan Lawrence, Michael Martin, Ronald O'Rourke, and Bruce Vaughe(2012), p. 1.

16 신성원(2014), p. 11.

17 이지용(2015), p. 16.

18 처음 이 개념이 제시되었을 때 영문 표기는 New Type of Great Power Relations이었다가 Great가 논란이 되어 Major로 수정되었다(이지용, 2015, p. 3). 이 개념은 2010년 5월 중국 외교 담당 국무위원인 다이빙궈(戴秉國)가 베이징에서 개최된 제2차 미중전략경제대화 개막식 연설에서 처음 나왔다. 이후 2012년 2월 시진핑 당시 국가 부주석이 미국을 방문하여 '21세기 신형 대국 관계'를 강조하였고, 그해 5월 후진타오 주석이 제4차 미중전략경제대화 개막 연설에서 공식화하였다. 이것은 김한권(2014), p. 9 참조.

(challenger) 사이의 관계는 필연적으로 패권 전쟁으로 귀결된다는 '투키디데스 함정'(Thucydides trap)을 극복하고 공존 · 공영하는 관계, 즉 과거와 다른 새로운(新型) 관계를 만들자는 개념이다.[19]

이와 같은 기조 하에 중국은 안보에서 '아시아 신안보 개념'을, 경제에서 '일대일로'(一帶一路, One Belt One Road) 전략을 추진하고 있다. '아시아 신안보 개념'이란 2014년 '아시아 교류 및 신뢰 구축 회의'(Conference on Interaction and Confidence Building Measures in Asia, CICA)에서 제시된 것으로, 아시아의 안보는 아시아 국가들에 의해 지켜져야 한다는 것으로 '역외 세력'인 미국이 아시아의 안보에 개입하지 말라는 의미를 담고 있다. '일대일로' 전략은 2013년 9월 시진핑 주석이 카자흐스탄을 방문하여 나자르바예프대학 강연에서 처음 발표한 것으로 해상과 육상에 새로운 실크로드를 만든다는 구상이다. 해상 실크로드는 중국 남부 지방에서 해로로 동남아시아, 인도양을 거쳐 중동과 아프리카로 진출하는 것을 말하고, 육상 실크로드는 중국의 중서부 개발을 통해 중앙아시아를 거쳐 유럽으로 진출하는 것을 의미한다.[20]

중국의 '신형 대국 관계' 제안에 미국은 동의하고 있다. 그러나 이 개념에 대한 인식은 중국과 다르다. 미국은 이것을 미국이 만들어 놓은 세계 정치 · 경제 질서 안에서 중국이 '공존'하자는 제안으로 받아들인다. 미국은 2015년 2월의 '국가 안보 전략'(National Security Strategy)에서 미국이 아시아-태평양 지역에 중대한 이해를 가지고 있으며, 이를 위해 "가용한 모든 전략적 우위를 동원"할 것을 천명하고 있다. 즉, 중국과 평화로운 공존은 환영하지만, '현존 질서 내에서

19 이지용(2015), p. 14.
20 김한권(2015), p. 16.

협력'을 추구함을 강조하고 있다.[21] 반면, 중국은 과거 냉전 시기 소련이 사회주의권에 대한 영향력을 인정받았던 것처럼 아시아(서태평양 동쪽) 지역을 '중국의 영향권으로 인정'하고 이를 바탕으로 공존하자는 것으로 해석하고 있다는 것이다.[22]

이렇게 표면은 합의하고, 내면은 서로 다른 생각을 하지만, 현재까지의 미중 관계는 과거 냉전 체제처럼 진영 간 엄격한 적대적 · 제로섬적 관계는 아니다. 위에서 보았듯이 미중 관계는 협력과 경쟁이 혼합된 'coopetition' 현상을 만들어 내고 있다. 특히, 이러한 현상은 미국과 중국 간의 경제 관계가 매우 상호의존적이 되어 '차이메리카'(Chimerica, China-America) 제국처럼 되었다는 점에 근거한다. 일부 연구자는 이것을 과거 미국과 소련이 핵무기에 의한 '상호 확증파괴'(mutually assured destruction, MAD) 능력을 통해 '공포의 균형'(balance of terror)을 유지한 것에 비유하기도 한다.[23]

이로써 탈냉전 시대 국제 체제의 특징 중 하나는 교역과 투자 같은 경제적 상호 의존의 증대가 과거 냉전 시대와 달리 정치 및 안보적 고려와 매우 독립적으로 이루어지고 있는 것이다.[24]

21 이지용(2015), p. 17.
22 이지용(2015), pp. 3, 21-23.
23 Joseph S. Nye, Jr.(2010), p. 148. '차이메리카'라는 용어는 미국의 역사학자인 퍼거슨(Niall Ferguson)과 독일 학자인 슐라리크(Moritz Schularick)가 2007년 12월 국제 경제 정책 학술지 『국제금융』에 게재한 글에서 China와 America를 합성해 사용한 용어이다.
24 Scott Snyder(2010), p. 1.

2. 국가 간 변수

한중 관계는 냉전 기간 내내 국제 체제에 의해 주도되었다. 중화인민공화국 출범 직후인 1949년 10월 7일, 남한이 인정하지 않은 북한과 수교하면서 적대적이 되었다. 이듬해 한국전쟁에 참전하여 우리와 직접 교전하면서 최악의 적대 관계가 되었다.

한중 수교는 국제적으로 냉전이 와해된 1992년 8월에 이루어졌다. 이것은 중국이 안보에서 중요시하는 북한과의 관계를 희생하는 것이기 때문에, 중국 측의 수교 배경은 개혁 · 개방 이후 제1차적 외교 목표가 대내 경제 건설에 유리한 환경을 조성하는 것으로 변화된 것에 기인한다는 해석이 많다.[25] 우리 측의 배경은 탈냉전과 함께 경제적 자신감에서 비롯한 노태우 정부의 '북방 정책'의 결과이다.

한중의 양자 관계에 영향을 미치는 요인들은 경제 협력 문제, 한미 동맹과 한중 협력의 대립 및 북한 핵 문제, 한반도 통일 문제 등과 같은 안보 문제가 주된 것이고, 이 밖에도 탈북자 문제, 역사 문제, 영토 문제 등이 있다.[26]

먼저 경제 협력 문제를 보면, 수교 후 한중 경제 관계는 획기적으로 성장하였다. 20여 년이 지난 2015년 말의 양국 경제 관계를 보면, 중국은 이미 우리에게 최대 교역국이다. 〈표 8-2〉에서 보듯이 우리 수출의 26.0%, 수입의 20.7%가 중국과 이루어지고 있다. 이와 같은 양국 사이의 교역액은 〈표 8-3〉에서 보는 것과 같이 제2, 제3의 교역국인 미국, 일본과의 교역액을 합한 것보다 더 많다.

25 조명철 · 양문수 · 정승호 · 박순찬(2005), p. 55.
26 김재관(2013).

표 8-2 주요 연도 한국의 대중국 교역 현황

(단위: 백만 달러, %)

연도	수출			수입			무역 수지	
	전체	對中	비중	전체	對中	비중	전체	對中
1996	129,715	11,377	8.8	150,339	8,539	5.7	−20,624	2,838
2000	172,268	18,455	10.7	160,481	12,799	8.0	11,786	5,656
2005	284,418	61,915	21.8	261,238	38,648	14.8	23,180	23,267
2010	466,384	116,838	25.1	425,212	71,574	16.8	41,172	45,264
2015	526,900	137,140	26.0	436,547	90,237	20.7	90,353	46,903

출처: 한국무역협회 무역 통계, http://stat.kita.net(검색일 2016. 1. 30.).

표 8-3 2015년도 우리나라의 주요 교역국과 교역 규모

국가명	수출(백만 달러, 점유율*)	순위	수입(백만 달러, 점유율*)	순위
중국	137,240(10.9%, 1위)	1	90,237(4.5%, 4위)	1
미국	69,845(2.9%, 7위)	2	44,029(3.2%, 6위)	3
일본	25,596(7.1%, 3위)	5	45,854(4.1%, 4위)	2

주: * 수출/수입 상대국에서 우리나라 수출/수입이 차지하는 비율과 순위.
출처: 한국무역협회 무역 통계, http://stat.kita.net(검색일 2016. 1. 30.).

우리에게 중국은 경제적으로 가장 중요한 국가가 된 것이다. 중국에게도 우리나라는 경제적으로 중요한 파트너이다. 한국은 중국의 수입에서 1위를 차지하고 있다. 2위가 대만이고 일본, 미국이 그 뒤를 잇는다. 중국의 수출에서 한국은 미국, 홍콩, 일본 다음으로 4위이다. 2015년 12월 20일에는 한중 자유무역협정(Free Trade Agreement, FTA)도 발효되었다.

그러나 안보 관계는, 특히 우리에게 가장 중요한 북한과 관련된 문제에서는 아직도 정전 협정 틀에서 벗어나지 못하고 있다. 중국은 한미 동맹이 궁극적으로 중국을 겨냥한 것으로 인식한다. 가장 대표적인 예가 2010년의 천안함 침몰 사건과 연평도 포격 도발 사건이다.

우리 정부가 천안함 침몰이 북한의 어뢰 공격에 의한 것으로 추정하고 조사를 진행 중이던 2010년 5월 초, 중국은 북한의 김정일을 국빈으로 초대하였다. 우리 정부가 천안함이 북한의 어뢰 공격에 의해 피폭되었다고 공식적으로 결론내리고, 이에 대한 항의 표시로 무력시위를 하는 것에 대해서도 불편한 심기를 감추지 않았다. 또한 7월 초 중국은 북한 인사들을 초청해 예년에 하지 않았던 '조중우호협력 및 상호원조조약' 체결 제49주년 행사를 가졌다.[27] 8월 말 김정일은 다시 중국을 방문하였고, 후진타오 주석이 지린 성(吉林省) 창춘(長春)까지 와서 그를 만났다. 10월에는 중국 차세대 지도자로 확정된 시진핑 부주석이 중국의 한국전쟁 참전 제60주년 행사에 참석해 "위대한 항미원조전쟁(抗美援朝戰爭, 미국에 저항하여 조선을 도운 전쟁)은 평화를 지키고 침략에 맞선 정의로운 전쟁"이었다고 주장하였다.[28]

연평도 포격 사건에도 중국의 태도는 이와 다르지 않았다. 천안함 사건과 달리 이 사건은 즉시 그리고 명백하게 북한의 도발이 확인된 상황이었다. 그럼에도 불구하고, 중국은 '냉정과 절제, 한반도 평화'만을 언급하였다. 심지어 정부의 통제 하에 있는 일부 중국 언론은 북한의 입장을 대변하기도 하였다.[29] 이

27 동아일보(2010. 7. 7.).

28 동아일보(2010. 10. 26.). 중국은 1592-1598년의 임진왜란도 '항왜원조전쟁'(抗倭援朝戰爭)이라 칭한다.

29 중국 공산당 기관지 인민일보의 자매지인 환구시보(環球時報)는 북한의 포격이 우리의 포사격에 대응한 것이라는 북한 측 주장을 싣기도 하였으며, 이후 우리의 포사격 훈련에 북한이 대응하지 않은 것에 대해서는 "북한이 보여 준 냉정을 높이 평가하자"는 사설(2010. 12. 21.)을 내보냈다(동아일보, 2010. 12. 22.). 이 신문은 다시 12월 23일자 사설에서 "중국은 한국을 손봐 줄 지렛대가 많아 하나만 사용해도 짧은 시간 안에 한국 사회를 뒤흔들 수 있고," 한국이 중국의 설득을 듣지 않는다면, "손봐 줄 필요"가 있다고

에 우리 정부는 중국의 반응을 우려해 명백한 무력 도발 사건임에도 유엔 안전보장이사회에 상정조차 하지 못하였다. 2011년 12월 김정일의 사망에는 후진타오 국가 주석을 포함, 중국공산당 중앙위원회 상무위원 9명 전원이 조문에 참여하였다.

다른 한편, 북한 핵 문제에 대한 중국의 입장은 애매하다. 중국은 '한반도의 비핵화'를 주장하며, 북한의 핵무기 개발에 반대한다.[30] 그래서 북한 핵 문제와 관련된 유엔 차원의 모든 제재에 안전보장이사회 상임 이사국으로 동참하였다.[31] 그러나 중국이 실제로 제재를 이행하려는 의지는 별로 없어 보인다. 우리 정부와 미국은 물론, 대부분의 분석가들도 중국의 비협조가 북한 핵 문제 해결에 큰 장애로 보고 있다.[32]

이와 같은 중국의 태도는 상당 부분 한미 안보 관계와 한중 안보 관계의 대립이라는 관점에서 볼 수 있다. 외교적으로 한중 관계는 수교 당시의 '선린 우호 협력 관계'에서 1998년 '21세기를 향한 협력적 동반자 관계'로 발전하였고, 2003년에는 '전면적 협력 동반자 관계'로, 2008년에는 '전략적 협력 동반자 관계'로 격상되었다. 전략적 협력 동반자 관계란, 경제는 물론 정치 · 사회 · 문

주장하였다(국민일보, 2010. 12. 24.).

30 '북한 비핵화'는 북한 지역의 비핵화를 의미하며, '한반도 비핵화'는 북한 지역의 비핵화뿐 아니라 주한 미군을 포함 남한도 비핵화해야 한다는 의미로 차이가 있다.

31 북핵 관련 결의안은 2006년 10월 6일 제1차 핵 실험에 대한 유엔 안보리 결의안 제1718호, 2009년 5월 25일 제2차 핵 실험에 대한 결의안 제1874호, 20012년 12월 12일 '은하 3호'(개량형 대포동 2호) 발사에 대한 결의안 제2087호, 2013년 2월 12일의 제3차 핵 실험에 대한 결의안 제2094호이다. 한국 전쟁 이후 유엔안전보장이사회 결의안은 이 밖에도 1991년 9월 남북한의 유엔 가입 결의안(제202호), 1993년 5월 11일 북한의 NPT 탈퇴 선언에 대해 재고할 것을 촉구하는 결의안(제825호), 2006년 7월 5일 북한의 '은하 1호'(대포동 2호) 발사에 대한 결의안(제1695호) 등이 있다. 제1695호는 북한의 핵무기와 관련이 있지만, 탄도 미사일 발사 행위를 비난하고, 북한에게 미사일 프로그램을 중단할 것을 요구하고, 유엔 회원국들은 북한을 감시하고 미사일 관련 물품이나 기술을 북한에 제공하지 말 것 등을 요구하는 수준의 내용으로 제재는 아니다(유엔, http://www.un.org/press/en/2006/sc8778.doc.htm(검색일 2016. 1. 30.)).

32 임강택(2013), pp. 4-5.

화 · 지역 및 국제 협력 분야의 '포괄적이고 광범위한' 협력 관계를 의미한다.[33] 그러나 이러한 관계가 형성된 2008년, 앞 장에서 보았듯이 한미 안보 관계는 급격히 가까워진다. 이명박 정부는 출범 직후인 4월 19일 한미 동맹을 '21세기 전략 동맹'으로 격상하였다. 이에 대해 중국은 한중 정상 회담 첫날인 5월 27일 외교부 공식 논평을 통해 한미 동맹을 "냉전 시대 역사의 유물"로 비판하였다.[34] 이명박 정부는 이듬해 6월 16일 한미 동맹을 다시 '포괄적 전략 동맹'(comprehensive strategic alliance)으로 격상하였다. 이것은 "가치 동맹+신뢰 동맹+평화 구축 동맹"으로 집약된다.[35] 즉, 자유 민주주의와 시장 경제라는 가치를 위해 동맹의 활동 영역을 과거의 한반도에서 전 세계로 확장하는 것을 의미한다. 여기서 중국의 반발을 산 것은 핵우산을 포함한 '확장 억지력'(extended deterrence) 제공으로 북한 핵 개발의 명분을 제공한 것, 영역 확장으로 중국의 양안 위기 시 주한 미군의 개입 가능성을 열어 둔 것 등이다.[36] 이러한 이슈들 역시 일정 부분 천안함과 연평도 사태에서 보여 준 중국의 태도에 영향을 미쳤을 것으로 볼 수 있다.

2013년 박근혜 정부 출범 이후로 이러한 미국 일변도의 정책은 완화되었고, 비슷한 시기에 출범한 시진핑 정부와 관계는 나아지는 모습을 보이고 있다. 두 정상은 2015년 말까지 여섯 차례나 만났고, 특히 2015년 9월 중국의 '항일 전쟁 및 세계 파시스트 전쟁 승전 70주년' 행사에는 미국의 동맹국 중 유일하게

33 이태환(2010), p. 127.
34 조선일보(2008. 5. 30.).
35 김재관(2013), p. 288.
36 이 밖에도 주한 미군 방위비 분담 문제, 한미 FTA 문제, 미국 주도의 MD 참여 문제, 미국 무기 구매 문제, 미사일 지침 개정 문제, 전시 작전권 반환 문제 등의 논쟁점들이 있다. 이에 관해서는 김재관(2013), pp. 289-291 참조.

박근혜 대통령이 참석하였다. 시진핑은 북한보다 남한을 먼저 방문한 최초의 중국 지도자이고, 그와 김정은과의 정상 회담은 아직도 이루어지지 않고 있다. 그러나 2016년 1월 6일 북한의 핵 실험에 중국은 아직도 강력한 제재를 망설이고 있다.

북중 관계가 중국의 대한반도 정책에 미치는 요인에 대해 박동훈과 이성환은 지속적 요인으로 지정학적 요인을, 변화 요인으로 이념적 · 인적 유대라는 중국의 국내 요인, 전략적 협력이라는 양자 간 요인, 중국의 국제적 위상이라는 국제적 요인을 들고 있다.[37] 이 중에서 이들은 중국의 국제적 위상 강화로 미국과의 경쟁 관계는 북한의 지정학적 가치를 증대시켰고, 역시 이로 인한 중국의 개입 의지도 심화되었다고 보고 있다. 그러나 다른 한편 시간이 지나면서 한국전쟁에서 북한과 혈맹의 동지였던 지도층 인사들 간의 인적 유대는 약화되었고, 북한의 개혁 · 개방 거부로 인한 경제 노선의 차이도 북중 관계의 약화 요인으로 보았다.[38]

3. 국내 변수

중국은 전통적으로 '화이 질서관'(華夷秩序觀)을 가지고 있다. 이것은 세계의 중심에는 문명인인 한족(華)이 있고, 그 주변에 야만인(夷)들이 둘러싸고 있는 형태로 구성되었다고 보는 세계관과, 사회 구성원 간 자발적이고 호혜적인 위계적 질서를 강조하는 유교적 관념이 합쳐져 국제 질서관으로 확대된 시각

37 박동훈 · 이성환(2015), pp. 241-259.
38 박동훈 · 이성환(2015), p. 253.

을 말한다.[39] 이러한 질서관이 한족의 우월적 지위를 주장한다는 견해와 한족과 다른 민족 간의 평등을 주장한다는 견해가 나뉘어 있는데, 현실적으로는 중국이 약할 때 전자의 경향이, 강할 때 후자의 경향이 주로 나타났다고 보고 있다.[40]

후진타오 시기 대외 정책의 기본 철학으로 주장한 '조화 세계론'(和諧世界論, Hexieshijielun)은 바로 이러한 전통적 질서관에 입각한 것이다. 이것은 중국 고대의 조화 문화와 영속적 평화관을 현실 외교 속에 반영한다는 것으로, "남과 어울리면서도 맹종하지 않고 자기 입장을 고수"한다는 '화이부동'(和而不同) 사상이고, "차이의 인정에 기초하는 공존과 평등 관계를 구현한다"는 '국제 질서관'이다.[41] 이렇게 볼 때, 한편으로 중국의 부상에 대한 인식과 중국의 세계 질서관은 서로 관련성이 있으면서 동시에 이것은 중국의 다른 강대국과의 상대적 힘과 밀접한 관련이 있음을 의미한다. 즉, 이 질서관은 중국이 약할 때 나타나지 않았다가 중국의 부상과 함께 나타나고 있으므로, 비록 '화해'를 추구한다고 하지만, 경우에 따라 중화 민족주의와 결합할 가능성을 내재하고 있음을 보여 주고 있다.

중국의 대외 정책에 영향을 미치는 다른 하나의 국내 변수는 중국의 정책 노선 변경, 즉 개혁 · 개방 정책과 관련이 있다. 1978년 12월 덩샤오핑을 중심으로 하는 세력이 개혁 · 개방 정책을 추진하기로 결정한 것은 중국의 현대사에 큰 전환점이 되었다. 이 정책은 과거 마오쩌둥 시대에 중국의 모순을 '생산 관계의 불평등'에서 찾았고 이를 해결하기 위한 국가 발전의 목표를 '계급 투쟁'

39 이정남(2010), p. 38.
40 이정남(2010), p. 40.
41 이정남(2010), p. 49.

으로 설정한 것에 반해, 중국의 개혁 · 개방 정책은 중국의 모순을 '생산력의 저발전'에서 찾았으며, 따라서 국가 발전의 목표를 '경제 건설'로 옮겨 온 근본적인 노선 변화였다.[42]

그림 8-2 **덩샤오핑과 '흑묘백묘'**

출처: 동아일보(2008. 2. 19.)(http://www.donga.com).

이러한 변화의 상징은 덩샤오핑의 '흑묘백묘론'(黑描白描論, 검은 고양이든 흰 고양이든 쥐만 잡으면 된다)에서 보듯이 경제적 실용주의이다. 바로 이러한 실용주의적 정책 기조가 결국 북한의 반대에도 불구하고 한중 수교를 낳게 하는 결정적 동기라 할 수 있다.

더 나아가 중국의 이러한 정책 기조가 오늘날 중국 외교의 특징을 구성한다는 시각도 있다. 이 시각에 의하면 현재 중국 외교는 "마치 1세기 이전 미국의 외교만큼 공격적"이며, 미국의 동기가 "이념이나 정치 체제를 확산시키려는 선교적 접근"(missionary approach)이었던 것에 반해, 중국은 거대한 인구의 삶의 질을 향상시키기 위해 오직 경제적 생존(자원 확보)을 위해 총력을 집중하는 '극단적 현실주의'(uber-realist) 정책이라는 것이다.[43] 또한 일부는 이러한 경향을

42 김정계(2009), p. 5.
43 Robert D. Kaplan(2010), p. 23.

'중상주의적'(mercantilistic) 정책이라 부르기도 한다.[44]

실제로 후진타오가 미국을 방문하였을 때 부시 대통령이 자기는 미국이 또 다른 테러를 당할까 걱정하느라 잠을 이루기 어렵다며, 후진타오가 걱정하는 것은 무엇인지 묻는 질문에, 그는 "1년에 2,500만의 새로운 일자리를 만드는 것"이라 답하고, 부시에게 이란과 아프리카 등 자원 부국에 대한 중국의 정책을 설명하였다고 한다.[45]

2013년 시진핑이 주창한 '중국의 꿈'은 1960년대 '미국의 꿈'(American Dream)이 팍스 아메리카나(Pax Americana) 시대를 열어 갔듯이 팍스 시니카(Pax Cinica)를 향한 꿈이라 할 수 있다. '중화 민족의 위대한 부흥'이란 과거 강력하였던 한(漢)나라, 당시 전 세계 GDP의 절반을 차지하였던 부유한 당(唐)나라를 모델로 하고 있고, 시간적 목표도 '두 개의 100주년'에 맞추고 있다. 제1차 목표는 중국 공산당 창당(1921) 100주년이 되는 2021년까지 현재 중국이 겪고 있는 빈부 간, 도농 간, 지역 간의 '3대 불균형' 문제를 해결하여, 대부분 중국인들의 생활이 편안해지는 중산층이 되는 '전면적 소강 사회'(小康社會)를 만드는 것이다. 제2차 목표는 인민공화국 건국(1949) 100주년이 되는 2049년까지 중국의 부강함이 정점이 되는 '대동 사회'(大同社會)를 만드는 것이다.[46]

이러한 논의를 통해 우리는 다음과 같은 몇 가지 경향을 추론해 볼 수 있다. 첫째, 중국의 한반도 정책은 기본적으로 중국의 대남북한 관계보다 국제 체제의 변수로서 대미 관계에 의해 영향을 받는다. 이 관계는 미중 관계가 좋아지면 한중 관계가 좋아지는 경향성을 가진다.

44 Zhu Feng(2010), pp. 69-70.
45 George W. Bush(2010), p. 427.
46 김한권(2014).

둘째, 미중 관계가 나빠지면 미국과 중국은 한반도에서 남북 간 경쟁 구도를 부추길 가능성이 높아지고, 동시에 북한에 대한 중국의 지정학적 중요성은 더 커진다. 따라서 남한은 미중 간 선택의 딜레마에 빠지게 되고, 북한과는 멀어지게 된다.

셋째, 미중 간 '차이메리카'로 표현되는 경제적 상호 의존은 국제 체제에서 경제 교류와 안보적 고려가 상당 부분 서로 독립적으로 나타날 수 있는 환경을 제공하고 있다. 따라서 한중 간의 경제 관계도 같은 맥락으로 이해할 수 있다.

넷째, 남북한은 미중에 비해 상대적 약자이지만, 미중이 남북한 각각에 대해 가지는 동맹 관계로 인해 미중 관계에 영향을 미칠 수 있다. 이러한 영향은 긍정적인 차원보다 남북한이 상대방에게 호전적이 되어 미국과 중국에게 '연루'와 '포기' 사이의 선택을 강요하는 부정적 방향으로 영향을 미칠 수 있다. 예를 들어, 북한이 남한에 적대적이 되면 중국은 남북한 중 하나를 선택해야 하는 딜레마에 빠지게 된다. 북한을 잃지 않으려면 남한과 멀어질 수밖에 없게 된다. 같은 맥락에서 미국은 남한이 중국과 가까워지는 것을, 중국은 북한이 미국과 가까워지는 것을 경계한다.

다섯째, 동맹 딜레마를 역으로 보았을 때, 한반도에서 남북 관계가 좋아지면, 상대적으로 남북한은 미중 양국으로부터 '포기'의 우려가 줄게 된다. 이것은 남한의 대미 의존도, 북한의 대중 의존도를 완화하고 상대적 자율성을 증진시킨다.

마지막으로 미국과의 상대적 힘에서, 그리고 우리 경제에 차지하는 비중에서 중국의 부상은 대외 정책에서 자신의 목소리를 더 내게 만들고, 이것은 우리에게 과거에 비해 미국 대비 중국의 직접적인 영향력이 점점 더 커진다는 것을 의미한다.

이제 이러한 논의를 바탕으로, 다음 절에서는 중국의 한반도 관련 중요 이슈에 대한 전략적 이해관계를 분석해 보기로 한다.

제2절 중국의 대한반도 전략적 이해관계

중국이 대한반도 관계에서 전략적으로 관심을 가지는 문제는 여러 가지가 있지만, 특히 한반도에 평화와 안정을 유지하는 문제, 북한의 체제를 유지하는 문제, 이와 불가분의 관계가 있는 한반도 통일 문제, 그리고 북한의 핵무기 개발 문제에 집중되어 있다.[47]

1. 한반도 평화와 안정

평화와 안정이 모든 국가의 대외 관계에서 중요한 목표가 된다는 것은 말할 필요가 없다. 그러나 때로는 현상 유지적 평화가 국가의 다른 이익과 충돌되어, 무력 사용을 통한 현상의 변화가 국가 이익에 더 부합할 수도 있다.

한반도에서 평화와 안정이 깨지는 경우 중국이 입을 수 있는 전략적 손실

47 사무엘 김 등은 중국이 북한에 대한 원하는 것을 '다섯 가지 노(No) 원칙'으로 정리하였다. 이들은 안정성(no instability), 붕괴 방지(no collapse), 비핵화(no nuke), 난민 유입 방지(no refugees or defectors), 갈등 완화(no conflict escalation) 등이다(유현정, 2010, p. 434). 또한 비슷한 지적은 한석희(2005); 김재관(2005), pp. 131-163; Yang-Cheng Wang(2009), pp. 50-80; Bonnie Glaser and Scott Snyder(2010); 이태환(2010); Zuh Feng(2010) 등 참조.

은 다음과 같다. 첫째, 중국의 대미 안보에 치명적으로 부정적인 영향을 가져다 줄 수 있다. 전시 작전권을 가진 미국의 군대가 한국에 주둔하고 있는 상황에서, 한반도에서 무력 분쟁은 북한과 군사 동맹 관계에 있는 중국에게 엄청난 부담이 될 수밖에 없다. 특히, 한반도에서의 무력 분쟁에 대한 중국인들의 인식은 한국전쟁에서의 피해라는 기억을 통해 각인되었을 뿐 아니라 상당수 중국인들은 한국전쟁 때문에 미국이 대만을 절대 중국에 내어 주지 않으려고 생각한 것으로 기억하고 있다.[48] 또한 지금 한반도에서 다시 전쟁이 일어나면 현재의 제반 상황을 고려할 때 미국의 영향권 하에 통일될 가능성이 높다. 이렇게 되면 통일된 한국에 미군이 주둔할 가능성은 매우 높고, 이로써 미국과의 완충 지역은 상실된다.

현상 유지 상태로서 중국의 주한 미군에 대한 태도는, 이것이 대만 문제에 개입하기 위한 것이 아닌 한, 크게 반대하고 있지 않다는 것이 일반적인 해석이다. 그 이유는 주한 미군이 ① 일본의 재무장을 견제하며, 한반도의 안정에도 기여하고, ② 철수를 주장함으로써 중국이 현상 타파 세력으로 비치는 것을 원치 않으며, ③ 중국이 주장해도 미국이 수용할 가능성이 낮은데 한국과의 관계만 나빠지고, ④ 중국이 미국의 패권에 도전하는 국가로 비쳐지기를 원치 않기 때문으로 보고 있다.[49] 따라서 중국은 한반도에서 현상 유지를 선호한다.

둘째, 한반도에서 군사 분쟁은 중국의 경제에 치명적인 부정적 영향을 미친다. 현재 중국의 제1, 제2, 제3 교역국은 미국, 일본, 한국이다. 따라서 한반도에서의 분쟁은, 중국이 북한의 편에서 참전한다면 더욱 말할 것도 없지만, 비록

48 Glaser et al.(2010), p. 3.
49 이태환(2010), p. 141.

그렇지 않더라도 이 3국 모두와 정상적인 경제 교류를 할 수 없게 된다. 이것은 중국의 '극단적 현실주의' 혹은 '중상주의적' 외교 목표에 반하고, 중국 부상의 중단을 의미한다.

셋째, 분쟁으로 인한 경제적 어려움은 중국공산당 정권의 정통성에 치명적인 손상을 입힐 수 있다. 오늘날 중국에서 미래의 공산 사회를 이룩하기 위해 그리고 부르주아 세력을 척결하기 위해 프롤레타리아 1당 독재가 필요하다는 식의 정통성은 더 이상 적실성이 없다. 그럼에도 불구하고 중국공산당이 1당 독재를 유지할 수 있는 명분은 지난 30여 년간 연간 경제 성장률이 9%대를 유지한 성과에 있다. 따라서 경제 성장에 문제가 생기면 연쇄적으로 민주화 요구 및 소수 민족 독립 문제 등과 같은 문제로 비화될 수 있을 것이다. 소수 민족 문제는, 특히 신장과 티베트 문제가 심각해질 수 있다.[50]

물론 이러한 시각에 대해 중국은 과거부터 관개(灌漑)를 위해 중앙 집권적 권력이 수백만 명을 동원해 내는, 원래 비민주적인 '수력 문명'(hydraulic civilization) 국가로 보는 시각도 있다.[51] 하지만 오늘날과 같이 정보를 차단하기 어려운 세계화된 시대에 자유주의적 · 개인주의적 서구 문명의 영향을 받지 않을 수 없을 것이다. 이렇게 볼 때, 한반도 평화란 중국에게 사활의 이해관계가 될 수밖에 없다.

50 특히, 신장은 7-8세기 몽고를 지배하던 투르크족의 후예인 투르크 위구르 인들이 살고 있는 곳으로 1949년 마오쩌둥에 의해 강제로 병합되었고, 그 후 지금까지 끊임없이 중국 정부에 저항하고 있다.
51 Kaplan(2010), p. 23.

2. 북한 체제 유지와 한반도 통일

북한의 체제 유지 혹은 체제 붕괴 문제란 엄밀히 세 가지의 다른 의미로 나누어 생각해 볼 수 있다. 첫째, 체제 붕괴를 김일성–김정일–김정은 정권 붕괴(administration collapse)의 문제로 보는 것이다. 이것은 북한의 최고 지배자가 질서 있는 절차를 밟지 않고, 현재의 김정은에서 다른 지도자로 교체되지만, 정치·경제적 제도는 별로 달라지지 않는 경우이다. 예를 들면, 쿠데타에 의해 지도자만 바뀌는 상황이 여기에 속한다.

둘째, 체제 붕괴를 현 북한의 정치·경제적 체제 붕괴(regime collapse)의 문제로 보는 것이다. 이것은 정치적으로 1인 독재 체제에서 민주주의로, 혹은 경제적으로 사회주의 계획 경제 체제에서 자본주의 시장 경제 체제의 요소가 급격히 도입되는 상황을 말한다.

셋째, 체제 붕괴를 국가 붕괴(state collapse)의 문제로 보는 것이다. 이 경우 체제 붕괴란 동서독이 병합하여 통일되면서 동독이라는 국가가 없어진 것처럼 북한이라는 국가가 없어지는 것으로 남한에 의한 한반도 통일 상황을 말한다.

이러한 세 가지 상황은 경우에 따라 분리되어 일어날 수도 있고, 한꺼번에 일어날 수도 있다. 즉, 북한에서 쿠데타가 일어나 김정은과 그의 최측근 몇 명만 달라질 수도 있고, 동시에 정치·경제적 체제 변화가 함께 진행될 수도 있으며, 더 나아가 이로 인해 남북한이 통일되어 북한이라는 국가가 없어질 수도 있다. 따라서 체제 유지 문제는 통일 문제와 관련되어 있다.

중국의 관점에서 북한의 체제 붕괴가 문제가 되는 것은, 이것이 북한의 국가 성격을 바꿀 수 있기 때문이다. 물론 북한에서 친중 쿠데타가 일어나거나 현

지배자들에 의해 경제 체제만 변화시키면 국가 성격은 달라지지 않는다. 그러나 쿠데타가 김일성 일가의 세습 체제를 반대하는 세력에 의해 이루어진다면, 이것은 기존 노선에 반대한다는 명분이 필요하기 때문에, 국가 성격의 변화가 수반될 가능성이 높고, 그래서 현재 유지되고 있는 중국과의 관계가 변할 가능성이 높아진다. 이것은 위의 국가 간 변수에서 논의하였던 표현을 빌리면, 그 국가의 상대방 국가에 대한 '의도'가 바뀔 수 있음을 의미한다. 중국의 경우 이것은 기존 동맹 관계가 청산되고, 친미 혹은 친남한 정부로 성격이 바뀌는 것을 의미한다. 이렇게 보면 중국에게는 현상 유지가 가장 이익에 부합하는 것이다.

다른 한편으로 이러한 체제 붕괴의 과정에서 중국이 우려하는 것은 북한으로부터의 난민 유입이다. 앞에서 보았듯이 현재 북한의 경제는 매우 취약하다. 특히, 에너지와 식량 부족 문제는 심각한 상태이다. 여기에다 정치적 불안정이 더해지면 현재의 에너지난과 식량난은 더욱 심각해질 것이고, 이것은 대규모 난민을 낳게 될 것이다. 이 경우 남한행은 비무장 지대가 있어 쉽지 않다. 이미 1990년대 후반 이른바 북한의 '제2 고난의 행군' 시절, 약 30만 명의 북한 난민이 중국에 체류하였던 점을 감안하면 체제 붕괴의 경우 100만 명 이상의 난민이 발생할 수도 있다는 것은 짐작하기 어렵지 않다. 또한 이 문제에 중국이 민감해 하는 것은 옌벤(延邊) 조선족 자치구에 많은 조선족이 있고, 이 경우 과거 미얀마 난민 문제에서 얻은 독특한 경험이 있기 때문이기도 하다.[52]

52 Glaser et al.(2010), p. 3. 중국의 미얀마 난민 사건은 2009년 8월 미얀마의 코캉(Kokang) 지역에서 정부군과 소수 민족 게릴라 군과의 전투를 피해 약 3만 7,000명의 난민이 중국 윈난(雲南) 성 난산(南山) 시 부근으로 들어온 사건이다. 이후 정부군과 코강 반군의 대치는 2015년까지 지속되고 있으며, 간헐적으로 교전도 일어나고 있다. 당시 중국으로 들어온 상당수 난민은 귀향을 거부하고 있다. 특히, 국경 지역에 살던 이들 코캉 족의 상당수는 중국의 소수 민족과 한족에 뿌리를 두고 있다(*Myanmar Times*, "Kogang: For Myanmar and China, this time it' s different"(March 2, 2015(http://www.mmtimes.com/index.php/national-news/13297-kokang-for-myanmar-and-china-this-time-it-s-different.html, 검

북한의 붕괴가 국가 붕괴인 경우 이것은 한반도 통일 문제이다. 이 문제에 대해 중국은 공식적으로 당사자 원칙을 주장해 왔다. 이것은 중국이 미국에게 대만 문제에 손을 떼라는 의미이기도 하다. 이렇게 볼 때, 통일된 한국 정부가 특별히 중국에게 비우호적이지 않다면 한반도 통일을 반대하지 않겠다는 것이 중국의 입장이다. 그러나 실제로 통일된 한반도에 미군이 계속 주둔하는 경우보다 현상 유지가 중국의 전략적 이해관계에 더 부합한다고 볼 수 있다.

3. 북한의 핵무기 개발

북한의 핵무기 개발에 대해 중국의 입장은 절대 불가이다. 2006년 10월 9일 북한이 첫 핵 실험을 하였을 때 중국은 즉각 비난하였고, 바로 며칠 후 유엔 안전보장이사회의 대북 제재 조치(결의 제1718호)에 찬성하였다. 당시 후진타오 주석은 미국 부시 대통령과의 통화에서 "중국 정부는 이것을 강하게 반대하며, 북한에게 절제를 요구하기 위해 대화를 하고 있다. 그러나 우리의 이웃이 우리 충고에 전혀 말을 듣지 않는다"며 호소하였다고 한다.[53]

앞에서 보았듯이, 중국 역시 북한이 핵 실험을 할 때마다 유엔 제재에 동참하고 있다. 중국이 북한 핵무기 개발에 반대하는 이유는 여러 가지가 있다. 그들은 다음과 같다: ① 중국 국경 인접 지역에서 핵 실험으로 인한 중국의 안전 문제, ② 중국이 중요하게 생각하는 지역 안보 균형의 위협 문제, 즉 이로써 한일이 핵 무장을 하거나 혹은 미국의 미사일 방어 체제에 완전히 편입하게 함으

색일 2016. 1. 30.)). 북한 난민의 경우 중국의 조선족을 근거로 이와 유사한 상황이 발생할 것을 우려하고 있다.

53 Bush(2010), p. 425.

로써 현재보다 중국의 안보를 취약하게 하는 문제, ③ 북한의 핵 보유는 전 세계적 비확산 노력과 NPT 체제의 미래를 위협하는 문제, ④ 북한이 핵 물질이나 기술을 다른 국가나 단체에 판매 혹은 유출시킬 수 있는 문제, ⑤ 북한의 핵을 빌미로 미국과 한국이 북한에 대해 무력을 사용할 수 있다는 문제 등이다.[54]

제3절 중국의 전략적 우선순위와 대중 정책의 과제

1. 중국의 전략적 우선순위

앞 절에서 논의한 중국의 세 가지 전략적 목표들은 서로 연결되어 있기 때문에 서로 충돌할 수 있다. 그 이유는 다음과 같다. 사실 군사적 수단을 동원하지 않고 북한의 핵무기 개발 문제를 해결할 수 있는 상당한 힘을 가진 국가는 중국과 미국이다. 중국은 채찍으로서, 그리고 미국은 당근으로서 유효한 수단을 가지고 있다.[55] 그러나 현재까지 두 나라는 자신의 수단을 쓰지 않고 상대방에게 책임을 전가하고 있다. 이런 상황에서 북한이 필요한 석유의 거의 100%, 부족한 식량의 절반, 생필품의 80%를 제공하고 있는 중국이 역시 북한 체제 붕괴를 우려하여 자신의 수단을 사용하지 않겠다면, 결국 중국은 북한의 비핵화를 포기해야 한다. 다른 한편 미국이 당근이 아니라 채찍을 사용하여 군사적 수

54 Glaser et al.(2010), pp. 4-5.
55 하상식(2009), pp. 31-61.

단을 동원한다면 한반도에 평화가 깨지고, 결국 북한의 체제 붕괴로 이어져 중국의 전략적 이해에 반하게 된다.

그림 8-3 북한과 중국을 잇는 '조중우의교'(中朝友誼橋)

출처: 한겨레신문(2011. 12. 22.)(http://www.hani.co.kr).

이와 같은 선택적 상황에서 중국의 입장은 두 가지로 나뉘어 있다. 하나는 '전통주의자'(傳統派, traditionalist)로 불리는 사람들의 시각이다. 이것은 북한의 대미 완충 역할을 중국의 '전략적 자산'(strategic asset)으로 보고, 불가피하게 북한의 핵무기 보유국화와 한반도 현상 유지, 북한의 비핵화를 위한 압박과 이로 인한 북한 정권 붕괴 중 하나를 선택해야 하는 상황이 생긴다면 전자를 선호하는 시각이다. 다른 하나는 '전략주의자'(戰略派, strategist)들의 시각이다. 이것은 북한의 열악한 경제 상황을 포함하여, 북한의 핵 보유국화를 중국의 '전략적 부담'(strategic liability)으로 보는 시각으로서 앞의 선택 상황에서 후자가 더 중국의 국익에 부합한다고 보는 것이다.[56]

2009년 4월 북한의 장거리 로켓 발사를 규탄한 유엔 안보리 의장 성명에 반발한 북한이 앞으로 6자 회담에 '영원히' 참가하지 않겠다고 선언한 후 중국에서 촉발된 논의를 요약한 '국제위기그룹'(International Crisis Group)의 보고서는 다

56 Glaser et al.(2010); 유현정(2010), p. 428.

음과 같다.

전략주의자들의 시각은 비핵화가 평화와 안정의 전제라고 보는 견해로 중국 중앙당교 국제전략연구소의 장량의(Zhang Liangui, 張璉瑰)의 견해가 대표적이다. 그것은 다음과 같다.

① 중국의 국경과 인접한 곳에서 핵 실험은 중국 시민을 직접 위험에 처하게 한다.
② 북한은 원조를 받음에도 불구하고, 중국의 국익을 무시하며, 중국에 대해 불평한다. 따라서 중국에게 전략적 · 경제적 부담이 되어간다.
③ 중국은 북한의 정책을 변화시키기 위해 영향력을 사용해야 한다.
④ 중국은 북한에 대한 영향력을 행사하기 위해 다른 4개국과 대화를 계속해야 한다.
⑤ 북한에 뇌물을 주는 정책은 유화 정책이다.[57]

전통주의자들의 시각은 평화와 안정이 비핵화의 전제라고 보는 견해로 공개 토의되지 않고, 주로 내부 정책 토론에서 이루어지는 것으로 다음과 같다.

① 중국과 북한은 미국에 맞서 함께 싸웠다. '순치'(입술과 이)의 관계는 수십만 중국 군인들의 피로 이루어졌고, 따라서 언제나 특별하다. 이런 중요한 이웃과의 관계는 손상시킬 수 없다.
② 북한이 공격적인 행동을 하게 만드는 국제적 압력을 막는 것이 중국의

57 International Crisis Group(2009), p. 6.

중요한 이익이다.

③ 북한의 불안정을 막기 위해 중국은 원조를 계속해야 한다.

④ 북한은 한국에 군대를 주둔시키고 있는 미국과 중국 영토 사이의 완충 지역으로 전략적 자산이지, 전략적 부담이 아니다.[58]

'국제위기그룹'은 전략주의자들은 주로 미국에서 공부한 학자들, 자유주의자들, 중국 외교부 관리들 중 일부로 구성되어 있고, 전통주의자들은 주로 보수주의자들, 특히 중국인민군에서 가장 지지를 많이 받고 있다고 보았다. 또한 2009년 당시 중국의 국제 관계에 대한 민족주의적 시각을 가진 신문인 *Global Times* 지가 인터뷰한 전문가 20명 중 절반은 전략주의자였고, 절반은 전통주의자로 나타나 전문가들의 견해는 두 입장이 대등하게 나눠지는 것으로 보았다. 그럼에도 불구하고 전통주의자들의 시각에 입각한 정책을 펴고 있는 것은 중국의 정책 결정자들이 변화가 가져다줄 책임을 부담스러워하는 태도를 가지고 있기 때문이라 분석하였다.[59]

다른 연구자들의 평가 역시 아직까지 전통주의자들이 주류이고 전략주의자는 매우 소수에 불과하다는 것이다. 몇몇 연구들을 소개하면, 먼저 유현정은 중국이, 늦어도 2008년 말에 이르러, 북한의 비핵화보다 북한 체제의 존속이 자신의 국익에 더 부합하는 것으로 정리하였다고 보고 있다.[60] 그 근거는 다음과 같다. 중국이 주장하는 '화평굴기' 혹은 '화평 발전' 정책은 이른바 '3린'을 골자로 하고 있는데, 이들은 '목린'(穆隣, 선린 관계 유지), '안린'(安隣, 주변 정세의 안

58 International Crisis Group(2009), p. 6.
59 Internaitonal Crisis Group(2009), pp. 8-9.
60 유현정(2010), p. 428.

정 유지), '부린'(富隣, 주변국들과의 공동 발전 추구)을 말한다. '목린'이란 북중 간 경제 협력을 위한 정치적 기조가 되고, '안린'이란 북한 체제 유지를 위한 지원의 근거가 되며, '부린'이란 중국의 적극적인 대북 투자의 기반이 되었다고 본다.[61] 구체적으로 이러한 정책 기조가 1990년대 초 남한과의 경제적 교류에 치중하였지만 북한이 심각한 위기를 겪자 1996년부터 대북 지원을 재개하게 만들었으며, 이후 국제적 제재로 인도적 지원마저 감소하자 무역을 증대시키고 투자도 확충하였다는 것이다.[62]

이태환도 중국은 북한과 우호적 관계를 유지하여 지속적인 영향력을 가지려 하기 때문에 핵 문제도 6자 회담을 통해 반드시 대화와 설득으로 해결하려 한다고 보고 있다.[63] 이로서 중국은 핵 문제에도 불구하고 북한을 자극하지 않고, 현상을 유지하는 것이 도움이 된다고 보고 있으며 남북한 사이에서 모호한 입장을 취하고 있는 것으로 평가하고 있다.

한석희 역시 중국이 "한반도의 비핵화는 지지하면서도 이것을 위하여 북한 정권의 붕괴나 한반도의 전쟁을 용인할 의지가 전혀 없다"고 보고 있다.[64] 이러한 시각은 중국이 경제 성장에 힘입어 군비를 획기적으로 늘려 왔지만, 아직도 많이 부족하다고 생각하고 있기 때문에 대미 군사력 균형이 어느 정도 이루어질 때까지 북한이 완충 지대로 남아 있기를 바라고 있다는 왕양청의 주장과도 일치한다.[65]

61 유현정(2010), pp. 426-434.

62 1996년 5월 22일 중국은 북한과 '경제기술합작협정'을 맺었다. 그 내용은 향후 5년간 중국이 석유 130만 톤, 석탄 250만 톤을 지원하고, 곡물은 매년 50만 톤씩 반은 무상 반은 우호 가격으로 공급한다는 것이었다. 1999년 탕자쉬안 외교부 장관의 방북 시에도 중국은 북한에 곡물 15만 톤, 석탄 40만 톤 제공을 약속하였다(유현정, 2010, pp. 442-443).

63 이태환(2010), p. 142.

64 한석희(2009), p. 3.

소수 견해지만 중국이 변화를 싫어하지 않고 경우에 따라 오히려 좋아할 수 있다는 시각의 근거는 다음과 같다. 한반도의 통일이 중국 변방의 평화와 안전을 위협하지 않는 방법으로, 그리고 반드시 남북한의 자주적 선택에 의해 이루어진다면, 통일 한국은 ① 위기의 가능성을 줄여서 보다 조화로운 변방이 될 것이며, ② 새로운 경제적 기회를 창출할 것이고, ③ 중국과 대만이 통일할 수 있는 예로 공헌할 것이므로 중국이 현상 유지보다 더 선호한다는 주장이다.[66]

다른 관점에서 남한 주도의 한반도 통일이 중국에 나쁘지 않다는 주장도 있다. 이것은 ① 통일 한국은 민족주의적이 될 것이고, 한국은 일본과 중국 중에서 일본을 더 싫어하고, ② 경제적으로 한국은 일본보다 중국에 더 밀접하며, ③ 주한 미군을 계속 주둔시켜야 할 이유가 없을 것이라는 주장이다. 그래서 한국은 중화권 속에 편입되고 미국의 영향력은 줄어들 것이라는 시각이다.[67]

어쨌든 중국이 이들에 대해 어떠한 우선순위를 가지고 있는지에 대한 단면은 미중 정상 간의 대화에서도 엿볼 수 있다. 2002년 10월 미국의 북한 우라늄 농축 의혹으로 시작된 소위 제2차 북핵 위기가 발발하였을 당시 부시 대통령은 장쩌민 주석에게 전화를 걸었다. 그는 "미국과 중국은 북한에 대해 다른 종류의 영향력을 가지고 있다. 미국은 대부분 부정적인 측면에서의 영향력이 있고, 중국은 긍정적인 측면에서의 영향력이 있다. 만일 우리가 힘을 합치면 훌륭한 팀이 될 것이다"라고 말하였다.[68] 이에 대해 장쩌민 주석은 북핵 문제는 미국의 문제이지 중국의 문제가 아니라고 하였다. 또한 그는 "북한에 대한 영향력

65 Wang(2009), pp. 50-80.
66 Galser et al.(2010), p. 7.
67 Kaplan(2010), p. 28.
68 Bush(2010), p. 424.

을 행사하는 것은 매우 복잡하다”(very complicated)라고 답하였다.[69] 중국의 북핵 문제에 대한 소극성을 읽을 수 있다.

2003년 2월에 부시는 장쩌민에게 다시 전화를 걸어 북한의 핵 문제가 “외교적으로 해결되지 않는다면 군사적 타격을 생각해 볼 수밖에 없다”고 말하였다.[70] 이로부터 6개월 후 6자 회담이 열렸다. 이것은 중국이 한반도 평화를 북핵 문제보다 더 우선한다는 것을 시사해 준다.

2006년 7월 4일 북한이 장거리 미사일 발사 실험을 한 후에 부시 대통령은 후진타오 주석에게 전화를 걸어 중국이 북한의 행위를 공개적으로 비난해 줄 것을 요구하였다. 그러나 후진타오는 ‘평화와 안정’이란 말만 반복하며, ‘상황을 고조시키는 어떤 행동’에도 반대한다고 하였다.[71] 역시 북한의 미사일 문제보다 한반도 평화가 더 중요하다는 것을 말해 준다.

2011년 1월의 미중 정상 회담에서도 중국의 입장은 크게 달라지지 않았다. 후진타오 주석은 정상 회담 후 가진 공동 기자 회견에서 “중국과 미국은 한반도의 평화 · 안정을 유지하고, 한반도의 비핵화를 촉진하며, 동북아의 지속적인 평화 · 안보를 위해 관련 당사자들과 공조 · 협력을 강화”하겠다고 하였다. 역시 평화와 안정에 방점이 찍힌 표현이다.[72] 이 회담에서 합의한 공동 성명은 6자 회담과 9.19공동성명 이행을 강조함으로써 천안함 · 연평도 사태에도 불구하고 북한을 제재하지 않고 그 이전으로 돌아가자는 것으로 우리의 입장보다는 북한의 입장에 가깝다. 이러한 중국의 입장은 2012년 2차례의 장거리 로켓

69 Bush(2010), p. 424.
70 Bush(2010), p. 424.
71 Bush(2010), p. 425.
72 동아일보(2011. 1. 20.). 다만 이 회담에서 미국이 얻은 것이 있다면, 중국이 이제까지 인정하지 않던 우라늄 농축 문제를 인정하게 되었다는 것이다.

발사, 2013년 2월 제3차 핵 실험에도 크게 달라지지 않았고, 2016년 1월 제4차 핵 실험 후에도 달라져 보이지 않는다.

앞의 변수에 대한 논의에서 중국 외교의 최우선 고려는 대미 관계이고, 경제적인 교류와 안보적 고려는 상당 부분 서로 독립적일 수 있으며, 한반도에서 미중 경쟁의 중요성이 감소하지 않았다고 보았다. 또한 남북 관계의 악화는 북중 관계를 강화하고 한중 관계를 악화하는 구조적 경향도 보았다. 이러한 변수적 고려 역시 위의 논의들과 부합한다.

이와 같은 논의를 종합해 볼 때, 한반도에 대한 중국의 전략적 우선순위는 ① 한반도 평화, ② 북한 정권 유지 혹은 한반도 통일 방지, ③ 북한의 비핵화라고 결론지을 수 있다. 이것은 중국이 경제 성장을 위한 환경 조성과 대미 안보 문제를 북한의 핵무기 보유 문제보다 상대적으로 더 우선시한다는 것을 말해주고 있다.

2. 대중 정책의 과제

2010년도 중국의 GDP는 일본을 앞질렀고, 2015년도에는 구매력 균형 산출 방식의 GDP에서 미국도 앞질렀다. 우리에게 중국은 2003년부터 이미 최대 수출 시장이 되었고, 현재는 부동의 제1교역국이다. 그러나 북한 문제와 관련된 한중 안보 관계는 아직도 별 진전을 이루지 못하고 있다.

이런 중국의 정책을 이해하기 위해 본 장에서는 중국의 대한반도 전략적 이해관계를 규명해 보았다. 그 결과, 중국은 한반도에서의 평화와 안정 유지, 북한 체제 유지, 북한의 비핵화를 중요한 전략적 목표로 하고 있지만, 불가피하게 우선순위를 선택해야 하는 상황에서는 ① 한반도 평화, ② 북한 체제 유지, ③ 북한의 비핵화라는 순서가 된다고 평가하였다.

이것은 천안함 및 연평도 사태, 그리고 북한의 핵 개발 문제에서 보여 준 중국의 태도를 설명해 준다. 또한 이것은 한중 경제 관계의 증대와 안보 관계의 협력 강화는 상당 부분 독립적일 수 있음을 시사한다.

앞으로 중국이 현재와 같은 속도로 경제 성장을 지속할지 알 수 없지만, 중국의 부상은 아직도 빠르게 진행되고 있고 경제 대국화는 곧 군사 대국화로 이어진다. 머지않은 장래에 미국이 더 이상 대만을 중국의 공격으로 지킬 수 없을 것이란 전망도 있다.[73] 바로 이러한 우려가 미국의 '아시아로의 회귀'의 배경일 것이다. 이에 중국은 '신형 대국 관계'로 아시아에서의 영향권을 주장하고 있다. 이렇듯 기존의 패권국과 부상하는 중국이 한반도에서 직접 만나고 있다.

미국과 중국은, 앞에서 보았듯이, 표면적으로는 '신형 대국 관계'가 제시하는 공존과 협력에 합의하고 있지만, 이에 대한 해석은 서로 달리하고 있다. 이것은 미중 간 공존과 협력이 불안정할 수밖에 없다는 것을 의미한다.

북한 핵 문제, 한반도 평화 체제 구축 문제, 나아가 한반도 통일 문제 모두 미국과 중국의 협조 없이는 불가능하다. 현재 상황은 두 나라 모두 자신의 이익을 지키기 위해 상대방에게 책임을 떠넘기고 있다. 이렇게 아무 것도 해결하지 않는 상황이 탈냉전 후 20여 년 동안 지속되고 있다.

우리는 무한정 기다릴 수 없고, 또 이 세 가지 문제 중 어느 하나라도 준비하지 않으면 엄청난 시련을 겪을 수 있다. 이에 두 가지 대립된 대응 방안을 생각해 볼 수 있다.

73 Kaplan(2010), p. 30.

하나는 중국과의 정책 공조를 위해 중국의 전략적 우선순위를 존중해 주면서 협조를 얻어 내는 방법이다. 이것은 우리 스스로 북한과의 대립을 자제하여 어떠한 문제라도 평화적으로 해결하도록 노력하고, 북한의 체제 붕괴를 유도하지 않는 방법이다. 이 정책은 상당 부분 이전의 '햇볕 정책' 기조와 같다. 바로 이것이 지난 김대중 · 노무현 정부 시절 한중 간의 안보 문제에 대한 갈등이 적었던 이유일 것이다. 하지만 이 방법은 중국을 얻고, 현재의 평화를 얻지만, 미국과의 관계는 소원해지고, 북한의 변화나 핵 문제는 담보할 수 없다는 단점이 있다.

다른 하나는 역으로 미국과 함께 중국이 소중히 여기는 전략적 이해를 위협하여, 중국이 우선순위를 바꾸도록 하는 방법이다. 이것은 중국을 압박하여 북한의 비핵화를 이끌어 내도록 하기 위해, 중국이 두려워하는 한반도 평화를 담보하는 방법이다. 이것은 이명박 정부의 대북 정책 기조와 같고, 연평도 포격 도발 이후 실시되었던 미국과의 합동 군사 훈련과 같은 방법이다. 현재 박근혜 정부의 접근도 상당 부분 이 기조의 연장선 위에 있다. 하지만 이것은 미국을 얻지만, 중국을 잃고, 북한의 변화와 핵 문제를 해결할 수도 있지만, 한반도에 무력 분쟁이나 급진적 통일에 따르는 혼란을 맞이해야 할 수도 있다.

이렇게 볼 때, 한반도에서 남북 사이의 대립은 아직도 한미 동맹과 북중 동맹의 대립이며 여기에 남북 간 대립이 커지면 우리는 미국에, 북한은 중국에 더 의존적일 수밖에 없다.

과거 우리의 이익이 배제된 채, 강대국의 입장에서 한반도에서의 힘의 균형은 분단이었다. 1948년 남북 두 정부의 수립이 그랬고, 1953년 휴전이 그랬다. 이 상황은 아직도 지속되고 있다. 이것은 장기적으로 남북 문제의 본질은 남북 관계에서 풀어야 한다는 것을 의미한다. 북한이 협조하지 않는 상황에서 쉽지 않은 과제임이 분명하지만 이것이 우리가 끈을 놓을 수 없는 이유이다.

위의 두 대안은 어느 것도 쉽지 않다. 그러나 중국이 대한반도 정책에서도 미국과의 관계를 우선하듯, 미국 역시 대한반도 정책에서 중국과의 관계를 크게 고려한다. 이러한 경향은 중국의 힘이 커지면 더 강화될 것이다. 따라서 당장 안보 문제에 대한 한중 간의 협력도 우리 외교의 중요한 과제로 보아야 할 것이다. 이것이 바탕이 되어야 장차 중국으로부터 한반도 통일에 대한 합의를 얻어 낼 수 있고, 이를 통해 남북이 서로에게 또 다른 상처를 주지 않는 점진적이고 평화적인 통일이 가능해질 수 있을 것이다.

Chapter 9

일본의 대한반도 정책

제1절 일본의 대한반도 정책의 변수

제2절 시기별 일본의 대한반도 정책

제3절 한일 관계의 과제

제 1 절 일본의 대한반도 정책의 변수[1]

우리에게 일본은 '가깝고도 먼' 나라이다. 지리적으로 가장 가깝게 위치해 있고, 인적 · 물적 교류도 가장 많은 나라 중 하나다. 그러나 정서적 · 감정적으로 가장 먼 나라 중 하나이다.

한일 양국 간 인적 교류를 보면, 2015년 한 해 동안 한국에서 일본을 방문한 사람은 400만 명, 일본에서 한국을 방문한 사람은 184만 명으로 연간 584만 명이 오고갔다.[2] 물적 교류는 〈표 9-1〉에서 보듯이 한국의 대일본 수출이 255.9억 달러, 수입이 458.5억 달러로 총교역액은 714.4억 달러에 달한다. 이러한 대일본 교역은 과거에 비해 많이 줄었지만, 우리나라 전체 수출의 약 5%로 제5위에 해당하고, 우리나라 전체 수입의 10.5%로 제2위에 해당하며, 교역 규모에서 중국, 미국 다음으로 제3의 교역국이다. 일본에게 우리는 일본 총수출의 7.1%를 차지해 제3위 수출국이고, 일본 총수입의 4.1%를 차지해 제4위 수입국이다.[3]

1 이 장은 하상식(2008), pp. 65-92에 기반을 두었으나, 저서로서의 일관성과 환경의 변화 등으로 거의 대부분 수정되었음을 밝힌다.

2 몇 년 전까지 통계는 한국에서 일본을 방문한 사람 수보다 일본에서 한국을 방문한 사람의 수가 더 많았지만, 일본의 원전 사고, 일본 엔화 가치 하락 등으로 이 상황이 역전되었다(일본 대한민국 대사관, "한일 교역 및 인적 교류 현황"(http://jpn-tokyo.mofat.go.kr, 검색일 2016. 1. 30.)).

표 9-1 주요 연도 한국의 대일본 교역 현황

(단위: 백만 달러, %)

연도	수출			수입			무역 수지	
	전체	대일본	비중	전체	대일본	비중	전체	대일본
1995	125,058	17,049	13.6	135,119	32,606	24.1	−10,061	−15,557
2000	172,268	20,466	11.9	160,481	31,828	19.8	11,786	−11,362
2005	284,418	24,027	8.4	261,238	48,403	18.5	23,180	−24,376
2010	466,384	28,176	6.0	425,212	64,296	15.1	41,172	−36,120
2015	526,900	25,596	4.9	436,547	45,854	10.5	90,353	−20,258

출처: 한국무역협회 무역 통계(http://stat.kita.net, 검색일 2016. 1. 30.).

표 9-2 주변국의 국가 이미지

(단위: %)

국가	연도	협력 대상	경쟁 대상	경계 대상	적대 대상
미국	2007	53.2	22.0	22.0	2.9
	2010	76.4	14.6	8.2	0.8
	2014	80.6	11.8	7.2	0.5
중국	2007	19.3	46.5	31.0	3.3
	2010	19.7	45.1	31.8	3.4
	2014	34.0	34.6	29.1	2.3
일본	2007	14.6	46.6	30.3	8.5
	2010	14.3	50.9	28.0	6.8
	2014	15.4	42.9	31.6	10.2
러시아	2007	22.9	40.3	32.1	4.7
	2010	21.7	40.6	33.5	4.3
	2014	22.8	30.9	42.4	3.9

출처: 박명규 · 강원택 · 김병로 · 김병조 · 송영훈 · 장용석 · 정은미(2014), pp. 185, 187, 189, 191.

3 한국무역협회 무역 통계(http://stat.kita.net, 검색일 2016. 1. 30.).

그러나 한국인들의 일본에 대한 인식은 주변 4개국(미국, 일본, 중국, 러시아) 중 가장 부정적이다. 〈표 9-2〉는 서울대학교 통일평화연구원이 2007년부터 매년 실시한 주변 4개국의 국가 이미지에 대한 설문 조사 결과이다. 질문은 "다음의 국가가 우리에게 어떤 대상입니까"이고, 응답은 '협력 대상, 경쟁 대상, 경계 대상, 적대 대상' 중 하나를 선택하는 것이다. 조사된 모든 연도에서 일본의 국가 이미지는 '협력 대상'에서 최하위로, '적대 대상'에서 최상위로 나타났다.

〈그림 9-1〉은 같은 기관에서 실시한 한반도 평화에 가장 위협적인 국가에 대한 설문 조사 결과이다. 질문은 "다음 국가들 중에서 어느 나라가 한반도 평화에 가장 위협적인 나라라고 생각하십니까"이고, 응답은 5개 국가를 서열화하는 방식이다. 이 방식은 한 국가가 친밀하면 다른 국가가 상대적으로 위협적

그림 9-1 한반도 평화에 가장 위협적인 국가

(단위: %)

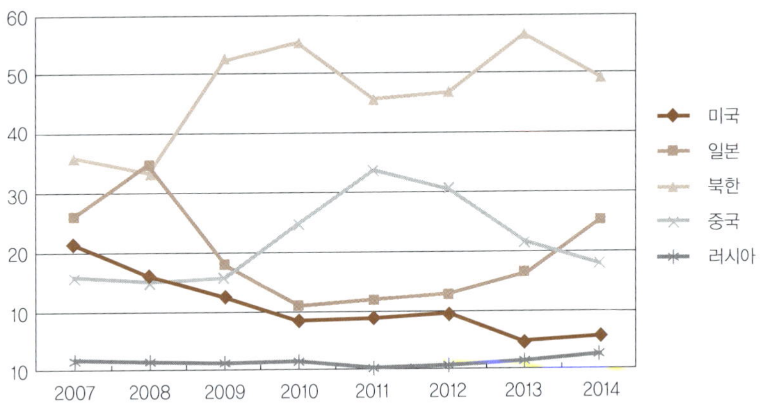

출처: 박명규 · 강원택 · 김병로 · 김병조 · 송영훈 · 장용석 · 정은미(2014), p. 181.

이 되는 결과로 나타내는 경향이 있다. 조사 결과 거의 대부분의 기간에 북한이 가장 위협적인 국가로 나타났지만, 2008년에는 일본이 북한보다 더 위협적인 국가로, 2014년에는 북한보다는 덜 위협적이지만 중국보다 더 위협적인 국가로 나타났다.

한반도의 다른 한쪽인 북한과 일본의 관계는 아직도 미수교 상태이다. 1965년의 한일기본조약은, 비록 그 관할권이 한반도의 남쪽으로 제한되어 있지만, 대한민국이 한반도에 유일한 합법 정부임을 확인하였다.[4] 냉전 기간 중 북한과 일본과의 공식적 관계는 거의 없다가, 냉전이 와해된 1990년부터 양국 간 수교 협상이 간헐적으로 진행되었다. 그러나 아직까지 진전이 없고, 이에 따라 양국 간의 인적 · 물적 교환은 미미한 수준에 불과하다.

이 장에서는 일본과 한반도의 관계가 왜 이렇게 되었는지, 그리고 이것이 우리의 통일에 어떠한 영향을 미칠지 등을 중심으로 살펴보고자 한다. 이를 위해 한반도가 일본의 식민 지배에서 벗어난 1945년부터 현재까지 일본의 대한반도 정책에 미친 각각의 변수들을 찾아보고, 그들이 어떻게 영향을 미쳤는지 거시적 · 포괄적으로 고찰해 볼 것이다.

1. 국제 체제 변수

1945년 8월 15일 패전 이후 지금까지 일본 대외 정책의 근간은 1947년에 시

4 한일기본조약 제3조는 "대한민국 정부가 국제연합 총회의 결의 제195(III)호에 명시된 바와 같이, 한반도에 있어서의 유일한 합법 정부임을 확인한다"로 되어 있다. 여기서 결의 제195(III)호는 대한민국의 관할권이 한반도 남쪽으로 제한되어 있다(외교통상부, http://www.mofat.go.kr/ inter_treaty_ real.nst/alldoclist(검색일 2008. 3. 27.)).

행된 헌법과 1951년에 발효한 미일안보조약에 의해 규정되어졌다. 이른바 '평화 헌법'으로 불리는 일본 헌법은 전쟁 포기를 선언하고 있고, 군대가 아닌 자위대만 보유할 수 있게 되어 있다. 심지어 일본이 적의 공격에 노출되었을 경우에도 적의 기지에 대한 공격을 할 수 없고, 단지 공격을 배제하기 위한 자위적 노력만 한다는 이른바 '전수방위'(專守防衛)의 원칙을 천명하고 있다. 미일안보조약은 미국이 일본을 방위하며 이를 위해 일본에 미군 기지를 두되, 일본은 미국에게 그러한 의무가 없다는 내용으로 된 조약이다.[5]

이러한 일본의 특수한 상황은 일본의 대외 정책, 특히 안보 분야에서의 대외 정책은 미국 대외 정책의 종속 변수가 되게 하였다. 따라서 일본의 대한반도 정책, 즉 한일 · 북일 관계는 대부분 미국의 대외 정책에 의해 조건지어졌다고 볼 수 있다. 이것은 1945년 이후 미국의 대외 정책을 규정하는 가장 큰 국제 체제 변수가 냉전 체제의 성립과 와해이기 때문에 일본의 대한반도 정책 역시 이것에 가장 큰 영향을 받았다고 볼 수 있다.

2. 국가 간 변수

일본의 대한반도 관계는 국가 간 변수에 의해서도 영향을 받는다. 1945년 이후 한일 · 북일 간의 관계에서 가장 중요한 국가 간 변수는 일본의 과거 한반도 식민지 지배와 관련된 문제 및 체제의 동질성 · 이질성 문제이다. 식민지 지배와 관련된 문제는 한일 합병의 법적 문제, 식민 통치의 배상 · 보상 문제, 독도 문제, 재일 동포 문제, 어업 협정 문제, 원폭 피해자 보상 문제, '종군위안부'

5 이기완 역(2003), pp. 80-81.

문제, 사할린 동포 송환 문제 등이 있다.[6] 체제와 관련된 문제는, 특히 북일 간의 문제로, 한국전쟁과 관련된 문제, 북한의 핵무기 개발 문제, 북송 일본인 처 문제, 북한의 일본인 납치 문제 등이 있다.

일본의 대한반도 관계, 즉 한일 · 북일 관계는 또 하나의 다른 관계인 남북 관계에서도 일정 부분 영향을 받는다. 특히, 북일 관계는 1988년 이후 한국의 대북 정책 변화인 '북방 정책'에 의해 상당히 영향을 받았다.

3. 국내 변수

1) 일본 변수

전후 일본 국내 정치의 흐름을 특징별로 구분한다면, 대체적으로 네 시기로 나누어진다. 첫째 시기는 1945년 8월 종전부터 이른바 '55년 체제'가 형성된 1955년 11월까지로 '전후 부흥기'에 해당한다. 둘째 시기는 이후부터 1976년 12월까지의 '55년 체제기'이다. 셋째 시기는 이후부터 '55년 체제'가 완전히 붕괴되는 1993년 8월까지의 '55년 체제로부터의 이행기'이다. 마지막은 이때부터 현재까지 아직 규명되지 않았지만, 과거와 다른 새로운 체제이다.[7] 이것을 정리하면 〈표 9-3〉과 같다.

2) 한국 변수

한국 정치의 변화는, 특히 일본과의 관계에서, 세 시기로 나누어 볼 수 있

6 최상룡 외(1998), pp. 31-37.
7 이기완 역(2003), pp. 33-42.

표 9-3 전후 일본 정치의 시기 구분

<table>
<tr><th colspan="2">1945. 8.-1955. 11.</th><th colspan="3">1955. 11.-1976. 12.</th><th colspan="3">1976. 12.-1993. 8.</th><th>1993. 8-</th></tr>
<tr><td colspan="2">전후 부흥기</td><td colspan="3">55년 체제 시기</td><td colspan="3">55년 체제로부터 이행기</td><td rowspan="2">새로운 시대</td></tr>
<tr><td>개혁기</td><td>역코스기</td><td>성립기</td><td>안정기</td><td>동요기</td><td>변용기</td><td>개편기</td><td>붕괴기</td></tr>
</table>

출처: 이기완 역(2003), p. 33.

표 9-4 해방 후 한국 정치의 시기 구분

1948-1960	1961-1987	1987-
반공 · 반일 민간 독재	반공 · 경제 성장 지상주의 군부 독재	민주주의 정부

다. 첫째는 1948년 정부 수립부터 1960년까지 반공과 반일 성격의 이승만 정부 시기이다. 둘째는 1961년부터 1987년까지 반공과 경제 성장 지상주의적 군부 권위주의 정부 시기이다. 마지막은 1987년 이후부터 민주화된 정부 시기이다. 이것을 정리하면 〈표 9-4〉와 같다.

3) 북한 변수

북한은 1948년 정부 수립 후 지금까지 정부의 형태도, 성격도 거의 변하지 않고 있다. 1994년 7월 김일성의 사망으로 인해 아버지에서 아들인 김정일로, 그리고 2011년 12월 김정일의 사망으로 다시 아들인 김정은으로 단지 지도자만 바뀌었을 뿐이다. 그럼에도 불구하고 북한의 대외 정책은 시기적으로 기조에서 차이를 나타내고 있다. 한국전쟁의 휴전 시기까지 북한은 주로 소련, 중국 등과의 진영 외교를 하였다. 1953년 스탈린 사망 후 흐루시초프의 평화 공존 정

표 9-5 해방 후 북한의 시기별 대외 전략 특징

1945-1954	1955-1965	1966-1988	1989-1999	2000-
진영 중심	독자적 대외 노선 모색	자주 외교 노선	생존 차원의 수세적 전략	실용주의적 전방위 전략

출처: 세종연구소 북한연구센터 편(2005), pp. 219-269.

책, 특히 1955년 4월의 반둥회의 후 비동맹 국가들과 외교를 강화하였다. 1960년대 중반에 이르러 중소 분쟁이 격화되어 중소 등거리 외교를 펴게 되었고, 1966년 8월 '내정 간섭과 호상 평등'을 표방한 자주 노선을 선언하였다.[8] 1980년대 말 동구권의 체제 붕괴와 냉전 체제 와해로 북한은 체제 생존을 최우선으로 하는 수세적 외교를 펼치게 되었다. 2000년에 이르러 김일성 사후 위기를 넘긴 김정일이 전방위 외교를 하게 된다. 북한 대외 정책의 변화는 〈표 9-5〉와 같이 대체적으로 다섯 시기로 나누어진다.

이상에서 일본의 대한반도 정책에 영향을 미칠 국제 체제 수준, 국가 간 수준, 국내 정치 수준의 변수들을 살펴보았다. 물론 이 변수들은 각자가 서로 독립적일 수 없다. 강대국인 미국의 경우 국내 정치의 변화가 국제 체제를 변화시킬 수도 있지만, 일본과 남북한은 모두 국제 체제를 변화시킬 수 있는 국가가 아니다. 이들은 국제 체제의 변화에 의해 이들 간의 관계가 영향을 받고, 또 이 국가들의 국내 정치도 직접적으로 영향을 받게 된다.

이러한 세 가지 수준의 변수 중에 일본의 대한반도 정책에 가장 큰 영향을 미친 변수는 국제 체제 수준이다. 즉, 냉전의 시작과 종식이다. 다음으로 큰 영

8 통일부 통일교육원(2014), p. 91.

향을 미친 변수는 한국 변수로서 반일주의 정부, 즉 이승만 정부의 붕괴일 것이다. 일본 변수로서 '55년 체제' 붕괴는 국제 체제 수준의 냉전 붕괴와 무관하지 않다. 또한 한국 변수로서 반공 권위주의 정부의 몰락은 냉전 와해 시점과 크게 차이가 없다. 특히, 1988년 이후 한국 정부의 북방 정책을 비롯한 전방위 외교 노력은 냉전 해체와 직접 관련이 있다. 이런 변수들을 고려해 볼 때, 일본의 대한반도 관계는 특징별로 세 시기로 구분할 수 있다.

첫째 시기는 1945년 종전부터 1960년 한국에서 이승만 정부의 와해 시기까지이다. 둘째 시기는 1961년부터 냉전이 와해되는 1980년대 말까지, 셋째 시기는 이후부터 현재까지이다. 이와 같은 시기별 구분을 통해 일본의 대한반도 정책을 분석해 보기로 한다.

제2절 시기별 일본의 대한반도 정책

1. 1945년 종전-1960년 이승만 정부 붕괴

1) 한일 관계: '오월동주'(吳越同舟)

전쟁 이전 일본 정부는 1889년에 공포된 '대일본제국 헌법'에 의해 '만세일계'(萬世一系)이며, 신성불가침인 천황에게 모든 권한이 주어진 절대주의적 천황제였다.[9] 즉, "외형적으로는 입헌 군주제를 갖추었지만, 실질적으로는 헌

9 이기완 역(2003), p. 49.

법 외적 국가 기관이 병존하는 전근대적" 국가였다.[10] 이것이 1945년 8월 패전 후 연합국 총사령부(General Headquarters, GHQ)에 의해 제정되었고, 아주 일부만 수정되어 이듬해 11월 3일 공포되었으며, 다시 이듬해인 1947년 5월 3일에 시행된 일본국 헌법에 의해 새로운 국가로 정비되었다.[11]

미국은 일본에게 한 국가의 주권을 지키기 위해 기본적으로 요구되는 군대조차 가질 수 없게 하였지만, 이것만 제외하면 교전 당사국인 일본에게 간접 통치, 천황제 유지 등을 허락하는 지극히 우호적인 정책을 폈다. 미국의 대일본 정책에서 이러한 경향은 냉전이 가시화되자 더욱 현저하게 나타났다. 냉전은 태평양전쟁이 끝나고 1년도 되지 않은 시점인 1946년 3월 영국 총리 처칠이 '철의 장막'(iron curtain)을 언급한 것처럼, 종전 이후 곧 시작되었다.[12]

냉전은 1950년 한국전쟁으로 더욱 강화되었으며, 이로써 미일 관계는 더욱 공고해졌다. 한국전쟁에 미국의 개입 자체가 이미 대소 봉쇄의 일환이었지만, 특히 일본에 관한 중요성은 이 전쟁에 중국이 참여하면서 더욱 확고해졌다.[13] 이로서 미국은 일본과의 강화를 서두르게 되었다. 1951년 9월 4일부터 8일까지 샌프란시스코에서 열린 연합국의 일본과 강화 조약에 식민지 피지배국이었던 한국은 초대되지 않았고, 일본은 이미 미국의 대소 봉쇄라는 냉전의 협조자가 되어 있었다.

10 이기완 역(2003), p. 47.

11 GHQ는 Supreme Commander of the Allied Powers(SCAP)로 지칭되기도 한다.

12 처칠은 1946년 3월 미국 미주리 주 풀턴에서 가진 연설에서 "오늘날 발트 해의 수데텐란트에서부터 아드리아 해의 트리에스테에 이르기까지 대륙을 횡단하여 철의 장막이 내려져 있다"라고 하였다. 이후 미국의 트루먼 정부는 반소 정책을 펴게 된다.

13 1949년 10월 중국 대륙이 모택동의 지배에 들어갔지만 미국은 초기에 명백한 적으로 규정하지 않았다. 그러나 이듬해 2월 중국이 소련과 군사 동맹을 맺고, 특히 10월 중국인민의용군이 한국전쟁에 개입하게 되면서 적으로 확고해졌다(장은주, 2005, p. 48).

한국전쟁 기간 동안 일본은 미국의 '기지 국가' 역할을 하면서 안보 문제를 해결하고, 동시에 한국전쟁을 경제 회복의 계기로 삼았다.[14] 한국전쟁의 휴전 시점에 이미 전쟁 이전 수준의 경제로 회복하였다. 또한 일본은 한국전쟁이 발발한 지 한 달이 못 되어 7만 5,000명에 이르는 경찰예비대를 창설하였고, 이것이 후에 보안대, 자위대로 바뀌어 일본 재무장의 기반을 구축하였다.[15]

1945년 8월 일본의 패전은 한반도에 해방을 가져다주었지만, 스스로의 힘에 의한 해방이 아니었기에 바로 독립된 주권 국가를 만들지 못하였다. 한반도에 대한 이후 3년간의 미군과 소련군의 분할 점령은 결국 분단 국가를 낳게 하였다. 이러한 일련의 과정에서 미소 간의 냉전과 함께 일본의 식민지 지배는 한반도 분단에 상당한 관련이 있다.[16]

해방과 독립의 과정에서 미국의 대한반도 정책은 대일본 정책과 많이 달랐다. 이탈리아가 항복하고 일본이 패퇴를 거듭하던 1943년 이후, 특히 동년 11월 카이로 선언에서 한국의 독립에 관한 언급이 있은 후부터 충칭의 대한민국 임시정부는 연합국으로부터 승인을 받기 위해 노력하였지만 미국은 이를 인정해 주지 않았다. 결국 미국은 한국을 소련과 분할 점령하고 38도선 이남을 직접 통치하였다. 이것은 미국이 전범국인 일본을 단독 점령하고 간접 통치한 것과는 크게 다르다. 따라서 미국의 '남한 점령'은 주권에 간섭하지 않는 '보장 점령'도 아니고, 식민지 파시즘을 해체시키는 '적극적 점령'도 아닌, 제3세계 약소

14 '냉전 국가'의 하나의 특이한 형태로서 '기지 국가'란, "국방의 병력으로서 군대를 갖지 않고, 동맹국의 안전 보장상의 요충에서 기지의 역할을 다함으로써 집단 안전 보장의 의무를 수행하고, 이로써 안전 보장의 문제를 해결하는 국가"이다(정용욱, 2005, p. 19). 일본은 한국전쟁 발발 직후부터 1954년 2월 말까지 3년 8개월 동안 총 13억 2,300만 달러를 벌었다.

15 장은주(2005), p. 47.

16 이에 관한 연구들을 정리한 자료는 정용욱(2005), pp. 13-42 참조.

국, 식민지 등에 대한 '억압적 점령'으로 비추어졌다.[17] 심지어 초기 미군정은 치안 확보를 위해 일본 헌병과 경찰관을 그대로 활용하였으며, 조선총독부도 당분간 유지하였다. 이것은 미국의 한반도관, 즉 한편으로는 일본에 비해 한국의 전략적 중요성이 낮았고, 다른 한편으로는 한국에 대한 배려보다 소련에 대한 경계와 혐오가 더 크고 중요한 것에서 비롯되었다고 볼 수 있다.

그러나 한국전쟁이 발발하자 미국은 즉각 개입하였다. 이로써 한국군의 작전권은 미국에게 넘겨졌고, 전쟁 기간 동안 한국의 대외 관계는 미국에 의해 주도될 수밖에 없었다. 또한 한국은 북한–중국–소련의 사회주의 진영에 대항하기 위해 미군의 '기지국'인 일본과 공존해야 할 수밖에 없는 상황에 놓이게 되었다.

이와 같이 한국과 일본 양국 모두 미국의 절대적인 영향 하에 놓인 상황에서 한일 관계는 미국의 의도에 의해 이루어졌다. 태평양전쟁 종전 후 최초의 한일 관계는 GHQ의 개입에 의해 시작되었다. 1949년 10월 GHQ와 합의 하에 한국 정부는 일본에 외교대표부를 설치하였다. 이로부터 2년 후, 역시 GHQ의 '적극적인 개입'에 의해 샌프란시스코 강화 조약 직후인 1951년 10월 최초의 한일 예비 회담이 도쿄에서 개최되었다.[18] 이것은 익년 4월 "평화 조약이 발효되기 전에 재일 조선인의 처리, 외교 관계를 포함한 기본 관계의 수립, 선박, 어업 등을 중심으로 합의를 달성할 필요성이 있다는 연합국 총사령부의 고려" 때문이었다.[19]

한국전쟁 중인 1952년 2월에 시작한 본회담에서 쌍방은 청구권과 어업 문

17 도진순(1998), p. 34.
18 장은주(2005), p. 51.
19 장은주(2005), p. 51.

제에서 큰 견해차를 보여 회담 자체가 무산되었다. 청구권 문제의 핵심은 한국이 대일 청구권만 존재한다고 주장한 것에 반해, 일본은 재한 일본인 재산 청구권도 존재한다고 주장한 것이다. 어업 문제는 전후 GHQ가 일본 어선의 조업 구역을 지정한 이른바 '맛카사 라인'이 강화 조약의 발효로 무효가 될 것을 예상한 한국이, 1952년 1월 18일 이승만 대통령의 명으로 '근접 해안에 대한 주권 선언'을 한 것이다. 이 선언이 이른바 '이승만 라인' 혹은 '평화선'으로 불리는 것이다. 이것은 한국에게 단순한 어업 경계선이 아니라, 한일 간 어떤 조약도 없던 상태에서, 영해의 문제이기도 하였다.

제2차 한일회담 역시 한국전쟁 중 미연합군 사령부의 주선으로 1953년 4월에 열렸다. 이 회담에서는 기존의 청구권과 어업 문제에 더해 일본이 독도 문제를 국제사법재판소에 제소할 것을 제안하면서 휴회되었고, 동년 7월 한국에서 휴전 협정이 조인되는 등의 사유로 속개되지 않았다.

제3차 한일회담은 1953년 10월에 시작되었으나 청구권위원회에서 일본의 식민 지배가 한국 발전의 기초가 되었다는 소위 '구보다 망언'이 나오면서 결렬되었다. 이 '망언'의 주요 내용은 다음과 같다.

> 한국 측이 일본 통치 하의 조선에 대하여 보상을 요구하고 있으나, 일본은 한국의 경제력을 배양하였다는 사실을 지적할 수 있으므로, 일본의 조선 통치는 반드시 나쁜 것만 있는 것이 아니라 좋은 면도 있다. 또한 종전 후 연합국이 재한 일본인 재산을 군 명령으로 몰수하고, 한국에 인도한 것은 국제법 위반이며, 조선의 철도 · 항만의 건설, 농지 조성 등 일본의 대장성이 한국에 한 경제적 투자는 2,000만 엔 이상의 적지 않은 것이며, 일본이 조선을 병합하지 않았더라면 다른 나라가 점령하였을 것이다.[20]

제4차 한일 회담은 1958년 4월에 시작되었다. 그러나 이 회담은 아래에서 논의할 재일 한국인의 북송 문제로 지연되다가 1960년 4.19로 인해 중단되었고, 민주당 정부 출범 후 시작된 제5차 회담 역시 1961년 5월 군부 쿠데타로 인해 중단되었다.

이 기간 중 한일 관계를 종합하면, 1947년 '평화 헌법' 하에 군대를 해체하고 출범한 일본도, 1948년 식민지와 '억압적 점령' 후 갓 출범한 한국도 생존을 위해 스스로 자국을 방어할 능력이 있는 '주권 국가'가 되지 못하였다. 더욱이 한국은 분단국으로 출발하였고, 한국전쟁을 겪고 난 후에도 역시 분단국으로 남게 되어 베스트팔렌조약 이후에 일반화된 '민족 국가'(nation-state)도 이루지 못한 상태였다. 따라서 한일 관계는 미국이 주도하는 냉전 체제에 의해 크게 영향을 받을 수밖에 없었다. 이 결과로 한일 간 대화는 단지 미국의 개입에 의해 유지되었다. 이러한 수동적 환경으로 말미암아 일본은 과거사 문제를 적극적으로 해결할 의사를 보여 주지 않았고, 한국도 이러한 일본과 국교 정상화를 할 의사가 없었다. 따라서 한일 관계는 마치 서로 원수인 오나라와 월나라 사람들이 같은 배에 탄, 그러나 태풍이 일면 부득이 협력해야 하는 '오월동주'(吳越同舟)의 형국처럼, 서로 같이 있고 싶지 않지만 반공이라는 미국의 배에 같이 탄 형국이었다.

2) 북일 관계: 적대적 무관심

한반도의 38도선 이북에 조선민주주의인민공화국이 수립된 것은 1948년 9

20 장은주(2005), p. 53. 이후의 대표적인 '망언'들은 1983년 "일본의 한국 식민지화는 일본만의 문제가 아닌 당시에는 세계사적 현상"이라는 '후지오 망언', 1986년 "한일합방은 합의에 의한 것이고 그 책임은 한국 측의 정치 상황에도 있다"는 '제2 후지오 망언' 등이 있다(최상용 외, 1998, p. 45).

월이지만, 북한은 1945년 10월 8일 '북조선 5도 인민위원회 련합회의'에서 북조선공산당의 지도부가 구성되는 시점을 정권의 시작으로 보고 있다.[21] 이것은 국가보다 당을 우선하는 북한의 시각에 기인한다.

북한의 대외 관계는 시작부터 친소와 반미를 분명히 하였다. 1946년 평양에서 개최된 북조선노동당 결성식에서 소련의 스탈린을 "세계 피압박 민족의 해방자이시며 조선 민족의 은인"으로 칭송하였고, "조선 인민의 력사적 사업의 수행에 있어서 스탈린의 위대한 원조가 끝끝내 있을 것을 확신"한다고 하면서 친소 노선을 분명하게 표명하였다.[22] 다른 한편, 38도선 이남의 미군정에 대해서는 "조선의 자주 역량을 방해하며, 민족 분렬을 획책하여 조선을 다시금 식민지화시키려고 기도하는 반동파"로 보면서 반미 노선을 분명히 하였다. 또한 당시 노동당 지도부는 미국을 중심으로 한 '국제 반동 세력'에 비해 소련을 중심으로 한 '국제 민주 력량'이 유리하게 전개되고 있다는 대외 인식을 가지고 있었다.[23] 이러한 인식과 함께 1949년 중국의 공산화로 강력한 두 개의 우방 국가를 후방에 가질 수 있었던 점이 다음 해에 '조국해방전쟁'을 일으킨 배경으로 볼 수 있다.[24]

북한 정권 수립 이후 최우선 대외 정책은 한반도 적화 통일이었고, 일본에 대한 식민지 청산 문제는 그 후로 미루어졌다.[25] 그러나 한국전쟁 과정에서 북한의 예상과 달리 미국이 참전하였고, 이로써 미국은 북한의 "천추에 잊을 수

21 조선중앙통신사(1955), p. 24, 세종연구소 북한연구센터 편(2005), p. 232에서 재인용.
22 세종연구소 북한연구센터 편(2005), p. 234. '북조선로동당'은 북조선공산당과 조선신민당이 통합한 당이다.
23 세종연구소 북한연구센터 편(2005), p. 234.
24 북한은 한국전쟁을 '조국해방전쟁'이라 부른다.
25 박정진(2015), p. 98.

없는 원쑤"가 되었다. 중국의 한국전쟁 개입으로 1950년 12월 '중조양군연합사'가 구성되고 북한군의 작전 지휘권이 중국에 이양되면서 북한의 대외 정책은 중국으로 기울었지만, 소련의 국제 무대에서 '영도적 지위'를 인정하는 북소 관계는 크게 변하지 않았다. 이러한 경향은 1950년대 중반 소련에서 스탈린 격하 운동과 동서 긴장 완화 정책이 나오고, 이로 인한 중소 분쟁이 일어나자 '주체'를 강조하고 '자주적' 대외 정책으로 바꾸어졌다.

북한의 '자주적' 대외 노선 추진은 중소 분쟁뿐 아니라 북한 내부의 권력 투쟁과도 무관하지 않다. 당시 북한 정부 내에는 중국을 배경으로 한 연안파, 소련을 배경으로 한 소련파, 김일성이 포함된 만주(빨치산)파로 나누어져 있었다. 1950년대 중반에 김일성의 개인숭배와 우상화가 진행되자 연안파가 이를 비판하기 시작하였고, 1956년, 이른바 '8월 종파사건'을 통해, 김일성은 당시 연안파의 배경이 되었던 25만 명의 북한 주둔 중국군 철수를 요구하였고, 이후 결국 연안파, 소련파를 모두 숙청하였다.[26]

이와 같은 북한의 '자주적' 대외 노선에 힘입어 외무상 남일이 1955년 2월 최초로 일본과 국교 정상화를 할 용의가 있다는 성명서를 발표하였다. 당시의 적대적 국제 상황으로 이러한 북한의 변화가 북일 수교 협상까지 진전되지 못하였으나, 이것은 북일 관계에서 중요한 다른 하나의 출발점이 되었다.[27]

종전 당시 일본에 거주하던 동포는 약 200만 명이었으며, 이들 중 상당수는 귀국하였다. 그러나 남북 분단과 한국전쟁 발발 등으로 귀국하지 않았거나 못하였던 동포들이 약 60만 명 정도 있었다. 이들 중 약 9만여 명이 생활 보호 대

26 이에 관한 자세한 논의는 김광수(2006), pp. 63-166 참조.
27 남일의 발표가 있은 지 3개월 후인 1955년 5월 26일 재일본조선인총연맹(조총련)이 결성되었다.

상자였으며, 일본 정부는 이들에 대한 재정적 부담을 불편해 하고 있었다.[28] 또한 이들 중 일부였던 좌익계 동포들은 일본공산당과 제휴하여 일본 정부에 대항하였다. 이로써 일본은 1952년 제1차 한일 회담 때부터 이들의 인수를 요구하였다. 그러나 위에서 이미 언급한 바와 같이, 한일 회담이 진전을 보지 못하고 있던 중 1958년 북한이 60만 재일 한국인의 수송에 필요한 선박 및 전 경비를 제공하겠다고 제의하였다. 이에 북일 간 대화가 이루어졌고, 한국의 적극적인 반대에도 불구하고 1959년 8월 13일 북조선적십자사와 일본적십자사 간 '재일 조선인 귀환에 관한 협정'(일명 캘커타협정)이 타결되었다. 이로써 그해 12월 14일 첫 북송선이 떠나게 되었다.[29] 재일 교포 북송 현황은 3단계에 걸쳐 총 9만 3,366명이며, 이 중 재일 교포의 배우자(주로 부인)인 일본인이 2,400명이었다. 연도별 북송 현황은 〈표 9-6〉과 같다.

재일 동포 북송에 대해 한국은 미국에게 일본의 행동을 저지해 줄 것을 요구하였으나 거절당하였다. 북한이 재일 동포 송환을 추진한 "귀국 사업"의 이유는, 첫째 노동력 확보, 둘째 한일 관계 이간 및 북일 관계 개선, 셋째 재일 교포에 대한 영향력 제고 및 체제 우월성 과시 등으로 보고 있다.[30]

이와 같은 북송 문제를 제외하면, 이 기간 중 북일 관계는 적대적이었다. 분단 직후부터 한국전쟁을 거치면서 북한은 일본의 '대미 추종적' 태도를 비난해 왔고, 한국전쟁 이후에도 관계 정상화에 별 관심을 가지지 않았다. 이것은 당시의 국제 체제였던 냉전 구조, 이에 의한 한국전쟁 등으로부터 영향을 받았

28 9만 명은 당시 재일 외국인 생활 보호 대상자의 90%였고, 이들에게 지급된 지원 금액은 1956년 기준 2억 엔이었다(이완범, 2005, p. 257).
29 이완범(2005) pp. 247-273.
30 이완범(2005), p. 270.

표 9-6 연도별 재일 교포 북송 현황

단계	연도	연간 횟수	인원	북송선명	비고
협상기	1955–1959				1959. 8. 13. 캘커타협정 체결
제1단계 북송기	1959. 12.	3	2,942	토볼스크 호 (소련)	
	1960	48	49,036		
	1961	34	22,801		
	1962	16	3,497		
	1963	12	2,567		
	1964	8	1,822		
	1965	11	2,255		
	1966	12	1,860		
	1967	11	1,831		
중단기/ 재협상기	1968–1970				협정 만료로 북송 중단
제2단계 북송기/ 잠정 조치에 의한 북송기	1971. 5.–10.	6	1,081	토볼스크 호 만경봉호	1971. 2. '미귀환자의 귀환에 관한 잠정 조치 합의서'와 '새로운 북송 희망자의 북송에 관한 회담 요록' 체결
제3단계 북송기/ 회담 요록에 의한 북송기	1971. 12.	1	237	만경봉호	
	1972	4	1,003		
	1973	4	704		
	1974	3	479		
	1975	3	379		
	1976	2	286		
	1977	2	180		
	1978	2	150		
	1979	2	126		
	1980	1	40		
	1981	1	34		
	1982	1	24		
	1983	0	0		
	1984	1	32		
총계	1959–1984	187	93,372		

출처: 이완범(2005), pp. 255–256.

다고 볼 수 있다. 따라서 이 기간 중 북일 관계는 적대적 무관심의 관계로 특징지을 수 있다.

2. 1961년 한국의 군사 정부 출범-1980년대 말 냉전 와해 시작

1) 한일 관계: 반공, 경제 성장의 동반자

1961년 5월 한국에서 쿠데타로 정권을 장악한 군사 정부는 처음부터 '반공을 국시'로 하였고 '선건설 · 후통일' 정책을 펼쳤다. 따라서 한국 정부의 대북 관계는 경직되었고, 대신 경제 성장 지상주의가 전면에 대두되었다. 이로써 정부의 한일 관계 역시 경제 문제에 치중하였다.

일본 역시 한일 국교 정상화를 위한 회담의 수석 대표를 종래의 외무성 관료에서 상공회의소 대표로 바꾸고 경제 원조에 적극성을 보였다. 이로써 그간 중단되었던 한일 회담은 군사 정부 아래에서 곧바로 시작되었다.[31] 이 제6차 회담에서 청구권 문제가 '경제 원조'로 합의되었다. 또한 1963년 군사 정권을 민정으로 바꾼 한국은 더욱 한일 회담에 박차를 가하게 되었고, 최대 문제였던 어업 문제도 상당한 타협을 보았다. 그러나 이 회담은 한국에서 야당과 학생들의 강한 반발, 일본의 도쿄 올림픽 문제 집중 등으로 결론을 얻지 못하였다.[32]

제7차 회담이 1965년 1월에 시작되었다. 여기서 한국과 일본은 조속한 타결에 합의하였다. 다음 달 일본 외상이 최종안을 가지고 한국을 방문하여, 공식

31 장은주(2005), p. 57.
32 장은주(2005), p. 58.

석상에서 일본의 '조선 통치에 대한 반성의 의지 표현'을 하면서 분위기를 만들었다. 이를 바탕으로 몇몇 부분에서 한국 측의 입장을 반영하는 타협이 있었다.

1965년 6월 22일, 14년 동안 1,500회에 걸친 수교 회담의 결과로 도쿄에서 '한일기본조약'이 서명되었다. 주요 내용은, 첫째 한일 간 외교 및 영사 관계를 개설하고, 둘째 1910년 8월 22일 한일 간에 체결된 모든 조약 및 협정은 이미 무효임을 확인하며, 셋째 한국 정부가 국제연합 총회의 결의 제195(Ⅲ)호에 명시된 바와 같이 한반도에서 유일한 합법 정부임을 확인한다는 등이다.[33] 핵심 의제였던 청구권 문제는 10년간에 걸쳐 5억 달러의 경제 지원을 받는 것으로 타결되었다.[34]

이러한 한일기본조약 체결에 대해 대부분 연구자들의 견해는, 이 조약이 전후 처리 혹은 식민지 처리가 아니라 경제와 냉전의 논리에 매몰된 결과로 보고 있다.[35] 즉, 한국의 변수로서 박정희 정부가 경제 개발 자금의 도입을 강력히 원하였던 것과 당시 팽배하였던 한미일 3국의 냉전 인식의 결과물이란 것이다. 이것이 지금까지 한일 관계에서 과거사 문제가 지속적으로 일어나게 하는 원인이 되고 있다.[36]

한일 국교 정상화 이후 한일 관계는 급격히 진전되었다. 먼저 경제적으로

33 이 조약은 동년 12월 18일 발효되었다(외교통상부, http://mofaweb.mofat.go.kr(검색일 2008. 4. 9.)).
34 이것은 무상 3억 달러(10년간), 장기 저리 차용(10년간 연이율 3.5%, 7년 거치 20년 상환) 2억 달러(10년간)이다. 여기에 추가하여 일본은 3억 달러의 통상 민간 신용 공여(10년간 상환 조건)를 약속하였다.
35 최상용 외(1998), pp. 46-47.
36 최상용 등은 '전후 처리의 불철저성'이 지금까지 '망언', 야스쿠니 신사 참배 등과 같은 한일 관계에 계속 문제를 일으키고 있다고 본다. 이들의 '전후 처리 불철저성'이란 ① 극동군사재판(도쿄 재판)의 한계, ② 샌프란시스코조약의 제약, ③ 한일기본조약의 미비함을 말한다. 도쿄 재판의 한계란 이 재판에서 일본의 한국 식민지에 대한 책임 추궁이 완전히 배제되었고, 냉전의 시작으로 반공적 정치 경제 체제를 수립하기 위해 전전의 엘리트 그룹을 재등용한 것이다. 샌프란시스코조약의 제약이란 냉전 상황 하에서 일본을 '대미 협력자'로 만들기 위해 과거에 대한 책임 추궁이 없었다는 것이다. 이러한 문제를 보완할 기회였던 한일 국교 정상화 과정에서도 제대로 관리되지 못하였다는 것이다(최상용 외, 1998, pp. 46-47).

수교 2년 후인 1967년에 이미 한국의 총수입에서 일본이 차지하는 비율이 50%를 넘어서, 미국을 제치고 제1위의 교역 대상국이 되었다. 정치적으로도 정부 간에 '한일정기각료회의'가 개최되었고, 의회 간에 '한일의원연맹'이, 그리고 민간에는 '한일협력위원회'가 구성되었다. 이러한 양국 간 협력을 통해 투자 유치나 기술 도입 등의 경제적 협력과 KAL기 격추 시 소련 규탄, 아웅산 사건 시 북한에 대한 한일 간 협력도 이루어졌다.

이후 한일 관계에서 중요한 사건은 1973년 8월 도쿄호텔에서의 김대중 납치 사건, 다음해인 1974년 8월 재일 한국인 문세광의 박정희 대통령 암살 미수(영부인 육영수 살해) 사건, 1980년대 초반의 교과서 사건 등이 있다. 김대중 납치 사건은 일본이 자국의 영토에 거주하는 자를 납치한 것은 명백한 주권 침해라고 규명하고 한국 정부에 그의 반환을 요구한 사건이다. 결국 한국이 김대중의 출국에 대한 자유를 보장하는 것으로 타협하였지만 일본으로부터 한국의 이미지가 크게 손상된 사건이었다.[37] 이 사건으로 일본의 미디어는 한국의 어두움과 북한의 밝은 이미지를 대조시켰고, 이에 대해 한국은 국내 신문에 대한 탄압은 물론 일본의 아사히신문을 추방하기도 하였다.[38]

문세광 사건에 대해 한국 정부는 일본에 영주하는 문세광이 위조된 일본 여권을 가지고 한국에 입국하였으며, 일본인으로 위장하였고, 일본에서 가지고 온 권총을 사용하였다는 이유로 일본에게 책임이 있다는 주장이었다. 이에

37 1971년의 선거에서 근소한 차이로 패한 김대중은 1972년 10월의 계엄령을 선포하고 영구 집권화를 위한 개헌, 소위 '10월 유신'을 비판하며 일본과 미국에서 활동하고 있었다. 박정희 정부는 이를 '대한민국의 정통성을 공격하고 임시 정부를 수립하려는 것'으로 간주하여 1973년 8월 8일 당시 도쿄의 호텔에 있던 그를 납치하여 서울로 압송한 사건이다.

38 이전인 1972년 9월, 이미 한국 정부는 한국을 중상하고 북한을 찬양하였다는 이유를 들어 요미우리신문 서울 지국을 폐쇄하였다(장은주, 2005, p. 69).

대해 일본 정부는 문세광은 한국인이고, 한국에서 발행한 비자를 가지고 입국하였으며, 한국에서 범죄를 저질렀기 때문에 한국의 책임이라는 주장을 하였다. 이 사건으로 양국은 국교 단절까지 언급하는 등 한일 관계가 위기에 처하기도 하였지만 결국 미국의 중재로 타협을 보게 되었다.[39]

이 기간 중 일본의 교과서 논쟁이 한일 간 외교 논쟁으로 비화된 것은 1982년의 일이다.[40] 이 문제는 일본 문부성에 의한 교과서 검정 제도에서 비롯된 것으로, 우익의 압력에 의해 검열관들이 과거 전쟁에 대한 일본의 책임을 은폐하도록 하고, 과거 침략을 '진출'로 대체하도록 하는 등 역사를 왜곡하거나 미화하는 것에 대해 한국과 중국이 항의하면서 일어난 일이다. 그러나 한국이 먼저 문제 제기를 한 것은 아니다. 한국의 전두환 정부는 일본에 대한 대응이 당시 진행 중이던 '차관 교섭에 미칠 영향을 우려'해 미온적이었으나, 중국이 일본에 대한 방중 초청을 모두 취소함에 따라 한국 정부가 외교적인 대응을 한 것으로 일정 수준 일본의 양보를 받아 냈다.

이 기간 중 한일 관계를 요약하면, 양국은 반공이라는 냉전 의식과 경제 성장 지상주의에 입각한 동반자 관계라 볼 수 있다. 그러나 위의 몇몇 예에서 보았듯이, 한국의 성장 지상주의는 일본과의 정체성 및 과거 문제, 북한 문제 등에 대해 대등한 입장을 견지할 수 없게 하였고, 이 문제는 이후 정부의 과제로 넘겨지게 되었다.

39 장은주(2005), p. 70.

40 일본 역사 교과서 문제가 논쟁이 된 것은 1950년대 중반부터 일본 내 우익 진영의 '교과서 공격'에서 시작되었다. 이것이 외교 문제가 된 것은 1982년, 1986년, 2001년의 세 차례이다. 1950년대 논쟁 당시에는 한국이나 중국 모두 일본에 대응할 만한 여력이 없었다(장은주, 2005, pp. 71-73).

2) 북일 관계: 적대적 무관심

1961년 한국에서 군부 정권이 들어서고 한일 회담이 진전을 보임에도 불구하고 김일성은 1962년 10월 최고인민회의에서 "일본과의 모든 정치 · 경제적 제 문제는 앞으로 조선에 통일적인 인민의 정부가 수립된 후 다시 제기되고 해결되어야 한다"라며 이전의 입장을 고수하였다. 한일 회담에 대한 "선통일 후 교섭론"이자 동시에 자신만의 배타적 정통성 주장이었다.[41] 그러나 2개월 후인 1962년 12월 자신을 배제한 한일 회담의 진전을 견제하기 위해 일본과 남북한의 3자 회담을 제안하였다.

1965년 2월 한일기본조약이 타결 단계에 들어서자, 북한은 이것을 "본질적으로 을사조약과 다름없는 흉악한 문서"로 규정하였고, 청구권과 관련하여 배상이 아니라 경제 협력으로 되어 있어 한국이 "배상 권리를 포기"하였다고 비난하였다.[42]

1965년 12월 8일 한일기본조약 비준서의 교환이 완료됨에 따라 일본과의 대화는 난망한 것으로 보고 '자주 노선'을 걷기 시작하였다. 1966년 10월 5일 제2회 조선로동당 대표자회의에서 김일성은 한일기본조약을 "미국이 남조선을 전초 기지로 하고 일본 군국주의 세력을 돌격대로서 끌어들여 동북아시아 군사 동맹을 구축해 아시아 침략 전쟁에 동원하기 위한 것"으로 평가하였다.[43]

일본 도쿄의 쓰다주쿠(津田塾)대학 박정진 교수는 1965년 한일 관계 '정상화'는 북일 관계 '비정상화'의 시작으로 보고, 이러한 '65년 질서'로 일본은 "한국을 우선시하는 대한반도 정책을 고착화"시켰다고 평가하고 있다.[44] 앞에서

41 박정진(2015), p. 101.
42 로동신문(1965. 2. 26.; 1965. 5. 8.), 박정진(2015), p. 102에서 재인용.
43 로동신문(1966. 10. 6.), 박정진(2015), p. 105에서 재인용.

보았듯이, 한일기본조약은 비록 관할권에서 "국제연합 총회의 결의 제195(Ⅲ)호를 언급함으로써 '한반도의 남측만'으로 제한하였지만, 대한민국이 한반도에서 유일한 합법 정부임을 확인"하고 있기 때문에 북한과의 수교는 남한의 동의나 '저항의 완화'가 있어야 하기 때문이다.

1970년대 초 미중 간의 데탕트, 1972년의 7.4남북공동성명 발표, 중국의 일본과 수교 등으로 북일 간 대화의 여건이 일시적으로 조성되기도 하였지만, 결실을 얻지 못하고 1980년대 말까지 북일 관계는 이전 기간과 차이가 없는 적대적 무관심으로 일관하였다.

3. 냉전 종식 이후

1) 한일 관계: 실리적 협력과 견제

1990년대 초 이후 한일 관계는 크게 변하였다. 이것은 일본 변수와 남북한 변수가 있다. 먼저 일본 변수는 보수화 · 우경화 경향이다.

일본 정치에서 보수화 · 우경화가 의미하는 바는 냉전 시기와 탈냉전 시기가 조금 다르다. 냉전 시기 보수란 안보 문제에서 미일 동맹을 강조하는 세력을, 혁신이란 안보 문제에서 미국 · 소련 · 중국 사이의 균형을 강조하는 세력을 의미하였다. 보수 세력은 다시 '리버럴'과 '우파'로 구분되었는데, '보수 리버럴'은 안보는 미국에게 맡기고 일본은 경제에만 집중하자는 세력을, '보수 우파'는 일본이 일정한 안보 역할을 담당해야 한다는 세력을 지칭하였다. 탈냉전 시기에 접어들면서 일본의 정치 세력은 국가 비전에 대한 입장 차이에 따라

44 박정진(2015), p. 105.

네 부류로 개편되었다. 네 가지 입장이란 '평화 국가론, 미들 파워 국제주의, 보통 국가론, 신자주 국가론'이다. '평화 국가론'은 평화 헌법을 수호하자는 주장으로 이 입장을 지지하는 자들은 혁신 세력으로 분류하였다. '미들 파워 국제주의'와 '보통 국가론'은 둘 다 일본이 군대를 가져야 한다는 주장이지만 전자는 군대의 국제 공헌을 강조하는 주장이고, 후자는 국제 공헌보다 재군사화 자체를 강조하는 주장이다. 이 두 주장을 지지하는 세력을 보수 세력으로 본다. '신자주 국가론'은 민족주의에 입각한 일본 역사의 긍정적 평가와 함께 대외 팽창주의를 추구하는 주장으로 이것을 지지하는 세력을 우파로 분류한다.[45]

일본의 보수화 · 우경화 원인에 대한 설명은 다음과 같다. 첫째, 국내 정치적 설명으로, 1990년대 초 사회주의권의 몰락은 진보 정당을 크게 쇠퇴하게 하였고, 이로써 '55년 체제'로 불린 보수 정당(자민당)과 진보 정당(사회당)의 균형에서 보수 세력을 견제할 대항 세력이 없어졌다는 것이다.[46]

둘째, 경제적 설명으로, 1990년대 초반 거품 경제의 붕괴로 '잃어버린 20년'이 시작되면서 이에 대한 반작용으로 정치적으로 보수화 · 우경화가 강화되었다는 설명이다.[47] 거품 경제의 붕괴는 경기 침체로 나타났고 이것은 사회 복지의 후퇴로 이어졌는데, 이러한 '국가 위기'는 " '국민'이 형성되지 못하여 일본이 무기력에 빠졌기 때문"이므로, 이 위기를 해결하기 위해 "영광스런 역사

45 이정환(2014), pp. 9-14. 냉전 후 일본의 국가 비전에 대한 시각 차이를 네 가지로 구분한 것은 Richard Samuels(2007)에서 이정환(2014)이 재인용.

46 일본 보수화의 시작은 1980년대 나카소네 정권이 '전후 정치의 총결산'을 내걸면서 시작되었다고 보는 견해도 있다. 특히, 1985년 소련이 개혁을 주창하며 군축 교섭 등 평화적으로 나오자, 일본은 그 사이 경제 성장을 바탕으로 국가의 권위 회복을 통해 정치 대국, 군사 대국으로 나아가려고 한 것이다(김영춘, 2005, pp. 18-23). 그러나 본격적인 보수화는 냉전 종식 이후이다.

47 조지프 나이 교수는 일본 마이니치신문과의 인터뷰에서, 1930년대 일본의 우경화는 과잉 자신감에서 비롯되었지만 2000년대 일본 우경화는 자신감 상실이 원인이라고 진단하였다(경향신문, "최근 일본의 우경화 현상은 잃어버린 20년에 대한 반동," 2013. 1. 14.).

를 재현" 해야 한다는 우익 세력의 주장에 힘을 실어 준 것이라는 설명이다.[48]

셋째, 북한 변수로 북한의 핵무기 개발과 미사일 발사로 인한 일본의 안보 불안과 2002년 이후 과거 북한의 일본인 납치 문제가 정치 쟁점화된 것 등이다. 1993년 북한의 NPT 탈퇴 선언과 노동 1호 미사일 발사, 특히 1998년 8월 북한의 미사일이 일본 열도를 넘어간 것에 대해 일본은 심각한 안보 우려를 하게 되었다.[49] 이러한 북한 관련 이슈는 같은 시기의 '오자와 붐'과 연결되어 안보 논쟁을 촉발시켰다. '오자와 붐'이란 1993년에 발간한 오자와 이치로(小澤一郎)의 『일본개조계획』이 발간 1년이 채 안 되어 64만 부가 팔리면서 형성된 것이다. 그는 이 책에서 냉전 종식 이후 일본은 "소극적이고 비정상적인 국가"에서 탈피하여, 경제력에 걸맞은 안보 역할을 해야 한다고 주장하였다.[50]

이 시기 한일 관계에 영향을 미친 한국 변수는 대외적 자신감의 상승이었다. 국제적으로 냉전이 종식되면서, 한국은 과거 북방 삼각을 구성하던 소련 및 중국과 국교 정상화를 이룩하였다. 더욱이 소련이 해체된 후 러시아가 북한과의 '조소우호협력 및 상호원조조약'을 폐기하였고, 남북한의 경제 격차가 현저히 벌어지면서 생긴 안보에 대한 자신감은 대외적 자신감으로 전이되었다. 또한 일본의 경제 침체로 상대적인 격차가 줄어든 것, 국내적으로 민주주의가 공고화된 것 등의 요인이 더해져 일본과 대등한 관계를 추구하게 되었다.

이와 같은 환경의 변화에 따라 한일 관계는 현안에 따라 협력과 갈등을 반복해 오고 있다. 현안은 침략 · 식민지, 종군위안부, 역사 교과서 등과 같은 과거사 문제, 일본의 재무장 문제, 독도 문제 등이다.

48 김영춘(2005), pp. 23-24.
49 김영춘(2005), pp. 39-40.
50 김영춘(2005), p. 23.

먼저 과거사 문제는 일본에게 양면적이다. 보통 국가화, 정치 대국화는 주변 국가로부터 지지를 받아야 하기에 전향적이 되어야 하지만, 우경화는 과거사 문제에 퇴행적이 되게 한다.

과거사 문제의 전향적인 모습은 1990년대에 나타났다. 1993년 호소카와 총리는 태평양전쟁을 '침략 전쟁'으로 규정하였으며, 한반도 식민지 지배에 대해 "깊이 반성하며, 한국인들이 겪었을 참을 수 없었던 고통에 사과"한다고 하였다.[51]

이 기간 중에 특별히 과거에 크게 부각되지 않았던 '종군위안부' 문제가 현안으로 대두되었다.[52] 이에 대한 가장 진전된 일본의 담화는 1993년 8월 4일의 고노 관방장관 담화이다. 일명 '고노 담화'의 주요 내용은 다음과 같다.

> 소위 종군위안부 문제에 대해서 정부는 재작년 12월부터 조사를 진행해 왔으나 금번 그 결과가 정리되었기에 발표하기로 하였다.
>
> 금번 조사의 결과, …위안소는 당시 군 당국의 요청에 의해 설치 운영되었으며, 위안소의 설치, 관리 및 위안부의 이송에 대해서는 구 일본군이 직접 또는 간접적으로 이에 관여하였다. 위안부 모집에 대해서는 군의 요청을 받은 업자가 주로 담당하였으나 그 경우도 감언, 강압 등에 의한, 본인들의 의사에 반하여 모집된 사례가 많으며 더욱이 관헌 등이 직접 이에 가담한 적도 있었던 사실이 밝혀졌다. 또한 위안소에서의 생활은 강제적인 상황 하에서의 참혹한 것이었다.

51 호소카와 총리는 김영삼 대통령과의 회담에서 "한국인들에게 자국의 언어를 쓰지 못하게 하고, 창씨개명하도록 강요한 것이나, 여인들을 위안부로 동원한 것, 그리고 많은 한국인들이 노동력 착취를 위해 잡혀간 것"에 대해 시인하였으며, 이를 반성하고 사과한다고 하였다(최상용 외, 1998, p. 42).

52 1992년 한국의 한 시민 단체가 유엔 인권위원회에 제시한 청원서에 의하면, 태평양전쟁 기간 중 약 10만-20만 명에 달하는 여인들이 일본군의 '위안부'로 차출되었는데, 이중 80%가 한국인이었다(최상용 외, 1998, p. 59).

…

어쨌든, 본건은 당시 군의 관여 하에 수많은 여성의 명예와 존엄에 깊은 상처를 입힌 문제이다. 정부는 이번 기회에 다시금 그 출신지의 여하를 떠나 소위 종군위안부로서 헤아릴 수 없는 고통을 겪고, 심신에 치유하기 어려운 상처를 입은 모든 분들께 마음에서 우러나오는 사죄(お詫び)와 반성의 심정을 말씀드린다.[53]

과거 식민지 지배에 대한 가장 전향적인 사과는 1995년 8월 15일 무라야마 총리 담화이다. 주요 내용은 다음과 같다.

우리나라는 머지않은 과거의 한 시기에 국책(國策)을 그르쳐서 전쟁의 길을 걸어 국민을 존망의 위기에 빠뜨리고, 식민지 지배와 침략에 의해 많은 나라, 특히 아시아 제국의 사람들에 대하여 다대한 손해와 고통을 주었습니다. 저는 미래에 잘못이 다시 없도록 하기 위해서는 의심할 여지없는 이 역사의 사실을 겸허하게 받아들여 여기에 다시 한 번 통절(痛切)한 반성의 뜻을 표하며, 마음에서 우러나오는 사죄(お詫び)의 심정을 표명합니다. 또한 이러한 역사가 가져온 내외의 모든 희생자에 대하여 깊은 애도의 뜻을 바칩니다.[54]

이러한 과거사에 대한 전향적인 태도를 바탕으로 일본은 유엔 안전보장이사회의 상임 이사국 진출과 미일 조약 강화 등을 추구하였다. 1994년 9월 무라야마 내각의 고노 외상은 유엔 총회 기조 연설을 통해 안전보장이사회 상임 이사국 진출 의사를 명백히 표명하였다. 미일 동맹 강화는 1995년 말에 나온 '방

53 외교부(2015), p. 236.
54 외교부(2015), p. 237.

위 계획의 대강'과 1996년 4월 클린턴 대통령 방일 시 '미일신안보공동선언'에 서명하였고, 1997년 9월에는 '미일방위협력지침'(가이드라인)을 개정하였다.[55]

그러나 일본은 1990년대 말부터 과거사 문제에서 퇴행을 시작하였다. 1999년 8월 참의원은 그간 논란이 되었던 군국 일본의 상징인 일장기와 기미가요를 국기와 국가로 복권하는 국기 · 국가법을 통과시켰다. 과거 일장기(히노마루) 게양과 천황 찬가인 기미가요는 일본에서 금기시되었고, 이것은 "과거사에 대한 국민적 참회의 실천이라는 의미가 함축되어" 있었는데 이것이 공식적으로 끝난 것이다.[56] 2001년 고이즈미 총리는 야스쿠니 신사를 참배하였고, 교과서에서 위안부 강제 동원에 관한 내용은 삭제되거나 축소되었다.[57]

2005년 3월 아베 신조 당시 자민당 간사장 대리는 종군위안부는 요시다 세이지가 "지어낸 이야기"며, 아사히신문이 "만들어 낸 이야기"가 밖으로 나간 것이라고 하였고, 2007년 3월에는 제1차 아베 내각의 총리로서 "위안부 사냥과 같은 강제성은 뒷받침할 자료가 없다"고 하였다.[58] 2009년 민주당이 집권하면서 과거사 문제는 잠시 수면 아래로 내려갔다가 2012년 말 자민당 정권이 복귀되어 제2차 아베 내각이 출범하면서 결국 '고노 담화'를 흐지부지하게 만들었다.

---

55 1995년 '방위 계획의 대강'은 군사력의 질적 향상과 국제적인 역할 확대를 내용으로 하고 있지만, 최소한의 방위력을 유지한다는 '기반적 방위력 구상' 원칙을 확인하고 있다. 그러나 1997년의 '미일방위협력지침'은 과거 일본 단독 유사(일본이 무력 공격을 받을 때만 대비) 개념에서 일본 주변 유사(주변 지역, 즉 한반도나 대만해협 등) 개념으로 확대된 것을 내용으로 하고 있다(김영춘, 2005, pp. 53-68).

56 김영춘(2005), p. 38.

57 야스쿠니 신사 참배 문제는 1978년 10월 일본이 도조 히데키 등 A급 전범 14명을 비밀리에 합사하기 이전까지는 국제법상 문제가 되지 않았다. 이후 1985년 8월 나카소네 총리가 공식 참배하자 한국, 중국이 강력히 항의하였고, 이후 총리의 참배가 없다가 1996년 7월 하시모토 총리가 참배하였고, 2001년 고이즈미 총리가 참배하였다. 고이즈미 총리는 이후 매년 참배하였다.

58 외교부(2015), pp. 255-258.

평화 헌법 개정과 관련된 변화는 다음과 같다. 1999년 7월 중의원이 헌법 개정을 위한 공식 기관인 헌법조사회 설치법을 통과시켰다. 2001년 고이즈미 총리는 미국과 같은 동맹국이 전쟁을 할 경우 일본이 자동적으로 참여할 수 있는 '집단적 자위권'에 대한 논의를 시작하였고, 2003년 5월에는 국회에서 "자위대는 군대다. 헌법 개정이 필요"하다고 공개적으로 발언하였다.[59] 실제로 2001년 미국의 9.11테러 이후 일본 자위대의 해외 파병이 이루어졌으며, 전쟁과 관련된 유사 법제를 2003년 6월에 3개, 2004년 6월에 7개를 통과시켰다.[60]

독도와 관련된 문제는 2001년 고이즈미 내각 출범 후 독도 영유권 주장이 강화되기 시작하였다. 2005년부터 일본의 『방위백서』는 독도 영유권을 주장하였고 이것은 지금까지 계속되고 있다. 급기야 2012년 8월 10일 한국의 대통령으로서는 처음으로 이명박 대통령이 독도를 방문하였다. 이에 대해 아베 당시 자민당 총재 후보는 "그야말로 폭거"이며 "국제적으로 매우 비상식적인 행위"라고 비난하였다.[61]

2013년 출범한 박근혜 정부에 이르러 한일 관계는 심각하게 손상되었다. 박근혜 대통령은 '종군위안부' 문제에 대해 일본의 성의 있는 태도를 강경하게 요구하였고, 이에 일본은 국가 차원의 강제 동원에 대한 증거가 없으며, 이 문제는 한일기본조약에서 이미 해결이 된 문제라는 주장으로 맞서 한일 간 대립은 2015년 말까지 지속되었다. 2015년 12월 28일 양국 정부 간 타결을 보았지

59 김영춘(2005), p. 44. 일본은 헌법 해석상 직접 침략을 받을 경우에만 대응하는 '개별적 자위권'을 인정하고 있다.

60 2003년에 통과된 3개 법은 무력 공격 사태 대처 법안, 자위대법 개정안, 안전보장회의 설치법 개정안 등 3개 법안이었고, 2004년에 통과된 법안은 전시 미군 지원 조치 법안, 미군이 공항과 항만을 이용할 수 있는 법안, 미일이 자산을 서로 공유할 수 있는 자위대 개정 법안 등이다(김영춘, 2005, pp. 71-72).

61 외교부(2015), p. 260.

만, 이 문제에 관한 논란은 아직까지 계속되고 있다.

탈냉전 후 지금까지의 한일 관계를 정리하면, 이전 시기의 안보와 경제 성장 논리에 입각한 협력적 · 동반자적 관계에서 사안에 따라 협력과 견제가 교차하는 관계로 변화되었다. 협력의 바탕은 반공이라는 축 대신 북한의 핵과 미사일 문제로 대체되었다. 견제 혹은 갈등 이슈는 일본의 보수화 · 우경화에 따른 이전에 해결하지 못하고 넘어온 과거 문제와 영토 문제에 걸쳐 있다. 따라서 한일 관계는 안보와 경제 논리로 가까워지고, 과거사와 독도 문제로 멀어지는 특징을 가지고 있다.

2) 북일 관계: 소극적 탐색

냉전 종식이 가시화되자 일본은 북한과 수교를 추진하기 시작하였다. 그 배경은 아시아에서 유일하게 수교를 하지 않은 북한과 수교함으로써 일본의 전후 처리를 결산한다는 점, 한반도의 양국과 수교함으로써 일정한 영향력을 유지할 수 있다는 점, 북한을 통해 대륙으로 진출할 수 있다는 점 등으로 일본의 정치 대국화와 관련되었다고 볼 수 있다.

따라서 1990년 이후 북일 관계는, 비록 아직까지 가시적 성과는 없지만, 이전의 두 시기와 완전히 다르다. 앞에서도 언급하였듯이 북일 관계는 주로 북미 관계와 그리고 부수적으로 한일 관계와 연관되어 있다.

먼저 북미 관계를 보면, 냉전 종식으로 인해 북미 간 적대 관계가 청산될 수 있는 계기가 주어졌지만, 북한은 그렇게 선택하지 않았다. 1993년에 시작되어 지금까지 해결되지 않고 있는 핵무기 개발 문제로 냉전 종식 이후에도 적대 관계를 청산하지 못하였다. 이것이 북일 관계의 근본적 장애가 되었고, 현재도

되고 있다.

냉전이 종식되면서 북한은 일본과의 관계 개선이 필요한 것으로 보았다. 그 배경은 한국이 과거 북한과 함께 북방 삼각을 구성하였던 러시아와 중국과 수교를 한 반면, 북한은 미국, 일본과도 수교를 하지 못한 데 따른 안보 불안, 특히 북한이 이 기간 내내 겪고 있는 심각한 경제난 등으로 일본과의 수교는 상당한 경제적 도움을 줄 수 있다는 것 등이 있다.

이러한 환경 하에 1989년 1월 일본은 북한과의 관계 개선 의지를 표명하였고, 이에 곧바로 북한이 화답하였다.[62] 이어서 3월 다케시타 노보루(竹下登) 총리의 대북 견해 발표도 있었다. 북한과 일본이 관계 개선을 위해 최초로 만난 것은 1990년 9월 가네마루 신(金丸信)을 대표로 한 자민당과 사회당의 북한 방문이다. 이 만남에서 '조일 관계에 관한 일본의 자유민주당, 일본사회당, 조선로동당의 공동 선언'(3당 공동 선언)이 발표되었다. 이것은 모두 8개 항목으로 되어 있는데, 주요 내용은 다음과 같다.

① 일본이 36년간의 식민지 통치와 전후 45년간의 고통에 사과하고 배상한다.
② 양국의 관계 정상화를 가능한 한 조기에 실현한다.
③ 양국 간 통신 위성 사용과 직접 노선의 필요성에 인식을 같이 한다.
④ 일본에 거주하는 북한 주민의 권리를 보장하며, 일본 여권의 북한 적대적 조항을 철폐한다.
⑤ 한국이 하나이며, 남북 간 평화 통일을 위해 최선을 다한다.
⑥ 핵 위협을 해소할 필요성이 있다.

62 진창수(2005), p. 282.

⑦ 11월부터 국교 정상화를 위한 협상을 개최토록 정부에 제안한다.

⑧ 양국 간의 협력 개발에 동의한다.[63]

이에 대해 한국 측은 사전 협의가 없었다는 유감 표명을 하였고, 한국은 북일 교섭에 대한 5개의 원칙을 제시하였다.[64] 미국 역시 일본에 4가지를 요구하였고 북한의 핵물질 재처리 시설에 관한 정보를 제공하였다.[65]

이와 같은 한미의 전제 조건을 수락하고 일본은 1990년 12월 3차례의 예비 접촉을 가졌고 이후 8차례의 수교 회담을 진행하였다. 그간 진행된 북일 간 회담을 개괄하면 다음과 같다.

예비 회담에서 합의된 북일 간의 의제는 ① 국교 정상화에 관한 기본 문제, ② 핵 문제와 남북한 대화 등 국제 문제, ③ 경제적인 문제, ④ 쌍방에 관계되는 기타 문제 등이었다.[66] 기본 문제와 경제적 문제의 핵심은 식민지 지배에 대한 인식 및 보상과 배상 문제이다. 국제 문제란 주로 북한의 핵무기 개발 문제이며, 쌍방에 관계되는 문제는 재일 조선인의 법적 지위 문제, 재북 일본인 배우자 고향 방문 문제 등이다.

1991년 1월 일본 정부는 한국, 미국, 북한의 요구를 종합하여 4개의 기본 방침을 정하고 교섭에 임하기 시작하였다. 이 기본 방침은 다음과 같다.

63 진창수(2005), pp. 282-283.

64 이들은 ① 차후 한국과 사전 협의를 할 것, ② 남북 간 대화 및 교류 진전과 연계할 것, ③ 북한이 IAEA와 안전사찰협정을 체결할 것, ④ 국교 정상화 이전에 경제 협력 배상은 하지 않을 것, ⑤ 북한이 개방에 임하도록 할 것 등이다(진창수, 2005, p. 283).

65 미국의 요구는 ① 북한이 일본과의 회담 중에 핵 사찰 수용을 받아들이도록 할 것, ② 전후 45년의 보상이라는 북한의 요구는 수용하지 말 것, ③ 식민 통치에 대한 보상과 경제 원조는 군사적인 목적에 사용하지 않는다는 보장을 받을 것, ④ 북일 간의 관계 정상화가 남북한의 지속적인 대화에 위협을 주지 않을 것 등이다(진창수, 2005, p. 284).

66 진창수(2005), p. 285.

① 교섭은 한반도 전체의 평화와 안정에 이바지하도록 전개한다.

② 북일 국교 정상화가 한일의 우호 관계를 손상시키지 않도록 한다.

③ 일본에 의한 식민 통치 36년간에 대해서는 청구권 문제로서 성실하게 대처하지만, 전후 45년간의 '배상'에는 응할 수 없다.

④ 북한의 IAEA에 의한 핵 사찰 수락은 일본의 안전 보장에 중요하다.[67]

1991년 1월부터 1992년 11월까지 약 2년 동안 북한과 일본은 평양(제1차), 도쿄(제2차), 베이징(제3-8차)을 오가면서 8차례의 회담을 가졌다. 회담 내용은 다음과 같다.

기본 문제와 경제 문제에서 북한은 식민지 지배가 불법 내지 무효이고, 따라서 일본이 배상을 해야 하며, 전후 45년간도 일본이 한반도의 분단에 책임이 있고, 한국전쟁 시 미군의 보급 · 수리 · 공격 기지 역할을 하였기에 교전국이며, 또한 이후에도 북한에 대한 적대 정책을 통해 피해를 주었기에 당연히 보상해야 한다고 주장하였다. 그러나 일본은 과거 일시적으로 불행한 관계에 있었던 것에 유감의 뜻을 표하지만, 과거의 모든 조약은 현재는 무효이지만 당시에는 유효하였고, 일본은 북한과 교전 상태가 아니었기에 배상 혹은 보상은 받아들일 수 없다고 주장하고, 북한과의 수교 협상을 1965년의 한일기본조약이 정한 틀 속에서 해결하려 하였다.[68]

국제 문제에서 일본은 북한의 핵무기 개발 의혹을 해소할 것을 수교의 전제 조건으로 요구하였고 북한은 이것이 미국과의 문제라며 반발하였다.

67 진창수(1999), p. 277.

68 진창수(2005), pp. 285-286. 한일기본조약과 관련하여 일본의 기본 입장은 한일 관계 후퇴는 받아들일 수 없고, 북일 관계 정상화는 한일기본조약과 '정합성'을 가지고 진행하는 것이었다(박정진, 2015, p. 108).

기타 양국 간 문제인 재일 조선인의 법적 지위 향상 문제에서 일본은 조총련에 대한 탄압은 없으며, 법적 지위 개선을 위해서 노력하고 있다고 대응하였다. 일본인 처 모국 방문에 대해서 북한은 국교 정상화가 이룩되면 자유 왕래가 보장될 것이라 하였다.[69]

이 회담이 결렬된 것은 1992년 11월 일본의 '이은혜 문제' 제기가 표면적인 이유이고, 곧 이은 북한의 핵 위기 등도 영향을 주었을 것이다.[70] 일본이 이은혜 문제를 제기하자 북한 대표단은 전원 회담장에서 퇴장하였다. 북한이 회담을 중단한 실질적 배경은 이은혜 문제가 아니라 한중 수교 때문이라는 해석도 있다. 북한은 중국에게 당시 진행되고 있던 남한과의 수교 협상을 북한의 일본과의 수교 협상과 조율하여 이른바 '교차 승인' 방식을 통해 체제 존립과 정통성을 인정받고 싶어하였다. 이것을 1992년 4월 김일성 80회 생일 축하차 평양을 방문한 양상쿤(楊尙昆) 국가 주석에게 요구하였다고 한다.[71] 그러나 7월 15일 첸치천 외교부장이 평양을 방문해 조만간 한중 수교가 이루어질 것이라는 장쩌민의 메시지를 김일성에게 전하였다고 한다. 첸치천은 당일 귀국하였고, 8월 24일 한중 수교가 이루어졌다.[72]

이후 1993년 북한의 핵확산금지조약(Nuclear Non-proliferation Treaty, NPT) 탈퇴

---

69 진창수(2005), p. 286.

70 이것은 1987년 KAL기 폭파 사건의 범인인 김현희의 일본인 교사였다는 이은혜에 대해 일본은 북한이 납치한 것으로 주장하고 그녀의 신원 확인을 요구한 것이다.

71 당시 수교 협상에 참여하였던 권병현 전 주중 대사의 회고담(중앙일보, "평양 간 양상쿤 '한중수교 임박' … 김일성 '2-3년 미뤄라'," 2012. 8. 13.).

72 첸치천이 장쩌민 주석의 구두 메시지를 전해들은 뒤 김일성은 "중국과 남조선 관계에 대해 중국에서 이미 결정하였으니 그렇게 하라. 우리는 계속 사회주의 건설을 진행할 것이고, 무슨 어려움을 당하면 스스로 극복할 것이다"라고 응답하였다(연합뉴스, "초대 주한 中대사 한중 수교 회고담," 2005. 9. 9.). 초대 주한 중국 대사는 장팅옌(張庭延)이었고, 그는 첸치천의 평양행에 수행하였다. 이 내용은 그의 책, 『출사한국』(出使韓國)(2004)에도 실려 있다고 한다. 이것이 북한으로 하여금 핵무기밖에 믿을 것이 없다는 생각을 확고하게 하였다는 근거로 보기도 한다.

선언으로 소위 '제1차 북핵 위기'가 조성되었고, 북일 국교 정상화 본회담은 장기간 중단되었다.

1994년 10월 북미 간 제네바 합의를 통해 핵 문제가 일단 수습 국면에 접어들자 1995년 5월 연립 여당(자민당, 사회당, 사키가케당) 소속 의원들의 방북이 있었고, 6월 베이징에서 정부 간 접촉이 다시 시작되었으며 곧바로 일본의 대북 쌀 지원이 이루어졌다.[73] 그러나 1996년 사회당 출신의 무라야마 도미이치(村山富市) 내각에서 보수파 하시모토 류타로(橋本龍太郎) 총리로의 교체, '미일방위협력지침'의 개정 문제, 특히 1997년 2월 '여중생 납치 의혹' 문제로 일본 내 여론이 악화되어 북일 회담은 다시 중단되었다.

이후 북한의 국내 사정, 특히 '고난의 행군'이라는 심각한 경제적 문제로 인해 북한이 먼저 일본인 처 고향 방문 문제를 양보하면서 다시 대화가 시작되었다.[74] 그러나 이번에는 이전의 납치 문제로 인한 일본 여론의 악화에 더하여, 특히 1998년 8월 31일 김정일의 국방위원장 취임과 맞추어 발사한 '인공위성' 문제로 다시 결렬되었다.[75]

북일 간 대화는 1999년 12월 무라야마를 단장으로 하는 초당파 정당 대표단이 북한을 방문하면서 재개되었다. 이것은 1998년 북미 간 미사일 합의가 이루어졌고, 한국의 적극적인 대북 포용 정책이 시작된 것, 북한의 경제적 어려움 등과 관련이 있다. 특히, 2000년 6월 남북 정상 회담 성사, 동년 10월 올브라이트

73 처음 북한은 쌀 100만 톤을 요구하였으나, 결국 무상 15만 톤, 유상 15만 톤의 30만 톤으로 합의하였다. 그러나 1차분 지원 후 쌀 지원이 일본의 '사죄 표현'이라는 김정일의 발언이 문제가 되었고, 결국 20만 톤을 지원하였다. 이러한 일본의 지원이 한국의 지원을 압박하였고, 1995년 6월 김영삼 대통령은 일본의 지원 직전 쌀 15만 톤을 북한에 지원하였다.

74 이에 따라 1997년 11월 8일과 1998년 1월 17일 두 차례의 일본인 처 방일이 이루어졌다.

75 북한은 '백두산 1호'라는 추진체로 '광명성 1호'라는 인공위성을 쏘아 올렸다고 주장하였다. 자세한 논의는 제5장에서 언급한 '대포동 1호'를 참조할 것.

미 국무장관의 평양 방문 등은 일본으로 하여금 더욱 북일 관계를 가속화하게 하였다. 이로써 2000년 한 해 동안 3차례(제9-11차)의 본회담이 열렸다.

북일 간 대화는 미국의 9.11테러 사태, 부시 정부의 '악의 축' 발언 등에도 불구하고 지속되었고, 결국 2002년 9월 17일 북일 정상 회담에서 일본의 최대의 관심사였던 납치 문제가 북한의 양보로 타개됨으로써 북일 관계는 '급물살'을 타게 되었다. 이 회담에서 김정일은 일본인 납치 문제에 대해 과거 "특수 기관 내의 영웅주의자, 맹종주의자들의 일방적인 행동"에 의한 것으로, "참으로 불행하고 유감스러운 일로서 솔직히 사과하고 싶다"는, 이른바 '고백 외교'까지 감수하면서 일본과 수교 의지를 보였다.[76]

이 정상 회담에서 나온 '평양선언'의 주요 내용은 다음과 같다.

> ① 쌍방은 …국교 정상화를 조기에 실현하기 위해… 2002년 10월에 국교 정상화 교섭을 재개하기로 한다.
>
> ② 일본 측은 과거 식민지 지배로 인한 조선인들에 다대한 손해와 고통을 준 역사적 사실을 겸허하게 받아들이고, 통절한 반성과 마음으로부터 사과의 뜻을 표명하였다. 국교 정상화 이후 쌍방이 적절하다고 생각하는 기간에 걸쳐 무상 자금 협력, 저금리 장기 차관 제공 및 국제 기구를 통한 인도주의적 지원 등 경제 협력을 실시한다.
>
> …
>
> ③ 쌍방은 국제법을 준수하고 상호 안전을 위협하는 행동을 하지 않기로 확인하였다. 또 일본 국민의 생명과 안전에 관련된 현안 문제에 대해서… 이런 유감스러운 문제가 앞으로 다시 발생하지 않도록 적절한 조치를 취할 것을 확인하였다.

76 진창수(2005), pp. 311-312.

④ 쌍방은 북동아시아 지역의 평화와 안전을 유지, 강화하기 위해 서로 협력할 것을 확인하였다. 쌍방은 한반도 핵 문제의 포괄적인 해결을 위해 모든 관련 국가 합의를 준수하기로 하였다.

…

조선민주주의인민공화국 측은 이 선언의 정신에 따라 미사일 발사 유예를 2003년 이후 더 연장할 의향을 표명하였다.[77]

이 선언 직후 말레이사아의 쿠알라룸푸르에서 양국 간 제12차 국교 정상화 본회담이 열렸다. 그러나 납치 문제가 일본에서 쟁점화되면서, 또 다음 달 제2차 북핵 위기가 시작되면서 양국 간 대화는 진전이 없게 되었다.

이후 지금까지 제13차 본회담은 열리지 않고 있다. 그 사이 북일 간 다양한 접촉은 계속되었지만 의제는 납치 문제에 국한되었다. 이후 북일 국교 정상화에 대한 의제는 6자 회담 합의인 2007년의 9.19공동선언의 틀 안에서 '북일 국교 정상화를 위한 작업부회'(working group)에서 논의되었는데, 6자 회담은 그 후 지금까지 교착 상태에 있다.[78]

이 기간 중 북일 관계를 정리해 보면, 일본은 북한과 수교를 원하지만 보다 중요한 사안, 즉 핵과 미사일 문제는 물론, 납치 및 과거사 문제와 같은 양국 간 현안을 먼저 해결해야 한다는 입장을 보였다. 북한 역시 일본과 수교를 원하지만, 보다 중요한 사안, 즉 핵과 미사일 문제에 내재된 미국으로부터의 안보가 선결되어야 한다는 입장을 보였다. 따라서 이 기간 중 북일 관계는 서로가 원하지만, 다른 사안들이 더 중요하여 수교를 위한 소극적 탐색 기간이었던 것으로

77 부산일보, "평양선언 전문," (2002. 9. 18.).
78 박정진(2015), p. 118.

정리할 수 있다.

제3절 한일 관계의 과제

이상에서 살펴보았듯이 1945년 태평양전쟁 종전 후부터 현재까지 일본의 대한반도 정책은 주로 냉전의 생성과 종식이라는 국제 체제 수준에서 주도되었다. 냉전 종식 이후에도 북한의 핵 개발 문제는 안보 문제로 북일 간의 관계에서도 큰 장애로 작용하였다.

다음으로 일본의 대한반도 정책에 영향을 미친 국가 간 변수로는 과거사 문제가 남북에 중요하게 대두되었다. 한일 관계에서는 이에 더하여 독도 문제를 비롯한 영토 문제가, 북일 관계에서는 납치 문제, 일본인 처 문제가 주로 제기되었다. 또한 남북 관계의 진전에 따라 북일 관계가 영향을 받기도 하였다.

일본의 대한반도 정책에 영향을 미친 각국의 국내 변수를 보면, 일본의 국내 변수로 보수와 혁신 간의 역학 변화, 한국의 국내 변수로 특정 정권의 관심사, 민주화, 경제 성장 등을 들 수 있고, 북한의 국내 변수는 주변 환경에 따른 안보 전략과 경제 환경 등을 들 수 있다.

이러한 변수들을 바탕으로 시기별 한일 관계의 특징을 요약해 보면, 해방 후부터 이승만 정부 와해 시기까지는 '오월동주'의 시기로, 이후부터 냉전이 종식되는 시기까지는 '냉전과 경제 성장의 동반자'로, 이후부터 현재까지는 '실리적 협력과 견제'의 관계로 볼 수 있다. 시기별 북일 관계의 특징은 해방 후부터 냉전 종식까지 지속적인 '적대적 무관심'으로, 그리고 이후부터 현재까지는 서로가 국교 정상화를 원하지만, 다른 문제에 비해 우선순위가 낮은 '소극적 탐색'의 시기로 규정할 수 있다.

분단국으로서 한국은 한편으로, 특히 북한을 적으로 볼 경우, 한미 동맹-미일 동맹이 연결된 구조 하에서 안보 협력자가 되고, 다른 한편으로 일본의 정치 대국화에 이어 군사 대국화를 추구할지도 모른다는 우려에 근거한 경쟁자가 된다. 이러한 일본과의 관계에서 아직도 '망언' 문제, 교과서 문제 등과 같은 과거사 문제와 독도 문제와 같은 영토 문제 등 해결해야 할 과제들이 남아 있다. 또한 한일 통상 관계에서 만성적인 적자 문제도 가지고 있다.

이렇게 볼 때, 우리의 대일본 정책에 주는 시사점과 과제는 다음과 같다. 먼저 일본의 대한반도 정책은 미일 관계에 종속적이고 부차적이었다. 특히, 냉전 시대에는 절대적이었고, 탈냉전 시대에도 이 특성을 유지하고 있다. 이것은 향후에도 일본이 한일 관계 혹은 북일 관계에서 미국의 대한국 및 북한 정책에 크게 벗어나는 행동을 하지 않을 것이라는 추정을 가능하게 한다.

둘째, 한일 관계에서 지속적으로 제기되고 있는 과거사 문제는, 한일 국교 정상화 논의 과정에서 우리 정부의 책임도 있지만, 미국의 종전 처리 과정에도 책임이 있다. 즉, 미국이 냉전 수행 과정에서 일본을 전범국으로서보다 냉전의 협조자로 본 것에 상당 부분 책임이 있다. 따라서 비록 국제 관계에서 철저한 국익만 존재한다는 점, 우리가 일본에 비해 상대적으로 약소국이라는 점을 인정하더라도, 우리는 미국에게 일본과 한반도 관계의 특수함을 이해시키고 협조를 얻어 내야 한다.

셋째, 한일 관계와 북일 관계는 남북 관계에 의해 상당 부분 영향을 받는다.

특히, 냉전 종식 후 이 관계는 남북 관계의 진전이 한국과 북한 모두의 대일 관계에서 긍정적으로 작용할 수 있다. 따라서 남북한의 통일은 말할 것도 없고, 남북 관계의 정상화라도 이루어진다면 대일 관계에서 협상력이 크게 제고될 것이다. 여기서도 남북 관계 개선의 중요성이 다시 한 번 확인된다.

Chapter 10

러시아의 대한반도 정책

제 1 절 러시아의 대한반도 정책의 변수[1]

러시아와 한반도의 관계는 앞에서 살펴본 미국, 중국, 일본과의 관계와 다르게 나타난다. 지난 20여 년간 지속되어 오고 있는 북한의 핵무기 및 미사일 개발 문제에서, 그리고 2010년 천안함 및 연평도 사태에서 러시아의 태도는 이 국가들과 다르다. 미국과 일본은 이 문제들에 대해 남한의 입장을 지지하였고, 중국은 대체로 북한의 입장을 지지하였다. 그러나 러시아는 때로는 남한의 입장을, 때로는 북한의 입장을 지지하였다.

이러한 러시아의 태도는 러시아가 한반도에 가지는 독특한 지정학적 이해관계에 기인한다. 주지하다시피 한반도는 대륙 세력인 러시아와 중국, 해양 세력인 미국과 일본의 중간에 위치한 교량 내지 완충 국가의 특성을 가지고 있다. 이러한 한반도와 러시아는 경계를 접하고 있지만, 접경 길이가 매우 짧고, 특히 러시아의 중심인 유럽과 상당히 멀리 떨어져 있다.

따라서 러시아는 한반도에 이해를 가지지만 상당한 비용을 치르고 지켜야

1 이 장의 일부는 하상식(2000), pp. 269-290에 바탕을 두었으나, 저서의 일관성과, 특히 시기적인 상황의 변화로 거의 대부분 수정되었음을 밝힌다.

할 만한 가치가 있는, 사활적인 이해관계로 보지 않았고, 단지 한반도에 어느 특정 강대국이 배타적인 영향력을 행사하지 못하도록 견제하려는 수준에 머물렀다. 이러한 러시아 정책의 특성을 저자는 '소극적 세력 균형' 정책이라 불렀다.[2] 이것은 러시아의 대한반도 정책이 한반도에서 경쟁국인 중국, 미국, 일본에 대해 가지는 상대적 국력에 의해 결정된다는 것을 의미한다.

러시아가 한반도와 처음 국경을 마주한 1860년부터 현재까지 대한반도 관계를 러시아의 역량에 따라 시기별로 구분하면 5개의 특징적 시기로 나눌 수 있다. 첫째는 1860년부터 1905년 러일전쟁에 패하여 한반도와의 관계가 단절되는 시기이다. 이 시기는 한반도를 통해 해양으로 진출할 기회를 노렸으나, 다른 강대국에 비해 소극적이었고, 힘에서도 우위에 있지 않았다.

둘째 시기는 1945년 러시아가 소련으로 다시 한반도에 진주하여 냉전의 한 종주국으로 상당한 영향력을 미친 1985년까지이다. 이 기간은 북한과의 이념적 · 군사적 동맹 관계를 바탕으로 한 전통적인 소극적 세력 균형 정책의 연장에 있었고, 남한과는 적대적 관계를 가졌다.

셋째는 1985년 고르바초프가 개혁을 시작하고, 남한과 수교할 때까지의 시기이다. 이 시기는 남한의 입장에서 보면 1905년 러일전쟁 후 실로 85년 만에, 냉전 기간 동안 적대 세력의 종주국과 수교하는 가슴 벅찬 시기가 되고, 북한에게는 체제 유지의 기둥이 무너지는 시기가 된다. 실제로 북한은 이후로 체제 유지를 위한 모험적 정책을 펴게 된다.

넷째 시기는 소련이 해체되고 분리 독립한 러시아가 다시 남북한과 새로운 관계를 시작하는 시기이다. 초기에는 친남한 일변도의 정책을 펴다가 다시

2 하상식(2000), pp. 270-271.

남북한의 등거리로 선회하는 시기이다.

마지막으로 2000년 러시아에 푸틴 정부가 들어서면서부터 현재까지의 기간으로, 강대국으로 재부상하는 러시아가 북한과의 관계를 완전히 회복하고, 남북한 등거리 외교를 펴는 시기이다.

제2절 시기별 소련 · 러시아의 대한반도 정책

1. 제정러시아의 대한반도 정책

러시아는 제정 시대인 1860년 청과 맺어진 베이징조약에 의해 두만강을 경계로 조선과 국경을 접하게 되었다.[3] 이때부터 한반도에 대한 러시아의 주된 관심은 대륙 세력으로써 해양으로 진출하기 위한 부동항 확보에 있었다. 그러나 이러한 관심은 대원군의 쇄국 정책으로 이룰 수 없었고, 1876년 조선이 문호를 개방한 후에도 이미 이곳에 상당한 군사력을 가지고 있던 영국, 청, 일본의 영향력에 밀려 소극적인 자세를 취해 왔다.[4]

1884년 일본과 청의 영향력을 견제하려는 조선의 목적과 맞물려 러시아는 '조러수호통상조약'을 체결하여 수교하게 되었지만, 이후에도 러시아는 자국

3 베이징조약은 1860년 청과 영국, 프랑스가 맺은 애로(Arrow) 호 사건의 강화 조약이다. 러시아는 이 조약을 중개함으로써 자신도 청과 조약을 맺어 우수리 강 동쪽의 연해주를 할양받았다. 이로써 한반도와 17km의 국경을 가지게 되었다.
4 전홍찬(1995), pp. 519-549.

의 제한된 군사력 때문에 한반도에서 적극적으로 영향력을 구축하기보다 특정 국가가 패권적 지위를 가지는 것을 반대하는 수준에만 머물러 있었다.[5] 이런 경향은 고종이 러시아에게 보호를 요청해 정동의 러시아 공사관으로 이어(移御)한 아관파천(1896. 2.-1897. 2.) 사태 이후에도 지속되었다. 이 사태는 러시아에게 결정적 우위를 가질 수 있는 기회이었음에도 불구하고, 시베리아 철도 부설이라는 이해관계를 더욱 중요시하여, 일본과 타협을 통해 만주에 대한 그들의 영향력을 증대하는 대신, 한반도에 일본의 영향력을 인정해 주었다.[6]

그럼에도 불구하고 한반도를 완전히 포기하기에는 러시아에게 그 전략적 가치가 적지 않았던 것으로 보인다. 1897년 러시아는 부산 절영도에 석탄 저장소를 설치하려다 각국 공사의 항의로 중단하였으며, 1900년 3월 마산포와 거제도를 조차하였다. 마침내 1903년 5월, 1만 2,000명의 러시아 군이 의주 부근에 진주하였고, 동년 12월 동양함대 사령관이 인천에 입항하였다. 이로써 러시아는 결국 일본과 전쟁(1904-1905)을 치르게 된다.

러일전쟁에서 패한 러시아는 이후 약 40년간 한반도와 거의 관계가 없었다. 사실상 이 전쟁 후 강요된 '한일신협약'(1905. 11.), 즉 을사늑약으로 신생 대한제국은 외교권이 박탈되었다.[7] 이로부터 5년 후 1910년 8월 22일 '한일합방조약'의 조인을 강제당함으로써, 한반도에는 주권 국가가 없어지게 되었다. 러시아 역시 1917년 11월의 혁명과 뒤이은 내전, 새로운 국가 소련의 건설, 또 다

5 우철구(1999), pp. 120-123.
6 아관파천이 있은 지 2개월 후, 즉 1896년 4월 민영환은 러시아 황제 니콜라이 2세의 대관식에 참석하여, 조선 왕궁을 수비할 수비대의 파견을 요구하였으나 러시아는 일본, 영국, 독일 등과의 관계를 고려해 거절하였다(우철구, 1999, pp. 126-128; 이만열 편, 1985, pp. 168-196).
7 고종이 러시아 공사관에서 돌아온 후인 1987년 10월 12일 조선은 국호를 대한제국으로 바꾸었고, 황제 즉위식을 가졌다(이만열, 1985, p. 170).

른 세계 전쟁 등으로 한반도에 관심을 둘 수 없게 되었다.

2. 냉전 기간 중 소련의 대한반도 정책

제2차 세계 대전이 막바지에 접어들던 1945년 8월 8일 소련군이 두만강을 넘어 진군해 오면서 러시아는 이제 소련으로 다시 한반도와 관계를 가지기 시작하였다. 이때부터 1980년대 후반까지의 약 40여 년 동안 소련의 대한반도 관계는 냉전이라는 국제 환경에 의해 북한과의 이념적 · 군사적 동맹 관계를 유지하였다. 그러나 한반도 전체를 놓고 본다면, 제정러시아 시대의 소극적 세력 균형 정책과 크게 다르지 않았다. 다만, 과거의 제정 시대에 비해 소련은 제2차 세계 대전을 승리로 이끈 강력한 전승국의 하나로써 상당한 힘을 가지고 있었다는 점이 다르다.

이러한 평가의 근거는 소련이 비록 한반도를 자신의 영향력 아래 두려고 하였지만, 한반도의 일부로 만족하였다는 점이다. 즉, 미국의 반대를 꺾고, 따라서 상당한 비용을 치르고, 한반도 전체를 자신의 영향력 하에 두려고 하지 않았으나, 한반도 전체를 미국의 영향권으로 내어 주지도 않았으며, 한반도의 세력 균형에 공백이 생길 때에는 적극적으로 영향력 확대를 추구하였다.

이러한 소련의 입장이 한반도에서 세력 균형적인 정책으로 나타난 점은 1945년 8월 한반도에 군대를 진주시킨 이후 1948년 북위 38도선 이북 지역에 대한 친소 정권의 수립에 이르기까지의 과정과 1950-1953년의 한국전쟁 과정에서 여실히 드러난다. 당시 스탈린의 한반도에 대한 인식은 19세기 말과 20세기 초 제정러시아가 가졌던 인식과 유사한 것으로써, 주된 관심은 중국, 일본 및 미국과의 관계에서 한반도가 위치한 지정학적인 이해관계였다. 특히, 러일전쟁에서의 패배를 설욕하고, 향후 소련에 대한 일본 및 미국의 위협을 견제하기 위한 노력으로 볼 수 있다.[8]

다른 한편, 냉전 기간 중 소련의 소극적인 요소는 다음과 같다. 한국전쟁 당시 중국에게는 파병을 종용하였으나 스스로는 파병하지 않았다. 1960년대 말 북한이 청와대 기습과 푸에블로 호 납치 등 호전적인 대남 정책을 폈을 때는 북한의 자제를 강력히 요구하였다. 또한 1970년대 중반, 베트남이 공산화된 후 고무된 김일성의 소련 방문 거절과 함께 북한에 대한 첨단 무기 제공도 거절하였다. 따라서 소련의 대한반도 이해관계는 미국과의 군사적 대립을 일으킬 만큼 절대적인 것이 아니었다고 볼 수 있다.

물론 이 시기에도 미국의 적극성이 퇴조하면 소련은 그 공백을 채우려 노력하였다. 그 예로써 미국이 '닉슨 독트린' 이후 상대적으로 영향력을 약화시키자 소련은 이내 한국과의 접촉을 시도하는 적극성을 보이기도 하였다.[9]

제정러시아 시대보다 강력한 소련의 힘은, 비록 한반도의 절반에 국한되었지만, 지대한 영향력을 행사할 수 있게 하였다. 소련은 한반도의 반쪽에 친소 정권을 수립하는 데 결정적인 영향을 미쳤으며, 이로써 북한의 정치 및 경제 체제는 당시 스탈린 치하 소련의 체제를 거의 그대로 물려받은 체제가 되었다. 또한 소련은 한국전쟁을 간접적으로 지원하였고, 전후에는 전쟁 복구를 위해 막대한 원조를 제공하였다. 1950년대에 소련이 북한의 전후 복구비로 지원한 무상 원조는 총 13억 루블에 달하였다.[10] 비록 1960년대에 접어들어 무상 원조는

8 Alvin Z. Rubinstein(1981), pp. 63-64. 여기에 관해서는 역시 Yonosuke Nagai and Akira Iriya, eds.(1977) 참조.
9 전홍찬(1995), pp. 528-530.

완전히 중단되었지만, 1961년부터 1969년까지 북한의 외국 차관 총액인 3억 3,668만 달러 중 58.4%에 달하는 1억 9,668만 달러를 소련이 제공하였다.[11] 또한 소련은 1961년 7월 6일 북한과 '자동 군사 개입 조항'과 '모든 수단'(핵우산)이 포함된 내용이 들어 있는 '조소 우호협력 및 상호원조조약'을 체결하여 군사 동맹 관계를 맺게 되었다.[12] 이로써 소련은 사회주의 종주국으로서 정치, 경제, 외교, 군사의 모든 면에서 북한을 지원함으로써 '북한 체제 유지의 기둥'이 되었고, 한반도에서 태생적으로 북한과는 동맹 관계를, 남한과는 적대 관계를 유지해 오게 되었다.[13]

이러한 소련과 북한의 관계는 1960년대 중소 분쟁에 따라 북한의 양국에 대한 등거리 외교로 한때 소원해지기도 하였으나, 1970년대에 다시 복원하게 되었다. 이후 1983년 소련의 대한항공 여객기(KE-007)의 격추와 이듬해 4월의 '조소국경협정' 체결, 5월 김일성의 모스크바 방문, 1985년 12월의 '원자력 발전소 건설 협정' 체결, 1986년 10월의 김일성의 모스크바 방문 등으로 1980년대 중반 소련과 북한의 관계는 절정에 달하게 되었다.

이러한 양국 관계는 북한으로 하여금 정치 및 군사 분야뿐만 아니라 경제적으로 대소련 의존도를 아주 높게 만들었다. 실제로 한국전쟁 이후 북한 생산시설의 대부분은 소련의 자본과 기술에 의해 이루어졌으며, 1980년대 말까지 북한 전력의 60% 이상, 석탄의 50%, 정유의 50% 이상, 강철의 30% 이상, 알루미

10 1989년 3월 모스크바 방송, 통일원(1992), p. 259에서 재인용.
11 국토통일원(1986).
12 이 조약은 제1조에 "체약 당사국 중 어느 일방이 어떠한 국가나 국가 연합으로부터 무력 침공을 받아 전쟁 상황에 처하게 될 경우에는 체약 당사국 상대방은 지체없이 자신이 보유하고 있는 모든 수단으로써 군사적 및 기타의 원조를 제공한다"로 규정하고 있으며, 사실상 한국과 미국을 가상적으로 간주하고 있다. 북한은 이러한 조약을 동년 7월 11일 중국과도 맺었다. 상세한 논의는 고재남(1996) 참조.
13 홍현익(1999), p. 290.

표 10-1 북·소 교역 추이 1965-1985

(단위: 백만 달러)

	1965년	1970년	1975년	1980년	1985년
수출	88	136	206	427	525
수입	90	230	249	433	850
계	178	366	455	860	1,375
전체 교역 중 대소 교역 비율(%)	38	52	23	26	47

자료: *Vneshniaia torgovlia SSSR*, 박형중 · 임강택(1999), pp. 243-244에서 재인용 및 재구성.

늄의 100%, 철광석의 40%, 석유 화학 제품의 50%, 섬유의 40%가 소련의 협력으로 건설된 공장과 기업소에 의해 생산되었다. 또한 같은 기간 동안 2,000명 이상의 북한 기술자와 노동자들이 소련에서 연수하였고, 소련의 기술자 6,000명 이상이 북한에 파견되어 북한을 지원하였으며, 총 2만 명 이상의 북한 유학생을 받아 주었다.[14] 교역에 있어서도 〈표 10-1〉에서 보는 바와 같이 1970년대 초 북한 전체 대외 교역 중 소련과의 교역이 50% 이상을 차지하는 등 북한의 대소련 경제 의존도는 상당히 높았다.

3. 소련의 개혁과 한소 수교

1980년대 후반 고르바초프의 개혁이 시작되면서 소련과 한반도의 관계는 근본적으로 변하기 시작하였다. 특히, 그의 '신사고 외교'는 소련이 내부 개혁을 위해 필요한 평화적인 국제 환경을 만들 목적으로 기존의 군사력에 기반을 둔 제로섬(zero-sum)적 외교에서 신뢰에 바탕을 둔 공존과 타협을 추구하는 외교

14 통일원(1992), p. 260.

정책이었다.[15] 이러한 외교의 일환으로 고르바초프는 1986년 7월 '블라디보스토크 연설'에서 한국과의 관계 개선 의사를 보였고, 2년 뒤인 1988년 9월 '크라스노야르스크 연설'에서 극동 지역의 군사적 협력을 제안하였으며, 소련군의 일방적인 감축을 선언하였다. 또한 그는 여기서 아태 지역 국가들과 이념과 체제를 초월해서 협력할 뜻을 표명하였으며, 구체적으로 한국과 경제 교류를 할 의사를 최초로 비쳤다.[16]

1988년 9월 17일부터 10월 3일에 걸친 소련의 서울 올림픽 참가는 한국과 소련의 관계뿐 아니라, 북한과 소련과의 관계도 획기적으로 변화시킨 계기가 되었다.[17] 동년 1월 소련이 공식적으로 서울 올림픽 참가를 발표하자 북한은 극렬히 반대하였다. 그러나 소련은 개의치 않고 올림픽에 참가하였으며, 이 기간 중 소련 관리들이 한국무역진흥공사(KOTRA)와 양국의 무역 관계를 타진하기도 하였다. 이러한 관계는 급진전하여, 이듬해 4월 소련 상공회의소 서울 사무소가 문을 열었고, 동년 7월 KOTRA는 모스크바에 사무소를 개설하였다.[18] 이때부터 소련의 언론은 한국을 공식 명칭으로 언급하였고, 사실상 한국을 인정하였다. 한국과 소련의 관계는 급진전하여, 같은 해 12월 한소영사협정이 체결되었고, 1990년 6월 샌프란시스코에서 한소 정상 회담이 개최되었으며, 3개월 후인 9월 30일 역사적인 한소 수교가 이루어졌다.[19] 남한의 입장에서 보면 1905년 러

15 Mikhail Gorbachev(1988a).
16 Mikhail Gorbachev(1988b), p. 7.
17 실제로 소련의 서울 올림픽 참가는 이미 1985년 11월에 비밀리에 협의가 되었다고 한다. 이에 관한 자세한 논의는 Seung-Ho Joo(2000), p. 97.
18 Joo(2000), pp. 98-99.
19 러시아와 한국의 관계가 급진전된 것에는 노태우 정부의 '북방 정책'도 적지 않은 영향을 미쳤다. 서울 올림픽 개최를 앞두고 노태우 대통령은 '7.7선언'을 통해 공산권 국가들과의 관계 개선을 표명하였고, 서울 올림픽이 끝나자 양국의 외교 관계 정상화 노력은 급속도로 진행되었다.

일전쟁 후 실로 85년 만에 다시 수교한 셈이 된다. 수교 후 그해 12월 노태우 대통령이 모스크바를 방문하였고, 이듬해 4월 고르바초프 대통령이 제주를 방문하였다. 또한 다음 해인 1991년 9월 18일 안전보장이사회의 상임 이사국으로서 소련은, 북한이 반대해 오던 남북한의 유엔 동시 가입에 손을 들어 주었다.

이렇게 소련의 대한국 관계가 빠르게 강화되어 가는 반면, 소련의 대북한 관계는 급속도로 냉각되었다. 양국 수교에 대해 북한은 "소련이 사회주의 제국으로서의 존엄과 체면, 동맹국의 리익과 신의를 30억 달러에 팔아먹은 것"이라고 맹렬히 비난하였다.[20] 이러한 양국 간의 불편한 관계는 1991년 8월 소련의 보수파에 의한 쿠데타에 북한이 공식적인 지지를 표명하면서 고르바초프와의 관계는 물론, 당시 이 쿠데타의 저지에 선봉을 선 옐친 러시아 대통령과의 관계도 더욱 악화되었다.

그러나 여기에서 우리의 주의를 요하는 부분은 소련의 대한국 수교는 순전히 자국의 경제적 실리 추구라는 이유 때문에 이루어진 것이라는 점이다. 즉, 비록 국제적으로 냉전 체제의 해체에 따라 북한의 이념적 · 군사적 중요성이 급격히 약화되기는 하였지만, 한러 관계 강화는 정치적으로 북한의 이익에 반해서 북한을 고립시키기 위한 의도는 결코 아니었으며, 이에 소련은 한국과의 관계로 인해 북한과의 관계가 불편해지기를 원치 않는다는 점을 분명히 하였다.[21] 따라서 소련의 원래 생각보다 훨씬 빨리 양국 간 국교 정상화를 이룩하게 된 것은 우리가 정치 · 안보적 목표에 입각하여 '북방 정책'의 조속한 성과

20 노동신문(1990. 10. 5.).

21 소련의 이와 같은 의도는, 특히 한소 수교 시에 발표된 공동 코뮤니케에 "양국은 이 조치가 제3국과의 관계에 결코 영향을 미치지 않을 것이라는 전제 하에 추진하고 있다"로 명시되었으며, 이 밖에도 소련은 기회 있을 때마다 이를 확인하였다. 여기에 관해서는 전홍찬(1995), pp. 541-542 참조.

를 위해 적극적으로 노력한 점과 소련에 대한 우리의 경제적 양보를 통해 가능하게 되었다고 볼 수 있다.[22]

그럼에도 불구하고, 북한이 소련에게 반감을 가진 이유는 위에서 언급한 바와 같이 소련은 '북한 체제 유지의 기둥'이었고, 이 기둥이 '적'과 수교함으로써 체제 유지에 심각한 위협으로, 또 외교 및 군사적 고립으로 느꼈기 때문일 것이다. 또한 소련에서 일어나고 있던 정치적 민주화와 시장 경제로의 개혁 역시, 독일의 통일과 함께 동구의 체제 개혁에서 구체적으로 나타났듯이, 자국의 체제 안정에 부정적인 영향으로 크게 작용하였을 것으로 보인다. 이러한 위기감에 한소 수교 이후 북한은 500-600명에 달하던 소련 유학생 전원에게 귀국 명령을 내렸고, 동년 11월 말 이들은 모두 귀국하였다.[23]

이것보다 결코 적지 않은 다른 이유는 소련의 개혁으로 북한이 경제적으로 엄청난 타격을 입게 되었다는 점이다. 소련은 내부 개혁을 위해 1987년 6월 양국 간의 제21차 경제과학기술협력위원회를 기점으로 대북한 원조를 크게 감소시켰다.[24] 또한 양국은 1990년 4월 평양에서 개최된 제24차 경제과학기술협력위원회에서 1991년부터 양측의 무역을 완전히 국제 가격에 준하고 경화로 결제할 것을 결정하였다.[25] 위에서 언급하였듯이 북한의 대소련 경제 의존이 상당히 높아 왔다는 점을 감안한다면, 이러한 소련의 조치들이 북한의 경제에

22 실제로 소련은 한 · 소 수교의 대가로 최초 50억 달러를 요구하였었다고 한다. 이 금액이 다시 40억 달러로 깎였다가 결국 1991년 1월 서울에서 가진 양국 고위급 회담에서 30억 달러로 결론 내려졌다. 우리는 이 금액 중 거의 절반에 해당하는 14억 7,400만 달러를 소련이 해체되기 직전인 1991년 11월까지 제공하였다.

23 중앙일보(1990. 11. 30.).

24 이 위원회에서 양국은 향후 소련의 북한에 대한 전통적 원조 관계를 대폭 축소하고, 대신 경제 관계를 '합영 사업' 중심으로 전환하기로 합의하였다. 이후 경제 원조는 미미한 수준에 불과하였고, '합영 사업'도 거의 결실을 얻지 못하였다.

25 전홍찬(1995), p. 540.

표 10-2 북·러 교역 현황, 1990-1998

(단위: 백만 달러)

	1990년	1991년	1992년	1993년	1994년	1995년	1996년	1997년	1998년
수출	1,045	171	65	39	40	15	29	17	8
수입	1,518	194	227	188	100	68	36	67	57
계	2,563	365	292	227	140	83	65	84	65

자료: 한국무역진흥공사, 『북한의 대외무역동향』(서울: KOTRA), 각 연도.

미친 영향은 엄청났다고 볼 수 있다. 〈표 10-2〉에서 보듯이 경화 결제를 시작한 1991년의 북러 교역은 전년도에 비해 7분의 1 수준으로 급격히 감소하였고, 그 후에도 지속적으로 감소하였다.[26]

1991년 후반부터는 소련의 국내 정세가 극도로 불안하게 되었고, 마침내 그해 말 소련은 해체되었다. 이로 인해 소련과 북한의 관계는 승계국인 러시아에게 넘겨졌다.

4. 러시아연방의 출범과 한반도

소련으로부터 분리 독립한 신생 러시아는 대내적으로 정치적 민주화, 경제적 시장화와 함께, 대외적으로 친서방주의 외교 정책을 펴기 시작하였다. 대한반도 관계에서는 거의 친남한 일변도 정책을 펴게 된다.

1992년 11월 러시아의 옐친(Boris Nikolayevich Yeltsin) 대통령이 방한하여 '한러 기본관계조약'을 체결하였고 '한러 군사 교류에 관한 의정서'를 교환하였다.

26 1990년의 북한의 전체 교역액은 41억 7,000만 달러였고, 1991년에는 25억 8,000만 달러였다. 따라서 북한의 교역액은 38.1% 감소하였다. 이에 비해 대소련 교역은 85.8%가 감소하였다(양운철 · 정성장 · 김치욱 · 오경석 · 김영윤, 2011, p. 68).

또한 옐친은 1961년에 체결된 '조소 우호협력 및 상호원조조약'이 사실상 사문화되었으며, 북한에 공격용 무기 공급을 중단하였다고 밝혔다. 그 밖에도 그는 1983년 사할린 상공에서 피격된 KE-007기의 블랙박스를 전달하였고, 북한의 핵 개발을 지지하지 않음을 천명하였다.[27] 1993년 3월 북한의 NPT 탈퇴 선언 이후에는 우리의 북한에 대한 국제적 제재 노력에 동참하였고, 이후의 모든 유엔 안전보장이사회의 대북한 결의에도 찬성하였다.[28]

이러한 러시아의 대한반도 정책의 배경은 다음과 같이 정리해 볼 수 있을 것이다. 첫째, 안보 · 군사적 관점에서 냉전 체제의 해체로 북한과의 이념적 · 군사적 관계가 더 이상 필요하지 않았다. 둘째, 민주화와 시장화를 지향하는 러시아에게 1당 독재와 계획 경제를 고집하는 북한과의 이질감 확산이다. 셋째, 보다 근본적으로 러시아가 한국과의 교류를 통해 경제적 이득을 원한 반면, 북한과의 교류는 러시아에게 경제적으로 부담이 되었다. 넷째, 북한의 소련 보수주의자들의 쿠데타를 지지한 것에 대한 러시아 지도부의 반북한 감정이다. 마지막으로 핵 개발 등 북한의 모험주의적 정책은 러시아의 개혁을 위한 안정적인 외부 환경 조성이라는 이해에 반하였다.[29]

그러나 이러한 초기 정책은 오래 지속되지 않았고, 러시아와 북한의 관계가 회복되기 시작하였다.[30] 1993년부터 양국 간의, 이른바 '고도로 정치화된 성

27 중앙일보(1992. 11. 19.).

28 북한의 NPT 탈퇴 선언이 있자 러시아 외무부는 "북한의 NPT 탈퇴 선언은 동북아 지역 안정에 예측할 수 없는 위험을 주고 있다. 북한이 이성에 호소하는 국제 사회 요청에 주의를 기울이지 않는다면 예상하기 어려운 정도로 엄청난 부정적인 결과를 가져올 것"이라고 논평하였다(중앙일보, 1993. 3. 17.).

29 Seung-Ho Joo(1998); 홍현익(1999), pp. 290-291.

30 러시아가 북한과의 관계 복원을 시작한 시점은 학자들에 따라서 약간씩 다르게 보고 있지만 대체적으로 1993년경으로 모아진다. 고재남(1996)은 1992년 후반기부터, 홍현익(1999, p. 293)은 Seung-Ho Joo(1998)와 같이 1993년 초부터로 보고 있으며, 여인곤(1995, pp. 18-64)은 1993년 후반부터, 그리고 전홍찬(1995, p. 542)은 1993년 말로 보고 있다.

명전'은 사라졌으며, 이때부터 '실무적이고 실용적'인 관계를 추구하기 시작하였다.[31] 북한의 NPT 탈퇴 성명 문제에 대해 위에서 언급한 초기 태도와 달리 1994년 3월부터는 북한에 대한 직접적인 제재에 반대하면서, 핵 문제 관련자인 남·북한과 미·러·중·일 및 UN과 IAEA로 구성되는 8자 회담을 제의함으로써 북한의 입장을 고려함과 동시에 이 문제에 대한 자신의 영향력을 증대시키고자 노력하였다.[32] 또한 러시아는 동년 7월 김일성 사망에 조전을 보냈고, 곧이어 9월에는 파노프 외무차관을 북한에 특사로 파견하여 양국 현안을 논의하였다. 같은 시기에 북한은 러시아 자민당의 지리노프스키 당수를 평양에 초청하여 조선노동당과 연대를 꾀하였다.

1994년 10월 제네바에서 북한과 미국 사이에 핵 협상이 타결된 후, 경수로 선정 과정에서 러시아제 원자로 판매를 기대하였던 것이 무산되었고, 동시에 북한이 미국 및 일본과의 관계를 급진전시키자, 이듬해인 1995년 9월에 1961년의 조약을 대체할 새로운 조약에 대한 협의를 시작하였다.[33] 또한 동년 2월과 6월에 양국은 논란이 되어 오던 '신임업협정'과 '과학기술협력계획'을 체결하였다.

한편, 1994년에 시작된 북한의 휴전 협정 무효화 시도에 대한 대응으로 1996년 4월 한국과 미국이 공동으로 북·중과 '4자 회담'을 제안하자, 러시아는 여기에 제외된 데 대해 강력히 반발하였고, 이 시점에 소련 와해 이후 한 번도 개최되지 않았던 양국 간의 '경제과학기술협력위원회'를 재개하여 대규모의 대북 경제 협력에 대한 합의를 하였다.[34] 1997년 1월에는 양국 간 새 조약의 문

31 고재남(1996).
32 전홍찬(1995), p. 545.
33 이에 대한 상세한 논의는 고재남(1996)을 참조할 것.

안 작성을 위해 협상이 진전되었고, 1998년 초에 이 조약을 체결하기로 상호 합의하였다.[35] 같은 시기에 양국 간 제2차 '경제과학기술협력위원회'가 열려 관련 여러 조약들을 체결하였으며, 150만 달러 상당의 대북 식량 지원도 약속하였다.[36] 1998년에는, 비록 예정되었던 신조약의 체결은 연기되었으나, 그 사이 없었던 양국 간의 군사적 협력 관계가 재개되었다.[37]

1999년 12월 31일 옐친 대통령이 사임하고 푸틴 정부가 들어서면서 러시아와 북한의 관계는 거의 완전한 정상 관계를 회복하였다. 가장 상징적인 조치는 2000년 2월 9일 이바노프 외무장관이 평양을 방문하여, 연기되어 오던 '조러우호선린협력조약'을 정식으로 체결한 것이다.[38] 이것은 지난 1961년의 군사 동맹 조약과 달리 러시아와 우리의 관계와 같은 일반적인 우호 조약이지만, 이 조약을 통해 러시아는 한반도에서 이제까지 남한에 치우쳐진 외교에서 남북한 등거리 외교로의 전환을 확실하게 제도화하였다고 볼 수 있다.

이러한 일련의 양국 관계 복원과 공고화는 러시아와 북한 모두 과거의 소원한 관계를 원치 않았다는 요인이 있고, 여기에 간접적으로 영향을 미친 한국 측의 요인이 있다.

먼저 러시아의 대북한 관계 강화에 대한 이유는 다시 전반적인 국제 환경 및 이에 따른 러시아 외교 환경의 변화라는 이유와 구체적인 러시아의 대한반도 정책의 변화라는 이유로 나누어 볼 수 있다.[39] 전자는 ① 국내 개혁의 지지

34 홍현익(1999), p. 301.
35 Seung-Ho Joo(1998), p. 90.
36 홍현익(1999), p. 302.
37 상세한 논의는 홍현익(1999), pp. 299-301 참조할 것.
38 이 조약은 구 조약의 "어느 한쪽이 침략을 받을 경우 자동 개입한다"는 소위 '자동 군사 개입 조항'이 "어느 한쪽이 침략을 받을 경우 즉각 긴밀한 연락을 취한다"로 수정되었다(동아일보, 2000. 2. 11.).

부진으로 인한 국민들의 불만과 이에 따른 민족주의적 보수 세력의 부상, ② 개혁 초기 서방으로부터의 지원에 대한 실망과 이에 대한 반작용으로 국제적인 문제에 러시아의 독자적인 목소리를 내고자 하였던 점, ③ 소련의 해체로 상실된 국제 정치에서 미국과의 대등한 입지를 다시 구축해야 한다는 대내적 요구, ④ 소련 해체로 취약해진 자국의 안보와 함께, 독립국가연합(Commonwealth of Independent States, CIS) 지역에 대한 러시아 인들의 보호를 위한 영향권 공고화의 필요성 등으로 볼 수 있다.

다음으로 보다 구체적인 러시아의 대한반도 정책에서는 ① 시베리아와 극동 지역의 개발에 한반도가 중요하며, 이것을 위해서는 북한과의 우호적 관계가 반드시 필요하다는 인식, ② 한편으로는 북한의 미국 및 일본에 대한 접근과 다른 한편으로는 한국에서, 대미 관계와의 상대적 관점에서, 러시아의 한계 및 소외에 따른 한반도 내의 영향력 확보를 위한 북한의 필요성, ③ 러시아 극동 지역의 군사력 약화에 따라 동북아 지역의 안전 보장 확보를 위한 다자 간 안보 체제 구성에 북한의 효용성 등으로 볼 수 있다.[40]

북한과 러시아의 관계를 강화시킨 북한 측의 요인은 크게 북한의 외교적 실패와 대내 경제의 어려움으로 볼 수 있다. 전자는 한국을 국제 사회에서 고립시키려는 북한의 외교가 실패한 것으로서, 다시 ① 한미 동맹 이간전술 실패, ② 중국의 남한과 수교 및 관계 강화, ③ 일본과의 접근 실패, ④ 4강이 공통적으로 동북아 안정을 희구하는 점 등의 요인을 들 수 있다.[41] 경제적으로 북한으로

39 러시아와 북한이 새로운 접근을 시도한 정책적 배경에서 홍현익은 러시아의 입장에서, ① 미국의 전략적 압박, ② 국내에서 공산주의자와 민족주의자의 득세, ③ 러시아의 새로운 동북아 전략, ④ 한반도에서의 영향력 상실 경험으로 인한 학습 효과, ⑤ 한러 관계의 소원화 및 악화 등을 들고 있다(홍현익, 1999, pp. 305-323).

40 러시아 극동 지역 군사력에 관한 논의는 Felix K. Chang(1999), pp. 257-284 참조.

서는, 위에서 언급하였듯이, 구소련에 대한 의존성 때문에 러시아의 도움을 절실히 필요로 하였다.

마지막으로 북한과 러시아의 관계를 강화시킨 한국 측의 요인은 ① 러시아의 대한국 경제 협력에 대한 기대의 좌절, ② 1992년 한중 수교 이후 급진전된 한중 관계 대비 러시아가 느끼는 상대적 박탈감, ③ 북한과의 우호적 관계를 일정하게 유지하는 것이 한반도에 대한 영향력을 유지하는 데 도움이 된다는 러시아의 새로운 인식 등이다.

5. 푸틴 정부 이후 러시아의 재부상과 한반도

러시아 초대 대통령 옐친 치하 8년은 소련의 해체로 인한 혼란과 경제 개혁 수행이라는 내부적 과제로 대외 정책에 적극적이지 못하였다. 그러나 2000년 푸틴(Vladimir Vladimirovich Putin) 정부가 출범하면서 러시아는 공세적 대외 정책을 펴기 시작하였다. 2008년 푸틴의 후원으로 대통령이 된 메드베데프(Dmitry Anatolyevich Medvedev)는 푸틴만큼 공세적이지 않았지만 푸틴의 정책을 그대로 계승하였고, 2012년 대통령으로 다시 복귀한 푸틴 3기 역시 1, 2기와 다르지 않다.[42]

러시아가 공세적 대외 정책을 펴게 된 배경은 다음과 같다. 첫째, 리더십의

41 홍현익(1999), pp. 323-340.
42 푸틴은 2000년 1월-2004년 5월 사이 러시아 제3대 대통령(1기), 그리고 2004년 5월-2008년 5월 사이 제4대 대통령(2기)이었다. 헌법상 대통령의 임기는 1회만 연임이 가능하였다. 이에 그는 '3선 개헌' 대신, 4년간 대통령직을 메드베데프(제5대)에게 넘기고 자신은 총리로 있다가, 다시 2012년 5월에 제6대 대통령으로 복귀하여 푸틴 3기가 되었다. 이제는 대통령의 임기가 4년에서 6년으로 바뀌어, 2018년 다시 출마하여 당선된다면, 2024년까지 대통령직을 수행할 수 있다.

교체이다. 2000년 1월 1일에 시작한 푸틴 정부는 강대국 재건을 국정의 목표로 삼았다. 푸틴의 통치 이념은 '푸틴주의'(Putinism)로 불리는데, 이것은 강한 국가를 만들어 국제적으로 '강대국 러시아'(The Great Russia)의 위상을 확립하고, 국내적으로 질서와 안정을 구축하며, 이를 위해 '정치적 · 시민적 권리와 자유, 시장 원리는 당분간 유보할 수 있다'는 것이다.[43] 실제로 푸틴 정부 들어 법치 확립, 권력의 공고화, 중앙 집권 강화가 꾸준히 추진되어 '민주주의의 후퇴'라 보일 만큼 권력이 강화되었고, 민족주의도 부추기고 있다.[44] 2008년에서 2012년 사이 메드베데프 대통령 임기 동안의 대외 정책이 푸틴 시기와 조금 다른 면을 보였다는 시각이 없지 않지만, 다수의 시각은 이 기간 동안에도 푸틴이 총리로서 대통령보다 더 큰 권한을 가지고 있었으며, 따라서 푸틴주의는 지속적이라고 본다.[45]

둘째, 러시아의 지도부와 대중이 가지고 있는 '대외 정치적 정체성'의 변화이다. 강봉구에 의하면 '대외 정치적 정체성'이란 "국제 사회에서 현재 자신의 위상을 어떻게 파악하고 있으며, 동시에 앞으로 어떤 모습으로 자신의 위상을 구현해 낼 것인가를 결합해서 종합적으로 보여 주는 이미지"이다.[46] 그는 러시아의 대외 정치적 정체성이 고르바초프 시대에는 '신사고'이었고, 옐친 초기에는 '서구 통합'이었으며, 이것이 1990년대 후반부터 '유라시아 지역의 독자적 강대국' 실현으로 수정되었다고 보았다.[47] 이 '독자적 강대국' 외교 노선은 당

43 강봉구(2012), p. 170.
44 고재남(2009), pp. 117-124.
45 강봉구(2012), pp. 172-173.
46 강봉구(2012), p. 179.
47 강봉구는 '서구 통합' 시기는 러시아가 독립 후 초기 2년 가량(1992-1993)이었다고 보며, 이후 1996년까지는 조정기라고 본다(강봉구, 2012, p. 173).

시 러시아 외교장관 프리마코프(Yevgeny Maksimovich Primakov)의 이름을 따 '프리마코프 독트린'(Primakov Doctrine)으로 불리기도 하는데, 이것의 핵심은 탈냉전 이후 국제 체제는 미국 중심의 일극 체제가 되었고, 이런 미국의 전횡을 견제할 수 있는 다극 체제로 바꾸기 위해 러시아가 유럽, 중국, 인도 등과 제휴하는 정책으로 이 과정에서 러시아가 '지역 강대국'(regional power)으로 인정받는 것을 내용으로 하고 있다.[48]

냉전 체제 붕괴 이후 유일 초강대국이 된 미국은 동유럽에 미사일 방어(Missile Defence, MD) 체제 구축을 시도하였고, NATO도 동진하기 시작하였다. 이에 푸틴은 2001년 2월 제43차 국제안보회의에서 행한 그의 '뮌헨 연설'에서 미국의 군사 전략을 '일방적이고 불법적인 것'으로 규정하고, 미국의 NATO 확대와 체코공화국과 폴란드에 MD 체제 구축을 비난하였다.[49] 결국 체코공화국과 폴란드의 MD 계획은 철회되었다.

또한 미국은 2001년 아프가니스탄 전쟁을 계기로 우즈베키스탄의 하나바드(Khanabad)와 키르기스스탄의 마나스(Manas)에 각각 공군을 주둔시켰고, 2002년에는 카자흐스탄의 공군 기지 사용 허가도 받았다. 또한 2003년부터 CIS 지역에 '색깔 혁명'이라 불린 시민 혁명이 일어났는데, 여기에 미국의 영향이 적지 않았다. 실제로 그루지아(2003년 '장미 혁명'), 우크라이나(2004년 '오렌지 혁명'), 키르기스스탄(2005년 '튤립 혁명')의 혁명은 성공하여 친서방 정권이 들어서게 되었고 이들은 NATO 가입을 추진하였다.

이러한 과거 소련 지역에서의 친서방화에 러시아는 강력히 반발하였다.

48 강봉구(2012), pp. 177-179. '지역 강대국'이란 과거 전 세계를 분할하던 소련의 '초강대국'이 아니라 유라시아 지역의 한 중심 세력을 지향하는 것을 의미한다.
49 고재남(2009), p. 137.

결국 2008년 8월에 러시아는 남오세티아 사태를 빌미로 그루지아(조지아)를 침공하였다.[50] 2014년 3월 러시아는 우크라이나로부터 크림 반도를 합병하였고, 우크라이나 내의 친러시아 무장 분리주의자들을 지원하였다.[51]

셋째, 러시아의 이러한 정책을 가능하게 해준 것은 2003년부터 2013년까지 10년 동안 고공 행진을 해온 유가가 경제적 받침이 되었기 때문이다. 2013년 기준 러시아의 경제에 에너지 제품(원유, 석유 제품, 천연가스 등)이 차지하는 비율을 보면, GDP의 약 25%, 수출의 약 70%, 연방 정부 예산 수입의 약 50%, 산업 생산의 약 40%, 주식 시장 시가 총액의 약 50%에 해당한다.[52] 〈그림 10-1〉은 1977년부터 2014년까지 배럴당 원유값(서부 텍사스 중질유 기준)이다.

이러한 역사상 유래가 없었던 고유가 덕분에 러시아는 2000년대 중반 연평균 7%의 경제 성장이 가능하였다. 〈표 10-3〉에서 보듯이 러시아의 경제 성장률은 2000년대 초반 세계 평균 경제 성장률의 2배 정도 높았다. 이와 같은 경제 성장으로 이 기간 중 국방 예산을 연평균 25% 증액할 수 있었다.[53]

2008년 미국발 금융 위기의 영향으로 주로 자원에만 의지해 온 러시아의 경제는 크게 후퇴하였다. 또한 2012년부터 유로 지역의 경기 침체와 2014년부터 하락하기 시작한 원유 가격, 특히 우크라이나 사태로 인한 서방의 제재 등으로 〈표 10-4〉에서 보듯이 러시아의 경제는 현재 어려움을 겪고 있다. 그러나

50 그루지아는 소련 시절 그루지아 소비에트 사회주의 공화국으로 있다가 독립 후에도 그루지아로 불렀지만, 반러시아 정부가 들어서면서 영문 표기이었던 조지아(Georgia)로 쓰고 있고, 우리 외교부에도 조지아로 불러 줄 것을 요구하였다. 우리 정부는 2010년부터 조지아로 부르고 있다.

51 1994년 러시아는 부다페스트 합의(Budapest Memorandum)에서 우크라이나 핵 포기 대가로 우크라이나의 항구적인 독립과 영토적 안전 보장을 약속하였다. 그러나 러시아는 크림 반도가 원래 러시아의 영토였는데, 1991년 갑작스런 소련 해체로 제대로 정리가 되지 않은 것을 정리한 것이라고 주장한다(홍완석, 2014, pp. 93-94).

52 이종문(2014), p. 41.

53 러시아의 국방 예산은 제1장 참조.

그림 10-1 배럴당 원유 가격, 1977-2014

(단위: 달러)

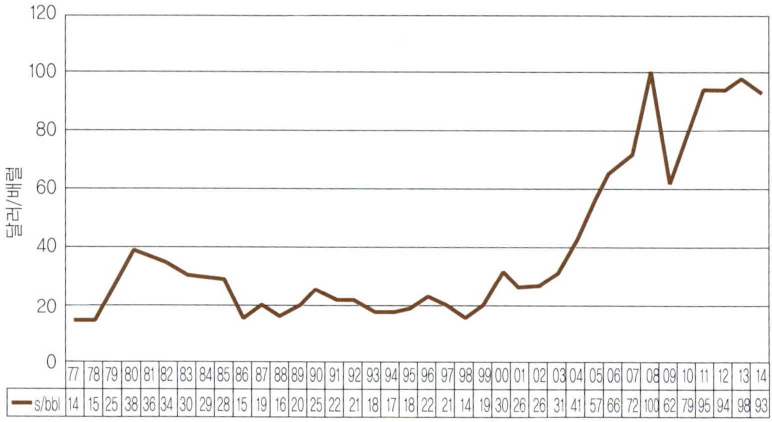

출처: British Petroleum(2015), p. 15.

표 10-3 세계 및 BRICs 국가의 경제 성장률, 2001-2009

(단위: %)

	2001년	2002년	2003년	2004년	2005년	2006년	2007년	2008년	2009년
브라질	1.3	2.7	1.1	5.7	3.2	4.0	5.7	5.1	-0.2
러시아	5.1	4.7	7.3	7.2	6.4	7.7	8.1	5.6	-7.9
인도	3.9	4.6	6.9	7.9	9.2	9.8	9.3	7.3	5.7
중국	8.3	9.1	10.0	10.1	10.4	11.6	13.0	9.0	9.1
세계	2.2	2.8	3.6	4.9	4.5	5.1	5.2	3.2	-0.6

출처: IMF, WEO Database(2010. 4.). 기획재정부(2010), p. 7에서 재인용.

2013년 기준 러시아의 GDP는 이미 세계 8위로 부상하였고, 국방 예산은 682억 달러로, 미국, 중국 다음으로 세계 3위를 기록하였다.[54] 2015년 기준 시장 환율

표 10-4 러시아 주요 경제 지표, 2008-2015

	2008년	2009년	2010년	2011년	2012년	2013년	2014년	2015년*
GDP 성장률(%)	5.2	-7.8	4.5	4.3	3.4	1.3	0.6	-3.4
명목 GDP(10억 달러)	1,661	1,223	1,525	1,905	2,015	2,079	1,857	1,176
외환 보유액(억 달러)	4,263	4,395	4,794	4,987	5,376	5,155	4,189	3,576
총외채 잔액(억 달러)	4,805	4,672	4,889	5,389	6,364	7,289	5,990	5,562
총외채 잔액/GDP(%)	28.9	38.2	32.1	28.3	31.6	35.1	32.2	47.3
경상 수지/GDP(%)	6.3	4.1	4.4	5.1	3.5	1.6	3.1	5.4
재정 수지/GDP(%)	4.6	-5.5	-3.0	1.6	0.2	-1.5	0.1	-2.5
정부 채무/GDP(%)	8.0	10.6	11.3	11.6	12.7	14.0	17.9	18.8

주: * 2015년 자료는 전망치.
출처: 한국무역진흥공사, "러시아 경제 동향 및 전망"(http://www.globalwindow.org, 검색일 2016. 1. 30.). 이 자료는 IMF와 러시아의 통계 자료도 사용하고 있어 러시아의 GDP 성장률에서 〈표 10-3〉과 약간 차이가 있다.

방식의 GDP는 미국의 6.5%로 세계 13위이지만, 구매력 균형 방식으로 환산한 러시아의 GDP는 미국의 19%에 해당하고 중국, 미국, 인도, 일본, 독일 다음으로 세계 6위이다.[55]

이와 같은 푸틴-메드베데프-푸틴으로 이어지는 러시아의 대외 정책은 '푸틴주의'에 입각한 '독자적 강대국'화를 추구하고 있고, 이것은 다극주의와 다자주의로 요약된다. 다극주의란 미국이라는 유일한 초강대국이 지배하는 일극 현상을 견제하기 위해 반미 연합 전선을 만드는 것을 말한다. 구체적으로 이것은 중국과 전략적 동반자 관계를 맺고, 사안에 따라 중국, 인도와 함께 반미

54 국방부(2014), p. 236. 자세한 논의는 제1장 참조.
55 2015년 러시아의 PPP 기준 GDP는 3조 4,710억 달러이고, 미국은 17조 9,700억 달러이다. 미국 중앙정보국, World Factbook(https://www.cia.gov/library/publications/the-world-factbook/rankorder/2001rank.html, 검색일 2016. 1. 30.).

삼각 연합을 구축하며, 제도적으로 중앙아시아에서 상하이협력기구(Shanghai Cooperation Organization, SCO)를 만드는 것 등으로 나타났다.[56] 다자주의란 안보에서 동맹과 같은 양자 기구보다 다자 안보 협력체를 지향하는 정책이다. 이것은 어느 한 강대국이 주도하는 것보다 다자 간 협력체를 만들어서 미국의 일방주의에 대응하고자 하는 것이다. 러시아가 아세안지역포럼(ASEAN Regional Forum, ARF), 6자 회담, SCO 등에 적극 참여하는 것이 그 예이다.

이러한 러시아의 공세적 대외 정책이 한반도에는 남북한 등거리 외교를 통한 영향력 확대, 미국에 대한 견제로 나타나고 있다. 남북한 등거리는 옐친 시절 시작되었지만 푸틴 집권 이후 더 강화되었다. 푸틴은 취임 직후부터 북한과의 관계를 회복하기 위해 노력하였다. 그는 "한반도는 역사적으로나 지정학적으로 러시아의 국익에 포함"된다며 "러시아의 외교적 노력은 한반도 문제 해결에서 러시아의 동등한 참여 보장과 모두와의 등거리 관계를 유지하는 데 집중할 것"이라 천명하였다.[57] 실제로 2000년 5월 7일 정식으로 대통령에 취임한 후 푸틴 대통령은 한국을 먼저 방문하리라는 기대와는 달리 그해 7월 19일 구소련과 러시아의 전체 역사를 통해 최초로 국가 원수의 평양 방문을 실현함으로써 양국 관계를 더욱 공고화하였다.

이 방문은 그해 6월의 남북 정상 회담 이후 급변하는 한반도와 주변국의 상황에 대한 러시아의 이익을 더욱 확고히 하려는 의지와 함께 북한의 미사일 개발 계획을 미국의 MD 체제에 대한 압박으로 활용할 의도가 있었다고 보인다.

56 SCO는 2001년 6월에 결성된 러시아, 중국, 카자흐스탄, 키르기스스탄, 타지키스탄, 우즈베키스탄 등 6개국의 군사 · 경제 협력체이다. 이들은 매년 합동 군사 훈련을 실시한다. 러시아와 중국이 SCO를 NATO의 견제 세력으로 만들기를 희망한다는 주장도 있다.

57 동아일보(2000. 7. 27.).

푸틴은 북한 방문 후, 우주 개발을 위해 타국이 로켓을 발사해 준다면 북한이 미사일 계획을 포기하겠다는 북한의 말을 전하기도 하였다.[58]

다음 해인 2001년 김정일이 러시아를 방문하였다. 이것은 7월 26일-8월 18일까지 24일간의 장정이었다. 김정일은 열차를 이용하여 모스크바에서 푸틴과 회담한 후 상트페테르부르크를 방문하고 돌아왔다. 이 회담에서 양국은 북한의 미사일 개발 권리를 인정하고, 시베리아 횡단 철도(Trans-Siberian Railroad, TSR)와 한반도 종단 철도(Trans-Korean Railroad, TKR)를 연결하는 사업에 합의하였다. 특히, 24일간의 장정에 러시아는 경호를 위해 연인원 200만 명이 동원될 정도로 각별한 배려를 하였다. 김정일은 1년 후 2002년 8월 20-24일 극동 지역을 다시 방문하여 블라디보스토크에서 푸틴과 정상 회담을 하였고, 9년 후 2011년 8월에 다시 러시아 극동 지역을 방문하였다. 이 회담에서는 철도 연결 사업 및 가스관 연결 사업이 논의되었다.

실제로 이러한 북러 회담으로 가시적인 결과가 나온 것은 거의 없다. 2011년 10월 13일 러시아의 하산과 북한의 나진항을 잇는 54km의 철도 개보수 공사를 끝내고 시범 열차 운행을 한 것을 제외하면, TSR과 TKR 연결 사업도, 가스관 연결 사업도 이루어지지 않았다.[59]

그럼에도 불구하고 러시아가 한반도에 등거리 정책을 펴는 이유는 러시아의 한반도에 대한 미국과의 상대적 영향력 확보와 동시에 북한과의 등거리를 통해 오히려 남한에 보다 큰 영향력을 행사할 수 있기 때문일 것이다.

58 *The Korea Herald*(July 21, 2000).

59 러시아 철길은 러시아식 광궤(1,520mm)가 깔려 있고, 북한에는 표준궤(1,435mm)가 깔려 있기 때문에, TSR과 TKR 연결은 복합궤를 깔아야만 철도 차량 바퀴를 바꾸지 않고 운행할 수 있다. 러시아의 하산 역에서 나진역까지는 이전에도 복합궤가 깔려 있었지만, 노후화되어 모두 교체하였다(연합뉴스, 2011. 10. 14.).

지난 몇 년간 우리의 안보 현안에 대한 러시아의 남북한 등거리 입장을 정리하면 다음과 같다. 러시아는 앞에서 언급한 북한의 핵 및 미사일 시험에 따른 모든 유엔 안보리 결의안에 상임 이사국으로 찬성하였다. 또한 북한에게 이 결의안들을 준수할 것을 기회 있을 때마다 강조하였다. 여기서 한반도 비핵화가 러시아의 이익에 중요한 것임을 볼 수 있다. 또한 북한의 핵 문제는 핵무기 자체의 문제뿐 아니라, 한미일 동맹을 강화하는 역할을 하기 때문에 러시아의 국익에 반한다고 보고 있는 것이다. 그러나 그 해결 방법은 언제나 다자주의적 접근을 주장하고 있다. 즉, 6자 회담으로 해결하자는 입장이다.

천안함 사태에서 러시아는 중립을 유지하였다. 북한 소행이라는 우리의 주장을 인정하지도 않았고, 그렇다고 자신들의 조사 보고서를 공개하지도 않았다.[60] 연평도 포격 도발에 러시아는 사건 직후 북한을 비난하였다. 그러나 유엔 안전보장이사회 논의 과정에서 미국 주도 하에 북한에 대한 제재가 강화되는 것을 반대하였고, 우리가 연평도 해상 포사격을 하는 것에 대해서도 외교부의 공식 성명과 함께, 러시아 주재 한국 대사를 불러 취소할 것을 강하게 촉구하였다.[61] 2016년 1월 북한의 제4차 핵 실험에도 이전과 같이 제재에는 동참하지만, 북한 체제를 위협하는 강력한 제재는 반대하고, 다자 간 해결을 촉구하고 있다. 북한의 핵 실험 실시 1주일 후인 2016년 1월 13일, 푸틴 대통령은 오바마 대통령과의 통화에서 북한의 핵 실험에 대해 "강력하고 단합된 국제 사회의 대응"이 필요하다는 데 동의하고, 그 대응이 "혹독"해야 하는 것에도 동의하지

60 공개되지 않았지만, 러시아의 보고서 내용이라며 언론에 보도된 것은, 천안함의 스크류가 어망에 감겼고, 어망이 배를 바닥으로 끌어당기는 도중에 유실된 기뢰가 천안함과 부딪혀 침몰되었다는 것이다(오마이뉴스, 2012. 1. 13.(http://www.ohmynews.com, 검색일 2012. 1. 16.)).

61 동아일보(2010. 12. 18.).

만, "외교적 해결"이어야 하고, "모두 최대한 절제해서 군사적 긴장을 고조시키는 행위를 하지 않아야" 한다고 하였다.[62]

다음으로 러시아와 한반도의 경제 관계를 간략히 보기로 하자. 러시아와 남북한의 교역 현황은 〈표 10-5〉와 같다. 이 표에서 보듯이, 러시아의 대북한 교역액과 대남한 교역액은 비교할 수 없는 차이이다. 또한 러시아의 총교역액 대비 북한의 교역은 6,878억 달러 대 1.1억 달러로 거의 무시할 수준이고, 북한에게 대러시아 교역 역시 2005년 5%대에서 2010년 1%대로 떨어졌다.[63]

러시아와 한반도 사이에는 교역 외에도 남북러 3자가 협력할 수 있는 사업이 있다. 그것은 '남북러 삼각 경제 협력'으로 남한의 자본과 기술, 북한의 노동력, 러시아의 자원을 결합하는 방식이다. 이것은 1993년부터 한러 정상 회담에서 언제나 고정 의제였고 북러 정상 회담에서도 마찬가지였다.[64] 이 사업은 이미 언급한 TKR-TSR 연결 사업, 가스관 연결(Pipeline Natural Gas, PNG) 사업, 그리고 연해주의 농업 협력 사업 등이다. 2008년 이명박 정부는 이것을 '철의 실크로드', '에너지 실크로드', '녹색 실크로드'의 '3대 실크로드 비전'으로 명하였다. 여기에 2009년에는 한·러 전력망 연계 사업도 모색하였다. 그러나 아직까지 이 모든 것이 북한의 핵 문제로 막혀 진전이 없는 상태이다.[65]

62 연합뉴스(2016. 1. 14.)(http://www.yonhapnews.co.kr, 검색일 2016. 1. 30.).
63 KOTRA(2011), p. 33.
64 성원용(2009), pp. 429-486.
65 TKR-TSR 연결 사업은 2014년 나진-하산 철도 연결 작업이 완공되었다. PNG 사업은 2011년 11월 한러 정상 회담에서 구체적 로드맵을 확정지었다. 그것은 블라디보스토크에서 북한을 경유하여 한국으로 연결되는 가스관 공사를 2016년까지 완공하고, 2017년 1월부터 가스 공급을 시작한다는 것이었다(이윤식, 2011).

표 10-5 북한의 교역에 차지하는 러시아의 비중

(단위: 백만 달러)

연도	남한의 대러시아 교역			북한의 대러시아 교역		
	수출	수입	계	수출	수입	계
1990	–	–		908	1,315	2,223
2000	788	2,058	2,846	3	43	46
2001	938	1,929	2,867	5	64	69
2002	1,066	2,218	3,284	4	77	81
2003	1,659	2,522	4,181	3	116	119
2004	2,339	3,671	6,010	7	206	213
2005	3,864	3,937	7,801	8	224	232
2006	5,179	4,573	9,752	20	191	211
2007	8,088	6,977	15,065	34	126	160
2008	9,748	8,340	18,088	14	97	111
2009	4,194	5,789	9,983	21	41	62
2010	7,760	9,899	17,659	27	84	111
2011	10,305	10,852	21,157	13	100	113
2012	11,097	11,354	22,451	11	65	76
2013	11,149	11,496	22,645	8	97	105
2014	10,129	15,669	25,798	10	82	92

출처: 통계청, "북한통계"(http://kosis.kr/bukhan/statisticsList, 검색일, 2016. 1. 30.).

제3절 러시아의 대한반도 전략적 이해관계와 한러 관계의 과제

1. 러시아의 대한반도 전략적 이해관계

러시아가 가지는 한반도의 통일과 안정에 관한 이해관계는 6자 회담에 참여하고 있는 각국의 한반도 평화 체제 구축에 관한 이해관계를 보면 어느 정도 가늠할 수 있다. 2005년 9월 19일 제4차 6자 회담에서 각국은 '동북아시아의 항구적인 평화와 안정을 위해 공동 노력할 것을 공약'하고, '한반도의 항구적 평화 체제에 관한 협상을 할 별도의 포럼'을 구성하기로 합의하였다.[66] 이 포럼의 의장국은 러시아가 맡을 예정이었다.

먼저 우리 입장을 보면, 우리는 한반도에서 안정적인 평화 체제가 구축되어 이것을 바탕으로 남북 교류를 통해 북한을 개방으로 유도할 수 있고, 종국적으로 북한의 체제 개혁으로 통일 비용을 줄이면서 점진적 · 평화적 통일을 이루려 하고 있으며, 이것이 가장 바람직한 통일 방법이라 믿고 있다.

다음으로 미국의 입장은 다소 애매하다. 즉, 크게 반대해야 할 이유도 없지만, 그렇다고 미국이 크게 관심을 가지고 추진해야 할 이유도 없다. 구태여 미국의 입장을 하나로 정하자면, 북한이 핵무기나 미사일 개발 및 수출과 같은, 미국의 국익에 직접 반하는 행위를 하지 않는 한, 평화 체제의 구축이나 통일은 미국의 영향력, 구체적으로 주한 미군, 그리고 이것과 관련이 없지 않은 주일 미군의 입지를 약화시킬 뿐이다. 따라서 미국이 평화 체제의 구축을 서둘러야 할 이유가 없다. 이것이 바로 북한과 미국의 입장이 서로 만나는 부분이며, 따라서 북한이 한국을 배제하고 미국과 양자 사이에서만 평화 체제 구축 문제를 주장하고 있는 이유 중 하나일 것이다.

중국의 입장은 이유가 다를 뿐 미국과 크게 차이가 없다. 앞 장에서 보았듯이 중국은 한반도의 통일이 종국적으로 남한의 체제에 의해 이루어질 수밖에 없다면, 통일이란 곧 군사적으로 미국의 배타적 영향 하에 있는 통일 한국과 국

66 이것은 '9.19공동선언'의 6개 항목 중 제④항이다.

경을 함께 해야 하는 결과를 초래한다는 의미가 된다. 그래서 미국이 중국과의 관계에서 대만을 포기하지 않듯이, 통일 한국을 내주지 않으리라는 전제를 둔다면, 한반도에서 항구적 평화 체제의 구축과 그로 인한 긴장 완화 및 결과적인 한반도 통일이 자신들에게 그렇게 바람직하지만은 않을 것이다.

북한은 안정되고 개방된 상태에서 정권 유지가 쉽지 않기 때문에, 핵무기를 가지고자 하였을 것이고, 핵무기 없이 문서로만 된 평화 체제에 불안을 느낄 것이다.

러시아의 경우 역시 한반도에서 세력 균형이란 측면에서 미국, 중국과 다르지 않다. 그러나 어차피 남한에서는 미국에게, 북한에게는 중국에게 밀려 있다. 따라서 안정된 평화 체제 구축이 러시아에게 더 나빠질 이유가 없다. 이에 더하여, 러시아는 오랫동안 염원해 온 철도 연결과, 특히 가스관 연결이라는, 에너지를 통한 영향력을 확보할 수 있는 숙원 사업이 안정된 평화 체제에서 가능해진다는 독특한 이해관계가 있다.

이것이 러시아와 한국이 가장 이해관계를 같이 하는 부분이다. 이러한 이해로 인해 한반도 통일에 가장 거부감이 적은 국가라 볼 수 있다.

2. 한러 관계의 과제

앞에서 보았듯이 2015년 기준 구매력 균형 방식으로 계산한 러시아의 GDP는 3조 4,710억 달러로 세계 6위 국가이다. 군사적으로 러시아는 아직 세계 제2의 전략 무기 보유국이다. 또한 〈표 10-6〉에서 보는 바와 같이 러시아가 가지고 있는 풍부한 자원은 '자원 전쟁'을 겪고 있는 우리에게 미래의 보고(寶庫)이다.

표 10-6 러시아의 주요 광물 자원 매장량

	매장량	세계 순위	세계 점유율(%)
천연가스	44.4조m^3	1위	23.7
원유	742억 배럴	7위	5.6
석탄	1,570억 톤	2위	19.0
철광석	250억 톤	2위	15.6
니켈	660만 톤	3위	9.3
텅스텐	25만 톤	2위	8.9
금	5,000톤	3위	10.6
다이아몬드	4,000만 캐럿	5위	6.4
우라늄	55만 톤	3위	10.0

출처: British Petroleum, *US Geological Survey*, 2009년 기준, 기획재정부(2010), p. 9에서 재인용.

이러한 러시아에 대한 우리의 외교 과제는 다음과 같다. 첫째, 미국, 중국 및 일본에 대한 세력 균형자로서 러시아로부터 안보 및 전략적 분야에서 지지를 확보할 필요가 있다. 앞에서 보았듯이 러시아는 한반도에서 항구적인 평화체제 구축이나, 종국적인 한반도 통일에 이해관계를 같이할 잠재력이 가장 크며, 동시에 한반도에서 미국과 중국의 배타적 이익 추구를 견제할 수 있는 국가이다. 특히, 러시아가 현재의 북한을 통해 얻을 것이 별로 없기 때문에 상대적으로 적은 비용으로 러시아로부터 이 분야에 대한 지지를 얻을 수 있을 것이다.

둘째, 남북한과 러시아의 새로운 협력 체제를 구축해야 할 것이다. 이제까지 우리 정부의 대러시아 관계는 주로 대북한 안보를 위한 관점에서 인식해 온 경향이 있다. 물론 대북한 관계의 중요성도 있지만, 이러한 우리의 자세가 바로 러시아로 하여금 북한과 등거리 외교를 추진하게 하는, 따라서 상대적으로 우리의 행동반경을 좁히는 결과를 초래하였다고 본다. 특히, 러시아가 가지고 있는 잠재력과 지정학적 위치가 향후 우리의 경제와 안보에 미칠 영향을 고려하여 보다 근본적이고 장기적인 시각에서 교류를 실시하도록 해야 할 것이다.

셋째, 아직도 현실적으로 한미 상호 방위 체제라는 우리의 안보 상황이 중요함에 틀림이 없지만, 균형 있는 4강 외교를 펴기 위해 러시아의 역할을 인식할 필요가 있다. 특히, 6자 회담에서 한반도 평화 체제 구축에 대해 러시아로부터 많은 도움을 받을 수 있을 것이다.

통일의 과정에서 겪어야 할 수많은 남북 관계에서 우리가 주도권을 잡기 위해 러시아의 협력은 반드시 필요하다. 비록 상황은 많이 다르지만, 독일이 통일 과정에서 미국과의 공조 관계를 유지하면서 동시에 소련의 확고한 협력을 얻어 냄으로써 분단을 극복한 지혜를 우리는 다시 새겨 보아야 할 것이다.

3. 한반도 분단의 역학과 우리의 과제

우리는 제3부에서 한반도의 분단과 통일에 영향을 미쳐 왔고 또 미칠 주변 4개 국가의 대한반도 정책을 살펴보았다. 이들 각각의 이해관계를 고려해 볼 때 이 4개 국가와 적대적으로 분단된 남북한이라는 6자가 구성하는 기본 역학이 있음을 볼 수 있다.

이것은 모두가 자신을 배제한 채, 다른 어느 두 나라가 가까워지는 것을 견제하는 구도이다. 즉, 한국은 북한이 미국, 일본, 중국, 러시아의 어느 국가와도 우리의 이익을 배제한 채 양자 관계가 강화되는 것을 스스로의 이익에 반한다고 보며, 북한 역시 자신의 이익을 배제한 채, 한국이 주변 4강과의 관계가 강화되는 것을 스스로의 이익에 반한다고 보는 것이다.

냉전 기간에 이러한 역학 구도는 한국과 미국, 일본이라는 '남방 3각'과 북한과 중국, 소련이라는 '북방 3각'이 대치하여 안정적 구도를 가지고 있었다. 바로 이러한 역학 구도 때문에 냉전 체제가 완화되면서 우리가 '북방 외교'에 총력을 기울였으며, 현재 '한미일 공조 체제'로 이익을 보호하고자 노력하고 있는 이유이다. 같은 이유로 북한은 과거 한러 및 한중 관계 정상화에 강한 불만을 표시하였고, 한미일 공조를 비난하고, 약화시키기 위해 노력해 왔다.

이러한 이해관계는 주변 4강에게도 동일하게 적용된다. 예를 들면, 미국으로서는 한국이 미국의 이익을 고려하지 않는 독자적인 대일본, 대중국, 대러시아, 심지어는 대북한과의 양자 관계 강화를 반가워할 리 없으며, 같은 논리는 중국에게도 러시아에게도 적용된다.

이와 같은 6자 간의 역학이, 현재 남과 북 어느 국가와도 동맹 관계가 아닌 러시아의 대한반도 정책을 등거리로 할 수밖에 없는 상황을 만든 것이다. 보다 중요하게 이러한 역학 관계는 종국적으로 4강 모두 한반도의 통일보

그림 10-2 한반도 분단의 역학

출처: 경향신문, "김용민의 그림마당"(2011. 1. 22.)(http://www.khan.co.kr, 검색일 2012. 1. 10.).

다 현상 유지를 선호하게 하는 결과를 낳았고 현재도 낳고 있다. 즉, 북한의 붕괴도 원치 않고, 동시에 북한의 대남 무력 도발도 원치 않으며, 남한에 의한 북한의 흡수 통일도 원치 않는 것이 주변 4강의 이익에 가장 부합하는 것이 된다. 이것이 바로 한반도와 주변 4강이 가지는 한반도 분단의 역학이다.

물론 4강은 통일된 한반도가 자신의 배타적 영향권 하에 놓이는 것이 현상 유지보다 더 선호하는 대안임에 틀림없다. 그러나 이 대안은 당장 상당한 비용이 요구될 뿐만 아니라 장기적인 관점에서 이렇게 되었을 때 대한반도 영향력을 지속할 수 있다는 보장이 없다. 반면에 통일된 한반도가 다른 국가의 세력권 하에 들어간다는 것은 최악의 대안이 된다. 따라서 분단 상태 하에서 일정한 영향력을 행사하는 것이 이들에게는 최선책이 된다. 이러한 현상 고착화의 역학을 깨는 것은 남북 관계 개선이고, 그것은 남북한의 몫이다.

PART 4

통일을 위한 대내 변수: 통일 딜레마 극복을 위한 우리의 과제

일제 강점으로부터의 해방이 우리 민족에게 주권 회복의 기회를 주었으나 우리는 단일 민족 국가를 만들지 못하였다. 그 비용은 적지 않았다. 동족상잔의 전쟁을 치렀고, 그 후 수십 년간 적대적 대립을 통해 주어진 분단을 우리의 분단으로 내면화해 왔다. 이 상처는 곳곳에 남아 있다. 우리 사회의 남남 갈등이 그 중 하나이다.

한반도 남쪽에는 그나마 민주화도 이룩하였고, 경제적으로도 나아졌다. 구조적으로 우리 민족을 갈라놓던 냉전 체제도 사라졌다. 그리고 아직도 절대 다수의 사람들이 '우리의 소원은 통일'을 노래하고 있다.

우리는 제1부에서 통일이 바람직하지만 쉽지 않은 과제임을 보았고, 제2부에서는 북한이 매우 어려운 상태에서 위태로운 게임을 하고 있음을 보았다. 제3부에서는 아직도 주변 강대국들은 통일보다 분단을 선호하고 있음을 보았다. 이제 제4부에서는 어떻게 이러한 어려움을 극복할 수 있을지 살펴보고자 한다.

통일을 위한 중장기적 로드맵이라 할 수 있는 민족 공동체 통일 방안은 김영삼 정부 이후 20여 년 동안 정부의 공식적 통일 방안으로 되어 있고, 이것에 대해 우리 사회 내에서 이견은 없는 것 같다. 이 방안의 첫 단계가 화해 협력 단계이다. 남북한이 화해하고, 나아가 서로 협력하기 위해서는 남북한 사이에 군사적 신뢰 구축과 북한의 개혁 · 개방이 필요하다.

이러한 목표를 본격적으로 시도한 것이 김대중 정부의 대북 포용 정책이었다. 따라서 제11장에서는 김대중 정부의 포용 정책과 이 정책을 계승한 노무현 정부의 대북 정책을 살펴볼 것이다. 그러나 여러 가지 성과에도 불구하고 북한은 변하지 않았다.

그래서 우리 사회는 많은 갈등을 겪었고, 이 두 정부의 정책을 정면으로 비판한 이명박 정부가 집권하였으며, 박근혜 정부가 뒤를 잇고 있다. 그러나 아직 갈 길은 꽤 멀어 보인다. 제12장에서는 이 두 정부의 정책을 분석해 보면서 앞으로 우리의 과제들을 정리해 볼 것이다.

Chapter 11

김대중 · 노무현 정부의 대북 정책

제 1 절 김대중 · 노무현 정부 대북 정책의 목표, 내용, 성과[1]

1. 대북 정책 목표: 평화 공존, 북한의 시장화

'정부 없는 정치'로 불리는 국제 정치는 일반적으로 구조(structure)와 행위자(interacting units)에 의해 변화된다고 보고 있다.[2] 한반도 분단 70년 동안 남북 관계는 냉전과 탈냉전이라는 국제 구조와 남북 정부 사이 힘의 균형에 의해 크게 변화해 왔다.

국제 구조에서 냉전과 탈냉전은 1980년대 말을 중심으로 이전과 이후의 두 시기로 나눌 수 있다. 남북 사이 힘의 균형에서 분기점은 1970년대 초와 1990년대 초를 기준으로 세 시기로 나눌 수 있다.[3] 그 첫 시기는 분단 이후 1970년대 초까지 북한의 우월적 시기였고, 둘째 시기는 1970년대 초부터 1990년대 초까지의 상호 대등한 시기, 마지막은 1990년대 초 이후 남한의 우월적 시기이다.

1 이 장은 하상식(2009)를 바탕으로 하고 있으나, 저서로서의 일관성 유지와 변화된 환경을 반영하여 상당 부분 수정되었음을 밝힌다.

2 Kenneth Walts(1983), 특히 제5장 참조. '정부 없는 정치'(politics in the absence of government)란 용어는 폭스(Fox)가 처음 사용하였다(William Fox, 1959, p. 35, Walts, 1983, p. 88에서 재인용).

3 여기서 힘이란 구체적 산술적 의미가 아니라 군사력, 경제력, 상대에 대한 인식 등을 포괄하는 개념이다.

이러한 국제 구조와 힘의 균형에서의 변화가 겹치는 1980년대 말과 1990년대 초에 이르러, 남북한 정부는 각각의 통일 정책과 상대방 정책, 즉 남한의 대북 정책 및 북한의 대남 정책을 크게 바꿀 수밖에 없었다.

앞 장에서 보았듯이, 남한의 변화는 1988년 노태우 정부의 '민족 자존과 통일 번영을 위한 7.7특별선언'(7.7선언)에 의해 가시화되었다. 이것이 '북방 정책'의 출발이었다. 곧바로 노태우 정부는 대북 정책의 기반이 되는 통일 방안으로서 '한민족 공동체 통일 방안'을 제시하였다. 이것은 이전 전두환 정부가 '겨레 전체의 의사가 골고루 반영된 통일 헌법의 제정과, 이것에 기반을 둔 남북 총선거에 의한 통일'을 제시한, 상당 부분 비현실적이고 추상적이었던 '민족 화합 민주 통일 방안'과 확연히 구별되는 방안으로 과도 단계인 '남북 연합'을 두기로 한 것이다. 이 통일 방안을 바탕으로 김영삼 정부는 화해 협력 단계→남북 연합 단계→통일 국가 단계를 주 내용으로 하는 '한민족 공동체 건설을 위한 3단계 통일 방안', 즉 '민족 공동체 통일 방안'을 1994년 8월 발표하였다.[4] 이 방안은 김대중 · 노무현 · 이명박 정부를 거쳐 현재 박근혜 정부에 이르기까지 공식적인 통일 방안이다.

이 통일 방안은 남한의 북한에 대한 확고한 자신감에 바탕을 둔 것으로, 기능주의(신기능주의)적 통합 이론에 입각해 있다.[5] 즉, 비정치적 분야에서 남북 교류와 협력의 확대는 결국 북한이 남한의 체제를 수용할 수밖에 없고, 이로써 정치적으로 남한 체제로의 수렴을 통한 평화적 통일로 나아갈 수 있다는 데 바탕을 두고 있다. 이 방안에 대해 우리 사회는 대체적으로 합의가 이루어진 것 같다.

4 통일부(2004), pp. 19-23.
5 기능주의에 대한 논의는 제1장 참조.

요약하면 이 통일 방안은 현재 남한은 민주주의 정치 체제와 시장 자본주의 경제 체제를 포기할 의사가 전혀 없다는 전제를 두고, 또한 현재 남북한 사이의 사회 · 문화적 차이는 물론, 특히 경제 수준의 차이를 줄이기 위해, 먼저 남북한이 평화적으로 공존하고 협력하면서 북한의 경제 수준이 향상됨과 동시에 북한이 우리의 체제로 점진적으로 변화될 때 통일하겠다는 것이다.

이러한 통일 방안에 의하면 대북 정책의 단기 목표는 남북의 평화 공존, 중기 목표는 북한의 시장화와 경제 성장, 장기 목표는 북한의 민주화라 볼 수 있다. 그러나 북한의 민주화란 1인 독재 체제를 가진 북한 내정에 관한 문제이자 이러한 북한 정권과 평화 공존이라는 목표와 상충하기 때문에, 또 시간적으로 장기 목표이기 때문에 우리의 당면한, 그리고 표면적 대북 정책의 목표가 될 수 없다. 그러나 평화 공존과 시장화는 남북 협력이 제도화되기 위해서 반드시 필요한 것이다. 이것이 김대중 정부 대북 정책의 목표가 되었다.

2. 김대중 · 노무현 정부 대북 정책의 내용[6]

김대중 정부의 대북 정책은 '포용 정책', '햇볕 정책', '화해 협력 정책' 등으로 불렸다. 이 정책이 표방한 목표는 북한과의 적대적 대결 관계를 청산하여 화해적 공존 관계를 구축함으로써, 큰 제한 없이 인적 · 물적 교류가 가능한 '사실상의 통일' 상황을 실현하는 것이었다. 원칙은 ① 평화를 파괴하는 일체의 무력 도발 불용, ② 흡수 통일 배제, ③ 남북 화해 협력의 적극 추진이었다. 추진 전략은 ① 남북 대화를 통한 남북기본합의서의 이행 및 실천, ② 정경 분

6 이 부분은 제2장에서 개괄적으로 소개되었지만, 논의의 필요에 의해 다시 상세히 설명하고 있다.

리 원칙에 입각한 남북 경협 활성화, ③ 이산가족 문제의 우선적 해결, ④ 대북 지원의 탄력적 제공, ⑤ 경수로 지원 사업의 차질 없는 추진, ⑥ 한반도 평화 환경 조성 등이었다.

이 정책은 북한의 무력 도발에 대한 경고와 함께 흡수 통일 반대를 천명함으로써, 이전 김영삼 정부가 취한 북한 핵 문제에 대한 민감한 대응과 김일성 사망 후 북한 정권 붕괴 등과 같은 대북 적대적 입장을 불식시키고, 우선적으로 평화 공존을 추진한 것이다. 특히, 2000년 남북 정상 회담을 통해 "남과 북은 나라의 통일을 위한 남측의 연합제 안과 북측의 낮은 단계의 연방제 안이 서로 공통성이 있다고 인정하고 앞으로 이 방향에서 통일을 지향시켜 나가기로"(6.15공동선언 제2항) 선언함으로써 평화 공존을 핵심 과제로 하였다.

이 정책의 집행 과정에서의 특징은 정경 분리와 유연한 상호주의였다. 정경 분리란 정치적으로 남북 사이에 문제가 있어도 경제 교류와 협력은 계속한다는 원칙이다. 한 예로 2002년 6월 서해 교전이 있었으나, 금강산 관광은 계속되었다. 유연한 상호주의란 남북 관계에서 주고받는 상호주의는 적용하되, 먼저 주고 나중에 받거나, 한 분야에서 주고 다른 분야에서 받는 것을 의미한다.

노무현 정부의 대북 정책은 '평화 번영 정책'이다. 이것은 햇볕 정책을 계승 · 발전하여 한반도 평화를 증진시키고, 이것을 바탕으로 남북한 공동 번영을 실현하며, 나아가 동북아 공동 번영을 추구한다는 것을 목표로 하고 있다. 원칙은 ① 대화를 통한 문제 해결, ② 상호 신뢰 우선과 호혜주의, ③ 남북 당사자 원칙에 기초한 국제 협력, ④ 국민과 함께 하는 정책 등이다. 이를 위해 단기 · 중기 · 장기적인 추진 전략을 가지고 있는데, 그것은 ① 단기적으로 북한 핵 문제의 평화적 해결, ② 중기적으로 한반도 평화 체제 구축, ③ 장기적으로 동북아 경제 중심 추진이다.[7] 특히, 북핵 문제 해결을 위한 '3대 원칙'으로 ① 북핵 불용, ② 대화를 통한 평화적 해결, ③ 우리의 적극적 역할을 천명하였다.

이 정책은 기본적으로 김대중 정부의 정책 기조에 바탕을 두고, 이전 정부에서 이룩하지 못하였던 평화 공존을 실현하며, 나아가 한반도 평화 체제 구축을 통해 평화를 제도화하고, 남북한 공동 번영을 추진한다는 것이었다. 이 정부 하에서도 정경분리와 유연한 상호주의는 지켜졌다.

이 두 정부가 추진한 대북 정책의 이론적 기반은 인식론 차원에서 자유주의와 통합 이론 차원에서 기능주의(신기능주의)이다. 자유주의적 인식이란, 이 정책이 탈냉전의 도래로 국제 정치에서 과거 현실주의자들의 시각에 바탕을 둔 힘의 균형보다 자유주의적 시각에 입각하여 협력의 제도화가 더 필요하다는 입장에 바탕을 두고 있다는 것이다. 따라서 남북 관계에서도 군사력의 우위를 확보하여 상대방을 봉쇄 · 고립시키는 전략보다 우호적 개입 정책을 통해 상호 협력의 장으로 불러들여야 한다는 시각을 바탕으로 하고 있다.[8]

통합 이론의 차원에서 이 정책이 기능주의 혹은 신기능주의에 입각하고 있다는 것은 이 정책이 남북한 간에 점진적이고 부분적인 교류를 통해 유기적 통합을 우선적인 목표로 하기 때문이다. 이것을 전통적인 기능주의 이론에 부합한다고 보는 견해도 있고,[9] 민간 주도의 경제 협력 및 사회 · 문화 교류와 남북의 정부 간 협력을 병행하면서 서로에 대한 정체성을 새롭게 규정하고 교류와 협력의 파급 효과를 통해 통합을 추구한다는 의미에서 구성주의적 · 신기능주의적이라 보는 견해도 있다.[10]

7 통일부(2004), p. 35.
8 이에 대한 이론적 검토는 김태효(2007), pp. 142-158; 우승지(2007), pp. 159-182 등을 참조할 것.
9 구영록(2000).

3. 김대중 · 노무현 정부 대북 정책의 성과

1) 남북한 인적 교류

지난 26년 동안 남북 교류와 관련된 주요 현황 중 인적 왕래(금강산, 개성 관광객 제외) 현황은 〈표 11-1〉 및 〈그림 11-1〉과 같다. 인적 왕래에서 대부분의 교

표 11-1 남북 인적 왕래 현황

(단위: 명)

	1990년	1991년	1992년	1993년	1994년	1995년	1996년
남→북	183	237	257	18	12	536	146
북→남	291	175	103	6	–	–	–
계	474	412	360	24	12	536	146
	1997년	**1998년**	**1999년**	**2000년**	**2001년**	**2002년**	**2003년**
남→북	1,015	3,317	5,599	7,280	8,551	12,825	15,280
북→남	–	–	62	706	191	1,052	1,023
계	1,015	3,317	5,661	7,986	8,742	13,877	16,303
	2004년	**2005년**	**2006년**	**2007년**	**2008년**	**2009년**	**2010년**
남→북	26,213	87,028	100,838	158,170	186,443	120,616	130,119
북→남	321	1,313	870	1,044	332	246	132
계	26,534	88,341	101,708	159,214	186,775	120,862	130,251
	2011년	**2012년**	**2013년**	**2014년**	**2015년**		
남→북	116,047	120,360	76,503	129,028	132,097		
북→남	14	–	40	366	4		
계	116,061	120,360	76,543	129,394	132,101		

출처: 통계청, KOSIS 국가통계포털(http://kosis.kr, 검색일 2016. 1. 30.).

10 김학노(2005), pp. 237-261.

그림 11-1 남북 인적 왕래 현황 및 북한에서 남한을 방문한 인원

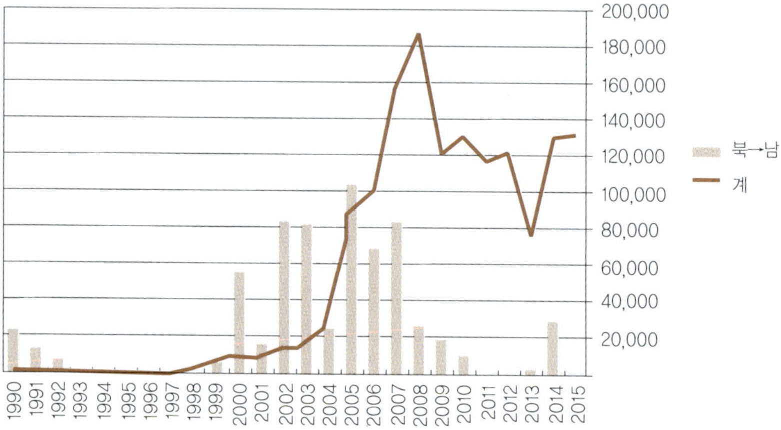

출처: 통계청, KOSIS 국가통계포털(http://kosis.kr, 검색일 2016. 1. 30.).

류가 남에서 북으로 이루어졌다는 한계가 있지만, 숫자적으로 획기적인 증가가 있었다. 김대중 정부가 출범한 1998년부터 인적 왕래가 조금씩 생기기 시작하였고, 2005년 개성 공단이 가동되면서 크게 늘어났으며, 2008년 최고조에 달하였다. 이명박 정부 들어서 왕래가 감소하였지만, 개성공단 지속으로 상당 부분 왕래는 유지되었다. 2013년에 줄어든 것은 개성공단이 일시 중단되었기 때문이다. 이러한 김대중 · 노무현 정부의 대북 정책으로 인한 접촉 증대는, 비록 비용 대비 효율성에 대한 논란은 있겠지만, 기능주의자들이 주장하듯이 북한 주민들의 의식 변화에 영향을 주었을 것이다. 그러나 여론 조사가 불가능한 북한 주민의 의식 변화를 증명할 방법은 없다.

〈그림 11-1〉의 막대 그래프는 북한에서 남한을 방문한 숫자를 표시한 것으

로 개성공단 이외의 인적 교류를 가늠할 수 있는 자료이다. 이것은 남북 정상회담이 열렸던 2000년부터 크게 증가하였지만, 이명박 정부 2년차 이후 크게 감소하였음을 보여 줌으로써, 정책의 변화와 인적 교류의 변화 사이에 인과 관계가 있음을 보여 준다.

2) 남북 교역

냉전 체제의 와해로 우리가 '북방 정책'을 편 다음해인 1989년부터 지난해까지 27년 동안 남북 교역 현황은 〈표 11-2〉와 같다. 이 부분 역시 김대중 · 노무현 정부 정책 이후 획기적인 증가가 있었던 부분이다. 김대중 정부 출범 해인 1998년 2억 달러 정도였던 교역 총액이 말기인 2002년에는 6억 달러를 넘어 3배로 증가하였고, 노무현 정부 시작 시기인 2003년 7억 달러에서 말기인 1997년에는 18억 달러 가까이로 증가해서 역시 약 3배로 증가하였다. 이것은 남북 교류를 제외한 북한 전체의 교역 규모가 당시 연평균 30억 달러 수준이라는 점을 감안하면 북한에게 경제 교류가 미치는 영향은 결코 적다고 볼 수 없다. 특히, 이것은 북한 경제가 남한 경제에 대한 의존성을 높인다는 의미가 있다. 또한 이것은 북한 주민에게 남한의 경제력을 인식시킨 효과가 있었을 것이다.

위탁 가공에 관한 남북 교역 자료를 별도로 표시한 이유는, 이것이 상당 부분 정책적 지원 하에 이루어지는 개성공단과 경제 지원이나 인도적 지원과 같은 비상업적 거래를 제외한 자료로서, 순전히 상호 이익이 되는 경제적 거래를 나타내기 때문이다. 1999년 1억 달러 수준이었던 것이 2005년에 2억 달러, 2007년에 3억 달러를 돌파하였고, 2008년과 2009년 각각 4억 달러 수준을 유지하였다. 그러나 2010년 천안함, 연평도 사태에 따른 5.24조치로 중단되었다.

표 11-2 연도별 남북 교역액

(단위: 백만 달러)

		1989년	1990년	1991년	1992년	1993년	1994년	1995년
반입	비상업적 거래 등	18.6	12.3	105.7	162.3	175.2	162.0	201.7
	위탁 가공	–	–	–	0.6	3	14.3	21.2
	개성공단 사업	–	–	–	–	–	–	–
	계	18.6	12.3	105.7	162.9	178.2	176.3	222.9
반출	비상업적 거래 등	0.1	1.2	5.6	10.4	4.4	6.9	39.7
	위탁 가공	–	–	–	0.2	4.0	11.3	24.7
	개성공단 사업	–	–	–	–	–	–	–
	계	0.1	1.2	5.6	10.6	8.4	18.2	64.4
교역 전반	비상업 합계	18.7	13.5	111.3	172.7	179.6	168.9	241.4
	위탁 가공 합계	0	0	0	0.8	7.0	25.6	45.9
	개성공단 합계		–	–	–	–	–	–
	총계	18.7	13.5	111.3	173.5	186.6	194.5	287.3

		1996년	1997년	1998년	1999년	2000년	2001년	2002년
반입	비상업적 거래 등	146.2	150.2	50.9	67.9	80.4	103.6	168.8
	위탁 가공	36.2	42.9	41.4	53.7	72.0	72.6	102.8
	개성공단 사업	–	–	–	–	–	–	–
	계	182.4	193.1	92.3	121.6	152.4	176.2	271.6
반출	비상업적 거래 등	31.4	79.1	100.1	165.9	215.6	174.5	301.8
	위탁 가공	38.2	36.2	29.6	45.9	57.2	52.3	68.4
	개성공단 사업	–	–	–	–	–	–	–
	계	69.6	115.3	129.7	211.8	272.8	226.8	370.2
교역 전반	비상업 합계	177.6	229.3	151.0	233.8	296.0	278.1	470.6
	위탁 가공 합계	4.4	79.1	71.0	99.6	129.2	124.9	171.2
	개성공단 합계	–	–	–	–	–	–	–
	총계	252.0	308.4	222.0	333.4	425.2	403.0	641.8

		2003년	2004년	2005년	2006년	2007년	2008년	2009년
반입	비상업적 거래 등	177.7	150.2	189.3	284.2	459.6	384.9	262.4
	위탁 가공	111.6	107.7	131.2	159.4	204.5	257.3	254.0
	개성공단 사업	–	0.1	19.8	75.9	101.2	290.1	417.9
	계	289.3	258.0	340.3	519.5	765.3	932.3	934.3
반출	비상업적 거래 등	361.6	329.2	480.1	513.7	567.6	218.8	66.5
	위탁 가공	73.4	68.2	78.5	93.6	125.4	151.0	155.7
	개성공단 사업	–	41.6	156.9	222.9	339.5	518.3	522.6
	계	435.0	439.0	715.5	830.2	1,032.5	888.1	744.8

표 11-2 계속

(단위: 백만 달러)

		2003년	2004년	2005년	2006년	2007년	2008년	2009년
교역 전반	비상업 합계	539.3	479.4	669.4	797.9	1,027.2	603.7	328.9
	위탁 가공 합계	185.0	175.9	209.7	253.0	329.9	408.3	409.7
	개성공단 합계	–	41.7	176.7	298.8	440.7	808.4	940.5
	총계	724.3	697.0	1,055.8	1,349.7	1,797.8	1,820.4	1,679.1
		2010년	2011년	2012년	2013년	2014년	2015년	
반입	비상업적 거래 등	116.1	1.1	0.9	0.6	0.4	0.4	
	위탁 가공	222.5	3.7	–	–	–	–	
	개성공단 사업	705.3	908.9	1,073.1	614.6	1,205.8	1,452.0	
	계	1,043.9	913.7	1,074.0	615.2	1,206.2	1,452.4	
반출	비상업적 거래 등	35.6	11.5	9.1	3.1	4.4	10.5	
	위탁 가공	95.1	–	–	–	–	–	
	개성공단 사업	737.6	788.7	888.1	517.5	1,132 1	251.6	
	계	868.3	800.2	897.2	520.6	1,136.4	1,262.1	
교역 전반	비상업 합계	151.7	12.6	10.0	3.7	4.8	10.9	
	위탁 가공 합계	317.6	3.7	0	0	0	0	
	개성공단 합계	1,442.9	1,697.6	1,961.2	1,132.1	2,337.8	2,703.6	
	총계	1,912.2	1,713.9	1,971.2	1,135.8	2,342.6	2,714.5	

출처: 통계청, KOSIS 국가통계포털(http://kosis.kr, 검색일 2016. 1. 30.).

이 자료 역시 북한의 변화를 초래할 만큼 북한에 영향을 주었다거나, 적어도 구성주의에 입각하여 이를 통해 서로에 대한 정체성을 새롭게 규정하였다는 등의 파급 효과가 있었다고 증명할 방법은 없지만 정치 · 군사적인 갈등이 통제된다면, 남북이 서로 이익이 되는 경제 거래는 충분히 가능하다는 점을 보여 준다.

3) 개성공단

개성공단은 김대중 · 노무현 정부가 추진하였던 대북 사업 중 핵심 사업이다. 이것은 금강산 관광이나 지원성 경제 협력과 달리 장기적으로 남북이 서로 이익을 얻을 수 있는 분야이기에 지속 가능하고, 남북 주민이 같은 공간에서 일을 하기에 파급 효과가 다른 교류에 비해 크기 때문이다.

〈그림 11-2〉는 개성공단이 가동된 2005년 이후 2015년 11월까지의 생산액과 북한 근로자 수를 나타낸 것이다. 2015년 11월 기준 입주 기업체는 124개이고, 연간 생산액은 5억 달러를 넘어섰다. 개성공단에 근무하는 남측 근로자는 800명 수준이고, 북측 근로자는 54,763명이다. 인구 일제 조사가 있었던 2008년도 개성시에 거주하는 총인구가 308,440명이었던 것을 감안하면 사실상 개성시 절반 이상의 가구에 1명씩을 고용한 셈이 된다.[11]

개성공단 사업은 천안함, 연평도 사태에도 불구하고, 김대중 · 노무현 정

그림 11-2 개성공단 생산액 및 근로자 현황

(단위: 만 달러, 명)

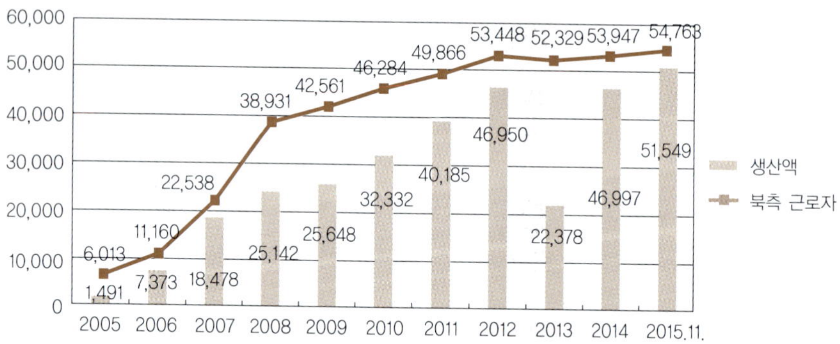

출처: 통일부, http://www.unikorea.go.kr(검색일 2015. 1. 30.).

11 통계청, KOSIS 국가통계포털(http://kosis.kr, 검색일 2016. 1. 30.).

부가 추진한 대북 사업 중 유일하게 이명박 · 박근혜 정부가 계속 유지해 온 사업이다. 그만큼 이 사업의 중요성은 인정받은 셈이 된다. 이 사업 역시 북한을 변화시키는 데 얼마나 큰 영향을 주었는지 지금으로서는 알 수 없지만, 이것은 남북 경제 공동체 구성에 대한 가능성을 보여 준 사업이고, 북한 주민들에게 자본주의를 가르쳐 준 사업이며, 남북 간 군사적 긴장 완화에도 적지 않은 공헌을 해온 사업이다.

4) 남북 당국자 간 회담

다음으로 정치적 영역에서 교류가 비정치적 영역에서의 교류를 보강한다

표 11-3 분야별 남북 회담 개최 횟수

	1972-92	1993	1994	1995	1997	1998	1999	2000	2001	2002	2003
정치	156	4	10	–	7	4	8	18	2	4	5
군사	–	–	–	–	–	–	–	4	2	9	6
경제	5	–	–	–	–	–	–	3	3	14	17
인도	111	–	–	3	4	1	–	2	1	3	7
사회문화	34	–	–	–	–	–	–	–	–	2	1
합계	306	4	10	3	11	5	8	27	8	32	36
	2004	2005	2006	2007	2008	2009	2010	2011	2012	2013	2014
정치	2	10	5	13	–	–	–	–	–	1	2
군사	5	3	4	11	2	–	1	1	–	–	1
경제	13	11	8	22	3	4	3	–	–	22	3
인도	2	4	3	3	–	2	4	–	–	1	1
사회문화	1	6	3	6	1	–	–	–	–	–	1
합계	23	34	23	55	6	6	8	1	–	24	8

출처: 통계청, KOSIS 국가통계포털(http://kosis.kr, 검색일 2016. 1. 30.).

그림 11-3 남북 회담 개최 횟수

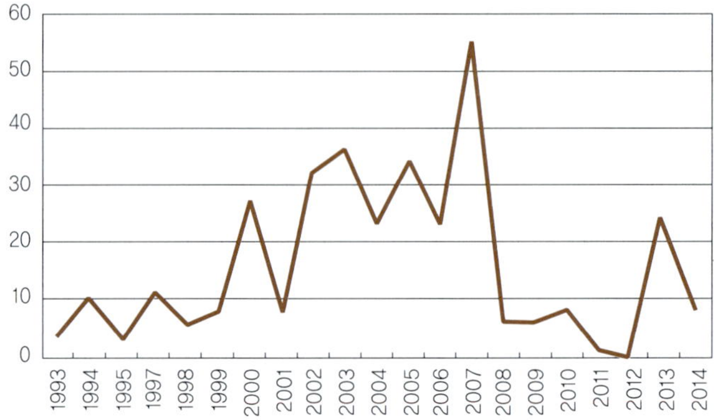

출처: 통계청, KOSIS 국가통계포털(http://kosis.kr, 검색일 2016. 1. 30.).

는 차원에서 신기능주의가 관심을 가지는, 정부 간 교류인 남북 당국자 간 회담 개최 현황은 〈표 11-3〉 및 〈그림 11-3〉과 같다. 이 부문 역시 역사적인 2000년과 2007년 두 차례의 정상 회담을 포함, 과거에 비해 획기적이라 할 만하다. 2000년 남북 정상 회담 이후 연간 30회 정도의 남북 당국자 간 회담이 꾸준히 이어져 오다가 2008년 이명박 정부 출범 이후 10회 이내로 떨어졌다. 2013년도의 당국자 간 회담 횟수 증가는 개성공단 중단에 따른 협상 때문에 나타난 현상이다.

이와 같은 김대중 · 노무현 두 정부 기간 동안 당국자 간 회담의 획기적인 증가는 남북 정부 간 신뢰 회복에 일정 부분 긍정적인 역할을 하였을 것이라는 추정이 가능하다. 그러나 군사적 영역에서의 회담이 그 중요성에도 불구하고 상대적으로 소수이다. 또한 이 기간 동안 남북 간 평화 공존에 핵심이 되는 북핵 문제는 전혀 해결되지 않았다.

이렇게 본다면, 김대중 정부가 추진 전략으로 내세운 남북기본합의서의 이행도, 한반도 평화 환경 조성도 큰 성과를 얻지 못하였으며, 특히 노무현 정부가 출범 초기에 표명하였던 단기적 과제인 북핵 문제의 평화적 해결, 중기적 과제인 한반도 평화 체제 구축, 장기적 과제인 동북아 경제 중심 중 어느 것도 이 정부가 끝나는 시점까지 이루지 못하였다. 즉, 이 정책들이 목표로 한 평화 공존과 북한의 시장화 부분에 대해 가시적 성과를 얻지 못하였다.

제2절 김대중 · 노무현 정부 대북 정책의 평가

1. 기존의 평가

김대중 · 노무현 두 정부의 대북 '포용 정책' 10년에 대한 평가는 크게 두 가지로 나누어져 있다.[12] 하나는 긍정적인 평가이다. 긍정은 다시 적극적 긍정과 소극적 긍정으로 나누어 볼 수 있다. 적극적 긍정은 이 정책으로 남북 화해가 일정 부분 시작되었고, 남북 간 군사적 긴장도 많이 완화되어 성공적이었고, 이

12 일부 연구는 지난 정부의 대북 정책의 평가에 대한 다양한 시각을 세 '세력'으로 나누고 있다. 그것은 민족과 자주를 우선하여 남북 교류를 더욱 확대하여 남북 통합을 해야 한다는 '민족 세력', 북한을 압박해 북한의 자유화, 민주화, 비핵화를 이루어야 한다는 '전통 세력', 북한 문제에 거리를 두고 우리 국력 신장에 더욱 몰두해야 한다는 '선진화 세력'으로 나누고 있다(우승지, 2007, pp. 171-173). 이러한 분류가 현 상황을 설명하는 데 유용하기는 하지만, '전통 세력'과 '선진화 세력' 간의 구분이 어렵고 또한 논의의 명료화를 위해 여기에서는 두 가지 시각으로 나누고자 한다.

후에도 지속되었어야 한다는 평가이다. 소극적 긍정은, 비록 이 정책이 북한의 개혁·개방과 핵 문제 해결이라는 결과는 얻지 못해 미흡하지만, 다른 어떤 대안보다 더 바람직한 정책이기 때문에 장기적 안목에서 지속되었어야 한다는 평가이다. 다른 하나는 부정적인 평가이다. 이것 역시 적극적 부정과 소극적 부정으로 나눌 수 있다. 소극적 부정은 이 정책이 명시한 목표를 달성하지 못하였으니 실패한 것이 분명하고, 따라서 이제는 새로운 시도를 해야 한다는 평가이다. 적극적 부정은 이 정책은 실패일 뿐 아니라 '퍼주기'로, 북한의 변화를 유도한 것이 아니라 오히려 북한의 변화를 늦추게 함으로써 북한 정권을 이롭게 하였다는 평가이다.

2008년 출범한 이명박 정부의 평가는 후자 중에서도 적극적 부정에 속하였고, 2013년 출범한 박근혜 정부의 평가는 중립적이지만, 후자 중에서 소극적 부정에 가깝다고 볼 수 있다.

정치권에서의 찬반 논란은 노무현 정부에서 이명박 정부로의 여야 정권 교체가 있었기 때문에, 여권이 부정적이고 야권이 긍정적이라는 것은 정치적 이유라 볼 수 있다. 그런데 학문적 연구들조차 2007년 이후 비판적인 시각이 많이 나왔다.

이 중 일부를 보면, 먼저 김태효는 햇볕 정책은 "북한 정권이 남한으로부터의 지원에도 불구하고 핵무기 및 미사일 능력을 확대해 왔고, 남북 경협이 북한 사회와 주민을 동요시키지 못하도록 그 폭과 범위를 철저하게 통제해 왔기 때문에 신자유주의가 제시하는 이론적 접근과는 무관하게 이상론을 바탕에 둔 특수한 정책 논리"였다고 보고 있다. 그는 대북 정책에서 "현실주의적 접근과 처방의 유용성은 아직 건재"하고 여기에 구성주의적 접근법을 혼용할 것을 주

문하고 있다.[13]

이춘근은 이 정책이 선의를 통해 다른 국가의 행동을 변화시킬 수 있다는 가정, 경제적 지원 및 교류로 적대감을 우호적으로 바꿀 수 있다는 가정, 강경 정책은 전쟁의 가능성을 높인다는 가정, 남한이 북한에 비해 상호주의가 중요하지 않을 정도로 압도적인 국력과 도덕적 우위를 가지고 있다는 가정 등 국제 정치에 대한 '낭만적 인식'에 기반을 두고 있기 때문에 성공하기 어렵다고 비판하고 있다.[14]

김종표는 "남북한의 협력 수준의 변화가 북한의 인식 형성에 영향을 주지 않았다"며, 이것은 "북한 전역에 구름이 덮여 있어 햇볕이 침투되지 않기" 때문이고, 이것이 남한의 "협력 피로" 현상을 낳게 한다고 보고 있다. 즉, "민물에 바닷고기를 넣으면 바닷물이 되지 않듯이, 물이 바뀌져야"(북한이 개혁 · 개방을 해야) 남의 경제 지원이 제 역할을 할 수 있다고 주장한다.[15] 따라서 "과거 정부와의 차별성보다 남북한 사이에 기나긴 역사적 경험에 입각하여 과거 정부와의 지속성 유지가 필요하다"고 보았다.[16]

박찬봉은 김대중 · 노무현 정부의 남북 화해 협력 정책은 기능주의에 기초한 정책인데, 이것이 통합으로 되기 위해 반드시 필요한 파급 효과인 ① 기능적 · 기술적 파급 효과, ② 정치적 파급 효과, ③ 양성된 파급 효과, ④ 대외적 파급 효과 중 노태우 · 김영삼 정권 10년 동안에 비해 '다소의 변화'가 있기는 하였지만 미미하다고 보았다. 그는 그 이유를 국내 정치적 이유와 남북 협력의 구

13 김태효(2007), pp. 146-147.
14 이춘근(2007).
15 김종표(2007), p. 21.
16 김종표(2007), p. 22.

조적 문제를 들었다. 즉, 두 정부는 남북 관계 개선을 선거에 유리하게 하기 위해 "햇볕 정책의 성과를 보여 주는 데 급급한 나머지 남한에 불리한 합의를 양산"함으로써 협상력을 잃어 버렸다는 것이다.[17] 이에 대해 그는 제도주의적 관점에서 남북한이 남북 연합 단계로 진입하여 제도적으로 통합의 파급 효과를 만들어야 할 것을 제시하고 있다.

박휘락은 남북 관계는 본질적으로 제로섬적이며, 따라서 남북 관계는 치킨 게임의 상황으로 보아야 하는데, "과거 10년 동안의 한국 정부가 넌제로섬의 성격으로 남북 관계를 일방적으로 인식한 점이 있고, 최근의 갑작스러운 사태 악화는 한국의 일방적 시각 전환과 이에 근거한 일방적 양보로는 남북 관계의 본질을 변화시킬 수 없다는 냉엄한 현실을 입증하고 있다"고 주장하며, 심지어 화해 협력 정책은 "북한의 변화를 더욱 둔화시키고 북한 정권의 비타협적 성향을 더욱 강화"시켰다고 주장한다. 그는 앞으로 우리의 대북 정책이 ① '원칙과 인내를 통한 압박', ② 확고한 군사적 대비 태세와 경제적 지원의 '강온 전략에 의한 지원과 협상', ③ 핵 및 미사일을 포함한 북한의 군사 도발 우려에 대한 '확고한 억제 및 대비 태세 유지'를 주문하고 있다.[18]

이와 같은 비판을 종합하면, 지난 10년간의 대북 '포용 정책'이 포용을 위해 우리가 지불한 비용에 비해 정책이 목표로 하였던 북한의 변화를 이끌어 내지 못하였으며, 그 원인은 두 정부의 대북 정책이 잘못된 인식 혹은 이론적 기반에 둔 것에서 비롯한다고 보고 있다.

여기에 대한 대안은 대부분 보다 현실주의적인 인식을 할 것과, 상호주의

17 박찬봉(2008), p. 354.
18 박휘락(2009), pp. 100-106.

를 강화할 것 등이다. 즉, 이후 이명박 정부가 주장해 온 "북한에 끌려가는 정책이 아니라 북한을 끌고 가는 정책"을 하라는 것이다.[19]

2. 남한의 대북 정책과 북한 내부 변화의 인과성

앞에서 언급한 비판이 유효하려면, 남한의 대북 정책과 북한의 변화라는 두 변수 사이에 인과 관계가 증명되어야 한다. 즉, 연구 가설에 대한 반증을 하기 위해 영가설을 설정하는 것처럼, 햇볕 정책이 아니었더라면 북한이 개혁·개방을 하였을 것이고, 핵 실험이나 장거리 미사일 발사 시험도 하지 않았을 것이라는 가설이 증명되어야 한다.

그러나 '햇볕 정책'이나 '북한의 변화'와 같은 변수들의 인과성을 증명하는 것은 아예 불가능하거나, 최소한 거의 불가능한 일이다. 이것은 사회 과학 본질의 문제로서, 변인을 조작화(operationalization)하는 문제, 모든 다른 변인들을 통제하면서 실험할 수 없는 문제, 너무 많은 변인과 너무 적은 사례의 문제, 인간 행위의 비규정성(indeterminacy) 문제, 그리고 특히 실제로 집행되었던 정책이 아닌 다른 정책을 폈을 경우에 다른 결과가 나타났으리라는 것을 입증할 수 없는, 즉 대안의 역사를 증명할 수 없는 것과 같은 문제들 때문이다. 그래서 보는 사람의 가치관 및 이해관계의 차이에 따라, 또 시점에 따라 서로 다른 평가를 내어 놓고, 이것이 오늘날 여야 간에는 물론 국민 여론조차 첨예한 대립을 낳아 이른바 '남남 갈등'을 만들어 내고 있다.

그렇다면 북한이 정책적 변화를 시작하도록 만드는 변수는 무엇일까? 우

19 서재진(2008), p. 87.

리는 제6장의 논의에서 시장 경제 체제로의 개혁과 평화 공존의 관계를 보았다. 즉, 1970년대 말 스스로 개혁을 추진한 덩샤오핑에 의한 중국의 경험과 1980년대 중반 고르바초프에 의한 구소련의 경험에서 대내적 시장화의 요구가 주된 요인이고 평화 공존은 부수적 요인이라는 것을 보았다. 이들의 경우, 정권 스스로에 의한 시장 요소의 도입은 모두 대내적 정권 안보의 필요성을 위한 것이었고, 이러한 대내적 변화를 안정적으로 추진할 수 있는 대외적 환경 조성 차원에서 평화 공존을 모색한 것이었다.

그렇다면 북한의 내부 변화에 영향을 미치는 변수들에 대한 우리 학계에서의 연구를 보기로 하자. 이영훈은, 1970년대 이후 북한 경제 정책의 변화를 보면, 비록 체제 개혁이 시도된 적은 한 번도 없지만, 시장 요소의 수용과 억제를 반복하고 있는데, 가장 큰 요인이 체제 위기의 정도, 즉 체제가 비교적 안정된 상황에서는 변화(시장화)를 수용하려 하지만, 위기가 심화되면 억제하는 경향(계획 정상화)이 강해진다고 보고 있다.[20] 그는 북한의 이러한 민감한 체제 불안의 원인이 북한이 가진 독특한 인식, 즉 전쟁이 사회주의 성립과 발전의 전제 조건이라는 이른바 '전쟁 사회주의론'적 인식 때문으로 추정하고 있다.[21]

다른 연구들도 이 연구와 크게 다르지 않다. 이기종은 남한의 대북 정책이 북한의 대남 정책에 미치는 영향은, 국제 환경적 요인과 북한의 대내적 요인과 함께, 일정 부분 있는 것으로 보고 있다. 그러나 그는 남한의 대북 정책이 북한의 국내 정치에는 별 영향을 미치지 않았다고 보고 있다.[22] 류길재 역시 그의 연구에서 '대쌍관계동학'(interface dynamics)이나 '적대적 (상호)의존' 개념은 "남북

20 이영훈(2005), p. 306.
21 '전쟁 사회주의'는 와다 하루키(和田春樹)의 이론이다(이영훈, 2005, p. 307).
22 이기종(1997), pp. 181-207.

관계의 연관성을 강조하거나 분단 체제의 구조적 측면을 강조하는 것이지 인과성을 설명하지는 않는다"고 보았다. 특히, 분단 이후 "남한의 대북 정책은 시기별로 다양하게 전개되어 왔으나 이것이 북한의 국내 정치에 미친 영향은 거의 발견할 수 없다"고 결론짓고 있다.[23] 이러한 연구들은 과거 다른 국가들의 경험과 일치한다.

류길재의 연구에 이 논의와 관련되어 흥미로운 부분이 있다. 그는 남한의 정치, 남북한 국력 격차 등도 북한의 국내 정치에 영향이 없지만, 남한 요인은 미국을 매개해서 전달되며, 특히 동맹 관계의 변화는 북한 정치에 "심대한 영향을 미쳤다"고 보았다. 그 이유에 대해 그는 안보에 관한 한 북한은 남한보다 미국과의 관계를 절대시하기 때문으로 보았다.[24]

북한의 안보, 특히 핵 문제에 관해서는 남북 간의 문제라기보다 미국과의 관계라는 데 연구자들 간에 큰 이견이 없다. 앞에서 여러 차례 논의되었듯이, 1993년의 제1차 북핵 위기는 북한이 원인을 제공하였고, 그 해결은 이듬해 미국과 북한 간의 합의, 즉 제네바 합의에 의해 일단락되었다. 2002년의 제2차 북핵 위기 역시 북한이 원인을 제공하였고, 이에 대한 대응도 역시 미국이 주도하였다. 2005년 '9.19공동선언'의 채택, 이와 동시에 이를 무력화시킨 미국의 금융 제재, 2006년 북한의 핵 실험, 2007년 '2.13합의', 핵 검증에 대한 북미 간 이견, 2009년 제2차 핵 실험 등 일련의 과정을 보면 이 문제가 미국과 북한의 관계에 의해 대부분 좌우된다는 것을 부정할 수 없다. 북핵 문제를 다룬 미국 정책 결정 과정의 분석을 통해 북핵 문제가 왜 이렇게 오래 끌어 왔는지를 상세하게 보

23 류길재(2005), pp. 211, 230.
24 류길재(2005), p. 232. 서보혁의 연구도 이와 유사하게 남한과 북한 그리고 미국의 3자 관계에서 북미 관계가 주도적인 영향을 미치는 것으로 보고 있다(서보혁, 2008, pp. 63-85).

여 준 마자르(M. J. Mazarr)의 연구는 북핵 문제가 북미 간의 문제라는 것을 매우 잘 보여 주고 있다.[25] 그는 미국 부시 행정부의 일관성 없는 정책, 정책 결정자들 간의 전략적 사고 부재와 의견 대립 등이 북핵 문제 조기 해결 실패의 원인이라 보고 있다.

북한의 정권 안보에 영향을 미칠 또 다른 중요한 동맹 관계는 북한의 대중국 관계이다. 중국과 북한의 관계는 제8장에서 자세히 논의하였기 때문에 다시 반복할 필요가 없겠지만, 간단히 요약하면, 북한에 대한 시각에서 중국의 '전통주의자'들과 '전략주의자'들의 논쟁을 통해 보았듯이 중국은 북한 정권의 생존을 북한의 핵 문제보다 더 높은 우선순위에 두고 있다.

이러한 연구들을 종합하면 1990년대 초 딜레마에 처한 북한 정권의 선택에 영향을 미칠 변수들은 다음과 같은 것이란 추론이 가능하다.

첫째, 외부에서 북한이 남북 사이 평화 공존과 개방의 길을 선택하도록 강요할 수단은 별로 없다.

둘째, 북한 경제의 개혁과 개방은 단기적으로 현 정권의 안보에 위협을 주지만 장기적으로 이득이 된다. 따라서 외부에서 대외적 정권 안보를 위한 우호적 조치는 내부의 변화를 유도할 수 있는 환경 조성이 될 수 있다. 물론 이것이 분단 상황에 있는 북한의 내부 변화를 보증하는 것은 결코 아니다.

셋째, 외부에서의 영향은 남한의 대북 정책보다 동맹 관계가 더 중요하다. 특히, 미국과 중국의 역할이 중요한데, 평화 공존을 위한 포용은 미국과 함께 해야 효과적이고, 핵 문제 해결을 위한 봉쇄는 중국과 함께 해야 효과적이다.

25 Michael J. Mazarr(2007), pp. 75-94.

3. 북한 변화의 내부 변수

모든 정부의 가장 기본적이고 1차적인 목표는 정권 안보이다. 정권에게 대내적 안보는 엘리트와 대중의 지지와 통제를 통해 얻어진다. 그 사회가 민주적일수록 지지가 통제보다 더 중요하고, 대중의 지지가 엘리트의 지지보다 더 중요하다. 역으로 그 사회가 권위적일수록 통제가 지지보다 더 큰 역할을 하며, 통제의 수단을 가진 엘리트가 대중보다 더 중요하다. 정권에게 대외적 안보는 타국과의 우호적 관계를 통해 얻어지며, 국가의 생존이라는 차원에서 절대적으로 중요하다. 그러나 집권자, 특히 독재 정권에게는 대내적 정권 안보에 비해 2차적이다.

냉전이란 이데올로기의 대립이고, 이것은 국가 사회주의 경제 체제(그리고 이 체제의 유지를 가능하게 한 공산당 1당 독재의 정치 체제)와 시장 자본주의 경제 체제 간의 대립이 블록 간 대립으로 나타난 현상이었다. 따라서 탈냉전이란 외적으로 국가 사회주의의 유지를 가능하게 한 환경과 힘을 제공하였던 블록의 소멸을, 내적으로 시장 자본주의 체제로의 전환이 대세가 된 것을 의미한다.

이러한 전환 과정에서 대부분의 공산당 정권은 붕괴되었지만, 일부는 살아남았다. 구소련과 동구 국가들이 전자의 경우이고, 중국과 베트남이 후자의 경우이다. 그러나 체제의 다름으로 분단이 유지되던 동독에게 이것은 정권 붕괴(민주화)와 체제 붕괴(시장화)가 동시에 일어나면서 국가 붕괴(통일)를 낳았다.

대부분의 공산당 정권이 시장화와 함께 붕괴된 이유를 보면, 이 과정 자체가 정권 안보에 치명적인 영향을 줄 수 있는 과정이었기 때문이다. 그 이유는 다음과 같다.[26] 첫째, 일반적으로 정치와 경제는 서로 영향을 주고받는 상호 조절 · 통제의 관계이다. 즉, 한 국가가 가지고 있는 경제 체제는 그 시대의 정치 상황과 무관한 합리적이고 과학적인 장치가 아니라, 당시 정치적으로 지배적인 집단의 이익과 그들의 염원 혹은 사상을 반영한 것이다. 따라서 이 체제에 대한 근본적인 변화는 지배 집단의 변화를 초래하는 지극히 정치적인 문제이다. 둘째, 계획 경제 하에서 계획이란 그들이 주장하는 정보와 관리의 문제가 아니라, 계획 그 자체가 곧 정치적 통제 행위이다. 따라서 시장화란 이 통제의 이완을 의미한다. 셋째, 이 체제가 가지고 있는 배급제는 평등주의적 임금과 함께 지배 엘리트에 대한 대중의 충성을 담보하는 중요한 역할을 하고 있었기 때문에, 이 제도의 폐지 혹은 약화는 곧 대중들에게 자신의 경제 생활에 자신의 책임을 강화시키므로 엘리트에 대한 충성을 약화시키게 만든다. 넷째, 모든 경제 체제가 그렇지만 특히 사회주의 경제 체제 하에서는 정치적 엘리트와 경제적 엘리트가 거의 일치하며, 따라서 이 체제를 개혁한다는 것은 엘리트 내부에서 개혁이 가져다줄 이해관계에 따라 상당한 저항을 가져올 수 있다. 특히, 경제 관료와 군부의 저항이 강할 수 있다.[27] 다섯째, 모든 개혁에서 기존의 취약계층은 변화에 대한 적응 능력 역시 취약하기 때문에 더 취약해지는 경향이 있지만, 특히 사회주의 체제가 일반적으로 자본주의 체제보다 더 평등주의적이었기 때문에 평등주의를 약화시키는 시장화 개혁 과정에서 대중의 자발적 동의를 얻어 내기가 쉽지 않다.

이러한 경제 체제 전환의 정치적 부담에 더하여 북한 정권에게는 정권 안

26 이에 관한 논의는 하상식(2004), pp. 135-138 참조.
27 북한은 물론 모든 사회주의 체제 하에서 군부는 비록 당의 지배 하에 있었지만, 체제 수립 과정에서의 역할, 자본주의 국가들로부터의 피포위 의식, 내부 통제를 위한 역할 등으로 계획 경제 체제 하에서도 유일하게 소비자 주권을 가진 집단이었다.

보를 유지하면서 개혁 · 개방에 성공한 중국과 비교해 보아도 더 어려운 문제, 즉 제6장에서 보았듯이 중국보다 심한 북한 경제 체제의 경직성 및 과도한 관료화, 차별화된 정책을 펴기 어려운 세습이라는 정권의 연속성 문제 등이 있다. 또한 무엇보다 가장 큰 도전은 체제 전환(붕괴)이 국가 붕괴로 이어진 동독과 같은 전철을 밟지 않아야 한다는 분단국 문제를 가지고 있다.[28]

이렇게 볼 때, 탈냉전이라는 국제 구조의 변화와 남한에 대한 경제적 열세라는 두 차원에서의 비우호적 환경에 놓인 북한 정권은 생존을 위해 대내외적으로 심각한 과제를 안게 되었다.

대내적으로 북한의 과제는 상호 충돌하는 두 가지이었다. 하나는 정치적으로 1인 지배라는 고도의 권위주의적 체제를 유지하기 위해서 지배 엘리트의 결집은 물론 대중에 대한 통제가 절대적으로 필요하였고 이것은 외부 세계로부터의 고립을 유지해야 하였다.[29] 그러나 경제적으로 낙후의 원인인 심각한 자원 및 기술 부족을 극복하기 위해서는 대외 개방이 절실하였고, 이 개방이 성공하기 위해 대내적 개혁이 절대적으로 필요하였다. 즉, 정치적으로는 폐쇄가 필요하였고, 경제적으로는 개방이 필요하였다. 또한 장기적인 경제적 어려움은 통제와 지지를 위한 물질적 기반이 약화되기 때문에 폐쇄는 단기적 처방일 뿐 장기적으로는 개방을 필요로 하였다.

이러한 북한 정권 안보의 딜레마적 상황을 북한 정권의 변화 유인을 위한 대내 및 대외 변수에 대한 보상표를 그려 보면 〈표 11-4〉와 같다. 즉, 북한 정권에게 시장화나 평화 공존과 같은 내부 변화를 결정하는 데 미치는 대내 변수는

28 이에 관한 보다 자세한 논의는 제6장 참조.
29 이 부분에 대한 보다 상세한 논의는 제3장 참조.

표 11-4 북한 정권의 변화에 대한 보상표

	고려 사항	현상황 고수		변화 시도
대내 변수	[내부 통제를 위한 폐쇄의 필요성] 대 [내부 지지 · 통제의 자원 확보를 위한 개방의 필요성]	통제	↔	지지 자원
대외 변수	[북한의 대미(남한) 적대 관계] 대 [북한의 대미(남한) 우호 관계]	대미 적대	↔	대미 우호

내부 통제를 위한 폐쇄의 필요성과 내부 지지 및 통제의 자원 확보를 위한 개방의 필요성 중에 후자 쪽으로 그 중요성의 강도가 높아질수록 변화를 시도할 가능성이 높아진다. 대외 변수는 북한의 대미(일정 부분 대남한) 적대 관계가 강할수록 내부 변화보다 현상 유지를 원하게 되고, 이것이 약화될수록 내부 변화에 우호적 환경이 된다.

제3절 김대중 · 노무현 정부 대북 정책의 재평가와 우리의 과제

1. 시장화 유도 실패의 원인: 북미 갈등

위에서 우리는 대북 정책의 목표였던 남북 간 평화 공존과 점진적인 북한 경제의 시장화를 유도하지 못한 원인에 대해 기존의 비판이 남한 대북 정책과 북한의 내부 변화 사이의 인과성을 당연한 것으로 전제하고 있음을 보았다.

위에서 제시한 북한 변화의 변수들을 감안하여 북한의 반응을 보자. 전반적으로 남한의 대북 포용(engagement) 정책에 대해 북한은 대내 안보를 더 중시하여 그것이 '트로이의 목마'가 될 수 있다고 보았고, 따라서 대내 정권 안보에 미치는 영향을 최소화하는 범위 내에서 자신에게 유리한 교류만 하려고 하였다.[30] 북한에서 '선군정치'가 시작된 시기는 대체적으로 1994년 10월에서 1995년 1월 사이로 남한에서 김대중 정부의 출범보다 앞선다.[31] 그러나 북한의 '선군정치'는 김대중 정부가 출범한 이후인 1998년에도 약화된 것이 아니라 오히려 '강성대국'(强性大國)으로 더욱 강화되었다. 앞에서 보았듯이, 이때 김정일은 김일성 사망 후 새로운 헌법에 의해 국방위원장 직을 가지고, '강성대국 건설의 첫 포성'인 '인공 지구 위성, 광명성 1호'를 쏘아 올렸다.[32] 남한의 '햇볕 정책'에 대해 북한이 '강성대국'으로 답을 한 것이 된다. 따라서 북한의 개혁 부재와 핵 개발은 제1차적으로 북한 정권의 '전쟁 사회주의론'에 입각한 과도한 안보 불안과 폐쇄성에 있다고 볼 수 있다.

그러나 다른 한편 우리는 '강성대국'이 시작된 시점에 북한이 개정한 헌법을 보면 개혁에 대한 의지가 없지 않았다는 것을 알 수 있다. 가시적으로 북한의 의미 있는 최초의 경제 개혁은 2002년 7월 1일에 나타났지만, 이것의 출발은 1998년 9월 9일 김정일 정권이 공식적으로 탄생하기 4일 전에 채택한 새로운 헌법의 경제 조항에서 찾을 수 있다. 그 내용은 다음과 같았다. 첫째, 철저한 공적

30 이것을 두고 일부에서는 북한의 '모기장론'이라 부른다. 이것은 과거 김일성이 덩샤오핑으로부터 몇 차례 개방을 권고받았으나, 창문을 열면 신선한 바람이 들어오지만, 모기도 함께 들어온다며, 개방으로 인한 '위험한 외부 사조'의 유입을 우려하였고, 이것이 그의 사후에도 유훈처럼 되었다는 설이다.

31 '선군정치'의 시작 시간에 대해서는 류길재(2005), pp. 228-229 참조. 이것은 1994년 7월 김일성의 사망, 10월 북미 간 제네바 합의가 이루어진 시기이다.

32 정성장 · 백학순(2003), p. 30.

소유에서 사적 소유를 일정 부분 인정하여 인센티브를 강화하려고 하였다. 둘째, 독립 채산제의 실시, 원가, 가격, 수익성과 같은 시장 개념을 도입함으로써 경영의 책임성을 강화하려고 하였다. 셋째, 대외 무역 주체를 국가의 독점에서 '국가 또는 사회 · 협동 단체'를 추가함으로써 다양화하여 대외 개방을 유도하려고 하였다. 넷째, 특수 경제 지역을 두어 외국 기업 창설과 운영을 장려하려고 하였다.[33] 이러한 모든 의도들이 2002년 '7.1경제관리개선조치'에 망라되어 있다.

이와 같은 시도가 나오게 된 배경은 당시 북한의 대내외적 정권 안보 상황을 반영한 것으로 볼 수 있다. 대내적으로 북한은 1994년 김일성 사망 이후 '우리식 사회주의'와 '붉은기 사상'으로 내부 통제를 강화해 왔다. 그러나 이에 입각한 엄격한 폐쇄 정책은 1990년대 후반에 수백만의 아사자와 수십만의 탈북자가 발생하는 등 제2의 '고난의 행군' 시기를 낳았다.[34] 이런 상황에서 1998년 금강산 관광이 시작되었다. 이것은, 매우 제한적인 남북 접촉이지만, 정권 유지를 위한 폐쇄보다 자원 확보를 위한 개방이란 추정이 가능하다. 따라서 정권 안보에 대한 대내적 환경은 변화 시도가 현상 유지보다 더 선호되었을 것이라 볼 수 있다.

'7.1조치'가 발표되기 이전의 대외적 환경도 변화에 무게가 더 실리게 하였거나 적어도 중립적이었다. 1998년 장거리 로켓 발사로 경색된 남북 및 북미 관계는 2000년 6월 남북 정상 회담 이후 상당히 호전되었다. 남북 관계는 남한의

33 하상식(2004), pp. 142-143.

34 북한의 제1차 '고난의 행군'은 1930년대 후반 만주에서 항일 빨치산의 행군이다. 제2차 '고난의 행군' 기간 동안인 1995년 가을 동북 지역 인민군 수뇌부의 숙청, 함흥시의 군단 규모의 쿠데타 모의설, 1998년 3월 평양에서의 소요 등과 같은 증언도 있으나 확인할 방법은 없다. 이에 관한 논의는 하상식(2004), p. 148 참조.

흡수 통일 반대 천명과 정상 회담, 그 후의 장관급 회담이 지속되면서 우호적이 되었다. 북미 관계도 그해 10월 북한의 국방위원회 제1부위원장 조명록이 백악관을 방문, 북미 간 미사일 문제가 타결되었고, "양국은 타방에 대해 적대적 의사를 가지지 않을 것"과 "1953년 정전 협정을 평화 보장 체제로 바꾸어 조선전쟁을 종식"시킬 것을 합의한 '북미공동코뮈니케'가 발표되었다.[35] 이어 미국 국무장관 올브라이트가 평양을 방문하였다.

물론 이 조치가 나오기 직전의 상황이 모두 북한에게 유리한 것만은 아니었다. 2000년 말 낙관적이었던 북미 관계가 미국 대선에서 민주당의 패배로 반전되었고, 특히 2001년 미국이 '9.11테러'를 당하면서 북한을 '악의 축'(axis of evil) 국가 중 하나로 지목한 것, 그해 말 미국의 『핵태세보고서』(*Nuclear Posture Review*)에서 잠재적 적대 세력에 대한 선제공격 및 제한적 핵무기 사용을 명시할 것 등 비우호적인 상황도 있었다. 그러나 이러한 상황에도 불구하고 2002년 9월 북일 정상 회담에서 납치 문제로 교착 상태에 빠져 있던 일본과의 관계를 정상화하기 위해 '고백 외교'라는 수모도 감수한 것은 이러한 대외적 환경을 유지하기 위한 고육지책으로 보아도 무방할 것이다. 따라서 '7.1조치'가 나온 배경은 〈표 11-5〉와 같은 대내외적 상황에서 비롯되었다고 볼 수 있다.

그러나 이 조치가 발표된 이후 곧 북한 정권 안보의 대외 환경이 급격히 비우호적으로 변하였다. 2002년 9월 17일의 북일 평양 선언 발표 후 '급물살'을 타던 북일 수교 전망은 2주 후 켈리 미 특사의 방북과 10월 17일 그의 '북한 핵 개발 계획 시인' 발표로 시작된 제2차 북핵 위기가 그 원인이었다. 곧 이어 미국의 중유 지원 중단, 북한의 핵 프로그램 동결 해제, 핵확산금지조약 탈퇴 선언 등

35 하상식(2004), p. 150.

표 11-5 '7.1조치' 발표 당시 북한 정권의 변화에 대한 보상표

	고려 사항	현상황 고수	변화 시도
대내 변수	[내부 통제를 위한 폐쇄의 필요성] 대 [내부 지지 · 통제의 자원 확보를 위한 개방의 필요성]		○
대외 변수	[북한의 대미(남한) 적대 관계] 대 [북한의 대미(남한) 우호 관계]	○	

이 따랐고, 1994년 북미 간 제네바 합의는 완전히 와해되었다. 2003년 3월 미국은 이라크와 전쟁을 시작하였고, 동년 5월 한미 정상 회담에서 북핵 문제를 평화적으로 해결하되, '추가적 조치'(further steps)도 검토한다는 성명이 발표되었다.

이 일련의 과정에서 북한에서 의미 있는 경제 개혁 조치는 완전히 실종되었다. 따라서 북한의 변화 부재 중 경제 부문에서의 개혁 부재는 남한의 '포용' 정책이 아니라 북한 정권의 개혁에 대한 민감한 위기 의식과 외부, 특히 북미 간 갈등이 가장 중요한 원인으로 보인다. 이렇게 볼 때, 남한 정부에게 책임이 있다면, 그것은 별 영향력을 줄 수 없었던 우리의 대북 정책보다 미국으로 하여금 북한이 변화할 수 있는 우호적 환경을 만들도록 하는 대미 정책을 제대로 하지 못한 것이 더 크다고 할 수 있다.

2. 평화 공존 유도 실패의 원인: 남한의 한계 및 대미·대중 관계의 실패

경제적 시장화와 함께 북한 변화에 중요한 변수는 핵 문제이다. 핵 문제에서 그 책임 소재를 알기 위해서 우리는 북한의 진정한 의도, 즉 북한이 처음부터 핵무기 개발을 목표로 하고 그간의 모든 협상은 시간벌기에 불과하였는지, 아니면 협상에서 원하는 것을 얻어 내지 못하였기 때문에 그 결과로 핵 실험을 하였는지에 관한 진실을 알아야 한다.[36]

그러나 우리는 진실을 알 수 없고, 또 북한 정권 스스로도 정해진 목표를 가지고 있지 않았을 수도 있다. 중요한 것은 북한은 이미 수차례나 핵 실험을 하였고, 처음 의도가 협상용이었든 핵 보유국이었든 결과적으로 이것을 막지 못하였다는 점에서 남한과 미국의 대북 정책이 그 책임을 면할 수 없다.

우리 정부가 북한 핵 문제를 해결하는 데는 근본적인 딜레마가 존재한다. 그 딜레마는 다음과 같다. 만일 북한이 종국적으로 핵 보유국이 되는 것이라고 판단한다면, 어떤 보상도 효력이 없을 것이며, 결국은 무력에 의존해야 한다. 그러나 이 대안은 그것이 가져다줄 너무나 큰 희생을 감수해야 한다. 반면, 만일 과거에도 그리고 지금까지도 북한의 핵무기가 협상용이라 판단한다면, 북한의 정권 안보와 경제적 보상이라는 '일괄 타결'로 해결할 수 있다. 그러나 여

36 북한의 핵무기 개발에 대한 의도에 대해 여러 주장들이 있지만 이 중 하나를 소개하면, 레이니(Laney)와 샤프렌(Shaplen)은 다음과 같이 보고 있다. 첫째, 북한의 "두려움"에 따른 협상용이라는 시각이다. 북한은 1994년 제네바 합의에서 플루토늄 방식의 원자로를 동결하였으나 그 보상으로 약속된 원자로는 무기한 연기되고, 미국과의 관계 개선도 이루어지지 않은 상태에서 이를 담보하기 위해 우라늄 방식을 다시 시작하였다는 것이다. 둘째, 북한은 두려움 극복, 혹은 국가 위상 재고, 혹은 공격을 위해서 반드시 핵무기를 개발한다는 목적을 처음부터 가지고 있었다고 보는 시각이다. 이들은 후자에 더 무게를 두고 있다(James Laney and Jason Shaplen, 2003, pp. 16-30).

기에도 정권 안보와 경제적 보상의 수준에서 남한과 미국 모두 국내 정치적으로 어려움을 겪게 된다. 즉, 정권 안보 차원에서 제로섬적인 남북 안보 관계에서 북한에 대한 과도한 안보 보장은 남한 안보에 문제를 야기할 수 있으며, 경제적 보상은 그 자체의 보상 수준에 대한 견해 차이, 또 보상에도 불구하고 미래에 대한 비핵화 유지를 과연 완벽하게 보장할 수 있느냐의 문제, 즉 신뢰의 문제가 있다.

그렇다면 북한이 2006년 첫 핵 실험을 감행하도록 한 것에 대해 김대중 · 노무현 정부의 대북 정책은 얼마나 책임이 있을까?

먼저 노무현 정부의 북핵 문제 해결을 위한 '3대 원칙', 즉 북핵 불용, 대화를 통한 평화적 해결, 우리의 적극적 역할은 서로 모순되어 있고, 그 자체가 한계성을 내재하고 있다. 즉, 북한이 대가로 요구하는 것이 너무 과도해서 남한과 미국이 받아들일 수 없어서 평화적으로 해결되지 않으면, 북핵을 '용인'하지 않을 방법이 없다. 또한 북한은 이 문제를 '우리'가 아니라 미국과 양자 문제로 보고 있고, 양자 대화를 통해 미국으로부터의 정권 안보 보장을 받고자 하고 있다. 따라서 '우리의 적극적 역할'을 위한 공간이 거의 없다. 그래서 미국이 이 문제를 해결할 수 있도록 하였어야 하였다. 이렇게 볼 때, 북한 핵 협상에서 실패한 것은 우리의 대북 정책이 아니라 미국의 대북 정책이 실패한 것이고, 이런 의미에서 우리의 대미 정책이 실패한 것이다.

또한 보다 중요하게 '북핵 불용'을 담보하기 위해 수단으로서 무력을 배제한 '평화적 해결'만 사용할 것을 천명한 것은, 물론 무력을 통한 문제 해결은 그 자체가 너무나 큰 희생이 있기 때문에 대안이 될 수 없었지만, 우리의 대북 영향력의 한계를 적나라하게 보여 주는 것이다. 따라서 다른 압박 수단을 확보하였어야 하였다. 그것은 제2장에서 보았듯이 바로 중국이다. 이렇게 볼 때, 역시 북한 핵 문제 해결 실패의 책임은 우리의 대북 정책보다 오히려 중국으로 하여금 북한의 비핵화를 압박할 수 있도록 하지 못한 우리의 대중 정책에도 있다고 볼 수 있다.

이렇게 보면, 북한의 핵 문제는 안보 문제이고, 그래서 평화 협정 문제이다. 이것은 휴전 협정 당사자인 북한, 미국, 중국이 해결의 일차적 열쇠를 가지고 있음을 의미한다.

3. 우리의 과제

이 장에서는 우리의 점진적 · 평화적 통일 방안을 구체적으로 정책화한 김대중 · 노무현 정부의 대북 정책을 살펴보고, 이 정책에 대한 비판들도 고찰해 보았다.

전반적으로 김대중 · 노무현 정부의 대북 정책 목표에 대해서는 거의 모두가 공감하고 있다. 또한 두 차례의 정상 회담을 비롯하여 인적 · 물적 교류 및 정부 간 대화도 획기적으로 증대되었다는 점도 인정하고 있다. 그러나 이 정책에 대한 평가에서 견해가 크게 나누어져 있다.

지난 김대중 · 노무현 정부 대북 정책의 결과를 성공이나 실패로 단정하기에는 아직 이르다. 그것은 이 기간 동안 진행된 남북 간 인적 · 물적 교류의 파급 효과를 평가하기에 아직 이르기 때문이다. 그러나 지난 두 정부가 가시적으로 제시한 평화 공존과 북한의 시장화 유도는 현재까지 나타나지 않았다. 이런 의미에서 이 정책이 실패라면 실패이다.

문제는 비판의 논리이다. 북한의 시장화 부재와 핵 개발로 인한 평화 공존 실패에 대해 정부는 물론 기존 연구들도, 남한의 대북 정책과 북한의 내부 변화 간의 인과성을 전제하여 남한 정부가 북한 정부에 '끌려간' 것 때문으로 보고 있다.

이에 대해 이 장에서는 남한의 대북 정책과 북한의 내부 변화라는 두 변수 간에는 큰 인과성이 없기 때문에 기본적으로 남한이 북한을 '끌고 갈' 힘이 없고, 따라서 동맹 관계에 관심을 두어야 한다고 지적하고 있다. 즉, 정권 안보의 심각한 위협을 겪고 있는 북한에서 우리가 원하는 내부 변화 특히 시장화는 주로 북한의 내부 요인에 의해서 일어나며, 제한적이지만 외부적 요인은 북한 정권의 안보에 우호적인 환경을 조성할 때 그 가능성을 높일 수 있다는 것을 주장하였다. 또한 이 외부 환경 조성에서 북한을 '끌고 갈' 수 있는 힘은 우리보다 미국과 중국이 더 많이 가지고 있다는 것이다.

이렇게 볼 때, 김대중 · 노무현 두 정부의 대북 정책이 보여 준 시사점은 다음과 같다. 첫째, 분단국으로서의 남북 문제는 이미 주변 강대국들과 구조적으로 강하게 연계되어 있기 때문에 남한의 대북 정책은 북한의 변화를 유도하는 데 한계가 있다.

둘째, 우리 체제로 남북한이 점진적 · 평화적 통일을 해야 한다는 통일 방안의 실현은 강압이 아니라 북한 스스로 변화할 수 있도록 대외적 환경을 조성하는 것이 중요하다.

셋째, 외부 환경 조성을 위한 당근과 채찍에서 동맹 관계, 즉 미국과 중국의 역할이 중요하다. 특히, 당근의 차원은 미국의 협조가, 채찍의 차원은 중국의 협조가 긴요하다.

마지막으로 안보를 손상시키지 않는 범위 내에서의 인적 · 물적 교류는 지속되어야 한다. 북한이 자발적으로 우리 체제를 기반으로 하는 민족 공동체 구성을 원해야 하기 때문에 접촉을 통한 변화 유도는 가장 든든한 기반이 되기 때문이다.

Chapter 12

이명박 · 박근혜 정부의 대북 정책과 통일을 위한 우리의 과제

제 1 절 대북 정책과 국제 정치 패러다임[1]

2008년 출범한 이명박 정부의 대북 정책은 '상생 · 공영' 정책이다. 이 정책이 지향하는 바는 남북 간 긴장 완화와 신뢰 구축 그리고 북한의 개방을 유도해낸다는 것이다. 그래서 '진정한 포용 정책' 혹은 '원칙 있는 포용 정책'이라 불렸다.

이명박 정부가 포용 정책 앞에 '진정한' 혹은 '원칙 있는'이란 수식어를 쓴 이유는 이 정책의 수단이 김대중 · 노무현 정부의 포용 정책과 다르기 때문이다. 이명박 대통령의 표현을 빌리면, 이전 정부의 정책은 "북한에 끌려다닌" 것이었고, 이로써 "그 의도와 달리 결과가 빗나갔으며, 돌아온 것은 핵무기였다"는 것이다.[2] 그 대안으로 북한을 "끌고 가기 위해" 제시한 정책은 북한이 우리가 원하는 비핵화와 개방을 하거나 하겠다고 믿을 수 있도록 해 주면, 10년 이내에 북한의 1인당 평균 소득을 3,000달러에 이르도록 파격적 경제 지원을 하겠다는, 이른바 '비핵 · 개방 · 3000'이다.[3] 이 정책이 공식적으로 '상생 · 공영' 정

1 이 장은 하상식(2010; 2014)에 근거하고 있으나, 저서로서의 일관성 유지와 변화된 환경을 반영하여 대폭 수정되었음을 밝힌다.
2 한국일보(2007. 6. 20.).

책이 되었다.[4]

이렇듯 일면 매우 사소해 보이는 차이가, 이명박 정부가 마감할 때는 남북 관계가 완전히 달라졌다. 당국 간 교류는 2000년 이전 수준으로 돌아갔고, 민간 교류에서도 남북 교류의 상징이었던 금강산 관광이 중단되었고, 개성 관광도 중단되었다. 사실상 개성공단을 제외한 남북 교류 및 경제 협력이 멈추었다. 결과적으로 이 정책은 포용이 아니라 봉쇄 정책이 되었고, 목표로 하였던 남북 간의 긴장 완화와 신뢰 구축은 물론 북한의 개방도 유도해 내지 못하였다.

이러한 상황에서 2013년 2월에 출범한 박근혜 정부는 대북 정책으로 '한반도 신뢰 프로세스'를 내놓았다. 이 정책의 핵심은 신뢰 외교(trustpolitik)와 균형 정책(alignment policy)이다. 신뢰 외교란 "국제 규범에 근거하여 상호 이행의 기대감을 구축하는" 정책으로 두 개의 원칙에 기초한다. 하나는 북한이 한국 및 국제 사회와 맺은 약속을 반드시 지켜야 한다는 것이고, 다른 하나는 북한의 평화를 깨는 행동에는 '확실한 대가'(assured consequences)를 치르게 한다는 것이다.[5] 균형 정책이란 단순한 강경과 유화의 중간적 입장을 넘어, 단호한 입장이 요구될 때는 더욱 강경하게 대응하고, 동시에 협상을 추진함에 있어서는 매우 개방적인 접근 방법을 취한다는 것이다.

이 정책을 내놓은 이유는 김대중 · 노무현 정부 10년 동안의 '햇볕'도, 이명박 정부 5년 동안의 '바람'도, 북한의 '외투'를 벗기지 못하였는데, 그 원인이 김대중 · 노무현 정부는 좌편향의 이념적 성향 때문에, 이명박 정부는 우편향의 이념적 성향 때문에 실패하였다는 판단이고, 따라서 이 두 정책 사이에 '전략

3 대통령 취임사(http://www.president.go.kr, 검색일 2010. 2. 5.).
4 서재진(2008).
5 Geun-hye Park(2011), p. 14.

적인 조율'(alignment)이 필요하다는 것이다.[6]

해방과 동시에 시작된 우리 사회에서 이념적 논쟁은 분단과 한국전쟁, 독재를 거치면서 수면 아래로 가라앉았다가 민주화가 진행되면서 다시 떠오르기 시작하였다. 특히, 이 논쟁은 1998년 최초로 여야 정권 교체가 이루어지면서 내놓은 김대중 정부의 대북 포용 정책에 초점이 모아졌다. 실제로 이명박 정부는 과거 두 정부의 대북 정책이 실패한 이유는 '이념에 근거한 잘못된' 시각에 바탕을 두었기 때문이라 보았다. 그래서 이명박 정부의 정책은 '실용에 바탕을 둔 올바른' 정책이라 주장하였다. 그러나 이 정책 역시 실패하였고, 이 정책을 비판하는 사람들은 오히려 이명박 정부의 정책이 '이념에 사로잡혀' 잘못되었으니, 과거 정부의 '진정한' 포용 정책으로 다시 회귀해야 한다고 주장하였다. 박근혜 정부의 정책 역시 이러한 논의의 연장선에 놓여 있다. 이렇게 볼 때, 우리 사회에서 대북 정책에 대한 논쟁은 곧 이념 논쟁이다.

이념 논쟁이란 옳고 그름을 판단할 수 있는 논쟁이 아니다. 그것은 이념이, 한 집단의 사람들이 공유하는, 인간과 사회 및 세계에 대한 관념들로 구성된 종합적이고 일관성 있는 가치 체계이고, 이것은 각자가 그 사회에 놓인 위치에 따라, 또 각자의 독특한 경험에 따라 서로 다를 수 있는 주관적인 것이기 때문이다.

그러나 다른 한편, 모든 가치가 전적으로 주관적인 것도 아니다. 가치 체계란 주어진 현상을 자신만의 방식으로 받아들이는 여러 가정 혹은 전제들의 집합체이며, 이 가정 혹은 전제들은 오직 주관적 의미만을 가진 '사적'(private)인 것이 아니라, 상당 부분 이성과 관습에 의해 지배되는, 따라서 객관화가 가능한

6 Geun-hye Park(2011), p. 15.

'공적'(public)인 것이다.[7] 즉, 사실과 가치가 상당 부분 서로 의존적이라는 의미에서 "모든 사실(진실)은 가치를 바탕으로 하고 있으며, 모든 가치는 사실을 근거로 하고 있다"는 명제를 받아들인다면, 이 가치 체계도 각각이 가지고 있는 가정 혹은 전제들을 나누어 점검해 봄으로써 어느 정도 '실제적 해석'(practical inference)의 차원에서 객관적 이해를 할 수 있게 된다.[8]

이를 위해 서로 다른 인식론의 근거가 되는 국제 정치의 패러다임과 북한의 변화를 유도해 내기 위한 외교적 수단에 대해 서로 다른 패러다임이 어떤 시각을 가지고 있는지 그 논리를 분석해 볼 필요가 있다.

1. 국제 정치의 본질에 대한 인식론

국제 정치의 본질에 관한 인식의 차이는 국제 정치라는 학문의 역사와 같다. 사실 국제 정치 이론이란 학자의 눈에 인식되어진 국제 정치 현상을 체계화한 것이다. 그래서 대부분의 사회 과학이 그렇듯이, 국제 정치 이론도 국제 정치 현상에 대한 객관적 '진리'의 의미보다 하나의 '패러다임'에 가깝다. 여기서 '패러다임'이란 "과거 과학적 연구에 토대를 두고 있고, 당대에 특정 학문 집단이 인정한, 고유하고 일관성 있는, 한 학문적 전통을 구성하는 법칙 및 이론들"을 지칭한다.[9]

이러한 국제 정치 패러다임 혹은 이론에는 현실주의, 자유주의, 신현실주의, 신자유주의, 마르크스주의, 성찰주의, 구성주의 등이 있다.[10]

7 Hilary Putnam(2002).
8 Hilary Putnam(1981).
9 Thomas S. Kuhn(1970), p. 10. 여기에서는 패러다임과 이론을 같은 의미로 사용한다.

이 중 현실주의와 신현실주의, 자유주의와 신자유주의는 국제 정치에 대한 기본적 인식을 공유하기 때문에 여기서는 고전적 현실주의와 신현실주의를 묶어 현실주의로, 고전적 자유주의와 신자유주의를 묶어 자유주의로 구분하고, 여기에 구성주의를 포함해 세 가지 패러다임으로 정리해 보고자 한다.[11]

이 이론들의 차이는 대략 여섯 가지 영역에 대한 시각 차이에서 비롯된다. 이 여섯 가지는 국제 관계의 본질, 국제 관계에서 주된 행위자, 국력 및 국익에 대한 개념, 국익 추구 방법, 국가 간 평화, 국제 구조와 개별 국가 행위 간의 관계 등이다. 이들을 정리하면 〈표 12-1〉과 같다.

첫째, 무정부 상태의 국가 간 관계를 현실주의는 적대적 혹은 홉스적이라 보며, 자유주의자들은 경쟁적 혹은 로크적이라 보고, 구성주의자들은 그것이 고유한 특성이 있는 것이 아니라 당대에 공유된 관념의 문제로 인식한다. 즉, 국가 간 관계는 홉스적일 수도, 로크적일 수도, 그리고 평화가 가능한 칸트적일 수도 있다고 본다.

둘째, 국제 관계의 주된 행위자에 대해서는 현실주의자들과 구성주의자들은 국가가 주된 행위자라고 보는 데 반해 자유주의자들은 국가는 물론, 국제기구, 국제 레짐 등도 상당한 역할을 한다고 보고 있다.

셋째, 국력 및 국익의 개념에서 현실주의자들은 군사 안보가 가장 중요하고, 그래서 안보의 문제는 중요한 '상위 정치'(high politics)의 문제이고 경제나 사회, 문화의 문제는 '하위 정치'(low politics)의 문제가 된다. 또한 국가 간의 관계를

10 현실주의와 신현실주의의 차이, 자유주의와 신자유주의의 차이, 성찰주의 등 다양한 이론의 소개는 박재영(2009) 및 하영선 외 역(2003) 참조.

11 고전적 현실주의의 대표적 저서는 Morgenthau(1966), 신현실주의의 대표적 저서는 Waltz(1983), 구성주의의 대표적 저서는 Wendt(1999)를 참조. 이 부분은 하상식(2010)에서 논의된 부분을 바탕으로 재구성하고 있다.

표 12-1 국제 정치 현상에 대한 인식론

구분	현실주의	자유주의	구성주의
무정부 상태의 정의	적대적(홉스적)	경쟁적(로크적)	가변적(홉스 · 로크 · 칸트적), 고유의 논리 부재, '공유된 관념'의 문제
주된 행위자	국가	국가, 국제기구, 국제 레짐	국가
국력 및 국익의 개념과 인식	군사 안보 상대적 이익	군사, 경제, 복지 절대적 이익	가변적(다른 국가의 의도에 따라)
국익 추구(국가 간 협력)의 주된 방법	강압, 동맹과 세력 균형	자기 이익, 다자주의 가능	가변적(공유된 관념에 따라 정당성도 중요)
평화에 대한 시각	비관적, 능력이 중요	낙관적, 의도가 중요	공유된 관념에 따라 서로 신뢰하는 안보 공동체도 가능
구조와 개별 국가 행위 간의 관계	구조가 중요 (하향식)	개별 국가의 행위가 중요(상향식)	구조와 행위자 간 상호 구성 관계(양 방향)

제로섬적으로 보기 때문에, 즉 협력이 두 국가 모두에게 절대적인 이익을 가져온다 해도 협력을 통해 새롭게 얻은 힘이 상대방을 파괴 혹은 해치는 데 주로 사용되어질 것이라 보기 때문에, 상대적 이익, 상대적 힘이 중요하다. 그러나 자유주의자들은 군사 안보뿐 아니라 경제적 이익도 중요하고, 종국적으로는 복지가 중요하다고 보며, 국익도 절대적 국익이 중요하다고 본다. 구성주의는 이 모든 것이 가변적이라고 본다. 즉, 국익의 개념은 사회적이고 관념적인 개념이기 때문에, 다른 국가의 의도에 따라 달라질 수 있다고 본다. 이것은 미국에게 북한의 핵과 영국의 핵이 다르게 평가되는 것과 같다.[12]

12 여기서 관념이란 힘과 이익보다 더 중요하다는 의미가 아니라 관념이 힘과 이익을 구성(construct)한다는

넷째, 국가의 국익 추구 방법의 영역에서 현실주의자들은 강압이 주된 수단이고 힘을 키우기 위해 동맹이 중요하고, 국가 간 관계는 세력 균형이 중요하다고 본다. 이에 비해 자유주의자들은 자국만의 이익이 중요하고 다자 간 협력이 가능하다고 본다. 구성주의자들은 이 영역 역시 당시 국가들이 공유하고 있는 관념에 따라 다를 수 있다고 보며, 국가 간 신뢰할 수 있는 안보 공동체도 가능하다고 본다. 이 안보 공동체 안에서는 정당성이 국익 추구의 주된 방법이 된다.

다섯째, 평화에 대한 시각에서 현실주의자들은 비관적이다. 그래서 국제관계에서 고려되는 상대 국가의 능력과 의도 중에서 능력이 더 중요하다고 본다. 자유주의자들은 평화에 낙관적이며 상대 국가의 의도를 중요시한다. 구성주의자들은 평화란 관념의 문제, 즉 서로가 서로를 어떻게 인식하느냐에 따라 달라진다고 본다. 이러한 인식으로 구성된 문화가 결국 "자신을 재생산하는 경향이 있는 자기실현적 예언"의 역할을 하는 것으로 보고 있다.[13]

마지막으로 국제 구조와 개별 국가 행위 간의 관계에 대해서 현실주의 특히 신현실주의는 구조가 중요하다고 보고 구조가 국가의 행위를 규제하는 하향식으로 인식하고 있다. 그래서 신현실주의를 구조적 현실주의라 부르기도 한다. 그러나 자유주의자들은 개별 국가의 행위가 더 중요하다고 보기 때문에 오히려 국가 간의 행위가 국제 구조에 영향을 미치는 상향식으로 인식한다. 구성주의자들은 구조와 행위자 간 관계 역시 상호 구성적 관계이며, 따라서 이 관계는 상호 영향을 주고받는 양 방향으로 인식한다.

의미이다(Wendt, 2009, 특히 제3장 참조).

13 Wendt(2009), p. 434.

2. 통합 이론

통일이란 두 개의 다른 정치 공동체가 하나로 통합되는 것이다. 따라서 통일에 대한 논의는 통합 이론이 개입될 수밖에 없다. 앞의 논의에서 보았듯이, 현실주의자들은 국제 정치에서 국익이란 곧 국가 안보라고 인식하여 개별 국가의 존속이 국제 정치에서 가장 중요한 것이라 보기 때문에 통합 이론에 별 관심이 없다. 또한 현실주의자들은 상대적 이익을 중요시하기 때문에 비록 국가 간에 교류나 상업적 거래가 증가하더라도 이것은 협력보다 오히려 갈등을 야기한다고 본다. 따라서 통합 이론의 대부분은 자유주의적 시각에 입각해 있다.

자유주의적 시각에 기반을 둔 통합 이론에는 연방주의, 기능주의, 신기능주의, 제도주의 등이 있다. 먼저 연방주의 이론은 정치적 분야에서의 일괄 타결을 선행시키고 비정치적 분야는 점차적으로 통합해야 한다는 접근법이다. 연방주의자들은 통합이란 단일의 통합된 정치 권력을 창출하는 과정이라 여기고, 이것을 위해서는 이전의 국가별 제도를 해체하고 공통의 군사 및 경찰 조직을 포함하는 연방 기구와 같은 제도의 수립이 이루어져야 한다고 주장한다. 이 접근법의 장점은 연방에 물리적 강제력을 행사할 수 있는 주권을 부여함으로써 공공재인 통합을 이루는 과정에서 나타날 수 있는 무임승차를 방지하여 효과적으로 통합을 이룰 수 있다는 것이다. 그러나 이 접근법의 단점은 연방에 자발적으로 물리적 강제력을 이양하기가 쉽지 않다는 것이다. 그래서 현상 유지를 원하는 기득권층의 반발을 억압할 필요가 있고, 이 이유로 이 방법은 민주주의보다 권위주의적 국가들에게 더 부합하는 방법이라 여겨지기도 한다.[14]

14 Charles Pentland(1973), pp. 167-168.

기능주의 이론은 1940-1950년대 유럽의 지역 통합을 설명하고 촉진하기 위해 나온 이론이다. 이 이론의 창시자 격인 미트라니(D. Mitrany)에 의하면, 비정치적인 영역에서 기능적인 협력이 이루어지면 이를 통해 국가들이 이익을 얻게 되고, 이러한 협력의 습관이 다른 기술 영역으로 확산되어 서서히 정치적 통합으로 이어진다는 주장이다.[15] 이것의 장점은 비정치적 · 기능적 교류로 상호 의존적이 되면 자연스럽게 정치적 통합을 이룰 수 있다는 것이다. 그러나 단점은 일반적으로 교류에서 강자가 상대적 이득을 얻는 경향이 있기 때문에 약자가 교류 자체를 거부하게 된다는 것이다. 또한 이 접근법의 문제는 한 영역에서의 협력이 다른 영역, 종국적으로는 정치적 영역까지 파급된다는 전제를 가지고 있는데 이것이 항상 가능한 것이 아니라는 것이다.

이 비판의 대안으로 나온 것이 1950-1960년대 신기능주의 통합 이론이다. 이 이론의 주창자인 하스(E. B. Haas)에 의하면, 통합은 비정치적 분야의 협력으로부터 시작하여 이것이 다른 분야로 파급되고 학습되어지는 경향이 있지만, 이것이 통합으로 나가는 것을 보장하려면 통합을 위한 정치적 노력이 반드시 수반되어야 한다는 것이다.[16] 이러한 노력의 일환으로 그는 초국가적 기구 혹은 국제기구의 창설을 주장한다.

통합 이론에서 기능주의가 제1세대 이론이고, 신기능주의가 제2세대 이론이라면 제도주의 혹은 자유 제도주의가 제3세대 이론이다. 이 이론은 1970년대 초국가주의와 상호 의존론으로 대별된다. 이들의 주장은 국제 정치의 현상이 ① 행위자가 점점 다양해지고, ② 상호 의존 관계가 심화되고 있으며, ③ 상위

15 David Mitrany(1943); 박재영(2009), pp. 343-348.
16 Ernst B. Haas(1958); 박재영(2009), pp. 348-353.

정치와 하위 정치의 구분이 모호해지고, ④ 군사력의 중요성이 감소되고 있다고 인식한다. 이 상황에서 국가 간에 만들어지는 제도(국제 조직, 이 조직의 관료 부처)와 레짐(규칙, 관행)이 행위자들 사이에 협력을 위한 긍정적 중재자 혹은 수단의 역할을 한다는 것이다.[17] 그러나 이 이론은 주로 비정치적 영역에만 한정된다는 비판을 받고 있다.

이제까지 국제 정치의 무정부 상태에 대한 서로 다른 인식과 협력을 통한 통합이 어떻게 촉진될 수 있는지에 관한 이론들을 점검해 보았다. 이 논의를 바탕으로 이렇게 서로 다른 패러다임이 우리의 대북 정책의 수단들에 어떠한 논지를 제공하는지 검토해 보고자 한다. 이것은 남북 관계가 단순한 두 국가의 관계가 아니라 통일을 지향하는 분단국의 이중적 관계라는 특성에서 나오는 문제가 있고, 남북이 서로 강대국과 군사 동맹을 맺고 있는 상황에서 나오는 문제가 있다.

제2절 대북 정책의 수단과 국제 정치 이론

대외 정책의 목적은 한 국가가 다른 국가와의 관계에서 이해가 충돌하여 갈등이 있는 사안에 타국으로 하여금 자국이 원하는 방향으로 행동하게 만드는 것이다. 이 목적을 위해 사용할 수 있는 수단은, 상대 국가에게 다른 영역에서 양보나 보상을 제공해 주는 방법과 상대 국가에게 불이익을 주겠다고 위협

17 하영선 외 역(2003), pp. 202-203.

하는 방법의 두 가지로 나눌 수 있다. 여기서 주는 것을 당근으로, 위협을 채찍으로 부르며, 당근이 주로 사용된 정책을 유화(appeasement) 정책, 강압이 주로 사용된 정책을 강압 혹은 봉쇄(containment) 정책, 전자와 후자가 배합된 정책을 포용 혹은 관여(engagement) 정책으로 부른다.

그러나 남북한 관계처럼 체제가 다른 국가 간의 관계이면서 동시에 통일을 지향하는 국가 간의 관계에서는 당근과 채찍의 구분이, 따라서 유화, 포용, 봉쇄의 구분이 간단하지 않다. 또한 일반적인 국제 관계에서도 제재의 효율성에 대해 합의된 객관적 이론도 존재하지 않는다. 이들을 하나씩 검토해 보기로 하자.

1. 아래로부터의 변화와 위로부터의 변화

우리가 원하는 북한의 변화를 위에서 구하느냐, 아래에서 구하느냐에 따라 당근과 채찍의 개념이 달라진다. 통일을 지향하는 남북 관계에서 우리가 원하는 것은, 비록 국가 연합 단계를 둠으로써 북한 지역의 정치적 자율성을 상당 기간 인정한다 하더라도, 종국적으로 남한 체제로의 점진적 흡수 통일이다. 따라서 북한의 현 집권자들에게 통일이란 체제의 변화 혹은 붕괴를 의미하고, 이것은 곧 자발적 체제 전환이냐, 아니면 어쩔 수 없이 당하는 체제 붕괴냐의 문제와 같다.

정치 체제 변화인 민주화는 논외로 하더라도, 시장 자본주의 체제로의 변화는 지배 집단과 피지배 집단의 이해관계가 상당 부분 분리되어 있는 독재 체제 하의 현 북한 집권자들의 권력 유지에 치명적인 위협이 될 수 있다. 그 이유는 다음과 같다. 한편으로 개혁·개방은 경제를 회복시킬 수 있는 거의 유일한 방법이고, 이로써 경제 사정이 나아지면 현 집권자들의 권력 유지에 기여할 수도 있다. 그러나 다른 한편으로 개혁이란 사회주의 경제 체제가 내재한 국가의 사회에 대한 통제력을 상당 부분 이완시키는 것이다. 개방이란 고도의 1인 독재 체제를 유지하기 위해 필요한 고립에 반하고, 특히 체제 경쟁을 해왔던 분단국으로서 북한 주민에게 외부, 특히 남한 주민과 자신을 비교할 수 있는 기회를 제공하는 것이 된다.

그림 12-1 보수 단체의 대북 전단지 살포 김일성의 생일인 4월 15일 경기도 파주시 임진각 망배단에서 자유북한운동연합 회원들이 대북 전단지가 담긴 풍선을 날리고 있다.

출처: 뉴스뱅크이미지(문화일보, 2011. 4. 15.).

이렇게 볼 때, 남한이 당근이라고 여기는 수단이 북한에게 채찍이 되기도 하며, 동일한 것이 북한의 피지배 계층에게는 당근이 되지만 지배 계층에게는 채찍이 될 수도 있다.

여기에서 국가의 생존과 상대적 이득을 강조하는 현실주의자들은 북한 엘리트가 남한과의 관계에도 불구하고 변하지 않을 것이라고 주장한다. 근거는 다음과 같다. 과거 금강산 관광의 경우, 북한은 남한 주민들의 관광 코스 전역에 철조망을 둘러놓았고 요소요소에 군인들이 지키고 있었다. 이것은 북한 지배 계층이 남한 주민의 관광으로부터 들어오는 수입은 챙기되, 북한 주민들이 남한 관광객과 접촉하는 것은 막으려고 한 것이다. 이러한 의도는 다른 개방 지역인 나진 · 선봉, 신의주, 개성도 마찬가지였다. 이 지역들은 모두 북한 영토의 가장 가장자리에 위치하고 있고, 외부인에 노출되는 지역에 철조망을 침으로써, 이른바 '꼭짓점식 개방', '철조망식 개방', 혹은 '모기장식 개방'이라고 본다. 따라서 이 시각으로 보면 교류는 '퍼주기'가 된다.

그러나 자유주의자들은 쿠바, 미얀마, 이란 등에서 보아 왔듯이 제재와 고립을 통한 봉쇄는 오히려 내부 단속의 빌미를 제공하였으며, 특히 분단국인 북한과 같은 체제에서 가장 큰 위협은 '미국의 군함'이 아니라, 오히려 같은 민족이면서, '살빼기 하는, 아이팟으로 사랑 노래를 듣는, 혹은 퇴폐적인 코미디를 시청하는, 남한 사람들을 보는 것'이라는 주장을 한다.[18]

이에 더하여 장기적인 관점에서 교류는 정보 유통을 확대하고, 이로써 엘리트 내부에서 친시장, 친개방, 친남한의 개혁파가 생기고, 이들이 세력화되어 변화를 이끌어 낼 수 있다는 주장도 있다.[19] 매우 기초적이지만, 실제로 북한에서 엘리트 분열 조짐에 관한 연구가 나오기 시작하고 있다. 특히, 2000년 초부터 북한 지도부가 '선군파'와 '개혁파'로 나뉘어 노선 갈등을 겪어 왔다는 주장도 있다.[20]

이와 같은 논쟁은 분단국이었던 과거 서독의 '동방 정책'에 대한 논쟁에서도 동일하게 나타났다. 오늘날 대부분의 사람들은 접근을 통한 동독의 변화를 시도한 서독의 동방 정책이 결국 동독을 흡수하게 만든 가장 근본적 동력이라

18 Nicholas D. Kristof(2006).
19 오경섭(2009), pp. 10-13.
20 이영화(2007), pp. 242-252; 박형중 · 조한범 · 장용석(2009). 이 중 후자는 엘리트 분열이라기보다, 2000-2004년의 기간에는 개혁파가 주도하였고, 2005년 이후부터는 보수파가 주도하고 있다고 보고 있다.

고 평가하고 있다. 그러나 당시 이 정책을 반대하는 사람들은 이것이 ① 동독의 개혁 가능성을 과신하고, ② 교류를 통해 동독 정권이 안정되어 독재 체제의 수명이 연장되고, ③ 정부 차원의 대화로 동독 내에서 개혁 세력의 입지를 약화시킨다고 주장하였다.[21]

2. 연착륙과 경착륙

당근과 채찍에 관한 다른 차원에서 논란은 우리가 원하는 북한 변화의 진행 방식에 관한 것이다. 구체적으로 이것은 우리 정책의 결과로 북한의 변화가 현 정권을 통해서 오느냐, 아니면 현 정권의 붕괴를 통해서 오느냐, 그리고 어느 방식이 우리에게 도움이 되느냐에 따라 당근과 채찍이 달라진다는 것이다. 이른바 연착륙(soft landing) 방식이냐, 경착륙(hard landing) 방식이냐의 논쟁이다.

우리의 통일 방안이 희망하는 진행 방식은, 반드시 정해졌다고 볼 수는 없지만, 연착륙을 선호한다. 즉, 쿠데타와 같은 내부 폭발이나, 전쟁과 같은 외부 폭발로 인해 정권 붕괴, 체제 붕괴, 국가 붕괴가 한꺼번에 오는 경착륙 방식의 통일보다 화해 협력 단계에서 서서히 체제도 변하고 정치적 차이도 줄여 가는 국가 연합 단계를 거쳐 통일하는 연착륙 방식을 상정한다.

그러나 만일 북한의 체제 변화(혹은 붕괴)가 연착륙 방식으로 이루어질 수 없다고 판단하면 대안은 경착륙밖에 없다. 이 경우 동일한 한 정책 수단이 보기에 따라 당근이 될 수도 있고 '퍼주기'가 될 수도 있으며, 채찍이 될 수도 있고, 부메랑이 되어 돌아올 수도 있다.

21 민족통일연구원(1996), p. 11.

그림 12-2 **1998년 6월 정주영 현대 그룹 명예 회장의 '통일소' 지원** '통일소' 501마리를 태운 차량이 1998년 10월 27일 오전 자유로 통일의 관문을 지나 북으로 향하고 있다.
출처: 뉴스뱅크이미지(조선일보, 1998. 10. 27.).

여기에서 현실주의자들은 현 북한 정권이 앞으로도 개혁·개방하지 않을 것으로 보는 경향이 있고, 이렇게 되면 어떤 당근도 '퍼주기'가 되며, 심지어 그것이 부메랑이 되어 돌아온다고 본다. 예를 들어, 굶주린 북한 주민에게 '인도주의적 차원'에서 제공한 쌀도 언젠가 남침할 수밖에 없는 북한 군인이 먹으면 이것은 적의 군량미가 되고, 그래서 이것은 이적(利敵)이 된다.

그러나 자유주의자들은 우리의 당근은 북한을 서서히 변화시켜 연착륙으로 유도하고, 비록 그것이 일방적이라 하더라도, 최소한 남북의 긴장 완화에 공헌한다고 본다. 또한 우리의 채찍은 북한의 경착륙을 부추기고, 이로써 붕괴 위기에 놓인 북한 정권이 군사 분쟁을 일으키거나, 아니면 정권 붕괴가 곧 국가 붕괴로 이어져 갑작스런 흡수 통일을 해야 하면 우리가 감당할 수 없는 수준의 짐을 지게 되는 부메랑이 되어 돌아올 수도 있다고 보고 있다.[22]

바로 이러한 시각의 차이가 '인도주의적 쌀'과 '군량미'의 구분을 모호하게

22 급진적 통일이 가져다줄 경제적 문제점에 관해서는 많은 연구들이 있었다. 그 중 한 예는 고일동(2009), pp. 3-17.

하고, 심지어 사실에 대한 인식조차 서로 다르게 만들고 있다. 그 예로 '비핵 · 개방 · 3000'을 옹호하는 한 연구는 지난 김대중 · 노무현 두 정부 기간 동안 북한에 지원된 금액이 약 69억 달러(현금 29억 달러, 현물 40억 달러)였다고 주장한다.[23] 또한 이 금액의 사용처에 대해 이명박 대통령은 "지난 10년간 막대한 돈을 지원하였으나 그 돈이 북한 사회의 개방을 돕는 데 사용되지 않고 핵무장하는 데 이용됐다는 의혹이 일고 있다"고 주장하였다.[24] 뿐만 아니라 바로 이 금액 때문에 북한의 심각한 경제난에도 불구하고 "북한이 개혁 · 개방하지 않으면서도 체제를 유지할 수 있는 통치 자금을 획득하는 통로가 되었다"고 평가하였다.[25]

반면, 김대중 정부 시절 통일부 장관을 지낸 정세현은 김대중 · 노무현 두 정부 기간 동안 북한으로 간 정부 및 민간 포함 모든 금액이 약 37억 달러(3조 7,000억 원) 정도이며, 이 중 현금은 약 10억 달러이고, 나머지는 현물이었다고 주장한다.[26] 또한 그는 바로 이러한 금액이 평화를 얻게 하였고, 이로써 우리가 겪은 외환 위기 극복을 비롯한 경제적 안정을 누릴 수 있게 되었다고 주장한다. 이렇듯 인식의 차이는 사실 관계에 대한 시각에서부터 더 나아가 '나쁜 평화'냐, '좋은 전쟁'이냐의 결론 없는 논쟁을 촉발하게 만든다.[27]

---

23 함택영 · 구갑우 · 이수형 · 이승열(2009), p. 32.

24 이것은 이 대통령이 2009년 7월 폴란드 방문 중 유럽의 뉴스 채널인 '유로뉴스'와의 인터뷰에서 언급한 말이다(중앙일보, 2009. 7. 9.).

25 서재진(2008), p. 19. 정한구 역시 남한의 지원이 없었다면 북한은 경제적으로 이미 붕괴하였을 것이고, 북한의 생존이 보장될 수 없었다고 주장한다(정한구, 2009, p. 65).

26 프레시안, "북 경제구조 모르고 '핵 · 미사일 개발비용' 논하지 마라"(2009. 7. 7.)(http://www. pressian. com, 검색일 2010. 4. 3.).

27 '나쁜 평화'란 타키투스(Publius Cornelius Tacitus)가 하였다는 "아무리 나쁜 평화라도 전쟁보다 낫다"는 생각으로부터, 그리고 '좋은 전쟁'이란 "나쁜 평화가 지속되면 그것은 다른 형태의 전쟁 전야와 다름없다"는 생각으로부터 나왔다(문순보, 2009, p. 180).

3. 제재의 효율성

당근과 채찍의 구분 문제와 더불어 채찍의 효용성 문제에도 합의된 견해가 없다. 먼저 경제 제재를 보면, 역사적으로 204건의 국가 간 경제 제재 사례를 분석한 한 연구에 의하면, 이 제재들은 부분적으로만 효과를 얻었거나 약 34%의 경우에만 그 목적을 달성하였다고 주장하고 있다.[28] 또한 이 연구는 제재국과 그 대상국이 제재 이전에 적대적인 관계가 아니라 선린 관계를 가지고 있었을 때 그 제재가 성공할 확률이 높다고 평가하였다.[29]

구체적으로 국제적인 경제 제재가 북한에 미치는 영향에 관한 연구에서도 거의 모두 회의적인 결론을 내리고 있다. 유엔이 2006년 7월 북한의 미사일 발사 시험 이후 가해진 안보리 결의 1695호와 동년 10월 제1차 핵 실험 이후 가해진 안보리 결의 1718호에 의한 경제 제재가 북한의 무역에 미친 영향은 크지 않았으며, 북한이 핵을 포기하고 개혁과 개방의 길로 나오게 할 만큼 효과적이지 못하다고 결론짓고 있다.[30]

군사 제재의 효율성 역시 평가가 어렵다. 군사 제재란 무력을 사용하겠다고 위협하는 무력시위와 실제로 무력을 사용하는 전쟁을 포함한다. 그러나 전쟁이란 비용 대비 효과 분석이 거의 불가능하다. 그 이유는 재산의 손실도 그렇지만, 특히 인명의 피해를 예측하거나 비용으로 계량화한다는 것 자체가 불가능하기 때문이다. 실제로 한반도에서 무력 충돌이 일어났을 경우 생길 수 있는

28 문순보(2010), pp. 96-97.
29 문순보(2010), p. 96.
30 이 주제에 관한 기존의 거의 모든 연구들을 검토하고 있는 연구는 정형곤 · 방호경(2009)이 있다. 문순보(2010)의 연구도 결론은 같다.

피해에 대한 평가는 '3일만 참아 주면'에서부터, '하루에 240만 명 사상'에까지 극단적으로 나누어진다.[31] 지난 1994년 제1차 북핵 위기 시 미군이 평가한 인적 피해는 미군 약 8만-10만 명 포함, 한국의 민과 군 약 100만 명 사망이었고, 경제적 피해는 미국이 군비 1,000억 달러, 주변국(이것의 대부분은 한국)이 1조 달러 정도 될 것으로 추정하였다.[32]

이렇듯 군사 제재의 경우 정치적 혹은 가치 수준의 판단에 의존할 수밖에 없다. 현재 남북한 간에는 고강도의 군비 체제, 지리적 근접성, 특히 북한 군대의 전진 배치, 전략 무기 등을 감안할 때, 비록 외국 군대의 개입이 없더라도, 상당 부분 '공포의 균형'을 유지하고 있다. 이러한 상황에서 북한의 변화를 얻어내기 위한 수단으로서 전쟁의 효용성은 의문시될 수밖에 없다.

전쟁을 배제하면 군사적 제재란 무력시위를 말하는데, 이것이 효과를 얻기 위해서는 상대방에게 무력시위가 곧 전쟁으로 이어질 것이라는 믿음을 주어야 한다는 문제가 있다. 이러한 상황은 '겁쟁이 게임'(chicken game) 상황에 적용해 보면 이해가 쉽다.

이미 잘 알려진 것이지만 간단히 언급하면, 이것은 한 차선에서 두 자동차가 서로 마주보고 달려오다가, 충돌이 두려워 먼저 피하면 겁쟁이가 되고, 충돌을 무릅쓰고 직진해 온 경기자가 이기는 방식의 게임이다. 물론 두 경기자 모두 겁쟁이가 되지 않으려 직진하면 둘 다 죽는 최악의 상황이 되고, 모두 피하면 둘 다 겁쟁이가 된다. 이 게임의 행위자 간 기대 수익 구조는 〈표 12-2〉와 같다.

이 게임에서 A의 선호는 DC > CC > CD > DD가 된다. 즉, 상대방이 반드시

31 전자는 김진, "국민이 3일만 참아주면…," 중앙일보(2010. 5. 23.), 후자는 "한반도 전쟁 시뮬레이션 해봤더니…," 『시사IN』(2010. 5. 31.).
32 이종길 옮김(2002), p. 299.

표 12-2 겁쟁이 게임에서 수익 구조

B \ A	직진/배반(D)		꺾기/협력(C)	
직진/배반(D)	−4	−4	2	−2
꺾기/협력(C)	−2	2	−1	−1

직진을 하는 경우에는 내가 겁쟁이가 되는 것이 낫고, 상대방이 겁쟁이가 될 경우 내가 직진하는 것이 좋다. 그러나 쌍방이 모두 직진하는 것보다는 모두 겁쟁이가 되는 것이 낫다. 그래서 상대방 경기자에게 내가 겁쟁이가 아니라는 것을 믿게 만드는 허세(bluffing)가 중요하여, 실제 국가 정책에서 이것은 '벼랑 끝 전술'로 불리는 게임이다.

이 게임에서 보듯 군사적 제재는 상대방이 그 위협을 실제로 받아들이는 정도에 달려 있고, 이것은 상대방뿐 아니라 동시에 자국민도 믿게 해야 한다는 문제가 있다. 따라서 군사적 제재 수단은 전쟁에 대한 자국 내에서 정치적·경제적·사회적 비용을 지불해야 하고, 이 비용과 외교적 승리에서 얻는 기대 효과를 비교해 보아야 한다.

여기에서 현실주의자들은 힘을 중요시하여 압박이나 제재가 작동할 것으로 믿으며, 자유주의자들은 그렇지 않다고 본다.

4. 행위자의 수와 제재 수단의 효율성

마지막으로 남북 관계에서 정책 수단은 행위자의 수에 의해 그 효율성이 영향을 받게 된다. 특히, 남북한의 분단 구조가 주변국의 이해관계와 매우 강하게 연관되어 있기 때문에 남북 관계는 남과 북의 관계로만 한정되어 영향을 주고받지 않는다.

일반적으로 제재가 효과적이 되기 위해서는 다음의 세 가지 조건이 충족되어야 한다고 본다. 첫째, 행위자는 배반자를 구분할 수 있어야 한다. 둘째, 배반자에게 국한시켜 보복을 행할 능력이 있어야 한다. 셋째, 배반자에게 보복을 행하기에 충분할 만큼의 장기적 동기를 갖고 있어야 한다.[33]

즉, 행위자의 수와 배반자의 격리 여부가 제재의 효율성에 영향을 미친다는 것이다. 행위자가 많을 경우, 명백한 배반자를 구분하기가 쉽지 않고, 보복이 배반자에게 한정적일 수 없게 된다. 이것은 배반자가 동맹을 맺고 있을 경우에 나타난다.[34] 또한 행위자가 많을 경우 다른 행위자가 보복하게 하고 자신은 무임승차하려는 것을 방지할 수 있어야 한다.[35]

사실 남북 관계는 행위자의 수에 지대한 영향을 받아 왔고 지금도 받고 있다. 특히, 한미 동맹과 북중 동맹으로 이루어진 4자 관계는 우리 대북 정책 수단의 효용성에 거의 절대적 영향을 미친다. 우리 정책 목표 중 하나인 북한 핵 문제 해결은 적대적 북미 관계에 의해 절대적인 영향을 받아 왔다. 또한 이를 이행시키기 위한 수단으로서 경제 제재는 북중 동맹에 의해 그 효용성이 상실되었고, 위에 언급한 대북 경제 제재가 큰 효과를 낼 수 없다는 연구들에서도 바로 이 문제가 결정적 변수라고 보고 있다.

이상의 논의에서 우리는 동일한 정책 수단을 놓고 보는 시각에 따라 일부

33 김우상 역(1997), p. 422.
34 역사적 예는 1914년 세르비아에 대한 오스트리아의 제재가 될 수 있다. 세르비아에 대한 제재는 곧 동맹인 러시아에 대한 응징의 의미를 함께 가지게 되었다(김우상, 1997, p. 425).
35 이러한 문제를 해결하기 위해 국가 간에는 제재를 행할 책임을 부여하는 국제 레짐을 구축할 것을 주장한다(김우상, 1997, p. 425).

는 당근으로, 일부는 채찍으로 인식하고 있으며, 이로써 그 효용성에 대한 평가가 극명하게 차이를 보이고 있는 것을 보았다. 또한 이 수단의 효용성이 매우 제한적이며, 특히 채찍에 해당하는 경제 제재는 주로 중국 변수 때문에, 군사 제재는 그 자체의 비용과 신뢰성 때문에 효용성에 문제가 있다는 것을 보았다. 그렇다면 이명박 · 박근혜 정부의 대북 정책은 어떤 시각을 바탕으로 하고 있고, 그 근거는 무엇인지 살펴보기로 하자.

제3절 이명박 · 박근혜 정부 대북 정책의 내용, 이론적 배경과 북한의 대응

1. 이전 정부의 정책과 이명박 정부 정책의 차이

2008년 2월 25일 이명박 대통령은 취임사에서 남북 관계가 "이제까지보다 더 생산적으로 발전해야" 하고, 이것을 "이념의 잣대가 아니라 실용의 잣대로 풀어 가겠다" 고 하였다. 또한 "북한이 핵을 포기하고 개방의 길을 택하면 국제 사회와 협력하여 10년 안에 북한 주민 소득이 3,000달러에 이르도록 돕겠다" 고 하였다.[36] 이것은 이제까지 남북 관계가 우리의 대북 정책 목표인 비핵화와 북한의 개방을 위해 제공한 것에 비해, 아무것도 이루어지지 않았으니 '덜 생산적'이고, 이러한 관계에도 불구하고 협력을 계속하였으니 '이념적'이었다는 평

36 대통령 취임사(http://www.president.go.kr, 검색일 2010. 2. 5.).

가이다. 이러한 평가를 바탕으로 이명박 정부의 정책은 우리가 원하는 비핵·개방과 북한이 원하는 경제 지원을 맞바꾸는 것이다. 그래서 '생산적'이고 '실용적'이라는 주장이다.[37]

이명박 정부 대북 정책의 공식 명칭은 '상생·공영' 정책이다. 이것은 남북 관계 발전을 위해서는 남한으로 흡수될 수 있다는 북한의 우려를 해소해 주면서(co-existence), 함께 번영(co-prosperity)하자는 의미이며, 또한 1991년 남북기본합의서의 핵심 단어인 '화해'와 '협력'을 '상생'과 '공영'으로 발전시킨 것이다.[38] 상생과 공영이 결과라면 '비핵·개방·3000' 구상은 수단이 된다. 즉, 북한의 비핵화와 개방을 유도하고, 남북 간 상생적 경제 협력을 통해 북한의 경제 회복과 동시에 하나의 경제 공동체를 실현하겠다는 정책이다. 이후 남북 간 통일은 동서독 유형이 아니라 EU 유형의 통합체로 나아갈 것으로 예상하고 있다.[39] 이렇게 볼 때, 이 정책은 이 정부의 통일 방안인 '민족 공동체' 통일 방안과 부합하고, 또 큰 틀에서 이전 정부의 정책들과 별로 다르지 않다.

그러나 이 정책의 구체적 내용은 이전 정부와 상당한 차이가 있었다. 그 차이는 다섯 가지로 정리될 수 있다. 첫째, 비핵화 전략에 대한 시각차이다. 이전 정부 정책은 남북 경협을 활성화하면 북한의 비핵화, 개방화, 경제 발전이 촉진될 것이라 전제하고 '유연한' 상호주의를 적용하였는데, 이 정책은 북한의 비핵화를 받아 내기 위해 '엄격한' 상호주의를 적용해야 한다고 보았다.[40] 이것은 경제 협력을 반드시 비핵화와 연계하겠다는 것으로 과거 정부 정책의 '정경

37 서재진(2008), pp. 8-9.
38 서재진(2008), pp. 6-7. 이 정책의 영문 표기에 대해 통일부 사이트에는 "Policy of Mutual Benefits and Common Prosperity"로 되어 있었다(통일부, http://www.unikorea.go.kr(검색일 2010. 2. 5.)).
39 서재진(2008), p. 8.
40 서재진(2008), p. 11.

분리'에서 강한 '정경 연계'를 표명한 것이다.

둘째, 북한의 개방화 전략에 대한 시각차이다. 개방화란 세계 자본주의 체제로의 편입을 의미하며, 특히 이것은 미국과의 국교 정상화가 관건이다. 과거 정부 정책은 대미 국교 정상화는 대화와 교류를 통해 상호 신뢰가 쌓이면 가능할 것이라 전제한 데 반해, 이 정책은 오히려 미국의 봉쇄, 특히 부시 정부의 봉쇄에 우리 정부가 경제 협력을 함으로써 북한이 경제난에도 불구하고 개혁을 미룰 수 있었던 것으로 보고 있기 때문에, 북한의 개방화는 오히려 고립과 봉쇄를 통해 이룰 수 있다고 전제하였다.[41]

셋째, 남북 관계와 국제 관계의 결합 방식에서의 견해차이다. 과거 정부의 정책은, 특히 노무현 정부의 정책은 남북 관계를 특수 관계로 인식하고 보편적인 국제 관계보다 우선시하여 '민족적 시각'에서 남북 경제 협력을 주요 수단으로 하였다고 보았고, 이것이 과거 남북 경제 관계가 북한의 논리에 의해 왜곡될 수 있는 여지를 제공한 이유라고 보았다.[42] 따라서 이 정책은 '보편적 시각'에서 북한의 국제 사회 편입을 강조하였다. 마찬가지로 6.15공동선언과 10.4정상선언도 '남북 간의 시각'에 기초한 해법이라고 보았다. 그래서 '비핵 · 개방 · 3000' 구상은 '보편적 국제 관계'의 맥락에서 북한에게 생존의 길을 제시한 것이라 주장하였다.[43]

넷째, 미국과 중국과의 관계에 대한 시각차이다. 이 정부의 시각은 과거 정부, 특히 노무현 정부는 북핵 문제 해결의 열쇠를 중국이 가지고 있다고 보고 중국을 중시하였는데, 북한이 중국에 지나치게 의존되는 것을 염려하여 경계

41 서재진(2008), p. 12.
42 서재진(2008), p. 16.
43 서재진(2008), p. 20.

함으로써 실패하였다고 보았다. 따라서 이명박 정부는 동맹인 미국을 중시해야 하고, 그래서 한미 관계가 개선되면 북미 관계가 개선되고, 이것은 종국적으로 남북 관계 개선으로 이어질 것으로 보았다.[44]

마지막으로, 북한의 미래에 대한 인식차이다. 이전 정부의 정책들은 남북 교류가 지속적으로 확대되면, 북한이 결국에는 개혁 · 개방할 수밖에 없을 것이고, 비록 남북 교류가 북한의 변화를 빠르게 이끌어 내지 못해도, 적어도 남북 간 긴장 완화에 크게 기여한다는 암묵적 전제가 있었다. 그러나 이명박 정부의 정책은 비핵화와 개방의 대가로 국민 소득 3,000달러라는 목표를 북한에게 제시한 것으로 '창조적 실용주의'에 입각한다고 주장하였다. 또한 역사는 자본주의와 민주주의로 갈 수밖에 없기에 북한도 이 길로 나아갈 것이라 보았고, 북한이 남북 관계를 무시하고 국제 공조를 우선해도, 동시에 남북 간의 교류가 없어도 남북 간에 아무 문제가 없을 것임을 전제하였다.[45]

결과적으로 이 정책은 앞 장에서 보았듯이 북한이 비핵도, 개방도 거부하면서 상생도 공영도 이루지 못하였고, 미국과 함께 북한의 태도 변화를 기다리는 '전략적 인내' 정책이 되었다.

2. 이명박 정부 대북 정책의 이론적 기반과 북한의 대응

1) 이명박 정부 대북 정책의 이론적 기반

위에서 보았듯이 이명박 정부 대북 정책의 특징은 엄격한 상호주의, 정경

44 서재진(2008), pp. 41-42.
45 서재진(2008), pp. 12, 83.

연계, 봉쇄나 압박이 개방을 촉진할 것이란 인식, 남북 관계는 특수 관계가 아니라 보편적 국제 관계의 일부분이라 보는 인식, 한중 간의 균형 외교보다 동맹인 미국과의 관계 중시, 이 정책이 실용적이라는 믿음 등이었다.

이러한 특징은 국제 정치를 보는 시각에서 현실주의와 닿아 있다. 엄격한 상호주의는 국제 관계에 대한 비관적 시각을 전제하고 있고, 정경 연계는 군사안보 문제가 '상위 정치'라는 인식에 근거한다. 또한 국익 추구의 주된 방법에서 수단에서 압박과 동맹을 중시하고 있다.

일부에서는 심지어 이 정책이 북한 정부가 가야 할 길을 제시하고 있으며, 북한이 국제 사회로 나오기 위해 핵 문제는 물론이고, 인권 문제, 납치 문제 등도 해결해야 하며, 특히 필요하다면 남한이 북한을 이 길로 '끌고 갈' 것을 주장하고 있다는 점에서 현실주의적이라기보다 오히려 미국 부시 행정부의 '신보수주의'적 시각에 가깝다고도 한다. 이것은 세계를 우방과 적으로 양분하고, 적과의 관계는 협력할 수도 없고, 해서도 안 되는, 반드시 제거해야 할 관계라 보는 것이다. 부시 정부의 이러한 시각이 북한을 '악의 축'으로 규명한 이유이고, 따라서 특히 부시 정권 전반기의 4년 동안, 미국의 대북한 정책은 보상이 수반되는 협상이란 있을 수 없고 오직 북한을 패배시키기 위한 강압 정책으로 일관하게 하였다는 설명도 있다.[46]

과거 두 정부의 정책이 통합 이론의 차원에서 기능주의 혹은 신기능주의에 입각하고 있었던 것에 비해 이 정책은 이에 관해 언급이 없다.

46 김현(2008), pp. 131-133. 부시 정부의 대이라크 전쟁은 이 정부의 이러한 시각 때문에 시작되었다는 것이다. 즉, 만일 부시 대신 고어가 당선되었더라면, 비록 미국이 동일한 9.11테러를 당하였더라도 그 정책은 완전히 달랐을 것이라는 주장이다. 이 주장은 Madeleine K. Albrigh(2003), pp. 2-19 참조.

2) 북한의 대응

이러한 이명박 정부 대북 정책에 대해 북한은 '선군정치'와 '강성대국', 그리고 2009년 서해교전(대청해전), 2010년 천안함과 연평도 사태로 대응하였다. 이 정책이 추구하였던 북한의 비핵화도, 개혁 · 개방도, 심지어 군사적 신뢰 구축도 이루지 못하였다. 오히려 북한은 핵 무장과 폐쇄를 이전보다 더 강화하였다.

북한은 개혁 · 개방의 의사가 없음을 명시적으로 밝혔다. 2008년 11월 노동신문은 "동유럽 나라들에서 사회주의가 붕괴된 것은 이 나라들이 결코 군사력이나 경제력이 약해서 빚어진 결과가 아니라, 이 나라들이 제국주의자들의 '평화적 이행' 전략에 걸려들어 개혁 · 개방 책동에 놀아났기 때문"이었으며, 이것은 "제국주의자들의 음흉한 술책"이고 "내정에 노골적으로 간섭하는 것"이기 때문에, "누가 뭐라고 하든, 어떤 바람이 불어오든 우리 당과 인민은 결코 우리식 사회주의를 허물기 위한 제국주의자들의 침략 와해 수법인 개혁 · 개방의 길로 나가지 않을 것"이라 주장하였다.[47]

2011년 말 김정일은 역사 속으로 사라졌고, 그의 아들 김정은이 권력을 세습하였다. 그러나 북한의 정책은 전혀 달라지지 않았다. 이것은 부자 간의 권력 세습과 주변 실세들이 평균 나이가 70세라는 점에서 이미 어느 정도 예견되는 것이기도 하였다.[48]

47 로동신문(2008. 11. 20.), 데일리NK, "북(北) 매체 '우리는 결코 개혁 · 개방으로 나가지 않을 것'"(2008. 11. 21.)(http://www.dailynk.com)에서 재인용(검색일 2010. 2. 5.).

48 권력 세습 당시 최측근이라 불리는 고모부 장성택은 65세, 고모 김경희도 65세, 당정치국 위원 최룡해는 62세, 당중앙군사위원회 위원 김기남은 86세, 리영호 인민군 총참모장은 69세, 김정각 인민군 총정치국 제1부국장은 70세였다.

3. 이전 정부의 정책과 박근혜 정부 정책의 차이

2013년 2월 출범한 박근혜 정부는, 이전 정부와 같은 당이었지만, 이전 정부의 정책을 계승하지 않았다. 박근혜 정부의 '한반도 신뢰 프로세스'는 이전 김대중 · 노무현 정부의 '교류 중심의 포용 정책'도 이명박 정부의 '원칙 중심의 포용 정책'도 북한의 변화를 이끌어 내는 데 실패하였다는 인식에 바탕을 두고 있다.

앞에서 이명박 정부 대북 정책의 특징을 그 이전 정부의 정책과 비교한 다섯 가지 기준을 동일하게 적용한 박근혜 정부 대북 정책의 특징은 다음과 같다.[49]

첫째, 이 정책은 김대중 · 노무현 정부 정책이 정경 분리로 인해 강경이 필요할 때 너무 유화적이었고, 이명박 정부 정책은 정경 연계로 유화가 필요할 때 너무 강경하였다고 본다. 그래서 남북 관계가 "북한의 도발 → 위기 → 타협 → 보상 → 도발의 악순환"이었다는 인식이다. 따라서 이 정책은 '진화하는' 정책으로 이들의 "장점을 수용하면서 통합적인 접근을 모색"한다는 것이다.

둘째, 김대중 · 노무현 정부 정책은 일방적 유화 정책이었고, 이명박 정부의 정책은 일방적 강경 정책이었다고 평가하고, '한반도 신뢰 프로세스'는 강온을 선별적으로 적용한다는 의미로 맞춤형이라는 주장이다. 이것은 단순한 강경과 유화의 중간적 입장을 넘어, 단호한 입장이 요구될 때는 더욱 강경하게 대응하고, 동시에 협상을 추진함에 있어서는 매우 개방적인 접근 방법을 취한다는 의미이다.

49 이하 내용은 통일부(2014), pp. 7-10 참조.

셋째, 남북 관계와 국제 관계의 결합 방식에서는 '균형'을 강조하고 있다. 김대중 · 노무현 정부 정책은 남북 관계를 지나치게 우선시하였고, 이명박 정부 정책은 남북 관계를 너무 경시하였다는 전제 하에 남북 대화와 국제 공조 사이의 균형을 유지하겠다는 것이다.

표 12-3 한반도 신뢰 프로세스

목표	남북 관계 발전, 한반도 평화 정착, 통일 기반 구축	
추진 원칙	균형 있는 접근, 진화하는 대북 정책, 국제 사회와의 협력	
추진 기조	① 튼튼한 안보에 기초한 정책 추진 ② 합의 이행을 통한 신뢰 쌓기 ③ 북한의 '올바른' 선택 여건 조성 ④ 국민적 신뢰와 국제 사회와의 신뢰에 기반	
추진 과제	① 신뢰 형성을 통한 남북 관계 정상화	• 인도적 문제 지속적 해결 추구 • 대화 채널 구축 및 기존 합의 정신 실천 • 호혜적 교류 · 협력 확대 · 심화 • '비전 코리아 프로젝트' 추진
	② 한반도의 지속 가능한 평화 추구	• 평화를 지키기 위한 확고한 안보 태세 완비 • 북핵 문제 해결을 위한 다각적 노력 • DMZ 세계평화공원 조성 • 정치 · 군사적 신뢰 구축 추진
	③ 통일 인프라 강화	• '민족 공동체 통일 방안' 발전적 계승 • 국민과 함께 하는 통일 추진 • 북한 주민의 삶의 질 개선 추구
	④ 한반도 평화 통일과 동북아 평화 협력의 선순환 모색	• 통일에 대한 국제 사회의 지지 확대 • 동북아의 지속 가능한 평화와 발전 추구를 통해 궁극적으로 북한 문제 해결에 기여 • 북방 3각 협력 추진

출처: 통일부(2014), p. 10.

넷째, 한미 관계와 한중 관계의 비중에서도 '균형'을 강조하고 있다. 이것은 노무현 정부는 미국과의 관계를 너무 소홀히 하였고, 이명박 정부는 중국을 너무 소홀히 하였다는 인식에 바탕을 두고 있다.

마지막으로 북한과의 관계에서 안보와 교류 협력의 균형, 북한 정부와 주민의 분리 대응에 대한 균형도 강조하고 있다.

이 정책의 구체적인 목표, 추진 원칙, 추진 기조, 추진 과제는 〈표 12-3〉과 같다. 간단히 요약하면, 통일 기반 구축을 위해서는 남북 간의 신뢰가 필요하고, 신뢰를 구축하기 위해 북한의 도발에는 단호히 대처하고, 협력에는 적극 응한다는 것이다. 이것은 북한이 도발하면 봉쇄로, 협력하면 유화로 대응하게 되는 결과를 초래할 수 있다. 그 출발점으로 정경 분리·연계의 논란이 별로 없는 인도적 지원, 농업 및 환경 협력부터 시작하겠다는 것이다.

4. 박근혜 정부 대북 정책의 이론적 기반과 북한의 대응

1) 박근혜 정부 대북 정책의 이론적 기반

앞에서 보았듯이 김대중·노무현 정부의 대북 정책은 인식론적으로 자유주의적 시각에 기반하고 있었고, 통합 이론의 관점에서는 기능주의적 접근법에 가까웠다. 반면 이명박 정부의 대북 정책은 현실주의적 시각에 기반하고 있었으며, 통합 이론의 관점에서는 통합의 가능성이 희박하다고 보았기에 통합 이론이 설 장소가 별로 없었다. 이에 비해 박근혜 정부의 '한반도 신뢰 프로세스'는 이 두 정책의 중간 입장을 취하고 있다.

굳이 구분하자면, 현실주의적 인식론에 뿌리를 두고 있지만 구성주의를 지향하고 있다고 볼 수 있다. 즉, 남북 관계의 인식에서 지금은 적대적이지만 앞으로 호혜적 관계로 나아갈 수 있다고 보는 것에서 현실주의적 인식론 위에 구성주의적 색채를 가미하고 있는 것이다. 또한 국가를 주된 행위자로 보고, 군사 안보를 바탕으로 다른 영역에서의 교류를 전제하고 있다는 의미에서 역시 현실주의에 바탕을 두지만 변화의 가능성을 열어 두었다는 의미에서 구성주의적이다. 국익 추구의 방법 혹은 국가 간 협력의 주된 방법 역시 강한 압박에 근거한 조건부적 유화라는 점에서 현실주의에 바탕을 두고 구성주의를 지향한다. 평화에 대한 시각 역시 낙관도 비관도 아니다. 통합 이론의 관점에서는 개성공단 국제화 노력, DMZ 세계평화공원 추진 등 제도화를 중요시하고 있는 것으로 볼 때, 제도주의적 접근법에 무게를 두고 있는 것으로 볼 수 있다.

2) 북한의 대응

북한은 '한반도 신뢰 프로세스'의 시작을 매우 어렵게 만들었다. 북한은 대통령이 취임하기 13일 전, 2013년 2월 12일 함경북도 길주군 풍계리 지역에서 제3차 핵 실험을 감행하였다. 박근혜 대통령은 2월 25일 취임사에서 북한이 "핵을 내려놓고 평화와 공동 발전의 길로 나올 것"을 촉구하고 "확실한 억지력을 바탕으로 남북 간에 신뢰를 쌓기 위해 한 걸음 한 걸음 나아갈 것"이라 하였다.[50]

대통령 취임 후 남북 관계는 갈등이 고조되었다. 북한은 3월 5일 인민군 최고사령부 대변인 성명을 통해 한미 합동 군사 훈련을 비난하면서 정전 협정 백지화 및 북한군 판문점 대표부 활동 중지, 판문점 북미 군부 전화 차단을 발표

50 중앙일보, "박근혜 대통령 '희망의 새 시대 열겠다' 취임사"(2013. 2. 25.).

하였다. 3월 8일에는 유엔 안보리 대북 제재 결의안(결의안 2094호)이 채택된 것에 반발하여 '남북 불가침에 관한 합의'와 '한반도 비핵화 공동 선언'의 백지화를 발표하였다. 며칠 만에 남북 간 합의 문서를 상당 부분 폐지한 것이다.

북한의 이러한 조치에 우리 국방부는 "북한이 핵무기로 한국을 공격한다면 대한민국은 물론이고 인류의 의지로 김정은 정권은 지구상에서 소멸될 것"이라 대응하였다. 3월 19일 한미 군사 훈련인 '독수리 훈련'의 일환으로 미국의 B-52 전략 폭격기가 한반도 상공에서 폭격 훈련을 한 것에 대해 북한은 전체 인민과 군인에 대해 1시간 동안 공습 경보 발령을 내렸고, 급기야 3월 30일 북한은 남북 관계를 '전시 상황'이라 선언하였다.[51] 또한 4월 5일 북한은 개성공단 종업원 전부 철수, 사업 잠정 중단을 발표하였고, 다음날 남한에 있는 모든 외국인들은 사전 대피할 것과, 소개 대책을 세워야 할 것이라고 위협하였다. 4월 26일 통일부는 개성공단 잔류 인원 전원 귀환 조치를 내렸다.

이렇게 위기로 치닫던 남북 대립은 7월에 접어들면서 완화되기 시작하였다. 7월 6일 개성공단 남북 실무 회담이 개최되었고, 9월 16일 시운전을 거쳐 재가동되었다.

2014년 신년사에서 박 대통령은 "한반도 평화를 보다 적극적으로 만들어 나가면서 평화 통일을 위한 기반을 구축해 나갈 것"을 표방하고, 1월 6일 신년 기자 회견에서 통일 비용에 대한 국민들의 우려와 관련해서 "통일은 대박"이라며 통일이 우리 경제 대도약의 기회가 될 것임을 강조하였다.

2월에는 남북 고위급 접촉이 다시 이루어졌고, 이산가족 상봉도 이루어졌다. 3월 박 대통령은 독일 드레스덴에서 "한반도 평화 통일을 위한 구상"이라

51 연합뉴스, "北, '남북관계, 전시상황 돌입'"(2013. 3. 30.).

는 제하의 연설에서 평화 통일 기반 구축을 위한 3대 제안을 발표하였다. 그것은 남북한 주민들의 인도적 문제 해결, 남북한 공동 번영을 위한 민생 인프라 구축, 남북 주민 간 동질성 회복이다. 이러한 제안에 대해 북한은 4월 12일 국방위 대변인 담화를 통해 '흡수 통일' 논리이자, '황당무계한 궤변'으로 평가하였고, 북한의 현실을 '배고픔, 고통' 등으로 비방, 중상하였다고 비난하였다.[52]

9월 19일부터 10월 4일까지 인천에서 개최된 아시안 게임에 북한은 14개 종목에 걸쳐 선수 150명을 참가시켰고, 특히 폐막식이 있던 10월 4일 북한의 권력 서열 2위인 인민군 총정치국장 황병서, 직전 총정치국장이자 조선노동당 비서 최룡해, 당 통일선전부장 겸 대남 담당 비서 김양건이 전격 방문하여 국무총리, 통일부 장관, 여야 당 대표 등을 만나 남북 고위급 회담을 10월 말에서 11월 초 사이에 개최하기로 합의하고 돌아갔다. 그러나 이 회담은 이후 대북 전단 살포 문제로 결실을 보지 못하였다.

2015년 8월 남북 관계는 일촉즉발의 위기로 치달았다. 8월 4일 DMZ에서 북한의 지뢰 도발 사건이 발생하였다.[53] 이에 우리는 대북 확성기 방송을 재개하였다. 8월 20일 북한은 우리 측 확성기를 향해 포격을 가해 오면서 48시간 이내 대북 심리전 방송을 중지하지 않으면 강력한 군사 행동을 개시한다는 '최후통첩'을 전달하였다. 다음날 북한은 '준전시 상태'를 선포함과 동시에 대화를 제의해 왔고, 8월 22일부터 24일까지 남북 고위급 회담이 개최되었다.[54] 여기서 '8.25합의'가 도출되었다. 합의 내용은 ① 남북 당국 회담 개최, ② 북측의 지뢰

52 통일부, "남북관계 주요일지"(http://www.unikorea.go.kr, 검색일 2014. 10. 8.).
53 이것은 경기도 파주 서부 전선 DMZ 내의 군사 분계선 남쪽에서 북한제 목함 지뢰가 터진 사건이다. 이 사건으로 부사관 2명이 중상을 입었다.
54 참석자는 남측의 김관진 안보실장, 홍용표 통일부 장관, 북측의 황병서 총정치국장, 김양건 대남 담당 당 비서였다.

폭발 유감 표명, ③ 우리 측 확성기 방송 중단, ④ 북측 준전시 상태 해제, ⑤ 추석 계기 이산가족 상봉 행사 개최 및 적십자 실무 접촉 9월 초 개최, ⑥ 민간 교류 활성화 등 6개 항이었다. 이 합의에 따라 대북 심리전 방송은 중단되었고, 10월 20일부터 26일 사이 금강산에서 이산가족 상봉 행사가 이루어졌다.

그러나 2016년에 접어들면서 남북 관계는 다시 파국으로 치닫고 있다. 2016년 1월 6일 북한은 '수소탄'이라 주장하는 제4차 핵 실험을 단행하였고, 이어 2월 7일 '광명성 4호'라 명한 6번째의 장거리 로켓을 발사하였다. 이에 대응하여 박근혜 정부는 2월 10일 남북 관계의 마지막 연결 고리였던 개성공단의 가동을 중단하였다. 박근혜 대통령은 2월 16일 국회에서 행한 특별 연설에서 "1990년대 중반 이후 정부 차원의 대북 지원만도 총 22억 달러가 넘고, 민간 차원의 지원까지 더하면 총 30억 달러"를 넘어섰는데, 이제는 더 이상 "퍼주기식 지원"을 하지 않겠다고 선언하였다. 또한 북한 핵과 미사일의 "1차적인 피해자는 바로 우리"이며, "가장 직접적인 당사자 역시 우리"로 규정하였다. 개성공단에서 지급한 "달러 대부분이 북한 주민들의 생활 향상에 쓰이지 않고 핵과 미사일 개발을 책임지고 있는 노동당 지도부에 전달되고" 있기에 결과적으로 "우리가 북한 정권의 핵과 미사일 개발을 사실상 지원"하는 상황이었다며, 이러한 상황을 종식시키겠다고 공언하였다. 또한 우리 정부는 북한이 "핵 개발로는 생존할 수 없으며, 오히려 체제 붕괴를 재촉할 뿐"이라는 것을 "뼈저리게 깨닫도록," "강력하고 실효적인 조치"들을 취하겠다고 하였다.[55] 우리 대통령으로는 처음으로 남북 경협을 "퍼주기"라 공식화하였고, 북한의 핵 문제를 확실하게 "우리 문제"로 규정하였으며, 북한의 "체제 붕괴"를 언급하였다. 이것은 '한반도 신

55 국민일보, "국회 연설 전문, 박근혜 대통령 '북 김정은 정권, 전 세계 평화에 정면도전'"(2016. 2. 16.).

뢰 프로세스'에서 '신뢰'에 대한 기대를 마감하고 사실상 봉쇄 정책으로 회귀함을 선언한 것이다.

제4절 통일을 위한 우리의 과제

한반도의 분단은 우리의 내부 원인도 없지 않았지만, 주변 강대국의 각축으로 분단을 선호하는 구조적 요인이 강하게 작용하였다. 이렇게 만들어진 분단 정부들은 각각 냉전의 두 축을 이룬 종주국과 직접적인 군사 동맹 관계를 유지하고 있었고, 체제 보존이라는 이익을 통일 정부 구성이라는 이익보다 우선시하게 되었다. 이로써 분단은 우리의 것으로 내재화되었다.

국제적 차원에서 냉전 구도는 해체되었다. 냉전의 다른 한 모델이었던 사회주의 계획 경제 체제는 폐기되었고, 우리는 사회주의권이 종주국이었던 소련과도, 북한과 혈맹이었던 중국과도 수교하였다. 우리는 독일이 통일하는 것도 보았다. 그래서 우리는 시간이 우리 편이라 생각하였다.

이러한 환경이 김대중 · 노무현 정부의 대북 포용 정책을 낳았다. 이것은 국제 정치를 보는 시각에서 자유주의적이었고, 남북 관계에서도 기능주의적인 통합이 이루어지리라 생각하였다. 그러나 북한은 변하지 않았다. 북한은 내재화된 분단을 유지하려 하였고, 그 수단으로 핵무기 개발이라는 침을 외부로 향해 세우며 고슴도치처럼 웅크리고 있다.

북한의 이러한 태도에 실망한 우리는 다시 현실주의로 돌아왔다. 기능주의적 통합을 믿지 않게 되었다. 이것이 이명박 정부의 대북 정책이다. 이로써 우리는 냉전 시대 우리 민족이 안고 있던 안보 딜레마 상황, 불신에 의한 죄수의 딜레마 상황, 한미 간 동맹 딜레마 상황으로 다시 돌아왔다. 핵무기 개발은 저지하려는 과정에서 불신을 넘어 서로를 겁박해야 하는 '겁쟁이 게임' 상황으로 몰아가고 있다. 지친 정부는 '기다리는 전략'으로 돌아섰다. 남한에서도 내재화된 분단을 다시 받아들인 것이다.

고슴도치처럼 웅크린 북한의 지배 세력은 중첩된 딜레마에 놓여 있다. 경제가 어려워 개혁 · 개방을 하자니 정권 유지가 어렵다. 그러나 개혁 · 개방 없이 경제를 살릴 수 없고, 경제를 살릴 수 없으면 정권 유지가 위태롭다. 마지막 정권 유지의 보루가 군대라 생각하였고, 군대는 핵무기를 선택하였다. 그래서 핵 · 경제 병진 노선을 주창한다. 그러나 핵무기를 가지고 개방할 수 없고, 개방 없이 경제를 살릴 수 없다. 이렇게 정치 · 경제 · 군사의 3중 딜레마에 놓여 있는 것이다.

이러한 북한에게 박근혜 정부는 이전 정부에서 꺼져버린 남북 간 신뢰 구축의 불씨를 다시 살리려고 노력하였다. 그러나 북한은 전혀 변하지 않았고 핵 개발은 계속되었다. 이제 남북의 마지막 끈으로 여겨지던 개성공단마저도 폐쇄하였고 남북 관계는 냉전으로 회귀하였다. 한반도 분단의 내재화가 얼마나 강고한지 다시 확인할 수 있다.

이렇게 보면 남북 관계는 '나쁜 평화'와 '좋은 전쟁'의 중간에 걸려 있다. 즉, 북한의 공세와 핵 위협에 노출된 불편한 평화의 상황과 전쟁을 각오하고라도 북한 정권을 바꾸어 비핵화를 실현하는 것 사이에 있다.

그러나 '좋은 평화'의 길이 전혀 없는 것은 아니다. 이 길은 미국과 중국의 도움이 반드시 필요하다. 우리는 북한의 핵 문제와 개혁 · 개방 문제를 평화적으로 해결할 수 있는 상당한 힘이 미국과 중국에 있다는 것을 보았다. 미국은 당근으로서의 힘을, 중국은 채찍으로서의 힘을 가지고 있다.

물론 이것도 쉬운 일은 아니다. 미국은 북한에 대한 채찍이 자신의 국익에 부합한다고 생각하고 있고, 중국 역시 북한에 대한 당근이 더 국익에 부합하다고 생각하고 있기 때문이다. 패권을 유지하려는 미국과 그 패권에 도전하는 중국이 한반도에서 만나고 있는 것이다. 이렇게 보면 미국과 중국이 한반도에 가지는 이해관계의 구도는 한국전쟁 당시와 크게 다르지 않다.

이러한 상황 아래 생각해 볼 수 있는 통일을 지향하는 우리의 과제는 다음과 같다. 첫째, 어떠한 상황에서도 또 다른 전쟁은 피해야 한다. 우리는 한국전쟁 이후 두 세대를 지나면서 겨우 적대감을 극복해 가고 있었다. 여기에 다시 전쟁이 발발한다면 또 다른 몇 세대를 기다려야 할 것이다. 비록 전쟁에서 이겨 무력으로 통일을 한다 하더라도, 그리고 그 전쟁에서 우리가 살아남는다고 해도, 그 사이 입은 상처는 몇 세대 동안 지속될 것이다.

둘째, 북한 핵 문제는 안보의 문제이고, 안보 문제는 한반도 평화 체제 구축으로 풀어야 한다. 지금까지 우리 정부는 이 문제를 경제적 보상으로 해결하려 하였다. 그러나 김대중 · 노무현 정부의 먼저 지원하고 나중에 받겠다던 소위 '선불제'도, 이명박 정부의 비핵화하면 나중에 지원하겠다던 소위 '후불제'도 해결할 수 없음이 입증되었다.[56]

셋째, 미중 간 균형 외교가 필요하다. 평화 체제 구축의 문제는 휴전 체제의 종식을 의미하고, 이것은 휴전 협정 당사자인 미국과 중국 모두의 협조를 얻

56 '선불제'와 '후불제'는 조성렬(2012) 참조.

어야만 가능하다. 한미 관계만 좋아지면 북미 관계가 좋아지고, 북미 관계가 좋아지면 남북 관계가 좋아진다는 선순환 논리는 중국이 개입하지 않을 때 가능한 논리다. 남북이 통일되지 않는 한 남북과 미중 4자 관계는 안보 딜레마와 동맹 딜레마로부터 자유로울 수 없고, 따라서 하나가 다른 하나와 가까워지면 나머지가 싫어하는, 그러면서 나머지가 서로 가까워지는 삼각관계를 이루고 있다. 따라서 장기적 시각에서 보면 구성주의가 제시하는 다자 간 안보 공동체 구성이 반드시 필요하다.

넷째, 우리 문제는 우리가 풀어야 한다는 자세가 필요하다. 미국도 중국도 분단국인 우리의 이해와 같을 수 없다. 우리는 해방 정국에서 강대국에게 편승하는 것이 분단을 낳은 것을 이미 보았다. 비록 아직도 우리의 힘이 미국과 중국에 비해 약하지만 그 사이 우리의 힘도 커졌다. 이제는 우리의 전략이 필요하고 그 최우선에 남북한의 신뢰 구축이 놓여야 한다. 남북한의 신뢰 구축 없이는 남북 모두 안보 딜레마와 동맹 딜레마로부터 자유스러울 수 없기 때문이다.

다섯째, 장기적으로 보면 북한의 미래는 북한 주민이 결정할 수밖에 없다. 이때 북한의 다수 주민이 남한을 어떻게 생각하느냐가 통일에 결정적 변수가 될 것이다. 그래서 북한 주민의 마음을 얻어야 한다. 비록 우리가 처한 상황이 '겁쟁이 게임' 처럼 되어 있고, 여기에서 승자가 되려면 상대방을 겁박해야 하지만, 이것은 일시적 · 전술적 차원에 한정되어야 한다. 북한의 민주화도, 비록 도와 줄 수는 있지만, 북한 주민에게 맡겨야 한다. 현재 상황이 어렵더라도 남북 관계는 우리가 하기에 따라 달라질 수 있다는 구성주의적 시각을 버려서는 안 된다.

마지막으로, 북한은 변하지 않을 적이자 악이며, 따라오지 않으면 끌고 간다는 생각, 고립과 압박에도 불구하고 북한이 아무런 저항 없이 붕괴될 수밖에 없을 것이라는 전제, 혹은 비록 북한이 저항해도 우리가 입을 피해는 전혀 관심을 가질 필요가 없을 만큼 적을 것이라는 전제는 위험하다. 따라서 따라오지 않으면 기다린다는 생각, 천천히 오면 서서히 간다는 생각, 함께 간다는 생각으로 기다릴 필요가 있다. 그것은 북한 주민이 오늘의 적일지 모르지만 내일 통일이 되면 당장 서로 이웃하여 살아야 하기 때문이고 그 시간이 언제 올지 아무도 모르기 때문이다.

부록

1. 7.4남북공동성명
2. 남북한 사이의 화해와 불가침 및 교류 협력에 관한 합의서(남북기본합의서)
3. 한반도의 비핵화에 관한 공동 선언
4. 6.15남북공동선언
5. 남북 관계 발전과 평화 번영을 위한 선언(10.4선언)
6. 북핵 관련 주요 일지

7.4남북공동성명

최근 평양과 서울에서 남북 관계를 개선하며 갈라진 조국을 통일하는 문제를 협의하기 위한 회담이 있었다.

서울의 이후락 중앙정보부장이 1972년 5월 2일부터 5월 5일까지 평양을 방문하여 평양의 김영주 조직지도부장과 회담을 진행하였으며, 김영주 부장을 대신한 박성철 제2부수상이 1972년 5월 29일부터 6월 1일까지 서울을 방문하여 이후락 부장과 회담을 진행하였다.

이 회담들에서 쌍방은 조국의 평화적 통일을 하루빨리 가져와야 한다는 공통된 염원을 안고 허심탄회하게 의견을 교환하였으며 서로의 이해를 증진시키는 데서 큰 성과를 거두었다.

이 과정에서 쌍방은 오랫동안 서로 만나 보지 못한 결과로 생긴 남북 사이의 오해와 불신을 풀고 긴장의 고조를 완화시키며 나아가서 조국 통일을 촉진시키기 위하여 다음과 같은 문제들에 완전한 견해의 일치를 보았다.

1. 쌍방은 다음과 같은 조국 통일 원칙들에 합의를 보았다.
   첫째, 통일은 외세에 의존하거나 외세의 간섭을 받음이 없이 자주적으로 해결하여야 한다.
   둘째, 통일은 서로 상대방을 반대하는 무력 행사에 의거하지 않고 평화적 방법으로 실현하여야 한다.
   셋째, 사상과 이념 · 제도의 차이를 초월하여 우선 하나의 민족으로서 민족적 대단결을 도모하여야 한다.
2. 쌍방은 남북 사이의 긴장 상태를 완화하고 신뢰의 분위기를 조성하기

위하여 서로 상대방을 중상 비방하지 않으며 크고 작은 것을 막론하고 무장 도발을 하지 않으며 불의의 군사적 충돌 사건을 방지하기 위한 적극적인 조치를 취하기로 합의하였다.

3. 쌍방은 끊어졌던 민족적 연계를 회복하며 서로의 이해를 증진시키고 자주적 평화 통일을 촉진시키기 위하여 남북 사이에 다방면적인 제반 교류를 실시하기로 합의하였다.
4. 쌍방은 지금 온 민족의 거대한 기대 속에 진행되고 있는 남북적십자 회담이 하루빨리 성사되도록 적극 협조하는 데 합의하였다.
5. 쌍방은 돌발적 군사 사고를 방지하고 남북 사이에 제기되는 문제들을 직접, 신속 정확히 처리하기 위하여 서울과 평양 사이에 상설 직통 전화를 놓기로 합의하였다.
6. 쌍방은 이러한 합의사항을 추진시킴과 함께 남북 사이의 제반 문제를 개선 해결하며 또 합의된 조국 통일 원칙에 기초하여 나라의 통일 문제를 해결할 목적으로 이후락 부장과 김영주 부장을 공동위원장으로 하는 남북조절위원회를 구성 · 운영하기로 합의하였다.
7. 쌍방은 이상의 합의 사항이 조국 통일을 일일천추로 갈망하는 온 겨레의 한결 같은 염원에 부합된다고 확신하면서 이 합의 사항을 성실히 이행할 것을 온 민족 앞에 엄숙히 약속한다.

1972년 7월 4일

서로 상부의 뜻을 받들어

이 후 락　김 영 주

남북한 사이의 화해와 불가침 및 교류 협력에 관한 합의서

남과 북은 분단된 조국의 평화적 통일을 염원하는 온 겨레의 뜻에 따라, 7.4남북공동성명에서 천명된 조국통일 3대 원칙을 재확인하고, 정치 군사적 대결 상태를 해소하여 민족적 화해를 이룩하고, 무력에 의한 침략과 충돌을 막고 긴장 완화와 평화를 보장하며, 다각적인 교류 · 협력을 실현하여 민족 공동의 이익과 번영을 도모하며, 쌍방 사이의 관계가 나라와 나라 사이의 관계가 아닌 통일을 지향하는 과정에서 잠정적으로 형성되는 특수 관계라는 것을 인정하고, 평화 통일을 성취하기 위한 공동의 노력을 경주할 것을 다짐하면서, 다음과 같이 합의하였다.

제1장 남북 화해

제1조 남과 북은 서로 상대방의 체제를 인정하고 존중한다.

제2조 남과 북은 상대방의 내부 문제에 간섭하지 아니한다.

제3조 남과 북은 상대방에 대한 비방 · 중상을 하지 아니한다.

제4조 남과 북은 상대방을 파괴 · 전복하려는 일체 행위를 하지 아니한다.

제5조 남과 북은 현 정전 상태를 남북 사이의 공고한 평화 상태로 전환시키기 위하여 공동으로 노력하며 이러한 평화 상태가 이룩될 때까지 현 군사정전협정을 준수한다.

제6조 남과 북은 국제 무대에서 대결과 경쟁을 중지하고 서로 협력하며 민족의 존엄과 이익을 위하여 공동으로 노력한다.

제7조 남과 북은 서로의 긴밀한 연락과 협의를 위하여 이 합의서 발효 후 3개월 안에 판문점에 남북연락사무소를 설치 · 운영한다.

제8조 남과 북은 이 합의서 발효 후 1개월 안에 본회담 테두리 안에서 남북정치분과위원회를 구성하여 남북 화해에 관한 합의의 이행과 준수를 위한 구체적 대책을 협의한다.

제2장 남북 불가침

제9조 남과 북은 상대방에 대하여 무력을 사용하지 않으며 상대방을 무력으로 침략하지 아니한다.

제10조 남과 북은 의견 대립과 분쟁 문제들을 대화와 협상을 통하여 평화적으로 해결한다.

제11조 남과 북의 불가침 경계선과 구역은 1953년 7월 27일자 군사 정전에 관한 협정에 규정된 군사분계선과 지금까지 쌍방이 관할하여 온 구역으로 한다.

제12조 남과 북은 불가침의 이행과 보장을 위하여 이 합의서 발효 후 3개월 안에 남북군사공동위원회를 구성·운영한다. 남북군사공동위원회에서는 대규모 부대 이동과 군사 연습의 통보 및 통제 문제, 비무장지대의 평화적 이용 문제, 군인사 교류 및 정보 교환 문제, 대량 살상 무기와 공격 능력의 제거를 비롯한 단계적 군축 실현 문제, 검증 문제 등 군사적 신뢰 조성과 군축을 실현하기 위한 문제를 협의·추진한다.

제13조 남과 북은 우발적인 무력 충돌과 그 확대를 방지하기 위하여 쌍방 군사 당국자 사이에 직통 전화를 설치·운영한다.

제14조 남과 북은 이 합의서 발효 후 1개월 안에 본회담 테두리 안에서 남북군사분과위원회를 구성하여 불가침에 관한 합의의 이행과 준수 및 군사적 대결 상태를 해소하기 위한 구체적 대책을 협의

한다.

제3장 남북 교류 · 협력

제15조 남과 북은 민족 경제의 통일적이며 균형적인 발전과 민족 전체의 복리 향상을 도모하기 위하여 자원의 공동 개발, 민족 내부 교류로서의 물자 교류, 합작 투자 등 경제 교류와 협력을 실시한다.

제16조 남과 북은 과학 · 기술, 교육, 문화 · 예술, 보건, 체육, 환경과 신문, 라디오, 텔레비전 및 출판물을 비롯한 출판 · 보도 등 여러 분야에서 교류와 협력을 실시한다.

제17조 남과 북은 민족 구성원들의 자유로운 왕래와 접촉을 실현한다.

제18조 남과 북은 흩어진 가족 · 친척들의 자유로운 서신 거래와 왕래와 상봉 및 방문을 실시하고 자유 의사에 의한 재결합을 실현하며, 기타 인도적으로 해결할 문제에 대한 대책을 강구한다.

제19조 남과 북은 끊어진 철도와 도로를 연결하고 해로, 항로를 개설한다.

제20조 남과 북은 우편과 전기 통신 교류에 필요한 시설을 설치 · 연결하며, 우편 · 전기 통신 교류의 비밀을 보장한다.

제21조 남과 북은 국제 무대에서 경제와 문화 등 여러 분야에서 서로 협력하며 대외에 공동으로 진출한다.

제22조 남과 북은 경제와 문화 등 각 분야의 교류와 협력을 실현하기 위한 합의의 이행을 위하여 이 합의서 발효 후 3개월 안에 남북경제교류 · 협력공동위원회를 비롯한 부문별 공동위원회들을 구성 · 운영한다.

제23조 남과 북은 이 합의서 발효 후 1개월 안에 본회담 테두리 안에서 남북교류 · 협력분과위원회를 구성하여 남북 교류 · 협력에 관

한 합의의 이행과 준수를 위한 구체적 대책을 협의한다.

제4장 수정 및 발효

제24조 이 합의서는 쌍방의 합의에 의하여 수정 · 보충할 수 있다.

제25조 이 합의서는 남과 북이 각기 발효에 필요한 절차를 거쳐 그 문본을 서로 교환한 날부터 효력을 발생한다.

1991년 12월 13일

남북고위급회담	북남고위급회담
남측대표단수석대표	북측대표단단장
대한민국	조선민주주의인민공화국
국무총리 정원식	정무원총리 연형묵

한반도의 비핵화에 관한 공동 선언

남과 북은 한반도를 비핵화함으로써 핵전쟁 위험을 제거하고 우리나라의 평화와 평화 통일에 유리한 조건과 환경을 조성하며 아시아와 세계의 평화와 안전에 이바지하기 위하여 다음과 같이 선언한다.

1. 남과 북은 핵무기의 시험, 제조, 생산, 접수, 보유, 저장, 배비, 사용을 하지 아니한다.
2. 남과 북은 핵 에너지를 오직 평화적 목적에만 이용한다.
3. 남과 북은 핵 재처리 시설과 우라늄 농축 시설을 보유하지 아니한다.
4. 남과 북은 한반도의 비핵화를 검증하기 위하여 상대측이 선정하고 쌍방이 합의하는 대상들에 대하여 남북핵통제공동위원회가 규정하는 절차와 방법으로 사찰을 실시한다.
5. 남과 북은 이 공동 선언의 이행을 위하여 공동 선언이 발효된 후 1개월 안에 남북핵통제공동위원회를 구성 · 운영한다.
6. 이 공동 선언은 남과 북이 각기 발효에 필요한 절차를 거쳐 그 문본을 교환한 날부터 효력을 발생한다.

1992년 1월 20일

남북고위급회담	북남고위급회담
남측대표단수석대표	북측대표단단장
대한민국	조선민주주의인민공화국
국무총리 정원식	정무원총리 연형묵

6.15남북공동선언

조국의 평화적 통일을 염원하는 온 겨레의 숭고한 뜻에 따라 대한민국 김대중 대통령과 조선민주주의인민공화국 김정일 국방위원장은 2000년 6월 13일부터 6월 15일까지 평양에서 역사적인 상봉을 하였으며 정상 회담을 가졌다.

남북 정상들은 분단 역사상 처음으로 열린 이번 상봉과 회담이 서로 이해를 증진시키고 남북 관계를 발전시키며 평화 통일을 실현하는 데 중대한 의의를 가진다고 평가하고 다음과 같이 선언한다.

1. 남과 북은 나라의 통일 문제를 그 주인인 우리 민족끼리 서로 힘을 합쳐 자주적으로 해결해 나가기로 하였다.
2. 남과 북은 나라의 통일을 위한 남측의 연합제 안과 북측의 낮은 단계의 연방제 안이 서로 공통성이 있다고 인정하고 앞으로 이 방향에서 통일을 지향시켜 나가기로 하였다.
3. 남과 북은 올해 8.15에 즈음하여 흩어진 가족, 친척 방문단을 교환하며, 비전향 장기수 문제를 해결하는 등 인도적 문제를 조속히 풀어 나가기로 하였다.
4. 남과 북은 경제 협력을 통하여 민족 경제를 균형적으로 발전시키고, 사회, 문화, 체육, 보건, 환경 등 제반 분야의 협력과 교류를 활성화하여 서로의 신뢰를 다져 나가기로 하였다.
5. 남과 북은 이상과 같은 합의 사항을 조속히 실천에 옮기기 위하여 빠른 시일 안에 당국 사이의 대화를 개최하기로 하였다.

김대중 대통령은 김정일 국방위원장이 서울을 방문하도록 정중히 초청하였으며, 김정일 국방위원장은 앞으로 적절한 시기에 서울을 방문하기로 하였다.

2000년 6월 15일

대 한 민 국	조선민주주의인민공화국
대 통 령	국 방 위 원 장
김 대 중	김 정 일

남북 관계 발전과 평화 번영을 위한 선언

대한민국 노무현 대통령과 조선민주주의인민공화국 김정일 국방위원장 사이의 합의에 따라 노무현 대통령이 2007년 10월 2일부터 4일까지 평양을 방문하였다.

방문 기간 중 역사적인 상봉과 회담들이 있었다.

상봉과 회담에서는 6.15공동선언의 정신을 재확인하고 남북 관계 발전과 한반도 평화, 민족 공동의 번영과 통일을 실현하는 데 따른 제반 문제들을 허심탄회하게 협의하였다.

쌍방은 우리 민족끼리 뜻과 힘을 합치면 민족 번영의 시대, 자주 통일의 새 시대를 열어 나갈 수 있다는 확신을 표명하면서 6.15공동선언에 기초하여 남북 관계를 확대 · 발전시켜 나가기 위하여 다음과 같이 선언한다.

1. 남과 북은 6.15공동선언을 고수하고 적극 구현해 나간다.

남과 북은 우리 민족끼리 정신에 따라 통일 문제를 자주적으로 해결해 나가며 민족의 존엄과 이익을 중시하고 모든 것을 이에 지향시켜 나가기로 하였다.

남과 북은 6.15공동선언을 변함없이 이행해 나가려는 의지를 반영하여 6월 15일을 기념하는 방안을 강구하기로 하였다.

2. 남과 북은 사상과 제도의 차이를 초월하여 남북 관계를 상호 존중과 신뢰 관계로 확고히 전환시켜 나가기로 하였다.

남과 북은 내부 문제에 간섭하지 않으며 남북 관계 문제들을 화해와 협력, 통일에 부합되게 해결해 나가기로 하였다.

남과 북은 남북 관계를 통일지향적으로 발전시켜 나가기 위하여 각기 법률적 · 제도적 장치들을 정비해 나가기로 하였다.

남과 북은 남북 관계 확대와 발전을 위한 문제들을 민족의 염원에 맞게 해결하기 위해 양측 의회 등 각 분야의 대화와 접촉을 적극 추진해 나가기로 하였다.

3. **남과 북은 군사적 적대관계를 종식시키고 한반도에서 긴장 완화와 평화를 보장하기 위해 긴밀히 협력하기로 하였다.**

남과 북은 서로 적대시하지 않고 군사적 긴장을 완화하며 분쟁 문제들을 대화와 협상을 통하여 해결하기로 하였다.

남과 북은 한반도에서 어떤 전쟁도 반대하며 불가침 의무를 확고히 준수하기로 하였다.

남과 북은 서해에서의 우발적 충돌 방지를 위해 공동 어로 수역을 지정하고 이 수역을 평화수역으로 만들기 위한 방안과 각종 협력 사업에 대한 군사적 보장 조치 문제 등 군사적 신뢰 구축 조치를 협의하기 위하여 남측 국방부 장관과 북측 인민무력부 부장 간 회담을 금년 11월중에 평양에서 개최하기로 하였다.

4. **남과 북은 현 정전 체제를 종식시키고 항구적인 평화 체제를 구축해 나가야 한다는 데 인식을 같이하고 직접 관련된 3자 또는 4자 정상들이 한반도 지역에서 만나 종전을 선언하는 문제를 추진하기 위해 협력해 나가기로 하였다.**

남과 북은 한반도 핵 문제 해결을 위해 6자 회담 '9.19공동성명'과 '2.13합의'가 순조롭게 이행되도록 공동으로 노력하기로 하였다.

5. **남과 북은 민족 경제의 균형적 발전과 공동의 번영을 위해 경제 협력사업을 공리공영과 유무상통의 원칙에서 적극 활성화하고 지속적으**

로 확대 발전시켜 나가기로 하였다.

남과 북은 경제 협력을 위한 투자를 장려하고 기반 시설 확충과 자원 개발을 적극 추진하며 민족 내부 협력 사업의 특수성에 맞게 각종 우대조건과 특혜를 우선적으로 부여하기로 하였다.

남과 북은 해주 지역과 주변 해역을 포괄하는 '서해평화협력특별지대'를 설치하고 공동 어로 구역과 평화 수역 설정, 경제 특구 건설과 해주항 활용, 민간 선박의 해주 직항로 통과, 한강 하구 공동 이용 등을 적극 추진해 나가기로 하였다.

남과 북은 개성공업지구 1단계 건설을 빠른 시일 안에 완공하고 2단계 개발에 착수하며 문산-봉동 간 철도 화물 수송을 시작하고, 통행 · 통신 · 통관 문제를 비롯한 제반 제도적 보장 조치들을 조속히 완비해 나가기로 하였다.

남과 북은 개성-신의주 철도와 개성-평양 고속도로를 공동으로 이용하기 위해 개보수 문제를 협의 · 추진해 가기로 하였다.

남과 북은 안변과 남포에 조선 협력 단지를 건설하며 농업, 보건 의료, 환경 보호 등 여러 분야에서의 협력 사업을 진행해 나가기로 하였다.

남과 북은 남북경제협력사업의 원활한 추진을 위해 현재의 '남북경제협력추진위원회'를 부총리급 '남북경제협력공동위원회'로 격상하기로 하였다.

6. **남과 북은 민족의 유구한 역사와 우수한 문화를 빛내기 위해 역사, 언어, 교육, 과학 기술, 문화 예술, 체육 등 사회 문화 분야의 교류와 협력을 발전시켜 나가기로 하였다. 남과 북은 백두산 관광을 실시하며 이를 위해 백두산-서울 직항로를 개설하기로 하였다.**

남과 북은 2008년 북경 올림픽 경기 대회에 남북 응원단이 경의선 열차를 처음으로 이용하여 참가하기로 하였다.

7. 남과 북은 인도주의 협력 사업을 적극 추진해 나가기로 하였다.

남과 북은 흩어진 가족과 친척들의 상봉을 확대하며 영상 편지 교환 사업을 추진하기로 하였다. 이를 위해 금강산 면회소가 완공되는 데 따라 쌍방 대표를 상주시키고 흩어진 가족과 친척의 상봉을 상시적으로 진행하기로 하였다.

남과 북은 자연재해를 비롯하여 재난이 발생하는 경우 동포애와 인도주의, 상부상조의 원칙에 따라 적극 협력해 나가기로 하였다.

8. 남과 북은 국제 무대에서 민족의 이익과 해외 동포들의 권리와 이익을 위한 협력을 강화해 나가기로 하였다

남과 북은 이 선언의 이행을 위하여 남북 총리 회담을 개최하기로 하고, 제1차 회의를 금년 11월중 서울에서 갖기로 하였다.

남과 북은 남북 관계 발전을 위해 정상들이 수시로 만나 현안 문제들을 협의하기로 하였다.

2007년 10월 4일

대 한 민 국	조선민주주의인민공화국
대 통 령	국 방 위 원 장
노 무 현	김 정 일

북핵 관련 주요 일지[1]

1950년대

1955. 3.	북, 과학원 제2차 총회에서 '원자 및 핵물리학연구소' 설치 결정
1956. 3.	소련과 '조 · 소간 원자력의 평화적 이용에 관한 협정' 체결

1960년대

1962. 11. 2.	영변 원자력연구소 설립
1963. 6.	소련서 연구용 원자로(IRT-2000, 2MWe) 도입
1965	연구용 원자로 준공
1967	연구용 원자로 가동

1970년대

1974. 3.	북, 원자력법 제정
1974. 9.	국제원자력기구(International Atomic Energy Agency, IAEA) 가입 (한국, 1957. 8. 가입)
1976	북, 이집트서 소련제 스커드 미사일(B형) 2기 도입
1977. 9.	북, IAEA와 연구용 원자로(IRT-2000)에 대한 '부분안전조치협정' 체결
1977. 10.	IAEA, 북 실험용 원자로에 대한 최초 핵 사찰
1978. 11.	북 전역 우라늄 탐사(약 2,600만 톤)

1 조민 · 김진하, 『북핵일지, 1955-2009』(통일연구원, 2009); 통일부, 『2010 통일백서』(통일부, 2010); 국방부, 『2010 국방백서』(국방부, 2010)에서 발췌.

1980년대

1980. 7. 영변 5MWe 실험용 원자로(흑연 감속로) 착공

1982. 11. 북, 박천 우라늄 정련 및 변환 시설 가동

1983. 11. 북, 고성능 폭발 실험 실시

1984. 4. 북, 스커드 미사일(B형) 시험 발사 성공

1985. 11. 북, 재처리 시설(방사화학 실험실) 착공

1985. 12. 12. 북, 핵확산금지조약(Nuclear Nonproliferation Treaty, NPT) 가입(한국, 1975. 4. 가입)

1986. 1. 북, 영변 5MWe 원자로 가동 개시(연 6kg 플루토늄 생산 가능)

1986. 5. 북, 스커드 미사일(C형) 시험 발사 성공

1989. 9. 프랑스 위성 스팟 2호(Satelite Probatoire d' Observation de la Terre, SPOT), 영변 핵시설 촬영 및 공개

1989. 11. 북, 200MWe 원자로 착공(태천)

1989 영변 5MWe 원자로에서 폐연료봉(약 8,000개, 25-50톤) 인출

1990년대

1991. 4. 북-IAEA, 핵안전조치협정 체결

1991. 9. 18. 남북, UN 동시 가입

1991. 9. 21. IAEA 총회 '북한 핵안전협정 이행결의안' 채택

1991. 10. 28. 한 · 미, 주한 미군 전술 핵무기 전면 철수 합의

1991. 12. 13. 남 · 북, '불가침 교류 협력 합의서' 서명

1991. 12. 31. '한반도의 비핵화에 관한 공동 선언' 채택('92. 2. 19. 발효)

1992. 4. 10. 북 최고인민회의, 핵안전조치협정 비준

1992. 5. 25.-1993. 2. 6. IAEA, 임시 핵 사찰 실시, 중대한 불일치(significant discrepancy) 발견

1993. 2. 9. IAEA, 북의 미신고 시설 2개 '특별 사찰' 수용 촉구(북 거부, 2. 24)

1993. 2. 25. IAEA 정기이사회, 북의 특별 사찰 결의안 채택(수락까지 1개월 시한)

1993. 3. 8. 북, 준전시 상태 선포

1993. 3. 12. 북, NPT 탈퇴 서한 유엔 안전보장이사회(안보리)에 제출

1993. 5. 29.-30. 북, 노동 1호 미사일 시험 발사(동해)

1994. 3. 19. 5차 남북 실무 회담에서 박영수 북 대표, '서울 불바다' 발언

1994. 3. 21. IAEA 특별이사회, 북핵 문제 안보리 회부 결정

1994. 4. 18. 미, 패트리어트 미사일 한국 배치

1994. 4. 28. 북, '정전 협정 무효화, 군사정전위원회 탈퇴' 선언

1994. 6. 14. 미, 장관급 회의 중 '대북 공격(Osirak Option)' 검토

1994. 6. 15.-18. 지미 카터 전 미 대통령 방북

1994. 7. 8. 김일성 사망(7. 9. 공식 발표)

1994. 10. 21. 제네바 합의문(조미 기본합의문, Agreed Framework between the United State of America and the Democratic People's Republic of Korea) 체결

1994. 12. 1. 한, 평시 작전 통제권 회수

1995. 1. 15. 미, 대북 중유 제공 개시

1995. 3. 9. 한반도 에너지 개발기구(Korean Peninsula Energy Development Organization, KEDO) 설립(1차 집행이사회 뉴욕서 개최)

1995. 6. 17.-24. 미 기술진 방북, 5MWe 원자로 폐연료봉 8,000여 기 처리 확인

1995. 12. 15. KEDO와 경수로공급협정 체결 1,000MWe급 가압경수로 2기 (한국 표준형)

1996. 1. 30. IAEA 대변인, 북 주요 핵시설 사찰 거부 언급

1996. 4. 27. 폐연료봉 8,000여 개 밀봉 작업 개시

1996. 7. 11. KEDO–북, 3개 의정서에 공식 서명(특권 면제 및 영사 보호 · 통신 · 통행)

1996. 9. 18. 강릉 잠수함 침투 사건 발생

1996. 10. 15. 유엔 안보리, 잠수함 침투 사건 관련 의장 성명 채택

1997. 7. 28. KEDO 금호사무소 개설, 부지 공사 착수

1997. 10. 8. 김정일, 노동당 총비서 취임

1997. 10. 31. 미, 5MWe 원자료 폐연료봉 8,000개 밀봉 완료 발표

1998. 1. 15.-24. 에반스 리비어(Evans Revere) 평양 주재 미국 연락사무소장 내정자 방북

1998. 8. 7. 뉴욕 타임즈, 북 금창리 지하 핵시설 의혹 제기

1998. 8. 31. 북, 대포동 1호(광명성 1호) 발사(일본 열도 관통)

1998. 11. 23. 윌리엄 페리(William James Perry), 대북 정책 조정관으로 임명

1999. 3. 16. 미 · 북, 금창리 지하시설 사찰 타결

1999. 5. 18.-24. 미 금창리 방문단(미 국무부 한국과 조엘 위트(Joel Wit) 외 14명), 1차 현장 조사, 핵과 무관한 시설로 판명(거대한 복합터널)

1999. 6. 5. 서해교전(제1연평해전) 발생

1999. 9. 2. 인민군 무력부, 서해 북방한계선(NLL) 무효화 선언

1999. 9. 15. 페리, 대북 정책 권고안(페리보고서) 의회 보고

2000년

2. 15. 경수로 본공사 착공

3. 9. 김대중 대통령 베를린 선언, 남북간 공식 대화 재개를 위한 경제 지원 확대 언명

4. 18. 북, 폐연료봉 밀봉 완료

5. 29.-31. 김정일 국방위원장, 비공식 방중(장쩌민 중국 국가중앙군사위원회 주석과 회담)

6. 13.-15. 제1차 남북 정상 회담(평양), '6.15남북공동선언' 채택

7. 19. 북러 정상회담(평양), 김정일, 러 위성 대리 발사시 미사일 계획 재고 용의

10. 6. 국제 테러리즘에 관한 북미공동성명 발표

10. 9.-12. 북, 국방위원회 제1부위원장 조명록 차수, 김 위원장 특사로 방미

10. 12. 북미 공동코뮤니케(US-DPRK Joint Communique)

10. 23.-25. 매들린 올브라이트 미 국무장관 방북, 북 미사일 프로그램 논의

2001년

1. 15-20. 김정일 비공식 방중

1. 21. 조지 부시(George Walker Bush) 미국 대통령 취임

3. 7. 한미 정상회담(김대중-부시), 부시 대통령 외부에 의한 북핵 검증 가능성에 대한 회의 및 대북 정책에 대한 종합적 재검토 표명

8. 4.-5. 북러 정상회담, '조선민주주의인민공화국과 러시아 연방의 모스크바 선언' 서명

9. 11. 미, 9.11테러 발생

11. 12. 북, 2개의 테러협약 서명

11. 19. 존 볼튼(John R. Bolton) 미 국무부 군축 및 국제 안보 담당 차관보, 북이 이라크에 무기 제공 가능성 거론

12. 14. 유엔 총회 대북 핵사찰 수용을 촉구하는 결의안 채택

2002년

1. 29.	부시, 연두교서에서 '악의 축'(axis of evil) 발언
2. 1.	북, "부시의 발언은 사실상 선전 포고" 성명
2. 20.	한미 정상 회담
3. 13.	미 국방부 '핵태세 검토보고서'(Nuclear Posture Review: NPR)에서 핵 선제 사용 가능 대상 7개국(중국, 러시아, 이라크, 이란, 북한, 리비아, 시리아)에 북한 포함
3. 13.	북, NPR에 반발 미국과 모든 합의 재검토 주장
3. 20.	미, 북의 제네바 기본 합의 이행에 대한 인증 유보
6. 29.	서해교전 발발
7. 1.	북, '7.1경제관리개선조치' 발표
9. 17.	북일 정상 회담(김정일-고이즈미, 평양), 일본인 납치 시인 및 평양 선언
10. 3.-5.	켈리 차관보, 대통령 특사 자격으로 방북해 강석주 북 외무성 제1부상과 회담
10. 16.	켈리 특사, 북이 '고농축 우라늄(highly-enriched uranium, HEU)을 이용한 비밀 핵개발 계획의 추진 시인' 발표(2차 북핵위기 시작)
10. 20.	미, 콜린 파월 국무장관, NBC와 회견 중 북의 비밀 핵개발 계획으로 제네바 합의가 무효화(nullified)되었음을 표명
10. 26.	한 · 미 · 일 정상, 북의 핵 폐기 및 국제적 의무 준수 촉구 (APEC 참석차)
10. 29.	미 국방 및 국무장관, 대북 지원을 통한 북핵 해결 방식 배제 표명
11. 15.	부시 대통령, 대북 성명 발표(핵 폐기 촉구, 북 침공 않겠다)

12. 2. 러 푸틴 대통령과 중 장쩌민 주석, 공동 선언에서 북에 비핵화를 요구함과 동시에 미에 미북 관계 정상화 촉구

12. 10. 스페인과 미 해군, 북 선박 검색 및 예멘행 스커드 미사일 부품과 고성능 폭발물 압류(검색 전 마지막 기항지는 중국)

12. 12. 북, 핵 동결 해제 선언

12. 19. 노무현 대통령 당선

12. 21. 모하메드 엘바라데이(Mohamed ElBaradei) IAEA 사무총장, 북의 핵 동결 해제 조치 개시 확인

12. 21. 5MWe 원자로, 핵연료 제조 공장, 영변 8,000여 개의 사용 후 핵연료봉 저장 시설 등에서의 북의 봉인, 감시 카메라 제거

12. 23. 방사화학실험실(재처리 시설) 봉인 감시 장치 제거 개시

12. 26. IAEA, "북한이 핵 연료봉을 인출했다" 공식 확인

12. 27. IAEA 사찰단원 3명 추방 통보

12. 29. 북, NPT 탈퇴 가능성 시사

2003년

1. 6. IAEA 특별이사회(빈), HEU 핵개발계획에 대한 해명 및 핵동결 원상 회복 촉구 결의안 만장일치 채택

1. 10. 북, NPT 탈퇴 선언

1. 11. 최진수 주중 북 대사," 미사일 시험 발사를 재개하겠다"

1. 12. 북 노동신문 사설, 어떠한 경제제재도 선전포고로 간주 경고

2. 7. 부시 대통령, 북에 군사적 행동도 고려(동시에 평화 해결 노력 지속)

2. 19. 노무현 당선자, 미국의 어떠한 군사적 조치도 반대 언급

2. 25.	노무현 대통령 취임
2. 25.	북, 지대함 미사일 발사(함경남도)
2. 26.	미 백악관 국가안보회의(NSC), 북 ‘ 원; 원자로 재가동 발표
2. 28.	뉴욕타임스, 미 국방부 관리 인용 과 -과 수술적 미사일 공격부터 집중 폭격, 심지어 전술 핵무기는는 는 방안까지 모두 검토”
3월 중	중, 북한행 오일 파이프라인 3일간절(:절(최근 소식은 3월 10일 북의 지대함 크루즈 미사일 발사 실험 일간일간으로 전언)
3. 1.	미 국방성 12대의 B-52와 12대의 B-격;격기 괌에 증파 결정
3. 2.	북 미그기 4대, 미 정찰기(RC-135)에n 접n 접근 위협
3. 3.	부시 대통령, 미 일간지(*Baltimore S*사의사의 회견 중, 외교적 노력으로 북핵 문제가 풀리지 않으면지:지막 선택은 군사 행동 언급
3. 5.	럼스펠드 국방장관, 주한 미군 북 1리1리포 사정권 밖으로 재배치
3. 8.-9.	중, 첸지첸(錢其琛) 부총리 방북해-(미 -(미 · 북 · 중) 회담 개최 제의
3. 10.	동해상에서 지대함 미사일 2차 시할사날사
3. 20.	이라크전쟁 발발
4. 10.	북의 NPT 탈퇴 발효
4. 12.	카이로서 북한을 행선지로 선적된22톤22톤의 알루미늄 튜브 압류(우라늄 농축에 사용되는 원심분 제: 제조에 필요)
4. 23.-25.	미 · 북 · 중, 북핵 3자 회담 개최(베), 징), 북 일괄 타결 제의
4. 30.	미, 북을 테러 지원국 재지정(북한바, 바, 이란, 이라크, 리비아, 수단, 시리아 이상 7개국)

5. 14. 한미 정상 회담(워싱턴) 공동 성명에서 "북핵은 다자 틀 속에서 평화적으로 제거, 한반도에서의 평화와 안정에 대한 위협이 증대될 경우에는 '추가적 조치'(further steps) 검토"

5. 31. 부시 대통령, 대량 살상 무기 확산방지구상(PSI) 추진 선언(폴란드)

6. 30. 북, 재처리 플루토늄의 무기화 언급

7. 21. 미 의회, KEDO 지원 금지법 통과

8. 4. 북 외무성, 6자 회담 개최 발표(6자 회담 틀 내 조미 쌍무 회담 제안)

8. 18. 미 CIA, 두 개의 단순 핵탄두 이미 생산 진술

8. 27.-29. 제1차 6자 회담 개최(베이징)

10. 2. 북 외무성 대변인 담화, "폐연료봉 재처리 완료, 미 적대 정책에 대한 정책으로 핵 억제력 강화 노력"

11. 3.-4. KEDO 집행이사국 비공식 집행이사회(뉴욕), "미국이 요구하는 완전 종료가 아닌 경수로 공사 1년 정도 중단" 결정

11. 6. 부시 미 대통령, 북 폭정의 전초 기지

11. 21. KEDO, 경수로 한시 공사 중단 공식 발표(뉴욕)

12. 19. 리비아, WMD 완전 폐기 선언

12. 24. 미 국무부, 북에 식량 6만 톤 추가 지원 결정 발표

2004년

2. 3. 북, 6자 회담 참가 발표

2. 4. 파키스탄 압둘 카디르 칸(Abdul Qadeer Khan), "80-90년대 북한에 핵무기 제조 기술 유출" 밝힘

2. 25.-28. 제2차 6자 회담(베이징)

3. 1. 국제마약통제전략 연례 보고서, 미 국무부는 북한이 마약 거

래에 연루되어 있을 가능성이 매우 높다고 주장

4. 15. 제60차 유엔 인권위원회의 북한 인권 결의안 통과

4. 19.-21. 김정일, 극비 방중(후진타오 당 총서기 겸 국가 주석과 첫 정상 회담, 핵 개발 포기 · 보상, 신의주 특구 등 협의, 19일)

4. 22. 용천 열차 폭발 사고

5. 22. 북일 2차 정상 회담, 고이즈미 준이치로(小泉純一郎) 일본 총리 재방북, 5명의 납치자 자녀와 일본 귀환

6. 23.-26. 제3차 6자 회담(베이징)

9. 27. 북 외무성 최수헌 부상, 유엔 총회 기조연설에서 "미국의 공격을 억제하기 위해 8,000개의 폐연료봉 재처리해 무기화" 주장

9. 28. 미 상원, 북한인권법안 통과

11. 12. 노무현 대통령 LA World Affairs Council 연설 중, 북에 대한 강경 정책은 엄중한 결과 초래 경고

2005년

1. 18.-19. 라이스 미 국무장관 지명자, 청문회서 "북한은 폭정의 전초 기지(Outpost of Tyranny)" 발언

1. 20. 부시 대통령 2기 행정부 출범. 자유 확산과 폭정의 종식 강조

2. 10. 북, '핵무기 보유' 선언(외무성 성명)

3. 31. 북 외무성, "북한이 이미 핵 보유국이 된 이상 6자 회담은 이제 군축 회담이 되어야 한다"고 주장

4. 29. 부시 대통령, 김정일에 폭군(tyrant) 지칭, 북 "부시는 불망나니에 도덕적 미숙아"(30일)

6. 10. 한미 정상 회담 "한반도에서 핵무기 완전 제거가 공동 목표"

6. 14.-17. 정동영 통일부 장관, 김정일 국방위원장 면담, 200만kW 전력 공급 제의(7. 12 발표)

7. 12. 정동영 통일부 장관, 대북 중대 제안 발표 "북한 핵 폐기할 때는 2008년부터 200만kW 전력 직접 공급," "핵 폐기 2년 내 이뤄져야"(14일)

9. 12. 미 재무부, "북한이 방코델타아시아(Banco Delta Asia, BDA) 은행 통해 위조 달러 지폐를 유통시키고 불법 국제 거래 대금을 세탁해 왔다"고 공식 발표

9. 13.-19. 2단계 제4차 6자 회담 개최(베이징)

9. 19. 2단계 제4차 6자 회담에서 9.19공동성명(Joint Statement of the Fourth Round of the Six-Party Talks) 채택

- 북한의 모든 핵무기와 현존하는 핵계획 포기
- NPT · IAEA 안전 조치 복귀, 경수로 제공 문제 논의
- 한반도 평화 체제 협상

10. 18. 북 외무성 대변인, 미국의 BDA 금융 제재는 우회적 압박 수단이며, 미국이 적대행위에 계속 매달린다면 자위적 조치를 취할 수밖에 없다고 강변

11. 6. 부시 대통령, 김정일은 폭군

11. 17. 유엔 총회, 대북 인권 결의안 채택

12. 7. 알렉산더 버시바우(Alexander Vershbow) 주한 미 대사, 북을 '범죄 국가'(Criminal Regime)로 지칭

12. 20. 힐 미 국무부 차관보, "북한의 달러 위조는 분명한 사실"

2006년

1. 8.	KEDO 현장 인력 전원 철수
1. 9.	북 외무성 대변인, 금융 제재 해제 재요구
1. 25.	노무현 대통령, 미 대북 압박 및 체제 붕괴 노력 지속 시 한미간 이견 발생 주장
1. 31.	부시 미 대통령 국정 연설, 폭정 종식 및 북한과 이란에 평화와 정의 수립을 위한 자유 확산 강조
2. 16.	방코델타아시아 은행, 대북 거래 중단 선언
3. 18.-19.	북, 단거리 지대지 미사일 3기 발사
3. 20.	노동신문, 부시는 정신착란증 환자 언급
5. 31.	KEDO, 경수로 사업 공식 종료 신포에 건설 중인 경수로 사업 종결, 10년 6개월간 15억 6,200만 달러 투입
7. 5.	북, 미사일 발사 실험(미 독립기념일, 미 현지 4일)
7. 15.	유엔 안보리, 결의 제1695호(Resolution 1695) 만장일치 채택
8. 10.	부시 미 대통령, 북은 도둑 정치(Kleptocracy)의 정수를 보여 준다고 주장
9. 9.	세계 24개 금융 기관 대북 거래 중단(중 포함)
9. 14.	한미 정상 회담(워싱턴) 6자 회담 재개 및 9.19공동성명 이행을 위한 '공동의 포괄적인 접근 방안' 합의
10. 9.	1차 지하 핵 실험(풍계리)
10. 14.	유엔 안보리, 결의 제1718호(Resolution 1718) 만장일치 채택
10. 18.	한, 북 핵 실험에 따른 제재로 금강산 관광객 정부 보조금 지원 중단
10. 18.	아소 다로 일 외상, 중의원 외무위원회에서 "일본의 핵무장

을 논의하는 것이 중요"

10. 20. 핵 실험 성공을 환영하는 군민대회 행사(평양)

11. 18. 한, 유엔 대북 인권 결의안 채택에서 첫 찬성표

11. 20. 부시 대통령, 북 핵 포기 시 종전 선언 언급

2007년

1. 16.-18. 김계관 부상-힐 차관보, BDA 문제 합의(베를린)

2. 12. 미, 북 계좌 1,100만 달러 해제 통보

2. 13. '9.19공동성명 이행을 위한 초기 조치'(Initial Actions for the Implementation of the Joint Statement, 2.13합의) 합의

3. 6. 미 국무부, "고농축 우라늄(HEU) 핵무기 개발 계획 포함 모든 핵 프로그램 폐기해야"

5. 15. 북 외무성, BDA 자금의 자유로운 송금 실현 시 2.13합의 실현

6. 5. 부시 대통령 프라하 연설, 북은 최악의 독재 국가

6. 25. 러 극동사업은행, BDA 자금(2,400만 달러) 북 대외무역은행 계좌로 입금 발표

7. 14. 한국 제공 중유, 선봉항 도착(총 5만 톤 중 1차분)

7. 18. 북 외무성 대변인, 영변 원자로 폐쇄 공식 발표

7. 18. IAEA, 영변 5개(5MWe 원자로, 방사화학실험실, 핵연료봉 제조 공장, 50MWe 원자로, 200MWe 원자로) 핵시설 폐쇄 확인

8. 2. 한, 대북 중유 5만 톤 공급 완료

8. 20. 6자 회담 동북아 평화 안보 체제 실무 그룹 회의(모스크바)

9. 23. 중, 2차분 대북 중유 5만 톤 공급 완료

9. 28.-10. 3. 제6차 6자 회담 2단계 회의서 '9.19공동성명 이행을 위한 제2

단계 조치'(Second-Phase Actions for the Implementation of the Joint Statement, 10.3합의) 합의

10. 2.-4.	제2차 남북 정상 회담(평양) "핵 문제 해결 위해 9.19공동성명, 2.13합의 이행 노력" 명시
12. 3.-5.	힐 차관보 방북, 부시 미 대통령 친서 전달

2008년

2. 25.	이명박 대통령 취임 비핵 · 개방 · 3000 구상 공식화
2. 26.	뉴욕 필하모닉 평양 공연(평양 동평양대극장)
3. 19.	김하중 통일부 장관, "북핵 문제 타결 없이 개성공단 확대 어려워"
3. 26.	김태영 합참의장, "중요한 것은 적(북한군)이 핵을 가지고 있을 만한 장소를 확인해 타격하는 것"(북의 핵 공격 시 대처 방법 질문) 답변
3. 28.	북, 서해 단거리 함대함 미사일 3차례 발사(김 합참의장 답변 반발)
5. 8.-10.	영변 원자로 가동일지 제출(성 김 미 국무부 한국과장 방북), 미 50만 톤 식량 제공 공식 발표
6. 26.	북, 6자회담 의장국 중국에 핵 신고서(Declaration) 제출(약 26kg의 플루토늄을 핵무기용으로 재처리, 사용 후 연료봉 가운데 7-8kg의 미추출 플루토늄 보유)
7. 6.	이명박 대통령, "김정일 국방위원장과 만날 준비 돼 있다"(일 교도통신 인터뷰)
7. 8.	북 조평통 대변인 담화, "6.15공동선언과 10.4선언에 대한 입장부터 밝혀라"

7. 11. 이명박 대통령, 국회 국정연설에서 남북기본합의서와 6.15 및 10.4선언 이행을 북과 협의할 용의 밝힘

7. 11. 금강산 관광객 피격 사건

8. 25. 한중 정상 회담(서울), 비핵화 2단계 조치의 전면적이고 균형 있는 이행 촉진

8. 26. 북 외무성, '불능화 중단' 발표 및 영변 핵시설 원상 복구 고려한다고 경고

9. 9. 9.9절 행사에 김정일 불참

9. 22. 북, 영변 핵 봉인 제거 요청(재가동 위협)

10. 7. 북, 서해에서 단거리 미사일 2발 발사

10. 11. 미, 북 테러 지원국 해제

10. 12. 북, 핵 불능화 작업 재개

10. 13. 북, IAEA 검증단 핵시설 접근 허용

11. 12. 북 외무성, 시료 채취 거부, "검증 방법은 현장 방문, 문건 확인, 기술자들과의 인터뷰로 한정"

11. 18. 미 식량 50만 톤 중 5차분 북 남포항 도착

2009년

1. 8. 미 대북 지원 식량 6차분 남포항 도착(총 50만 톤 중 옥수수 21,000톤)

1. 15. 미 대북 지원 식량 7차분 '옥수수와 콩 혼합물'과 식용유 등 4,940톤 선적 완료

1. 20. 버락 오바마 미국 대통령 취임

2. 24. 조선우주공간기술위원회 대변인 담화, 광명성 2호 발사 준비

3. 24.	북 외무성 담화, "평화적 로켓 발사에 대한 적대 행위는 6자회담의 존재 기초를 부정하는 것"
3. 30.	개성공단 한국 근로자 억류
4. 5.	장거리 로켓(광명성 2호) 발사, 오바마 대통령, '핵무기 없는 세계' 연설 중 "북한이 다시 한 번 규칙을 위반했다"(프라하)
4. 14.	북의 로켓 발사를 비난하는 안보리 의장 성명 채택
5. 25.	2차 핵 실험(함북 길주군 풍계리)
5. 26.	한, PSI 전면 참여 선언, 북 지대함 단거리 미사일 발사
6. 12.	유엔 안보리, 결의 1874호(Resolution 1874) 만장일치 채택
7. 29.	중, 단동서 북으로 반입 시도하던 약 70kg의 바나듐(Vanadium) 적발 · 압수
8. 6.	빌 클린턴 전 대통령 방북, 두 여기자(Laura Ling, Euna Lee) 석방
8. 10.-17.	현정은 현대그룹 회장 방북, 개성공단 억류 직원 귀환(13일)
8. 23.	북한 김대중 전 대통령 서거 조의방문단 청와대 예방
9. 21.	이명박 대통령, 그랜드 바겐(Grand Bargain) 제안
9. 30.	북조선 중앙통신, "남조선 고위 당국자의 '일괄 타결'(그랜드 바겐) 제안이 '비핵 · 개방 · 3000'의 답습으로 백해무익하다"
10. 14.	노동신문, "미북 평화협정 체결만이 조선반도 비핵화를 위한 방도"
10. 30.	월터 샤프(Walter L. Sharp) 한미연합사령관, "북한의 WMD를 제거하는 작전은 미군이 주도하기로 합의"
11. 1.	정부 고위 관계자, 작전계획5029에서 북 핵시설과 핵무기의 제거는 미군이 맡는 방향
11. 3.	북 조선중앙통신, "8,000대의 폐연료봉 재처리를 8월 말까지

성과적으로 끝냈다"

11. 10. 서해교전(대청해전) 발생(NLL 침범해 한국 경비정 조준 사격한 북 경비정 반파). 북한군 최고사령부, 한국에 사죄 및 재발 방지 조치 요구

11. 19. 한미 정상 회담(서울), 북에게 평화적으로 해결할 길이 열려 있음을 선언

11. 20. 미 핵과학자회보, "올해 말 현재 핵 보유국은 북한을 포함해 미국, 러시아, 중국, 영국, 프랑스, 인도, 파키스탄, 이스라엘 9개국"

12. 11. 국제핵물질위원회(IPFM) '2009 국제핵물질보고서', "북한이 2006년 10월에 실시한 1차 핵 실험에서 플루토늄을 2kg 사용했으며, 2차 핵실험에는 플루토늄 5kg을 사용한 것으로 추정된다."

12. 17. 시진핑(習近平) 국가 부주석 이명박 대통령 예방(청와대), '6자회담의 조속한 재개와 비핵화 진전을 위해 양국이 계속 긴밀히 협력'

2010년

3. 26. 천안함 피격 사건 발생

4. 27.-30. 북, 금강산관광지구 부동산 동결 및 몰수 조치 실행

5. 3.-7. 김정일 방중(다롄, 톈진, 베이징, 심양), 김정일 한반도 비핵화 입장 불변 언급. 원자바오, 북한에 중국의 개혁 · 개방 소개. 김정일 대북 투자 요청

5. 20. 천안함 민군합동조사단 조사 결과 발표

5. 24.	대통령 담화문 발표(북한의 사과와 관련자 처벌 요구) 통일・외교・국방 3부 장관 공동 기자 회견(북한 선박의 우리 해역 운항 불허, 개성공단 제외한 남북 교역 중단, 대북 심리전 재개, 한미연합 대잠수함 훈련 실시 등)
5. 25.	북, 조평통 대변인 북남 관계 전면 폐쇄, 북남 불가침 합의 전면 파기, 북남 협력 사업 전면 철폐 등 선언
5. 27.	북한 총참모부 남북 교류 협력 관련 군사적 보장 조치 전면 철회 등 7개 항 통고(군통신 연락소 폐쇄, 개성공업지구 등 육로 통행 차단 검토, 심리전 대응, 해상 분계선 침범 행위 물리적 타격 등)
6. 4.	우리 정부, 천안함 피격 사건 유엔 안보리 회부
6. 9.	대북 심리전 확성기 설치 완료
6. 12.	북 총참모부, "심리전 재개는 직접전인 선전 포고, 서울 불바다까지 내다 본 무자비한 군사적 타격할 것"
6. 27.	한미, 전시 작전 통제권 전환 시기를 2015년 말로 연기 발표
7. 9.	유엔 안보리, 천안함 공격 규탄 의장 성명 채택
7. 25.-28.	한미 연합 해상 훈련 '불굴의 의지' 실시
8. 5.-9.	한국, 서해 대잠 훈련 실시
8. 7.	북 노동신문, "물리적 타격 빈 말 아니다"
8. 9.	북, 서해상 NLL 남쪽으로 포사격 실시
8. 10.	한, "서해상 포사격은 정전 협정과 불가침 합의 위반"
8. 25.	카터 전 미 대통령 평양 방문, 억류 미국인과 함께 귀국
9. 27.-10. 1.	한미, 연합 대잠 훈련(서해)
9. 28.	조선노동당 당대표자회 개회(김정은 당중앙위원 및 당중앙군사위원 부위원장 선출)

10. 13.-14. 한국 주도 PSI 훈련 최초 실시(부산)

11. 23. 연평도 포격 도발(북, "남측 군사 도발에 강력한 물리적 타격으로 대응하는 단호한 군사적 조치를 취했다.")

11. 25. 유엔사, 한미 연합 훈련 북측에 통보

11. 28.-12. 1. 한미 연합 해상 훈련(서해)

2011년

1. 19. 미 · 중 정상 회담, 한반도 비핵화 원칙 및 6자 회담 조기 개최 공감

3. 24. 유엔 인권이사회, 대북 인권 결의안 채택

3. 29. 백두산 화산 관련 남북 민간 전문가 1차 회의(문산)

4. 12. 백두산 화산 관련 남북 민간 전문가 2차 회의(개성)

5. 3. 농협 전산망 해킹(4. 12.) 관련 검찰 수사 결과 발표, 북의 사이버 공격으로 확인

5. 10. 북 인민무력부 대변인 담화, 농협 해킹은 천안호 침몰 사건과 같은 날조극 주장

5. 20.-27. 북, 김정일 방중

8. 20.-25. 북, 김정일 방러

10. 13. 한미 정상 회담(워싱턴)

11. 2. 한러 정상 회담

12. 15.-16. 북 · 미 영양 지원 회담(로버트 킹-리근)

- 영양식 24만 톤 지원, 12월 중 3차 미 · 북 고위급 회담 개최 합의

12. 17. 북, 김정일 국방위원장 사망(급성심근경색 심장 쇼크, 12. 19. 발표)

12. 19. 북, 김정일 국방위원장 사망 발표, 방송 발표 직전 '김정은 대장 명령 제1호' 전군 하달(당 중앙군사위원회 명의)

12. 20. 정부 담화문 발표, '북한 주민들에게 위로의 뜻 전달'

12. 24. 북, 김정은 최고사령관 추대(노동신문·조선중앙통신)

2012년

1. 9.-11. 대통령, 중국 국빈 방문(베이징)

1. 17. 북 조중통, 김정일 사망 조문 관련 정부 비난

1. 26. 서북도서방위사령부, 백령도/연평도 부근 해역 해상 사격 훈련 실시

북 조중통/조중방, 서해상 사격 훈련 비난

2. 23.-24. 3차 미·북 고위급 회담 개최(데이비스-김계관, 베이징)

– '2·29 미·북 합의'에서 비핵화 사전 조치, 식량 지원 및 미·북 관계 개선 등 합의

3. 7.-8. 북·미 영양 지원 회담(베이징, 로버트 킹-안명훈)

– 24만 톤 규모 영양 지원 전달 방법 및 모니터링 방안 논의

3. 16. 북 조선우주공간기술위원회 대변인 담화, 4. 12.-16. 사이 '광명성 3호' 위성 발사 계획 발표

3. 25. 오바마 미 대통령 방한, DMZ 방문

한미 정상 회담, "북 로켓은 도발, 즉각 철회"

4. 11. 북, 노동당 제4차 대표자회 개최

– 김정일, 영원한 총비서로 결정

– 김정은, 노동당 제1비서로 결정

4. 13. 북, 장거리 미사일(개량형 대포동 2호) 발사(북, '광명성 3호' 위

성 발사 주장), 궤도 진입 실패
– 평북 철산군 동창리 서해 위성 발사장에서 남향 발사, 오전 07:38:55, 잔해물 서해상 낙하

김정일을 영원한 국방위원장, 김정은을 국방위원회 제1위원장으로 추대

북 사회주의 헌법 개정, '핵 보유국' 명기(5. 30. 공개, 해외 웹사이트 '내나라')

4. 16. 유엔 안보리, 북 장거리 미사일 발사 강력 규탄 의장 성명 채택

5. 4. 통일부, 대북 식량 차관 첫 원리금 상환 기일(6. 7.) 통보

5. 13. 한 · 중 · 일 정상 회담

5. 30. 북, 개정된 '사회주의 헌법' 전문에 '핵 보유국 명기'

10. 7. 미사일 지침 개정 결과 발표
– 사거리 800km, 탄두 중량 500kg

12. 12. 북, 장거리 미사일 발사 성공
– 동창리 발사장에서 남향 발사, 잔해물 서해상 낙하

2013년

1. 23. 유엔 안보리 결의 제2087호
– 북한 장거리 미사일 발사 규탄, 대북 제재 대상 및 품목 확대, 자동 개입 조항 추가

1. 25. 북, 조평통 성명, "한반도 비핵화 공동 선언 완전 백지화, 전면 무효화" 선포

2. 12. 북, 3차 핵 실험

2. 25. 박근혜 대통령 취임

3. 8.	유엔 안보리 결의 제2094호 – 기존 제재 의무화, 사치품 명시, 제재 대상 추가(북 외교관 불법 활동 감시 포함)
3. 8.	북 조평통 성명, "南北 사이의 불가침에 관한 모든 합의 전면 폐기" 위협
3. 9.	북 외무성 대변인 담화
3. 20.	민간 전산망 마비 (KBS, MBC, YTN, 신한은행, 농협, 제주은행)
3. 26.	북 최고사령부 성명, "1호 전투 근무 태세 진입" 외무성 성명, "조선 반도에 핵전쟁 상황이 조성되었다는 것을 유엔 안보리에 공개 통고"
3. 31.	북 당중앙위원회 전원회의, "핵무력 · 경제 건설 병진 노선" 채택
4. 2.	북 원자력총국, '영변 핵시설 재가동 선언'
4. 8.	북 김양건, "개성공업지구 관련 중대 조치" 발표 ① 우리(북) 종업원들 전부 철수 ② 개성공업지구사업 잠정 중단 및 존폐 여부 검토
4. 26.	정부 성명, "개성공단 잔류 인원 전원 귀환 결정"
5. 6.-10.	한미 연합대잠훈련(서해)
5. 13.-14.	한미 연합대잠훈련(동해)
7. 16.	정부, "6.25 사이버 공격 북한 소행" 발표
8. 29.	영변 2원자로 가동 개시
9. 16.	개성공단 재가동
10. 8.-10.	한 · 미 · 일 연합 해상 훈련(남해)

12. 12. 북 장성택, 국가 전복 음모 행위로 사형 집행

2014년

1. 16. 북 국방위, '남조선 당국에 보내는 중대 제안' 발표
- 상호 비방 중상 중지, 군사적 적대 행위 전면 금지, 한반도 비핵화를 위한 현실적 조치 제안

2. 20.-25. 남북 이산가족 상봉 행사 개최(금강산)

3. 28. 대통령, '드레스덴 구상' 발표
유엔 안보리, '北 미사일 발사 규탄' 의장 구두 성명

3. 30. 북 외무성 성명
- 핵 실험 위협, 새로운 형태의 핵 실험 언급

4. 4. 군, 사거리 500km 탄도 미사일 시험 발사 성공 발표

4. 6. 삼척에서 추락한 소형 무인기 발견

4. 11. 무인기 추락 관련 합동 조사 중간 발표
- "북 소행으로 확실시되는 정황 근거 다수 식별"

4. 12. 북 국방위 대변인 담화, '드레스덴 선언' 비난

5. 12. 국방부 대변인, "북한은 없어져야 할 나라" 비난

7. 3.-4. 시진핑 중국 주석 방한

7. 16.-21. 한미 연합 연습

7. 17. 유엔 안보리 '북 탄도 미사일 발사 규탄' 성명
- "북한의 탄도 미사일 발사는 안보리 결의 위반"

8. 18.-28. UFG 연습 시작

9. 19.-10. 4. 인천 아시안게임 개막
군 경고 통신 및 경고 사격 실시

9. 26. IAEA, '북핵 규탄 결의안' 채택

- 영변 원자로 재가동 등 북의 핵 개발을 규탄

10. 4. 북 고위급 대표단, 인천 아시안게임 폐막식 참석

- 황병서 총정치국장, 최룡해 · 김양건 당 비서 등
- 제2차 고위급 접촉 10월 말-11월 초 개최 합의

10. 12. 고위급 접촉 대변인 담화, 대북 전단 살포 비난

10. 24. 제46차 한미안보협의회의(워싱턴)

- 전시 작전 통제권 전환 연기

10. 25. 민간 보수 단체, 임진각에서 대북 전단 살포

- 주민, 시민단체 저지로 무산 후 야간에 김포에서 살포

10. 29. 국방위 서기실 명의 전통문 발송

- 고위급 접촉과 전단 살포 중지 양자택일 강요

11. 18. 유엔 총회 제3위원회, 북한 인권 결의안 채택

- 북한 최고위층의 국제형사재판소(ICC) 회부 권고

11. 23. 북 국방위 성명, 유엔 북한 인권 결의안 비난

- "미증유의 초강경 대응전에 진입하게 될 것"

2015년

1. 16. 북 국방위, '남조선 당국에 보내는 중대 제안' 발표

- 상호 비방 중상 중지, 군사적 적대 행위 전면 금지, 한반도 비핵화를 위한 현실적 조치 제안

2. 20.-25. 남북 이산가족 상봉 행사 개최(금강산)

3. 28. 대통령, '드레스덴 구상' 발표

유엔 안보리, '北 미사일 발사 규탄' 의장 구두 성명

3. 30. 북 외무성무성명

– 핵 실험실험협, 새로운 형태의 핵 실험 언급

4. 4. 군, 사거사거 00km 탄도 미사일 시험 발사 성공 발표

4. 6. 삼척에서에서락한 소형 무인기 발견

4. 11. 무인기 5기 관련 합동 조사 중간 발표

– "북 소속 소로 확실시되는 정황 근거 다수 식별"

4. 12. 북 국방위방위변인 담화, '드레스덴 선언' 비난

5. 9. 북, "SLBISLB북극성 1호) 발사 시험 성공" 주장. 군, 실패로 평가

5. 12. 국방부 대부 대인, "북한은 없어져야 할 나라" 비난

7. 3.-4. 시진핑 주핑 주주석 방한

7. 16.-21. 한미 연합연합습

7. 17. 유엔 안보안보 '북 탄도 미사일 발사 규탄' 성명

– "북한북한탄도 미사일 발사는 안보리 결의 위반"

8. 18.-28. UFG 연습연습작

9. 19.-10. 4. 인천 아시아시게임 개막

군, 경고경고신 및 경고 사격 실시

9. 26. IAEA, '북, '북규탄 결의안' 채택

– 영변 원변 원로 재가동 등 북의 핵 개발을 규탄

10. 4. 북, 고위고위대표단, 인천 아시안게임 폐막식 참석

– 황병서병서정치국장, 최룡해 · 김양건 당 비서 등

– 제2차 2차 위급 접촉 10월 말-11월 초 개최 합의

10. 12. 고위급 고급 지대변인 담화, 대북 전단 살포 비난

10. 24. 제46차 한차 한안보협의회의(워싱턴)

– 전시 작시 작통제권 전환 연기

10. 25. 민간 보수 단체, 임진각에서 대북 전단 살포
- 주민, 시민단체 저지로 무산 후 야간에 김포에서 살포

10. 29. 국방위 서기실 명의 전통문 발송
- 고위급 접촉과 전단 살포 중지 양자택일 강요

11. 18. 유엔 총회 제3위원회, 북한 인권 결의안 채택
- 북한 최고위층의 국제형사재판소(ICC) 회부 권고

11. 23. 북 국방위 성명, 유엔 북한 인권 결의안 비난
- "미증유의 초강경 대응전에 진입하게 될 것"

12. 21. 북, "SLBM('북극성 1호') 시험 발사 성공" 주장

2016년

1. 6. 북, 제4차 핵 실험(북, 첫 수소탄 시험이라 주장)

2. 7. 북, 장거리 미사일 발사(북, '광명성 4호' 위성 발사 주장)
- 궤도 진입 성공

2. 10. 통일부, 개성공단 전면 중단 선언

2. 11. 북 조평통, 개성공업지구 폐쇄 선언 및 자산 동결, 남측 인원 추방, 군사분계선 전면 봉쇄, 군통신과 판문점 연락 통로 폐쇄 발표

참고 문헌

국문

강문성 · 김형주 · 박순찬 · 이만종 · 이영훈 · 이종화 · 이홍식 · 편주현, 『점진적 통일과정에서의 동북아 경제협력과 남북한 경제통합 방안』(대외경제정책연구원, 2014).

강봉구, "러시아의 대외정책노선과 2012년 이후 대외정책의 영향 변수들," 『평화연구』 제20권 제1호(2012 봄), pp. 169-205.

고일동, "통일 후 동독경제의 상황변화와 남북경제통합에 대한 시사점," 『북한경제리뷰』(한국개발연구원, 2009. 9.).

고재남, "러시아의 대북한 정책과 한국의 대응," 정책연구시리즈, 1995-08(서울: 외교안보연구원, 1996).

고재남 · 엄구호, 『러시아의 미래와 한반도』(한국학술정보, 2009).

구영록, 『한국과 햇볕정책: 기능주의와 남북한관계』(법문사, 2000).

국방군사연구소, 『한국전쟁 피해 통계집』(국방군사연구소, 1996).

국방부, 『2008 국방백서』(국방부, 2009).

______, 『2010 국방백서』(국방부, 2011).

______, 『2014 국방백서』(국방부, 2014).

국토통일원, 『북한경제통계집』(국토통일원, 1986).

국회예산정책처, 『한반도 통일의 경제적 효과』(국회예산정책처, 2014).

기획재정부, "한 · 러시아 수교 20주년 그 경제적 성과," 기획재정부 보도 자료

(2010. 9. 29.).

김계동, "한미동맹관계의 재조명: 동맹이론 분석틀로," 『국제정치논총』 제41집 2호(2001).

김광수, "조선인민군의 창설과 발전, 1945-1990," 경남대학교 북한대학원 편, 『북한군사문제의 재조명』(한울아카데미, 2006).

김도태, "남북관계의 현주소: 이명박 정부의 대북정책 현황과 과제," 『통일문제연구』, 통권 제61호(2009).

김병연, "제2편, 북한의 장기 경제 성장률 추정," 한국은행 경제연구원 편, 『통계를 이용한 북한경제 이해』(한국은행, 2014).

김성철 외, 『북한 이해의 길잡이: 전환기 북한사회』(박영사, 1999).

김영춘, 『일본의 보수우경화와 국가안보전략』(통일연구원, 2005).

김영훈, "미국과 국제사회의 대북 식량지원," 『KERI 북한농업동향』 제12권 제2호(2010. 7.).

김우상 역(Robert Axelrod and Robert Keohane 저), "무정부 상태 하에서의 협력 달성: 전략과 제도," 『국제관계론강의 1』(한울아카데미, 1997).

김재관, "중국 신지도부의 대한반도 정책의 변화: 대북정책과 남북통일관을 중심으로," 『국제정치논총』 제45집 2호(2005).

______, "G-2 시대 한중관계의 주요딜레마와 쟁점에 대한 시론적 검토," 『한국사연구』 160권(2013), pp. 273-318.

김정계, 『중국의 권력투쟁사 2: 개혁개방 이후부터 후진타오 정권까지』(평민사, 2009).

김종표, "남북한 관계와 인식-행위 연계모형," 『한국정치학회보』 제42집 2

호(2007).

김창영 역, 『공격 시나리오』(Bob Woodward, *Plan of Attack*)(따뜻한 손, 2004).

김태현 역, 『북핵위기의 전말: 벼랑끝의 북미협상』(모음북스, 2005)(Joel S. Wit, Daniel B. Poneman, and Robert Gallucci, *Going Critical: The First North Korean Nuclear Crisis*, Brookings Institute, 2004).

김태효, "한국 외교정책 연구: 회고, 동향, 그리고 제언," 『국제정치논총』 제46집 특별호(2007).

김학노, "평화통합전략으로서의 햇볕정책," 『한국정치학회보』 제39집 5호(2005).

김한권, "시진핑 시대의 중국개혁 방향 분석," 아산정책 연구원, Issue Brief 2014-07(Febuary 18, 2014).

______, "중국의 주변외교에서 본 '일대일로'의 전략적 의미," 정책연구과제 2015-11(국립외교원 외교안보연구소, 2015).

김 현, "부시 행정부의 외교정책이념과 대북한 정책," 『국가전략』 제14권 1호(2008).

남기정, "한국전쟁과 일본: '기지국가'의 전쟁과 평화," 『동아시아 국제관계와 한국』(서울: 을유문화사, 2003).

도진순, 『한국민족주의와 남북관계: 이승만 · 김구 시대의 정치사』(서울대학교 출판부, 1998).

류길재, "남북한 관계와 북한의 국내정치: 남한 요인은 결정적 변수인가?," 경남대학교 북한대학원 편, 『남북한 관계론』(한울, 2005).

문성민, "제1편, 북한 국민소득 통계 소개 및 소득수준 비교," 한국은행 경제연구원 편, 『통계를 이용한 북한경제 이해』(한국은행, 2014).
문순보, "북핵 협상의 성찰과 대안의 모색," 『국가전략』 제15권 3호(2009).
______, "북핵문제와 국제사회의 대북제재: 한계와 대안," 『국가전략』 제16권 2호(2010).
민족통일연구원, 『동서독 간 정치통합연구』, 민족통일연구원 연구보고서 96-04(1996. 10.).
민주평화통일자문회의, 『2014 통일여론: 1/4분기』(민주평화통일자문회의, 2015).
민준규 · 정승호, "최근 북한의 경제 정책 추진현황 및 평가: '우리식 경제관리 방법'을 중심으로," 『BOK 이슈노트』(한국은행, 2014. 12. 12.).
박건영 외 역(Alexander Wendt 저), 『국제정치의 사회적 이론: 구성주의』(사회평론, 2009).
박동훈 · 이성환, "북중관계 변화의 동인과 시진핑 시대의 대북정책," 『국제정치연구』 제18집 1호(2015), pp. 241-259.
박명규 · 강원택 · 김병로 · 김병조 · 송영훈 · 장용석 · 정은미, 『2014 통일 의식조사』(서울대학교 통일평화연구원, 2014).
박석삼, "북한의 사경제부문 연구: 사경제 규모, 유통현금 및 민간보유 외화 규모 추정," 『한은조사연구』 2002-3(2002).
박재영, 『국제정치 패러다임』 제3판(법문사, 2009).
박정진, "북일 국교정상화와 '65년 질서'," 『역사비평』(2015. 5.), pp. 95-128.
박종철, "상생공영 정책과 대북포용정책의 비교: 기능주의의 한계와 제도주의의 실험," 『국제정치논총』 제49집 1호(2009).

박준영, "북한의 핵무기와 미사일 개발정책: 의도와 실상," 『국제정치논총』 제39집 1호(1999).

박지연 · 이효영, "한국 자유무역협정(FTAA)의 역외가공 관련 규정과 활용에 관한 연구," 『아태연구』 제22권 제3호(2015), pp. 47-78.

박찬봉, "7.7선언체제의 평가와 대안체제의 모색: 기능주의에서 제도주의로," 『한국정치학회보』 제42집 4호(2008).

박태균, 『우방과 제국: 한미관계의 두 신화』(창비, 2006).

박형중, "북한의 '새로운 경제관리체계'(6.28방침)의 내용과 실행 실태," 『KDI 북한경제리뷰』(2013. 10.), pp. 14-35.

박형중 · 임강택, "제5장 경제," 김성철 외 편, 『북한 이해의 길잡이』(박영사, 1999).

박형중 · 조한범 · 장용석, 『북한 '변화'의 재평가와 대북정책 방향』, KINU 연구총서 09-07(통일연구원, 2009).

박홍서, "북핵위기 시 중국의 대북 동맹안보딜레마 관리 연구: 대미관계 변화를 주요 동인으로," 『국제정치논총』 제46집 1호(2006).

박휘락, "남북관계의 제로섬적 본질 회귀와 한국의 정책방향 분석: 게임이론과 합리적 모형의 적용," 『국제관계연구』 제14권 제1호(2009).

백영미 외 역, 『매들린 올브라이트: 마담 세크러터리』(Madeleine Albright, *Madam Secretary*)(황금가지, 2003).

백학순, "북핵문제 해결은 과연 불가능한가?," 『정세와 정책』 통권 168호(2010. 4.), pp. 1-4.

법무부, 『신의주특별행정구기본법 분석』(법무부 법무실 특수법령과, 2002).

북한연구소, 『북한총람』(북한연구소, 1994).

서보혁, "탈냉전기 한반도 안보질서 변화에 관한 연구: 남북미 전략적 삼각 관계를 중심으로," 『국가전략』 제14권 2호(2008).

서재진, 『남북 상생 · 공영을 위한 비핵 · 개방 · 3000 정책의 이론적 체계연구』, 통일연구원 정책연구시리즈 08-01(2008).

성원용, "러시아의 극동시베리아 개발과 남 · 북 · 러 삼각경제협력," 고재남 · 엄구호, 『러시아의 미래와 한반도』(한국학술정보, 2009).

세종연구소 북한연구센터 편, 『북한의 국가전략』(한울아카데미, 2005).

신복룡, 『한국분단사연구, 1943-1953』(한울아카데미, 2001).

신상진 · 전현준, 『중국과 북한의 정치체제 비교연구: 당 · 군관계를 중심으로』(민족통일연구원, 1994).

신성원, "중국의 대외정책과 주변국 관계," 정책연구과제 2014-01(국립외교원 외교안보연구소, 2014).

안병진, "62년 쿠바 핵미사일 위기의 역사적 교훈과 위기의 한반도," 『역사비평』 통권 71호(2004).

양문수, "김정은 체제 출범 이후 '우리식 경제관리방법'의 모색: 현황과 평가," 『KDI 북한경제리뷰』(2014. 3.), pp. 3-24.

양운철, "통일비용의 추정과 재원 조달방안," 『세종정책연구』 제2권 1호(2006).

양운철 · 정성장 · 김치욱 · 오경석 · 김영윤, 『통계로 보는 남북한 변화상 연구: 북한 연구자료집』(세종연구소, 2011).

엄상윤, "동북아 안보질서와 한미동맹의 변화," 이기완 편, 『동맹의 정치학』(매봉, 2005).

여인곤, 『러 · 북관계 변화전망과 한국의 대응방안』(민족통일연구원, 1995).

연합뉴스, 『2000 북한연감: 북한자료 · 인명편』(연합뉴스, 1999).

______, 『2001 북한연감: 북한자료 · 인명편』(연합뉴스, 2000).

오경섭, "대북전략 발상의 전환이 필요하다," 『정세와 정책』 통권 157호 (2009).

오일환, "통독과정에서의 군사통합에 관한 연구," 『통일연구』 제4권 제1호 (2000).

______, "김정일 시대 북한의 군사화 경향에 관한 연구," 『국제정치논총』 제 41집 3호(2001).

외교부, 『2015 일본개황』(외교부, 2015).

외교통상부, 『주요 경제통상 통계』(외교통상부 통상기획홍보과, 2011).

우승지, "남북관계 연구: 검토와 과제," 『국제정치논총』 제46집 특별호 (2007).

우철구, 『19세기 열강과 한반도』(법문사, 1999).

유지호, 『예멘의 남북통일: 평화통일의 매력과 위험성』(서문당, 1997).

유지훈, "독일 국민의 통일 · 민족의식," 이은호 외, 『분단국 통합사례 연구: 독일 · 베트남 편』(대학통일문제연구소협의회, 1995).

유현정, "후진타오 시대 중국의 대북정책과 중 · 북 경제협력 평가," 『세종 정책연구』 제6권 2호(2010).

윤정석 외, 『통일환경론』(오름, 1996).

이기완 역(오노 고지(小野耕二) 저), 『일본 현대 정치사, 1945-1998』(케이시,

2003).
이기완 편, 『동맹의 정치학』(매봉, 2005).
이기종, "북한의 대남정책 결정요인과 전망," 『국제정치논총』 제37집 2호 (1997).
이만열 편, 『한국사연표』(역민사, 1985).
이성봉, "1960년대 남북한의 경제성장과 노동분배 비교," 『신아세아』 제13권 제2호(2006 여름), pp. 7-25.
이성우, "아시아와 중국의 아시아: 아시아로 회귀와 신형대국관계의 충돌," 『국제정치논총』 제54권 2호(2014), pp. 243-271.
이영화, "북 군부-개혁파 파워게임으로 본 남북정상회담 이후," 『신동아』 통권 제578호(2007. 11.).
이영훈, "경제발전전략," 세종연구소 북한연구센터 편, 『북한의 국가전략』 (한울, 2005).
______, "탈북자를 통한 북한경제 변화상황 조사"(금융경제연구원, 2007).
이완범, "한반도 분할의 국제정치학: 19세기말-20세기 초 열강 간의 논의를 중심으로," 『국제정치논총』 제42집 4호(2002).
______, "재일교포 북송문제 연구," 한일관계사연구논집 편찬위원회 편, 『해방 후 한일관계의 쟁점과 전망』(경인문화사, 2005).
이윤걸, "북한, 핵만큼 무서운 생화학무기 5천t 보유," 『시사저널』 1121호 (2011. 4. 13.).
이윤식, 『남북러 가스관 사업의 효과, 쟁점, 과제』(통일연구원, 2011).
이정남, "조화세계론을 통해서 본 중국의 동아시아 질서구상: 중화질서와의 비교를 중심으로,” 『국제정치논총』 제50권 1호(2010).

이정환, “현대 일본의 보수화 정치변동과 동아시아 국제관계,” 『의정연구』 제20권 제1호(2014), pp. 5-33.

이종길 옮김, 『두 개의 한국』(Don Oberdorfer, *The Two Koreas*)(길산 2003).

이종문, “2014년, 침체에서 성장으로의 전환을 모색하는 해,” 한국외국어대학교 러시아연구소, 『2013 Russia Report: Events & Analysis, 분야별 평가와 전망』(한국외대 러시아연구소, 2014).

이종석, “북한의 정치와 사상,” 윤정석 외, 『통일환경론』(오름, 1996).

______, “북한 국민소득 재평가,” 『정세와 정책』(2008. 3.).

이종인 역(Andy Andrews 저), 『폰더씨의 위대한 하루』(Andy Andrews, *The Traveler's Gift*, Thomas Nelson, Inc.)(세종서적, 2011).

이지용, “‘신형대국관계론’과 ‘아시아 신안보 개념’: 미국의 인식과 동아시아 국제정치에 대한 함의를 중심으로,” 정책연구과제 2015-13(국립외교원 외교안보연구소, 2015).

이철순, “한국전쟁 이전 미국의 한국의 가치에 대한 평가,” 『국제정치논총』 제43집 1호(2003).

이춘근, “대규모 테러와 21세기 국제정치,” 『Strategy 21』 5-2(Winter 2002).

______, 『현실주의 국제정치학』(나남, 2007).

______, 『북한의 군사력과 군사전략: 위협현황과 대응방안』(한국경제연구원, 2012).

______, “논평: 중국의 일대일로 전략과 한국의 유라시아 이니셔티브에 대한 또 다른 시각,” 『Stratege 21』 통권 37호(Autumn 2015), pp. 177-192.

이춘근 역(John J. Mearsheimer 저), 『강대국 국제정치의 비극』(나남출판, 2004).

이태환, "한 · 중 전략적 협력동반자관계: 평가와 전망," 『세종정책연구』 제6권 2호(2010).

임강택, "대북경제제재에 대한 북한의 반응과 대북정책에의 함의," 통일연구원, 통일정세분석 2013-05(통일연구원, 2013).

장은주, "1945년 이후 한일양국의 상호인식," 한일관계사연구논집 편찬위원회 편, 『해방 후 한일관계의 쟁점과 전망』(경인문화사, 2005).

전현준, 『김정일 정권의 권력엘리트 연구』(민족통일연구원, 1995).

전홍찬, "한반도와 러시아," 정한구 · 문수언 공편, 『러시아 정치의 이해』(나남출판, 1995).

정성장, "통일정책의 전개와 변화," 박호성 · 홍원표 외, 『북한사회의 이해』(인간사랑, 2002).

정성장 · 백학순, 『김정일 정권의 생존전략』(세종연구소, 2003).

정영태 · 홍우택 · 김태우 · 박휘락 · 이상민 · 이호령 · 조영기, 『북한의 핵전략과 한국의 대응전략』(통일연구원, 2014).

정용욱, "해방 후 한일관계 연구동향," 한일관계사연구논집 편찬위원회 편, 『해방 후 한일관계의 쟁점과 전망』(경인문화사, 2005).

정은미 · 김병로 · 박명규 · 송영훈, 『북한주민 통일 의식 2014』(서울대학교 통일평화연구원, 2015).

정한구, "북한은 붕괴될 것인가?: 사회주의 국가들의 경험과 북한의 장래," 『세종정책연구』 제5권 2호(2009).

정형곤 · 방호경, 『국제사회의 대북 경제제재 효과분석』(대외경제정책연구원, 2009).

조동준, "자주의 자가당착: 한반도 국제관계에서 나타난 안보모순과 동맹모순," 『국제정치논총』 제44집 3호(2004).

조명철, "화폐개혁 이후 북한 경제상황 평가 및 전망," 『정세와 정책』(2010. 2.).

조명철 · 양문수 · 정승호 · 박순찬, 『북한 경제의 대중국 의존도 심화와 한국의 대응방안』(대외경제정책연구원, 2005).

조민 · 김진하, 『북핵일지: 1955-2009』(통일연구원, 2009).

조성렬, "미국 신정부의 외교안보정책과 한반도," KNSI 특별기획 제24-4호(2008. 11. 24.).

______, 『뉴 한반도 비전: 비핵 평화와 통일의 길』(백산서당, 2012).

조영기, "북한의 제2차 핵실험: 파장과 대응과제," 『CFE Report』, No. 93(2009).

조현수 역(Andrew Heywood 저), 『정치학: 현대정치의 이론과 실천』(성균관대학교 출판부, 2010).

좋은벗들(사), 『사람답게 살고싶소』(정토출판, 1999).

______, 『북한사회 무엇이 변하고 있는가』(정토출판, 2001).

진창수, "탈냉전기 북일관계의 개선방안," 한일관계사연구논집 편찬위원회 편, 『해방 후 한일관계의 쟁점과 전망』(경인문화사, 2005).

차상철, 『한미동맹 50년』(생각의 나무, 2004).

최명해, "1960년대 북한의 대중국 동맹딜레마와 '계산된 모험주의'," 『국제정치논총』 제48집 3호(2008).

최상룡 외, 『탈냉전기 한일관계의 쟁점』(집문당, 1998).

최　성, 『북한정치사』(풀빛, 1997a).

______, 『북한학개론: 김정일과 북한의 정치체제』(풀빛, 1997b).

최용호, 『한권으로 읽는 베트남 전쟁과 한국군』(국방부 군사편찬연구소, 2004).

통계청, "세계와 한국의 인구현황 및 전망," 보도 자료(2015. 7. 8.).

통일부, 『2004 통일백서』(통일부, 2004).

______, 『2009 통일백서』(통일부, 2009).

______, 『2010 통일백서』(통일부, 2010).

______, 『독일통일 총서 1: 군사분야 통합관련 정책문서』(통일부, 2013).

______, 『한반도 신뢰프로세스』(통일부, 2014).

______, 『2015 통일백서』(통일부, 2015).

통일부 통일교육원, 『2014 북한이해』(통일교육원, 2014).

통일연구원, 『북한인권백서』(통일연구원, 2001).

______, 『2009 북한개요』(통일연구원, 2009).

통일원, 『'92 북한개요』(통일원, 1992).

______, 『'95 북한개요』(통일원, 1995).

피셔, 알렉산더(Fisher, Alexander), "통일 비용과 재정정책," 『독일통일 20년 계기 독일의 통일 · 통합정책 연구』, 제1권 『분야별 연구』(통일부, 2014).

하상식, "경제체제 개혁과 정치적 변화: 북한의 개혁전망," 『국제정치논총』 제37집 2호(1997).

______, "러시아의 대한반도 정책: 러시아 · 북한관계를 중심으로," 『국제정

치논총』 제40집 4호(2000).

______, "북한의 정치체제: 보편성과 특수성," 『사회과학연구』 제7집(2001).

______, "북한경제의 개혁전망: '7.1경제관리개선조치'의 성격평가를 중심으로," 『한국동북아논총』 제9권 제3호(2004).

______, "동북아 안보환경의 변화와 우리이 안보과제," 『사회과학연구』 제12집(2005).

______, "한미안보관계의 변화와 한국의 안보과제," 『대한정치학보』 제14집 3호(2007).

______, "일본의 대한반도 정책," 『사회과학연구』 제15집(2008).

______, "대북포용정책 10년의 성과와 한계," 『국제관계연구』 제14권 제2호(2009).

______, "상생 · 공영정책의 이론적 배경," 『국제관계연구』 제15권 제2호(2010).

______, "중국의 대한반도 전략적 이해관계," 『전략연구』 제18권 제1호(2011).

______, "박근혜 정부 대북정책의 특징과 과제," 『대한정치학회보』 제22집 4호(2014. 11.).

하상식 · 김정계, "북한의 군사력, 군사정책과 우리의 대북정책," 『대한정치학회보』 제11집 2호(2003).

하상식 · 안병진, "한미안보관계의 변화와 한국의 안보과제," 『대한정치학회보』 제14집 3호(2007).

하영선 외 역(John Baylis and Steve Smith 편), 『세계정치론』(을유문화사,

2003).
하영선 편, 『21세기 한국외교 대전략: 그물망국가 건설』(나남출판, 2006).
한국과학기술정보원, "두 얼굴의 로켓, 미사일과 위성발사체," 『KISTI의 과학향기』(2006. 8. 20.).
한국무역진흥공사, 『북한의 대외무역동향』(한국무역진흥공사, 2011).
한국은행, "최근 북한 경제조치의 의미와 향후 전망," 보도 자료 공보2002-8-21호(2002).
______, 『2010 연차보고서』(한국은행, 2010).
한동훈 역(린이푸 외 저), 『중국의 기적: 발전전략과 경제개혁』(백산서당, 1996).
한석희, "북한 핵 문제에 대한 중국의 입장: 제2차 북한 핵 실험 이후를 중심으로," 『EAI Issue Briefing』, No. C2009-03(2009. 7).
함택영, "남북한의 군사력: 사실과 평가방법," 『국제정치논총』 제37집 1호(1997).
함택영 · 구갑우 · 이수형 · 이승열, 『비핵 · 개방 · 3000 구상: 북한의 개방화 추진방안』, 경제 · 인문사회연구회 협동연구총서 09-17-04(통일연구원, 2009. 12.).
홍석률, "한국전쟁 직후 미국의 이승만 제거계획," 『역사비평』(1994).
______, 『분단의 히스테리: 공개문서로 보는 미중관계와 한반도』(창작과 비평사, 2012).
홍양호, "개성공단의 실상과 정책적 함의," 『JPI 정책포럼』, No. 2015-17(2015. 6.).
홍완석, "2014 우크라이나 사태의 국제정치적 함의와 한반도," 『슬라브연구』

제30권 2호(2014), pp. 89-117.
홍현익, “북 · 러관계: 정상화의 과정, 원인, 전망,” 백학순 · 진창수 편, 『북한문제의 국제적 쟁점』(세종연구소, 1999).

영문

Albright, Madeleine K., “Bridges, Bombs, or Bluster?,” *Foreign Affairs*, 82-5 (September/October 2003).
Aslund, Anders, *Gorbachev's Struggle for Economic Reform*(Ithaca, NY: Cornell University Press, 1989).
British Petroleum, *BP Statistical Review of World Energy*, 64th Edition(June 2015).
Brodie, Bernard, ed., *The Absolute Weapon*(New York: Harcourt Brace Co., 1946).
Brzezinski, Zbnigniew and Carl Friedrich, *Totalitarian Dictatorship and Autocracy* (Cambridge, Mass.: Harvard University Press, 1956).
Bueno de Mesquita, Bruce and Mo Jongryn, “North Korean Economic Reform and Political Stability,” *Public Policy Paper*, no. 70(Hoover Institution, Stanford University, 1996).
Bush, George W., *Decision Points*(New York: Crown Publishers, 2010).
Bush, Keith, “El'tsin's Economic Reform Program,” *Report on the USSR*, vol. 3, no. 46(November 15, 1991).
Chang, Felix, “The Unravelling of Russia's Far Eastern Power,” *Orbis*(Spring 1999).
Clinton, Hillary, “America's Pacific Century,” *Foreign Policy*(November 2011), pp. 56-63.

Colton, Timothy J. and Thane Gustafson, eds., *Soldiers and the Soviet States* (Princeton: Princeton University Press, 1990).

Dahl, Robert A., *Polyarchy: Participation and Opposition*(New Haven: Yale University Press, 1971).

Dahrendorf, Ralf, *Reflections on the Revolution in Europe: In a letter intended to have been sent to a gentleman in Warsaw*(New York: Random House, 1990).

Daniels, Robert, *The End of Communist Revolution*(New York: Routledge, 1993).

Domes, Jürgen, *The Government and Politics of the PRC: A Time of Transition* (Boulder: Westview Press, 1985).

Doyle, M. W., "On the Democratic Peace," *International Security*, 19-4(1995).

Easton, David, *The Political System*, 3rd ed.(Chicago: Chicago University Press, 1981).

Economist Intelligence Unit, *Country Report: Russia*(Economist Intelligence Unit, 1997).

Fox, William, "The Uses of International Relations Theory," in Fox(ed.), *Theoretical Aspects of International Relations*(Notre Dame: University of Notre Dame Press, 1959).

Glaser, Bonnie and Scott Snyder, "Responding to Change on the Korean Peninsula: Impediments to U.S.-South Korea-China Coordination," *A Report of the CSIS Freeman Chair in China Studies, Center for Strategic and International Studies*(May 2010).

Gorbachev, Mikhail, "Krasnoyarsk Speech," *The Current Digest of the Soviet Press*, 40-38(October 19, 1988a).

______, *Perestroika: New Thinking for Our Country and the World*, new updated edition(New York: Harper & Row, 1988b).

Gurr, Ted, *Why Men Rebel*(Princeton: Princeton University Press, 1970).

Ha, Sang-Sik, "The Politics of Economic Reform: The Transition to a Market Economy in the Soviet Union, 1985-1991," unpublished dissertation(The University of Texas at Austin, 1992).

Haas, Ernst B., *The Uniting of Europe: Political, Social and Economic Forces, 1950-1957*(Standford, CA: Stanford University Press, 1958).

Harding, Harry, *China's Second Revolution: Reformer After Mao*(Washington D.C.: Brookings Institution, 1987).

Harrison, Selig S. et al., "Turing Point in Korea: New Dangers and New Opportunities for the United States," *Report of the Task Force on U.S. Korea Policy*(February 2003).

Herz, John, *Political Realism and Political Idealism*(Chicago: University of Chicago Press, 1851).

Hough, Jerry F. and Merle Fainsod, *How the Soviet Union Is Governed* (Cambridge, MA: Harvard University Press, 1979).

Hufbauer, Gary Clyde, Jeffrey J. Schott, Kimberlyann Elliott, and Barbara Oegg, *Economic Sanctions Reconsidered*(Washington, D.C.: Peterson Insititute for International Economics, 2007).

Huntington, Samuel P., *Political Order in Changing Societies*(New Haven: Yale University Press, 1968).

IMF, World Bank, OECD, and EBRD, *A Study of the Soviet Economy*, vol. 1(Paris, IMF, World Bank, OECD, and EBRD, 1991).

International Crisis Group, "Shade of Reds: China's Debate over North Korea," *Asia Report*, No. 179 (November 2, 2009).

International Institute for Strategic Studies, *The Military Balance*(London: Oxford University Press, 1999).

Johnson, Chalmers, *Revolutionary Change*(Boston, MA: Little Brown, 1996).

Joo, Seung-Ho, "Russia and Korea," in Bae Ho Hahn and Chan-Jin Lee, eds., *The Korean Peninsula and the Major Powers*(Sungnam: The Sejong Institute, 1998).

______, "Soviet Relations with the Two Koreas, 1988-1990," *Pacific Focus*, 15-1(Spring 2000).

Kaplan, Robert D., "The Geography of Chinese Power," *Foreign Affairs*, 89-3 (May/June 2010).

Kim, Hong Nack, "Korean-Japanese Relations under the Kim Yong-Sam Government and Beyond," International Conference on Korea in the Age of Globalization and Information(1997. 3. 1.).

Kim, Samuel S. and Tai Hwan Lee, *North Korea and Northeast Asia*(Maryland: Rowman & Littlefield Publishers, 2002).

Kristof, Nicholas D., "Send in the Fat Guys," *New York Times*(October 22, 2006).

Kuhn, Thomas S., *The Structure of Scientific Revolutions*, 2nd edn.(Chicago: University of Chicago Press, 1970).

Kwon, Goohoon, "A United Korea? Reassessing North Korea Risks," Goldman Sachs Global Economics Paper No. 188(September 21, 2009).

Laney, James and Jason Shaplen, "How to Deal with North Korea," *Foreign Affairs*, 82-2(March/April 2003).

Lenin, V. I., *The State and Revolution*(1917), in V. I. Lenin, Collected Works, vol. 25(Moscow: Progress Publishers, 1975).

Lichtenstein, Peter M., *China at the Brink: the Political Economy of Reform and Retrenchment in the Post-Mao Era*(New York: Praeger, 1991).

Manyin, Mark E., Emma Chanlett-Avery, and Mary Beth Nikitin, "U.S.-South Korea Relations," *CRS Report for Congress*(October 22, 2011).

Manyin, Mark, Stephen Daggett, Ben Dolven, Susan Lawrence, Michael Martin, Ronald O'Rourke, and Bruce Vaughe, "Pivot to the Pacific? The Obama Administration's 'Rebalancing' Toward Asia," CRS Report for Congress(March 28, 2012).

Marx, Karl and Frederick Engels, *Manifesto of the Communist Party*(New York: Random House, 1967).

Mazarr, Michael J., "The Long Road to Pyongyang: A Case Study in Policymaking Without Direction," *Foreign Affairs*, 86-5(September/October 2007).

Mearsheimer, John J., *The Tragedy of Great Power Politics*(New York: W. W. Norton, 2001).

Mitrany, David, *A Working Peace System*(London: Oxford University Press, 1943).

Morgenthau, Hans J., *Politics among Nations: the Struggle for Power and Peace*, 4th edn.(New York: Alfred A. Knopf, 1966).

Nagai, Yonosuke and Akira Iriya, eds., *The Origins of the Cold War in Asia*(New York: Columbia University Press, 1977).

Nicolson, Harold, *Diplomacy*, 3rd edn.(London: Oxford University Press, 1980).

Niksch, Larry A., "North Korea's Nuclear Weapons Program," *CRS Issue Brief for Congress*(July 18, 2003).

Nikitin, Mary Beth, "North Korea's Nuclear Weapons: Technical Issues," *CRS Report* for Congress(April 3, 2013).

______, "North Korea's January 6, 2016, Nuclear Test," *CRS Insight*(January 7, 2016).

Nove, Alec, *An Economic History of the U.S.S.R.*(Middlesex, England: Penguin Books, 1969).

______, "An Economy in Transition," in Abraham Brumberg, ed., *Chronicle of a Revolution: A Western-Soviet Inquiry into Perestroika*(New York: Pantheon Books, 1990).

______, *The Soviet Economic System*, 3rd ed.(Boston: Allen & Unwin, 1986).

Nye, Joseph S., Jr., "American and Chinese Power after the Financial Crisis," *Washington Quarterly*, vol. 33, no. 4(October 2010).

Osgood, Robert and Robert Tucker, *Force, Order and Justice*(Baltimore: Johns Hopkins University Press, 1967).

Park, Geun-hye, "A New Kind of Korea: Building Trust Between Seoul and

Pyongyang," Foreign Affairs, 90(5)(September/October 2011), pp. 12-18.

Pentland, Charles, *International Theory and European Integration*(London: Faber and Faber Ltd., 1973).

Perry, Elisabeth J. and Christine Wong, eds., *The Political Economy of Reform in Post-Mao China*, Cambridge(MA: Harvard University Press, 1985).

Plato, *The Republic of Plato*, translation, introduction, and notes by Francis MacDonald Conford(New York: Oxford University Press, 1979).

Przeworski, Adam, *Democracy and Market: Political and Economic Reforms in Eastern Europe and Latin America*(New York: Cambridge University Press, 1992).

Putnam, Hilary, *Reason, Truth, and History*(Cambridge Mass.: Cambridge University Press, 1981).

______, *The Collapse of the Fact/Value Dichotomy and Other Essays*(Cambridge, Mass.: Harvard University Press, 2002).

Rennack, Dianne, "North Korea: Economic Sanctions," *CRS Report for Congress* (October 17, 2006).

Roxburgh, Angus, *The Second Russian Revolution: the Struggle for Power in the Kremlin*(New York: Pharos Books, 1992).

Rubinstein, Alvin Z., *Soviet Foreign Policy Since World War II: Imperial and Global*(Cambridge, MA: Winthrop Publishers, Inc., 1981).

Samuels, Richard, *Securing Japan: Tokyo's Grand Strategy and the Future of East Asia*(Ithaca: Cornell University Press, 2007).

Shambaugh, David, ed., *Tangled Titans: The United States and China*(Lanham, MD: Rowman & Littlefield Publishers, 2013).

Shoemaker, M. Wesley, *Russia, Eurasian States, and Eastern Europe 1997*(Ann Arbor: Stryker-Post Publications, 1997).

Skocpol, Theda, *State and Social Revolutions*(Cambridge: Cambridge University Press, 1979).

Snyder, Glenn, "The Security Dilemma in Alliance Politics," *World Politics*, vol. 36, no. 4(July 1984).

Snyder, Glenn and Paul Diesing, *Conflict Among Nations: Bargaining, Decision Making, and System Structure in International Crisis*(Princeton. NJ: Princeton University Press, 1977).

Snyder, Scott, "Economic Interdependence, Alliance Cooperation, and Sino-U.S. Complex Interdependence," *EAI Issue Briefing* 2010-07(December 23, 2010).

Titarenko, Mikhail L., "Korean Peninsula in the System of Russia's National Interests," 『중소연구』 18권 4호(1994).

Tocqueville, Alexis de, *De L'Ancien Regime et la Revolution*(1856), trans. M. Petterson, *The Old Regime and the French Revolution*(Oxford: Blackwell, 2010).

Waltz, Kenneth N., *Theory of International Politics*(Reading, MA: Addison-Wesley Publishing Co., 1983).

Wang, Yang-Cheng, "North Korea's Nuclear Armament and China's Strategic

Dilemma,"『전략연구』 통권 제46호(2009. 7.).

Wendt, Alexander, *Social Theory of International Politics*(Cambridge University Press, 1999).

Wit, Joel, Daniel Poneman, and Robert Gallucci, *Going Crutucal: The First North Korean Nuclear Crisis*(The Brookings Institution, 2004).

World Bank, *World Tables*(Johns Hopkins University, 1992).

Zhang, Quanyi, "What Korean Unification Means to China"(Nautilus Institute, October 12, 2007).

Zhu Feng, "Cheonan Impact, China's Response and the Future of Northeast Asian Security,"『전략연구』 통권 제49호(2010. 7.).

신문 · 잡지

경향신문

국민일보

데일리NK

부산일보

서울신문

시사IN

연합뉴스

조선일보

중앙일보

프레시안

한겨레

한국경제신문

한국일보

Economist

Pravda

The Korea Hehald

인터넷 사이트

경향신문(http://www.khan.co.kr)

국회 법률지식 정보시스템(http://likms.assembly.go.kr)

기획재정부(http://www.mosf.go.kr)

노컷뉴스(http://www.nocutnews.co.kr)

동아시아연구원(http://www.eai.or.kr)

동아일보(http://www.donga.com)

연합뉴스(http://www.yonhapnews.co.kr)

오늘의 북한소식(http://blog.daum.net/goodfriends-nk)

외교통상부(http://www.mofa.go.kr)

위키백과(http://ko.wikipedia.org/wiki)

조선일보(http://www.chosun.com)

주일 대한민국 대사관(http://jpn-tokyo.mofat.go.kr)

주한 중국 대사관(http://www.chinaemb.or.kr)

중앙일보(http://article.joinsmsn.com)

청와대(http://www.president.go.kr)

코트라(http://www.kotra.or.kr)

통계청(http://www.kosis.kr/bukhan)

통일부(http://www.unikorea.go.kr)

통일연구원(http://www.kinu.or.kr)

통일정보포털(http://www.nkinfo.unikorea.go.kr)

한겨레신문(http://www.hani.co.kr)

한국은행(http://www.bok.or.kr)

Global Security(http://www.globalsecurity.org)

KBS(http://www.kbs.co.kr)

Military-Today(http://www.military-today.com)

찾아보기

ㄴ

ㄷ

ㅁ

ㅂ

ㅅ

ㅇ

ㅈ

ㅊ

ㅌ

ㅍ

ㅎ